# WALDLAND

## APOKALYPSE
## IM
## NIRGENDWO

Julian Haertl

Bibliografische Information der Deutschen Nationalbibliothek.

Die Deutsche Nationalbibliothek verzeichnet diese Publikation in der Deutschen Nationalbibliografie; detaillierte bibliografische Daten sind
im Internet über http://dnb.dnb.de abrufbar.

Für Fragen und Anregungen:
info@eulogiaverlag.de

ISBN Print: 978-3-96967-382-9
ISBN E-Book: 978-3-96967-383-6

Originale Erstausgabe 2023


Eulogia Verlags GmbH
Gerhofstraße 1-3
20354 Hamburg

Lektorat: Sandra Pichler
Satz und Layout: Tomasz Dębowski
Cover: Shutterstock.com – NanyMartin bearbeitet von Aleksandar Petrović

# WALDLAND

## APOKALYPSE
## IM
## NIRGENDWO

EULOGIA
VERLAG

# INHALTVERZEICHNIS

# 1. ENDLICH EINE GUTE FIGUR

*Eigentlich war die ganze Misere ein Befreiungsschlag. Aber dass es so kommen würde, wie es kam, hätte ich mir beim besten Willen nicht vorstellen können.*

*Mein Name ist Jakob. Ich bin seit 47 Jahren auf diesem Planeten und habe eigentlich auch vor, noch etwas länger zu bleiben.*

*Erst mal zum Guten: Die Superreichen, sofern es noch welche gibt, können heute mit ihrem Geld und Einfluss nichts mehr anfangen. Ich will nicht sagen, dass die Machtgeilheit einiger von ihnen zu alledem geführt hat, aber es nimmt im Ranking der Möglichkeiten durchaus einen Platz weit oben in den Top Ten ein, denn der Einfluss dieser selbsternannten Eliten hat bedeutend zu den letzten größeren Verwerfungen der Vergangenheit geführt. Außerdem hat die Geschichte gezeigt, dass es schon immer so gewesen ist – Stichwort „spätrömische Dekadenz".*

*Einige hatten vielleicht vorgesorgt – wahrscheinlich sogar viele, aber damit haben sie bestimmt auch nicht gerechnet. Die bekannte Weisheit „Erstens kommt es anders, und zweitens als man denkt" werden die wenigsten von ihnen berücksichtigt haben – vor allem nicht diejenigen, die dachten, sie wären der Nabel der Welt. In ihrer empathielosen Welt von privaten Thinktanks sind sie jetzt, wenn sie noch leben, genauso aufgeschmissen wie wir, denn trotz üppig bezahlter Berechnungen, Prognosen und Gutachten werden sie diese Sache trotzdem nicht auf dem Schirm gehabt haben. Sicherlich kam auch noch eine Verkettung unglücklicher Umstände hinzu, aber darüber zu spekulieren, hilft den Übriggebliebenen auch nicht weiter.*

*Aber ganz sicher sind einige, die sich selbst als Elite der Welt sahen, über ihren eigenen Hochmut, ihren Neid und ihren Größenwahn gestolpert. Dass ihr Geld jetzt nichts mehr wert ist, ist in ihren Augen vielleicht das kleinere Übel – der Macht- und Kontrollverlust sicher das größere.*

*Genau, die Übriggebliebenen. Einer davon bin ich. Ach ja, das hätte ich fast vergessen zu erwähnen: Ich habe in den letzten drei Jahren 18 Kilo abgenommen und halte dieses Gewicht sogar erstaunlicherweise. In fast jedem Haus steht eine Waage. Ihr wisst schon, die alten mit Zeiger, die eigentlich ewig halten. Die funktionieren natürlich noch – im Gegensatz zum Fernseher. Warum wollten die Leute immer so genau wissen, wie viel sie wiegen? Wenn ich beim Pinkeln meine Füße nicht mehr sehen kann, wird es wohl spätestens Zeit zum Abspecken.*

*Gut, ich gebe zu: drei bis vier Kilo mehr würden mir besser stehen, denn auch Spiegel sind in jedem Haus zu finden. Aber ich bin nun beim besten Willen nicht auf dem Weg zu einem Schönheitswettbewerb.*

*Leider war es das auch schon mit den positiven Dingen. Positive Dinge, für die ich jeden Tag dankbar bin, sind genau die, für die schon die Höhlenmenschen dankbar waren – falls nicht auch schon deren Geschichte gelogen ist. Aber wer weiß das schon, und wen interessiert es heute noch? Zumindest weiß ich, dass es zu diesem Zeitpunkt viele Menschen gibt, die heute auch nicht viel anders leben, als es angeblich die Höhlenmenschen getan haben.*

*Die letzten Jahre, bevor das Ereignis – ich weiß leider nicht, wie ich es anders nennen soll – passierte, waren schon reichlich merkwürdig. Immer neue Krisen hatten sich in den letzten fünfzehn Jahren aufgetan: Zuerst wurde die Pharmaindustrie gefüttert, dann hatte wiederum die Rüstungsindustrie Hunger bekommen. Die Banken waren als Nächstes dran, weil sie ja so notleidend waren – immer alles hübsch verpackt in zunehmend unglaubwürdigere Narrative. Irgendwann war das Geld, das bis zur Unendlichkeit vermehrt worden war, nichts mehr wert. Die Renten mussten gerettet werden, die Krankenhäuser, Altenheime und so weiter.*

*Nur die Menschen selber wurden nicht gerettet. Sie wurden zunehmend skeptischer, aggressiver und wussten keinen Ausweg aus der Misere. Schulen, Kindergärten und Fahrdienste waren Schnee von gestern. Die Bildungsinfrastruktur war am Ende. Alten- und Krankenversorgung waren nur noch für Reiche – und Rente nur noch was für Blöde, die daran glaubten. Kurz: Die Religion namens Staat war am Ende.*

*Wir schreiben, wenn ich richtig mitgezählt habe, das Jahr 2033. Meiner bescheidenen persönlichen Einschätzung nach befinden wir uns wohl offensichtlich kurz nach dem Zenit der modernen „Menschheit“. Erst ging alles langsam und dann immer schneller den Bach herunter und endete geradezu rasant in einem echten Desaster. Zweifelsohne ist seit drei Jahren die Hölle los – gefühlt eher seit zehn, denn Scheißjahre scheinen mindestens dreimal so lang zu sein. Mein innerer Kompass ist offensichtlich kaputt, anders kann ich mir nicht erklären, dass ich ihm auch schon vor dem Ereignis nicht mehr folgen, geschweige denn vertrauen konnte. Wir waren einfach da, wo wir waren, und es passierte einfach das, was passierte. Wenn das nicht so gewesen wäre, hätte ich wohl auch an dieses Szenario denken können, und wir hätten uns besser darauf vorbereiten können. Doch es ist sowieso nur eine Vermutung. Irgendwann werden wir wissen, was es wirklich war. Vielleicht.*

*Wir leben seit vielen Jahren in Schweden, unserer Wahlheimat. Die endlose Weite dieses Landes, die niedrige Bevölkerungsdichte und viele andere Umstände haben uns damals hierhergezogen. In einer immer verrückter werdenden Welt war es vielleicht eine waghalsige Entscheidung gewesen, aber Deutschland war ja nicht allzu weit weg. Doch es dauerte nicht lange, bis wir unser Heimatland sowieso mieden. Rückblickend gesehen, war es sicherlich nicht die schlechteste Entscheidung. Offensichtlich funktionierte mein Kompass damals noch.*

*Seit vier Monaten bin ich nun auf der Suche. Es ist kalt geworden, eindeutig ein Nachteil an Skandinavien. Doch in den letzten drei Jahren wurde es früher kalt. Und es blieb länger kälter. Ich kann nur spekulieren, woran das liegt.*

*Mein Sohn ist irgendwo da draußen. Ich habe ihn zwar nicht losgeschickt, aber ich habe Schuld daran, dass er gegangen ist. Also ist es meine Aufgabe, ihn zu finden. Eigentlich hatten wir uns geschworen, unsere Basis, unser Reich, unseren Hof, auf dem wir uns schon vorher auf fast alle Eventualitäten vorbereitet hatten, nicht zu verlassen. Es kam dann doch völlig anders, als ich mir das hätte vorstellen können.*

*Ich hatte ohnehin keine andere Wahl als loszugehen, denn nach vielen quälenden Wochen der Ungewissheit bekommt wahrscheinlich jeder Hummeln im Hintern. Zu Hause warten und nichts zu wissen, nichts beeinflussen zu können, ist einfach total zermürbend. Mir blieb also gar nichts anderes übrig.*

*Die letzten Tage hielt mich nur noch die Planung meiner Aktion auf. Nichts ist schlimmer als loszugehen und nach einigen Kilometern festzustellen, dass man etwas Elementares vergessen hat. Außerdem beschlich mich ein merkwürdiges Gefühl der Vertrautheit mit meiner neuen Situation, die mich davon abzuhalten schien, etwas an ihr zu ändern.*

*Seitdem ich hier wartend alleine die Stellung hielt, drohte ich offenbar wahnsinnig zu werden. Ich habe jetzt seit drei Monaten niemanden mehr gesehen, was an sich schon eine heftige Umstellung war. Ohne Austausch von Worten kommt es mir vor, als ob meine eigene Stimme laut gesprochen oder nur im Kopf ein und dasselbe wäre. Die Übergänge verlaufen fließend.*

*Ich muss dringend wieder mit anderen Menschen sprechen. Aber wo sind sie? Nach dem Ereignis mussten wir wirklich viele vom Hof jagen – die meisten sogar mit Androhung von Waffengewalt. Aber seit über einem Jahr ist keiner mehr gekommen. Wir kamen dank unserer guten Vorbereitung klar, doch an einige Sachen hatten wir eben nicht gedacht, sonst wäre ich jetzt nicht allein. Und mein Sohn auch nicht.*

*Es ist meine Schuld und es nagt an mir, dass meine Frau Mala mit Lenni, der gerade erst acht geworden war, bevor sie losgingen, wegen meiner Krankheit unterwegs und noch nicht wieder aufgetaucht sind. Ich war praktisch komatös gewesen: hohes Fieber, eine eiternde Wunde und kaum noch bei Bewusstsein. Es war richtig von ihr, loszugehen. Es war falsch von mir, krank und hilflos zu sein. Das Schlimmste aber war, dass ich zwei Tage, nachdem ich praktisch todkrank war, wieder ziemlich lebendig wurde. Ich ärgerte mich so darüber, dass ich an den darauffolgenden Tagen schneller wieder zu Kräften kam, als mir eigentlich lieb war. Und alles wegen dieser dummen Sache.*

*In der ersten Woche, in der ich allein war, habe ich angefangen, Tagebuch zu schreiben. Eigentlich nur, um mir sicher zu sein, nichts durcheinanderzubringen. Es gefällt mir, irgendwie sortiert es meine Gedanken, und es hilft mir, nichts Wichtiges zu vergessen.*

# 2. TOTALAUSFALL

*Das Ende des ersten Sommers nach dem Ereignis war gekommen, und wie immer zu dieser Zeit bereiteten wir uns auf den Winter vor. Inzwischen machten wir alles, wirklich alles selber. Was wir nicht selber machen konnten, „liehen" wir uns kurzerhand von den leerstehenden Häusern in der Umgebung. Noch war es abends einigermaßen lange hell, sodass wir noch ganz gut alle Dinge, die wir brauchten, organisieren konnten.*

*Ich war meistens mit Collin unterwegs. Er würde bald seinen dreizehnten Geburtstag feiern, und ich hätte mir in drei Teufels Namen zum Aufwachsen eine bessere Welt für ihn gewünscht! Fremde Häuser und Höfe zu durchstöbern und Sachen zu klauen, war nicht das, was ich mir für ihn als Lehrplan vorgestellt hatte.*

*Aber jetzt war es wichtig für ihn, zu lernen, wie man sich in so einer Welt am besten durchschlägt. Auch ich musste es noch lernen. Und so wie jedes Kleinkind beim Laufenlernen regelmäßig hinschlägt, mussten offensichtlich auch wir ab und zu herbe Rückschläge einstecken, aufstehen und weitergehen.*

*Einige Erfahrungen im Besorgen von lebensnotwendigen Dingen hatten wir schon. Die Feststellung, ob ein Haus, ein Hof oder ein Industriegebäude wirklich verlassen war, nahm Zeit in Anspruch. Collin hatte etliche Stunden damit verbracht, einfach nur zu observieren. Ich hatte jedes Mal ein schlechtes Gefühl, wenn ich ihn alleine ein Haus beobachten ließ. Doch er war stets bewaffnet und konnte mit der Waffe auch umgehen. Vor allem konnte er schnell laufen.*

*Vorletztes Jahr, das Jahr nach dem Ereignis, war es tatsächlich einmal knapp gewesen: Wir hatten Mala von der Aktion nichts erzählt, doch ich denke, sie hat es uns angesehen, aber aus Liebe zu uns nichts gesagt. Collin beobachtete damals ein Haus etwa sechs Kilometer von unserem entfernt. Alle umliegenden Häuser und Höfe hatten wir observiert – und ehrlich gesagt: geplündert. Natürlich nur dann, wenn auch nach einigen Monaten keiner der Besitzer mehr die Objekte benutzte.*

*Das erste Haus, welches ich geplündert hatte, war das von unserem nächsten Nachbarn gewesen. Etwas über einen Kilometer entfernt lag das Haus am Ende einer langen Einfahrt direkt im Wald. Der ehemalige Besitzer war ein unsympathischer und irgendwie unheimlicher Zeitgenosse gewesen. Er besaß eine Horde nerviger Hunde für die Jagd, die er im Zwinger hielt und die ständig kläfften. Meistens war er allein, da er es anscheinend mit keiner Frau länger als einige Monate aushielt – oder die Frauen nicht mit ihm, so genau wussten wir das nicht.*

*Er hatte sich einige Tage nach dem Ereignis selbst zur Strecke gebracht, indem er zuerst seine Hunde und anschließend sich selbst den Fangschuss verpasst hatte. Ich denke im Nachhinein, er hätte sich und seine Meute wohl auch ohne das Ereignis irgendwann erledigt.*

*Zwei Tage nach dem Ereignis war er noch kurz zu uns rübergekommen und wollte sich nach unserem Wohlergehen erkundigen. Ob wir zufällig Schmerzmittel im Haus hätten, wollte er damals wissen; was wir verneinten. Er könne gegen Munition oder Diesel tauschen. Nun ja, Diesel und Munition hatten wir selber, und ich fragte ihn, was wir mit Diesel sollten. Diesel sei auch sehr gut zum Heizen geeignet; doch ich merkte schnell, dass das Gespräch zu keinem konstruktiven Ergebnis führen würde, und wimmelte ihn ab. Soviel ich wusste, hatte er keine chronische oder schmerzhafte Erkrankung, und ich war froh, als er wieder ging.*

*Wir hörten die Schüsse spät am Abend bei der Kartoffelernte, einige Tage nach seinem Besuch.*

*„Geh mal rüber und sieh nach. Und nimm dein Gewehr mit!", bat mich Mala.*

*Ich spare mir hier lieber, von der Sauerei zu berichten, die mich auf seinem Hofplatz erwartete und mir gründlich sowohl den Tag als auch den Appetit auf das Abendbrot verdarb.*

*Aber im Nachhinein führte diese Sauerei für uns einige Tage später durchaus zu etwas Gutem, nachdem ich mich von dem Schock erholt hatte. Wir retteten bei einem nachbarschaftlichen Ehrenbesuch viele gute Dinge für unsere Vorratskammer, unsere Werkstatt und unseren Waffenschrank. Auch Hundefutter für unseren Hund Chillow hatten wir jetzt fast im Überfluss.*

*Nun aber zurück zu dieser Sache, die beinahe ins Auge gegangen wäre: Collin war in regelmäßigen Abständen bei dem Objekt gewesen, was wir nun – mittlerweile über ein Jahr nach unserer ersten Plünderung bei unserem Nachbarn – beobachteten. Auch ich war so oft wie möglich mit dabei. Es reichte normalerweise, Objekte in regelmäßigen Abständen und zu unterschiedlichen Uhrzeiten zu beobachten. Ging jemand hin oder kam jemand heraus? Waren im Winter Fußspuren im Schnee zu sehen? Waren Geräusche zu hören oder leuchtete in der Dämmerung das Licht von Kerzen? All diese Dinge beobachteten wir.*

*Ich holte Collin ab, der die Lage wie folgt einschätzte: „Unauffällig wie immer!"*

*„Dann können wir morgen rein", lautete auch mein Urteil. Also gingen wir am nächsten Tag in das Haus.*

*Etwas Schnee fiel und erschien in diesem Jahr irgendwie weißer als früher. Ich hatte sowieso das Gefühl, dass die Farben sich verändert hatten: Der Himmel war blauer und selbst die Bäume und das Gras schienen im Sommer grüner zu sein. Vielleicht lag es daran, dass es keine Kondensstreifen mehr gab, die sich wie früher sonst immer zu einem graublauen Schleierhimmel ausgefächert hatten.*

*Unser Ziel war eine kleine Hütte, wahrscheinlich ein Ferienhaus. Eigentlich keines der Objekte, von denen wir uns viel versprachen. Doch gerade in diesen waren oft Vorräte an Kerzen und Diesel oder Benzin für Generatoren zu finden. Auch das gute alte Petroleum war ein gefragter Rohstoff in diesen Zeiten ohne Strom. Es war kälter als sonst um diese Jahreszeit. Ständig schneite es, und Temperaturen unter null Grad waren in diesem Spätoktober an der Tagesordnung.*

*Wir brachen die Tür mit einer Brechstange auf. Das dauerte nur wenige Sekunden, und wir fanden gleich hinter der Haustür einen Schrank mit Kerzen, Petroleum, Streichhölzern und Müllsäcken – endlich Müllsäcke: Die hatten wir schon lange auf der Liste. Ein Leben ohne Müllsäcke ist machbar, aber nicht erstrebenswert.*

*Wir packten alles in unsere Rücksäcke und gingen weiter, als Collin mich warnte: „Papa! Da kommt jemand."*

*Ich guckte aus dem Küchenfenster und erkannte drei Männer und eine Frau, auch ohne genauer hinzusehen, in dunklen Klamotten auf das Haus zukommen. Mindestens einer von ihnen hatte ein Gewehr geschultert. So genau konnte ich das nicht erkennen. Jetzt musste alles ganz schnell gehen, um uns eine direkte Konfrontation zu ersparen.*

*Ich lud meine .22-Pistole durch und flüsterte: „Wir gehen hinten raus, durchs Fenster, schnell!"*

*Zeitgleich bewegten wir uns zum Wohnzimmer und ich versuchte, ein Fenster zu öffnen. „Scheiße! Die Farbe hat es zugeklebt." Ich schlug seitlich mit der Faust dagegen und das Fenster öffnete sich langsam.*

*Collin warf ich in meiner Angst praktisch aus dem Fenster und sprang hinterher.*

*Wir rannten los, um uns in der ungefähr hundert Meter entfernte Tannenschonung in Sicherheit zu bringen. Mir war sofort klar, dass die Fremden uns gehört haben mussten und unsere Spuren im Schnee sehen würden. Doch wir erreichten die Deckung schneller, als ich gedacht hatte.*

*Ich drehte mich um und sah noch, dass einer der Fremden aus dem offenen Fenster schaute.*

*Dann hörten wir laute Stimmen aus dem Haus, und uns war klar, dass sie uns nicht gesehen hatten.*

*Völlig atemlos kamen wir bei unseren Fahrrädern an und machten uns auf den Rückweg.*

*„Guck mal, Papa, da sind Autospuren im Schnee", keuchte Collin.*

*Ich war total außer Atem und keuchte etwas wie „Grrrott", mehr brachte ich nicht raus.*

*Das Wichtigste war, jetzt so schnell wie möglich nach Hause zu kommen. Gott sei Dank fing es wieder an stark zu schneien, sodass man unsere Fahrradspuren nicht lange sehen konnte. Ein eisiger Wind tat sein Übriges.*

*„Sag Mama nichts davon, sonst macht sie sich unnötig Sorgen, wenn wir wieder einmal losmüssen. Die haben uns nicht gesehen und können unsere Spuren nicht verfolgen." Ich schlug vor, erst mal eine Pause vom fluchtartigen Rückzug unserer Rohstoff-Beschaffungs-Aktionen zu machen.*

*Collin stimmte zu.*

*Auch diese brenzlige Aktion war nun schon über eineinhalb Jahre her. Wir hatten trotz des Schreckes wieder recht schnell unsere Arbeit aufgenommen und einige Erfolge verzeichnen können. Einmal hatten wir in einem Erdkeller eines luxuriösen Einfamilienhauses viele Konserven, Seife, Zahnpasta, Duschgel und sogar einige Pakete Toilettenpapier finden können. In anderen Häusern fanden wir flaschenweise guten italienischen Rotwein, Munition, Waffen, Medikamente und anderen Kram, den wir gut gebrauchen konnten.*

*Es lohnte sich für uns trotz der Gefahr absolut, denn kurz nach dem Ereignis hatten wir versucht, in die nächstgelegene Kleinstadt zu kommen, was keine gute Idee gewesen war: Die zwei Lebensmittelläden, die Apotheke und die Tankstelle waren geplündert und teilweise sogar abgefackelt worden. Wir sahen mehrere bewaffnete Leute und waren schneller wieder weg, als wir gekommen waren.*

*„Definitiv kein sicheres Pflaster", meinte ich damals zu Collin, aber eigentlich hatte ich auch nichts anderes erwartet.*

*Ich war einige Zeit später nochmal alleine dort gewesen, aber sofort an der Stadtgrenze umgekehrt, nachdem ich einige Schüsse und Schreie gehört hatte. Der Risiko-Nutzen-Faktor war offensichtlich eher auf unserer Seite, wenn wir es weiterhin so machten, wie wir es nun seit einigen Monaten taten. Das eine schlechte Erlebnis mit den fremden Eindringlingen war sicherlich eine Verkettung unglücklicher Umstände gewesen. Ich vermutete, die Leute wollten dasselbe wie wir, und wir waren sicher nur zufällig zur gleichen Zeit am gleichen Objekt gewesen. Doch die Reifenspuren gaben mir zu denken. Fuhren doch noch Autos? Es ließ mir keine Ruhe.*

*Bei dem Objekt, welches wir als Letztes beobachteten, gab es einen Trumpf. Vor dem etwas heruntergekommenen Bauernhaus, ungefähr acht Kilometer entfernt von unserem Haus, unserer Basis, parkte ein alter Mercedes 190 D. Es musste ein Modell aus den späten Sechzigern sein. Meiner Theorie nach müsste eigentlich jeder Saugdiesel noch fahren, da sie, bis auf die Batterie zum Starten, keinerlei Elektronik verbaut hatten, die für die Funktion des Motors wichtig wäre. Vorausgesetzt, der Motor funktionierte noch. Ich hielt insgeheim schon länger nach so einem Oldtimer Ausschau, doch bis auf alte Traktoren, die sich schlecht anschieben ließen und uns auch nicht wirklich mobil machen würden, hatten wir noch nichts gefunden. Unsere Mission war es, nachdem wir das Haus gründlich observiert, geplündert und nach dem Autoschlüssel gesucht hatten, den Wagen durch Anschieben zu starten. Und ja, wir waren erfolgreich. Wir fanden tatsächlich den Autoschlüssel. Zum Glück stand der Wagen mit der Nase voran Richtung einer abschüssigen Einfahrt – perfekt! Ich war total aufgeregt, ein bisschen wie vor meiner ersten Fahrstunde.*

*Ich öffnete die Tür und wies Collin an: „Wenn ich ‚Jetzt' sage, musst du anschieben!"*

*„Klar, Papa, kein Problem!"*

*Ich öffnete die Tür. Ein muffiger und leicht schimmeliger Geruch schwoll mir entgegen. „Puh! Erst mal lüften. Die Karre stinkt wie Oma unterm Arm."*

*Collin lachte. „Lass dir Zeit, wir haben es doch nicht eilig."*

*Nach einigen Minuten des Auslüftens setzte ich mich in den Wagen und rief: „Jetzt, schieb!"*

*Der Wagen bewegte sich nicht. Ich stieg aus und ließ mir von meinem Sohn erklären, er hätte alles gegeben. Also kletterte ich abermals ins Auto und kontrollierte, ob ich die Handbremse gelöst hatte. In dem Moment gab der Fahrersitz unter mir nach, und ich spürte ein Reißen im rechten Oberschenkel. Ich schrie vor Schmerzen. Ich war im Fahrersitz eingesunken, und eine Metallfeder des Sitzes musste sich ein kleines Stück in mein Fleisch zwischen Oberschenkel und Pobacke gedrückt haben.*

*Der alte Sitz war offensichtlich völlig hohl von innen. Schon beim ersten Hinsetzen hatte ich die Federn des Sitzes im Hintern gespürt, mir aber nichts weiter dabei gedacht. Wahrscheinlich hatten die Mäuse im Laufe der Zeit die gesamte Schaumstofffüllung aufgefressen, sodass der Sitz eigentlich nur noch aus Spiralfedern und Stoff bestanden haben musste. Warum fressen die Viecher Schaumstoff, fragte ich mich.*

*Ich schrie erneut auf, als ich mich aus meinem Folterstuhl befreite.*

*„Was ist los, Papa? Du blutest ja. Was ist passiert?" Collin war sofort zur Stelle.*

*„Die Scheißmäuse haben den Sitz gefressen, und ich habe mir eine Sitzfeder in den Oberschenkel gejagt."*

*Mit blutiger Hose und gedämpfter Stimmung gingen wir zu den Fahrrädern zurück.*

*„Ich glaube nicht, dass ich fahren kann", bemerkte ich und beschloss, den Drahtesel lieber zu schieben.*

*Und so dauerte es mehr als drei Stunden, bis wir wieder zu Hause waren. Der einsetzende Schneefall wurde stärker und auch der Wind wurde schärfer. Wir waren wirklich völlig fertig an diesem verfluchten Abend Ende Oktober. Daran war nicht nur der Schnee, sondern auch meine Dummheit schuld.*

*Mala kam besorgt aus der Haustür, sobald wir den Hofplatz erreichten. „Was ist passiert? Warum kommt ihr so spät? Ich habe mir Sorgen gemacht."*

*„Mama, Papa hat sich eine Feder in den Hintern gejagt. Ich glaube, du musst ihm helfen!"*

*Malas Gesichtsausdruck erspare ich mir hier zu beschreiben.*

*„Nein, es ist nicht so, wie du denkst. Ich habe mich an einem verrotteten Autositz verletzt, wahrscheinlich von Mäusen oder Ratten völlig ausgehöhlt“, versuchte ich die Sachlage aufzuklären.*

*„Kommt erst mal rein, es ist ja arschkalt geworden“, meinte sie; und arschkalt war genau der richtige Ausdruck. Wir lachten, weil es sich irgendwie passend anhörte und setzten uns drinnen vor den warmen Kamin. Na ja, Mala und Collin setzten sich, ich blieb stehen und erzählte dann die ganze Geschichte. Nachdem mich Mala behandelt, die Wunde desinfiziert und mit einem Verband versorgt hatte, konnte ich an diesem Abend erstaunlich gut schlafen.*

*Am nächsten Tag dachte ich ernsthaft darüber nach, die Aktion „Autobergung oder ein Neuwagen für Papa“ doch noch abzuschließen, doch ich war zunächst mit Schneeschieben und anderen wichtigen Dingen der Tagesroutine beschäftigt. Abends waren die Schmerzen am Oberschenkel kaum auszuhalten. In der Nacht konnte ich kaum schlafen, und am nächsten Morgen kam ich nicht aus dem Bett.*

*„Du hast ja Fieber, lass mich mal die Wunde sehen“, bat Mala. Sie holte einen frischen Verband und Desinfektionsmittel. Ich war froh, dass wir so gut auf alle Eventualitäten vorbereitet waren, und bereute zugleich, dass ich mich durch diese Aktion jetzt wie gerädert fühlte.*

*Mala versorgte meine Wunde und verband sie neu. „Du bleibst heute lieber im Bett“, entschied sie. „Du hast Fieber und die Wunde ist entzündet. Ich gebe dir was von dem Zeugs. Wie heißt es doch gleich?“*

*„Artemisia! Wirkt antibakteriell und antiviral. Für uns war es immer eine gute Alternative zu Antibiotika“, ergänzte ich, als wäre es ein Werbeslogan. Ich fühlte mich schwach und beschissen, nahm etwas von dem Zeug und schlief wenig später ein.*

*Als ich wieder aufwachte, dämmerte es. Ich wusste nicht, ob es morgens oder abends war. Ich hatte jegliches Zeitgefühl verloren und rief nach Mala: „Ich habe kein Fieber mehr, Schatz!“*

*Nachdem sie nicht antwortete, versuchte ich aufzustehen. Meine Beine waren aus Gummi. Mein Hintern tat immer noch höllisch weh, aber es war besser geworden. Ich sackte wieder zurück ins Bett. Neben mir stand eine Trinkflasche mit Strohhalm, die ich noch nie gesehen hatte. Nach einiger Anstrengung schaffte ich es, mich auf die Bettkante zu setzten. Wenige Minuten später stand ich, merkte aber sofort, dass mir schwindelig wurde.*

*Ich beschloss, es langsam anzugehen und rief nochmal vorsichtig nach Mala. Meine Stimme versagte nach „Ma–“, und ich merkte, wie trocken mein Hals war.*

*Keine Antwort. Dafür hörte ich komische Geräusche von draußen, die sich anhörten, als ob jemand mit einem Vorschlaghammer auf unsere Scheune einschlug. Ich musste sehen, was da los war. Etwas benebelt und mit aller Kraft schaffte ich es, hochzukommen. Ich sah aus dem Fenster und wunderte mich, dass der ganze Schnee geschmolzen war.*

*Mit Mühe schaffte ich es weiter zur Haustür und sah vorsichtig hinaus. Ich sah Collin, er hackte Holz. Ich versuchte, ihn zu rufen, brachte aber keinen Laut hervor. Meine Kehle war zu trocken. Also pfiff ich auf den Fingern; das klappte.*

*Er drehte sich um und sah mich an, als ob er ein Gespenst sehen würde. „Papa!“, rief er, ließ die Axt fallen und rannte auf mich zu – besorgt und überglücklich, mit Tränen in den Augen. „Papa, ich dachte, du würdest es nicht schaffen“, schluchzte er und umarmte mich mit voller Kraft, sodass ich kaum Luft bekam.*

*„Was ist denn los? Wo sind Mama und Lenni?“, fragte ich gequält.*

*„Das ist eine lange Geschichte. Das erzähle ich dir gleich, okay?“ Das Zittern in seiner Stimme machte mich nervös. Irgendetwas stimmte hier nicht, und ich musste jetzt wissen, was es war. „Komm erst mal mit, es sind mindestens minus drei Grad, wir setzen uns besser vor die Küchenhexe“, schlug Collin vor und stützte mich beim Gehen.*

*„Papa, du warst über zwei Wochen krank! Mama ist mit Lenni Antibiotika suchen gegangen. Sie meinte, das Zeug, das wir immer nehmen, würde nicht mehr helfen, und ansonsten würdest du sterben. Ich bin so froh, dass du aufgewacht bist.“*

*„Wie spät ist es eigentlich? Und wann ist Mama mit Lenni los?“*

*„Es ist kurz vor vier laut Sonnenuhr. Mama ist gegen elf mit Lenni losgegangen. Sie haben sich gut vorbereitet: warme Klamotten, Proviant – und auch die Schrotflinte hat sie mitgenommen.“*

*Mein Puls war jetzt nicht nur im Hintern, sondern auch im Hals deutlich zu spüren. Wie konnte es sein, dass ich zwei Wochen praktisch im Koma gelegen hatte und um mich herum nichts mitbekommen hatte? „Was genau ist passiert? Wieso ist Mama genau heute losgegangen? Gib mir mal bitte etwas zu trinken, Collin, meine Kehle ist so trocken wie der Sand in der Sahara!“*

*„Wir dachten, du stirbst sonst. Mama sagte, ich soll mich um dich und den Ofen kümmern. Lenni wollte unbedingt mit Mama mitgehen. Chillow haben sie auch mitgenommen.“*

*„Haben sie gesagt, wo sie hingehen wollten, um Medikamente zu besorgen?“, fragte ich, nachdem ich einen Schluck Wasser getrunken hatte.*

*„Sie wollten zum Haus von Dr. Magnusson. Mama sagte, dass in seinem Haus sicher was zu finden sei.“*

*„Das ist mindestens zwölf Kilometer entfernt, und sie sind zu Fuß gelaufen?“*

*„Ja, sie sind zu Fuß los, Papa. Ich habe noch gesagt, sie sollen lieber die Räder nehmen, aber Mama wollte bei der Glätte und mit Lenni nicht mit dem Fahrrad fahren. ‚Beim Laufen bleibt man warm‘, hat Mama gesagt.“*

*Das war ganz allein meine Schuld. Diese blöde Idee, wieder einen fahrbaren Untersatz zu haben, war jugendlich-leichtsinnig gewesen. Wir hatten uns nach dem Ereignis fest darauf geeinigt, uns nur auf die wesentlichen Dinge zu beschränken: Nahrung, Wasser und warme Unterkunft sowie die effektive Verteidigung dieser. Dies waren die Dinge, auf die wir uns konzentriert hatten. Dies waren die Dinge, die uns fast drei Jahre lang so gut durch die veränderte Welt gebracht hatten. Klar, die Raubzüge hatten auch einiges dazu beigetragen, aber tatsächlich beraubt hatten wir niemanden – jedenfalls hatten wir alles uns Mögliche getan, um dies sicherzustellen.*

*Ich war auf dem Weg der Besserung, aber noch schwach, und es war Gold wert, dass mein Junge jetzt da war und mir in meiner Erholungsphase zur Seite stand. Es gab nur ein Problem, denn auch nach vier Tagen waren Mala und Lenni nicht zurückgekehrt. Wir machten uns ernsthaft Sorgen, jede Sekunde, Minute, Stunde etwas mehr.*

# 3. ALLES AUS

*Drei Jahre vorher hatte uns das Schicksal einen Streich gespielt. Wortwörtlich „rien ne va plus“ – nichts geht mehr. Wie beim Roulette hatte die Kugel des Schicksals dieses Kuddelmuddel entschieden. Und nichts ging mehr. Von der einen auf die andere Minute höchstwahrscheinlich, denn das konnte ich nicht mit Gewissheit sagen, genauso wenig, wann genau es zu diesem Ereignis gekommen war. Ich vermute aber, dass es nur wenige Minuten, bevor ich damals morgens aufgewacht bin, passiert sein konnte.*

*Kein elektronisches Gerät gab mehr ein Lebenszeichen von sich. Kein Auto, Flugzeug oder ein anderes bekanntes Geräusch war an diesem Morgen in der Ferne zu hören. Eigentlich nichts Ungewöhnliches, denn wir wohnten sehr abgelegen.*

*Wie jeden Morgen schlich ich mich um halb sechs leise aus dem Bett, um meine Frau nicht zu wecken. Zuerst dachte ich, als ich mein Handy anmachen wollte, die Batterie sei leer, denn es tat sich nichts.*

*Draußen war es schon einigermaßen hell. Wie jeden Morgen ging ich in die Küche und setzte Wasser für meinen ersten morgendlichen Kaffee auf. Als ich mich nach fünf Minuten wunderte, dass es noch nicht kochte, stellte ich fest, dass wir keinen Strom hatten.*

*Merkwürdig, denn zumindest die Solaranlage mit Batteriespeicher, die in der hellen Jahreszeit nahezu hundert Prozent unseres Stroms lieferte, sollte funktionieren. Aber weder das arschteure öffentliche Stromnetz noch die Solaranlage schien Strom zu liefern. Ich überprüfte selbstverständlich die Sicherungen, doch die waren alle in Ordnung.*

*Ich wollte wie jeden Tag erst mal gemütlich meinen frühmorgendlichen Kaffee trinken, dabei meine Mails checken und langsam wach werden. Ich war alleine schon dadurch mehr als leicht genervt, dass meine Morgenroutine auf diese Weise gestört wurde, aber Not macht erfinderisch und ich begann, die Küchenhexe – die wir eigentlich frühestens im November regelmäßig zum Kochen, Backen und Heizen benutzten – mit Holz zu beladen. Doch das Feuerzeug verweigerte ebenfalls seinen Dienst.*

*Nun begann ich nach Streichhölzern zu suchen und fand welche in einer Schublade im Wohnzimmerschrank. Mein erster Kaffee hatte jetzt schon mindestens fünf Minuten Verspätung. Die Streichholzschachtel war natürlich leer. Insgesamt fand ich vier leere Streichholzschachteln und einen gebastelten Igel. Es dauerte ein paar Sekunden, um zu erkennen, dass die Stacheln des Igels die Streichhölzer waren. Vorsichtig zog ich dem Igel einen Stachel, natürlich an einer möglichst unauffälligen Stelle. Dann musste ich feststellen, dass das Streichholz nur noch halb so lang war wie es sein sollte. Es war mir egal, Hauptsache, Feuer anmachen und Kaffee trinken.*

*Zu meinem Erstaunen bekam ich das Streichholz mit einem Anreißen an. Schnell begann ich das zusammengeknüllte Papier in der Küchenhexe damit zu entzünden. Doch so schnell ging das nicht, und ich sengte mir die Fingerkuppe an. Schnell unter den Wasserhahn, um mit kühlem Wasser Abhilfe zu schaffen. Doch nach einer Minute wurde der Wasserstrahl immer dünner. Schnell war mir klar: ohne Strom kein Wasserdruck. Der Schmerz war jetzt einigermaßen erträglich, inzwischen war mir der Kaffee schon fast egal, denn wach war ich jetzt.*

*Stromausfall. Das war mein erster Gedanke, denn das passierte einigermaßen regelmäßig. Auch das hatten wir vorhergesehen und uns schon vor langer Zeit mit Generator und Solaranlage mit Batteriespeicher gerüstet. Allein schon wegen der exorbitant hohen Strompreise. Schließlich war es sogar offiziell angekündigt worden, dass uns sogenannte Brownouts in den nächsten Jahren immer wieder bevorstehen sollten.*

*Doch warum zum Henker funktionierte die Solar-Batterieanlage nicht? Ich hatte sie extra so geschaltet, dass sie im Falle von fehlendem Netzstrom diese Lücke sofort schließen sollte. Irgendetwas funktionierte dort nicht. Ich wollte es gleich feststellen, aber nun erst mal meinen Kaffee genießen. Doch dazu sollte es nicht kommen.*

*Ein unbändiger Knall mit gleichzeitiger starker Erschütterung ließ mich und meinen inzwischen lauwarmen Kaffee erzittern. Nun war mindestens die Hälfte des Becherinhaltes auf meinem Kapuzenpullover gelandet, und trotzdem war ich wacher als nach einer ganzen Kanne Kaffee. Auch mein Herz galoppierte wild und bestätigte mir meine Aufregung.*

Was in aller Welt war das? Mein erster Gedanke war: Bombe. Sicher so eine EMP-Bombe, also eine Atombombe, in großer Höhe gezündet, die einen elektromagnetischen Impuls auslösen konnte, der jegliche Elektronik lahmlegt. Waren es die Chinesen, die Russen oder Nordkorea?

Es folgte eine weitere Detonation von welcher Art Bombe auch immer, die in der Ferne explodierte, vielleicht sogar auf das nächstgelegene strategische Ziel in der Nähe. So mein Gedankengang.

Alle waren wach. Offensichtlich war es ein Tag, an dem wohl niemand einen Kaffee brauchte.

„Was ist mit dir passiert, Schatz? Du siehst mitgenommen aus. Und dein Pullover …“ Mala war sichtlich schockiert. „Was war das für ein Knall, oder habe ich nur geträumt?“

Ich berichtete von meiner Theorie des EMP und eines weiteren Bombeneinschlags. „Hol die Kinder, wir sollten erst mal in den Keller gehen! Ich hole das Batterieradio. Ich will später mal sehen, ob wir was empfangen.“

Gemeinsam traten wir vor die Tür. Die Kinder waren sichtlich erschüttert und fragten fortwährend, was los sei. Sie hätten nichts gehört, seien müde. Und warum überhaupt sollten sie heute so früh aufstehen? Kaum waren wir aus der Tür, sahen wir es: eine gigantische Rauchsäule, ungefähr drei bis fünf Kilometer weit weg. Der Rauch war dunkel. Ein Rauch wie von verbrennenden Autoreifen. Es war also höchstwahrscheinlich keine atomare Explosion gewesen, vermutete ich.

Und schon wieder rumste es. Diesmal wesentlich weiter entfernt. Die Erde bebte diesmal nicht. Wir kannten zwar Explosionen und Erdstöße, da in der Umgebung öfter mal gesprengt wurde, aber eine solche Erschütterung war uns bis dato fremd.

„Wir brauchen nicht in den Keller. Ich vermute, es sind keine Raketen oder Bomben, sondern Explosionen, vielleicht verursacht durch den Stromausfall.“

„Welchen Stromausfall?“.

„Wir scheinen keinen Strom mehr zu haben. Selbst das Solar-Batteriesystem scheint nicht zu funktionieren“, erklärte ich ihr. „Bleibt bitte erst mal im Haus, maximal vor der Tür, ich sehe mal nach der Solaranlage.“

Mit zitternden Beinen marschierte ich zum Stromhäuschen, welches ich extra für die Solar-Batterieanlage gebaut hatte. Doch es gab nichts zu *sehen. Alles war dunkel und leblos. Kein Display und auch keine Kontrolllampen leuchteten. Ich versuchte, den Generator zu starten, aber weder mit Elektrostart noch nach mehrfachem Reißen an der Startleine gab das Stromaggregat einen Mucks von sich. Das Radio war auch tot, stellte ich wenig später fest.*

*Bis zu diesem Tag hatten wir alles in unserer Macht Stehende getan, um möglichst autark aufgestellt zu sein. Wir hatten einen Haufen Silbermünzen, weil wir dem Digitalgeld misstrauten. Bargeld gab es so gut wie gar nicht mehr. Daher waren alle möglichen Tauschwährungen für uns schon länger das Mittel der Wahl. Ob Schnaps, Honig oder Zigaretten – wir hatten für jeden Bedarf eine Tauschwährung parat. Bei den Zigaretten bin ich ganz ehrlich: Es gab einen hausinternen, mysteriösen Schwund, den ich aber in der Lage war aufzuklären, wenn mich jemand gefragt hätte.*

*Dass es letztendlich nie dazu kommen würde, mit jemandem etwas zu tauschen, war uns damals noch nicht klar. Was uns allerdings schon lange klar gewesen war, war die Tatsache, dass es zu einer Art Endspiel kommen würde. Dies aber hatte uns nicht davon abgehalten, zwei Kinder in die Welt zu setzen, und bis wenige Tage vor dem Ereignis hatten wir ernsthaft noch darüber geredet, wie es wäre, noch ein Mädchen zu bekommen. Typisch, wenn die Frauenquote in der Familie ins Ungleichgewicht geriet, machten die meisten Familien sich wahrscheinlich bis zur Menopause Gedanken darüber, wie man dieses Ungleichgewicht wieder ins Lot bringen könnte.*

*Was an jenem Tag jedenfalls genau passiert ist, war uns damals noch nicht klar. Aber wir wussten instinktiv, dass der Strom nicht so schnell zurückkehren würde, sondern dass es vermutlich Tage, Wochen oder gar Monate dauern würde. Nach der Energiekriese 2023/24 waren viele Leute sensibilisiert. Es würde sich jedoch erst zwei Jahre später herausstellen, dass es sich hier nur um einen weiteren künstlichen Umverteilungsprozess gehandelt hatte, der natürlich rein zufällig stattgefunden hatte. Wir hatten daraus gelernt und uns bestmöglich vorbereitet. Doch dass jetzt kein Saft mehr da war, weder vom Netz oder Generator noch von der Batterie, war eine völlig neue Situation, auf die wir erst einmal nicht vorbereitet waren.*

*Was konnte so etwas ausgelöst haben? Ein EMP-Angriff, der alle elektronischen Bauteile zerstört hatte, war eigentlich die einzige Antwort. Aber wer sollte uns angegriffen haben? Die globalen Streitigkeiten waren meines Wissens alle bis Mitte der 2020er Jahre ausgetragen worden, denn Rohstoffe waren so knapp und teuer geworden, dass sich eine friedliche Einigung wohl mehr lohnte als sich gegenseitig umzubringen.*

*Die meisten Länder auf diesem Planeten waren jahrelang hauptsächlich damit beschäftigt, sich selbst, also ihr Volk, irgendwie ruhig zu halten. Aber seit es mit den Subventionen für eine Schuhkarton-große Wohnung inklusive virtuellem Realitätsnetz-Anschluss, kurz VRN, sowie zugeteilter Energie vorbei war, hatten viele, gerade jüngere Leute kaum noch etwas anderes zu tun, als regelmäßig die neuen Treffpunkte – die sogenannten Neurobars – anzusteuern, in denen man sich sozusagen im Reallife treffen konnte, VRN-Zugang hatte und jegliche Art von Drogen konsumieren konnte. Diese Welt war für uns und viele andere nichts Erstrebenswertes, sodass eine ganze Menge Menschen, vor allem Familien, die Städte verlassen hatten und nun versuchten, sich selbst zu versorgen.*

*Es gab für mich zu diesem Zeitpunkt jedenfalls absolut keine Antwort auf die Frage, was hier passiert sein könnte, und ich hoffte insgeheim auf eine Verkettung von unglücklichen Umständen, die dafür gesorgt hatten, dass sämtliche Geräte nicht mehr funktionierten. So wie bei einer Überspannung durch einen Blitzschlag.*

# 4. BERATUNGSGESPRÄCH

*Wir saßen alle am Küchentisch, Hunger hatte keiner. Es war eine emotionale, ängstliche und wilde Diskussion, soweit ich noch weiß. Ich erinnerte daran, dass vor 120 Jahren kaum ein Mensch Strom hatte und alle wunderbar klargekommen seien. Doch die Explosionen und die Rauchsäule ließen uns keine Ruhe. Wenn es nur der fehlende Strom gewesen wäre, kein Problem, aber auch unsere Batterie-Solarstrom-Anlage war tot.*

*Trotzdem versuchte ich zu beruhigen: „Solange wir nicht wissen, was genau passiert ist, bleiben wir hier. Und vor allem bleiben wir so ruhig wie möglich. Es wird sich alles sicherlich bald aufklären."*

*Doch Mala und ich wussten, dass die Tatsachen eine andere Sprache sprachen. Diesen vermeintlichen Tatsachen mussten wir auf den Grund gehen – und zwar so schnell wie möglich, denn in einem waren wir uns schon immer sehr ähnlich: Ungewissheit mochten wir beide überhaupt nicht. Auf der anderen Seite waren wir uns durchaus bewusst, dass wir nichts jemals genau wissen konnten, denn alles ist immer eine Frage der Wahrnehmung.*

*Also beschlossen wir nach kurzer heftiger Debatte, zu einer Erkundungstour auszurücken. Je früher, desto besser. Wir mussten einfach herausfinden, was diese Rauchsäule verursachte. Vielleicht war es eine Giftwolke oder was auch immer. Instinktiv wussten wir jedenfalls, dass es der erste Puzzlestein eines sehr großen Puzzles war.*

*Wir beschlossen, dass Collin und ich Richtung Rauchsäule fahren würden, aber nicht unbewaffnet. Die Situation schien uns dementsprechend brisant. Keiner wusste, ob wir uns vielleicht doch in einem Krieg mit einem anderen Land befanden. Wir diskutierten noch einige Minuten über Sinn und Unsinn der bevorstehenden Aktion, aber kamen schnell zu dem Schluss, dass es wohl kaum eine andere Möglichkeit gab, die Situation besser einzuschätzen. Ich versprach Mala, dass wir versuchen würden, das Gebiet so weit wie möglich zu erkunden; und das so vorsichtig und unauffällig wie möglich.*

*Ich legte meine Kaliber-30-06-Repetierbüchse in den Kofferraum unseres gerade vor einigen Monaten angeschafften Volvo-XC-60/2-Eco-Diesel-Hybrid und steckte einige Patronen in die Hosentasche. Der Wagen war nicht neu gewesen. Wir kauften nie neue Autos, da wir immer von dem Rabatt, den die ersten Jahre der Laufzeit automatisch hergaben, profitieren wollten.*

*Collin fragte, ob er Proviant mitnehmen sollte. Ich erwiderte, dass dies unter normalen Umständen keine schlechte Idee sei, aber dass es wohl nicht so lange dauern würde. Jedenfalls hoffte ich das – und wurde eines Besseren belehrt.*

*Wir stiegen ins Auto, und Mala warf uns eine Kusshand aus der Haustür zu. Neben ihr sah ich das kleine Gesicht von Lenni. Für ihn schien das Ganze wie ein großes Abenteuer zu sein.*

*Ich setzte mich auf dem Fahrersitz zurecht, schloss die Tür und drehte den Zündschlüssel. Nicht passierte, kein „Rum, rum, rum" und der Motor läuft, kein Sirren des elektrischen Antriebes, nichts. Ich versuchte es nochmal, wobei mir aber sofort ein Licht aufging: Es konnte also tatsächlich nur ein EMP gewesen sein.*

*Collin und ich kehrten ins Haus zurück, um einen neuen Krisenrat abzuhalten. Wieder saßen wir am Esstisch und berieten uns.*

*Die Entscheidung war schnell getroffen. Gott sei Dank hatten wir die Fahrräder noch nicht verkauft, obwohl Mala letztes Jahr gemeint hatte, dass keiner sie mehr benutzen würde. Doch irgendwie hatte ich nie die Zeit und Muße gefunden, die Räder einzustellen und zu verkaufen. Das war jetzt ein strategischer Vorteil. Ich hatte die Räder immer gut gepflegt und stets die Reifen repariert.*

*Trotzdem stellten wir etwas später fest, dass Collins Rad einen Platten hatte. Jetzt war keine Zeit zum Streiten, obwohl ich immer angespannter wurde. Zum Glück war im Kompressor noch Luft, und der Reifen war schnell wieder aufgepumpt.*

*Die Rauchsäule schien nicht allzu weit weg, also hängte ich mir meine 30.06 quer über die Schulter und wir fuhren los.*

*Kaum waren wir einige Hundert Meter gefahren und bogen aus unserem Waldweg, der nur zu unserem Haus führte, auf die geteerte Nebenstraße ab, bekam ich es langsam mit der Angst zu tun.*

*Collin stellte derweil unentwegt alle möglichen Fragen, und ich spielte ernsthaft mit dem Gedanken, ihn wieder zurückzuschicken. Aber wenn ich recht haben sollte, würde es jetzt auch nicht helfen, ihn und seine Kinderseele zu schonen, denn die Scheiße hatte bereits den Ventilator getroffen – gelinde gesagt.*

*Wir radelten in Richtung der Rauchsäule. Die Stelle der vermeintlichen Explosion war doch weiter weg, als ich zuerst vermutet hatte. Ich war mir zu dem Zeitpunkt schon sicher, dass wir keine Autos sehen würden.*

*„Wann sind wir da, ich kann nicht mehr lange, ich bin schon so lange nicht mehr Fahrrad gefahren", keuchte Collin.*

*„Guck doch! Es ist direkt da hinten, vielleicht noch zwei Kilometer."*

*Wir fuhren jetzt etwas langsamer, denn auch mir wurden langsam die Beine schwer. Wir kamen an eine Lichtung und sahen jenseits davon ein brennendes Teil. Dahinter war der Wald in einer Schneise mit einer Breite von ungefähr hundert Metern verschwunden. Überall qualmte es.*

*Wir stiegen von den Rädern und machten uns langsam und vorsichtig auf den Weg zu der Stelle der Explosion. Ich kannte diese Stelle von der Elchjagd. Da war nichts gewesen, also kein Gebäude oder eine größere Maschine. Doch jetzt war dort regelrecht ein Krater, keiner von einer Bombe, sondern, wie es für mich aussah, eher von einem Flugzeug.*

*Wir gingen weiter und Collin wollte wissen, was hier passiert war. Ich äußerte meine Vermutung und er stimmte nickend zu.*

*„Bleib etwas hinter mir. Wenn ich Leichen sehe, sage ich dir Bescheid, dann bleibst du stehen", wies ich Collin an.*

*„Warum sind die Feuerwehr und die Rettungswagen noch nicht hier?" Die Verunsicherung in Collins Stimme war deutlich zu hören.*

*„Ich glaube, die haben alle dasselbe Problem. Irgendwas stört die Elektronik", erwiderte ich ungläubig, denn ich konnte das Gesagte selbst kaum glauben – und was ich sah, ebenso wenig.*

*Wir gingen weiter. Überall waren Wrackstücke eines vermutlich mittelgroßen Verkehrsflugzeuges zu sehen. Auch Kleidung und Koffer lagen überall herum. Ich konnte eigentlich nur anhand der Einschlagstelle und der Aluminiumteile sicher sagen, dass es sich um ein Flugzeug gehandelt haben musste.*

*Ich forderte Collin auf, erst mal hier zu warten, und ging einige Minuten allein zur Haupteinschlagstelle. Im verkohlten ehemaligen Waldstück konnte ich Sitzreihen zwischen abgebrochenen Bäumen erkennen. Sitzreihen mit schwarz verkohlten Leichen darin, die noch qualmten. Die Explosion des Treibstoffes der Maschine hatte alles in ein Kriegsszenario verwandelt. Wahrscheinlich war es das sogar. Die Auswirkung einer perfiden Kriegswaffe, die unschuldige Menschen tötete.*

*Ich hatte genug gesehen, wollte nur noch Collin einsammeln, bevor er das sehen konnte, und Mala erzählen, was passiert war. Hier nach Überlebenden zu suchen, wäre ganz offensichtlich absolut sinnlos.*

*Ich fand Collin einige Meter entfernt von der Stelle wieder, an der ich ihm gesagt hatte, er solle dort warten. Er kramte in einem Koffer und zeigte mir, was er gefunden hatte. „Guck mal, so einen wollte Lenni schon immer haben."*

*Ich wusste nicht, was es war, aber es sah aus wie einer dieser Würfel, an denen man durch geschicktes Drehen die Farben in eine Reihenfolge bringen musste.*

*„Das ist ein Magicube von Partell. Die machen so coole Sachen. So einen wollte er haben …"*

*Ich kannte das Teil nicht und hatte jetzt auch weder Zeit noch Ruhe, um darüber nachzudenken. „Nimm ihn mit, so wie es aussieht, wird ihn keiner vermissen", gab ich nach, während ich mich ständig umsah, um sicherzustellen, dass uns niemand beobachtete. Mir war es lieber, dass wir hier unbeobachtet blieben.*

*Collin hielt sich den Unterarm vor die Nase, um sich vor dem beißenden Gestank zu schützen. Auch ich rang inmitten dieses Geruchs nach verbranntem Fleisch und brennenden Gummireifen nach frischer Luft. Vergeblich. Lunge und Augen brannten höllisch. Es war nicht auszuhalten. Wir mussten hier weg. Und zwar schnell.*

*Mit zusammengekniffenen Augen blickte ich noch einmal über das Schlachtfeld. Ich hatte schon eine Menge gesehen, aber das hier war wirklich eine heftige Erfahrung, und ich wünschte, ich hätte Collin nicht mitgenommen. Das hier war kein Abenteuer, sondern eindeutig eine Nummer zu heftig für die Seele eines Kindes. Gott sei Dank hatte er nicht viel mehr als brennende Teile und verstreute Koffer gesehen.*

*Mir schlotterten zum wiederholten Male an diesem Tag die Beine, als wir zu den Rädern zurückgingen. Nein, ich zitterte ehrlich gesagt sogar am ganzen Körper, versuchte aber, es nicht zu zeigen. Ich wollte Collin nicht noch mehr verstören.*

*„Was ist hier passiert?", fragte er wieder.*

*„Eindeutig ein Flugzeugabsturz, da hat wohl keiner überlebt."*

*„Hast du tote Menschen gesehen?"*

*„Nein, sind wohl alle bei dem Aufschlag und der Explosion verbrannt oder eher gesagt pulverisiert worden", log ich.*

*„So möchte ich nicht sterben", stellte Collin fest.*

*„Du wirst sicher ein ganz normales Leben haben und sehr alt werden", antwortete ich, um ihn zu beruhigen. „Bei einem Flugzeugabsturz ums Leben zu kommen, ist statistisch im Bereich des Unmöglichen, gerade wenn man so gut wie nie mit dem Flugzeug fliegt." Was ich sagte, spielte sich wie automatisch ab. Gedanklich war ich schon ganz woanders.*

*Wir hatten doch noch einen zweiten Knall gehört. Der Strom war weg. Keine Leute in Autos zu sehen. In meinem Kopf ratterte es ganz gewaltig. Was wir hier sahen, konnte unmöglich alles sein. Es war nur ein kleiner Ausschnitt. Es musste größere Ausmaße annehmen, als wir uns vorstellen konnten. Womöglich befand sich zu diesem Zeitpunkt die ganze Welt im Ausnahmezustand.*

*Ich beruhigte mich etwas, als wir wieder auf unseren Fahrrädern saßen. Was mich aber gleichzeitig beunruhigte, war die Stille. Diese Stille hatte ich auch schon auf dem Schlachtfeld des Unglückes wahrgenommen. Es war eine surreale Stille, die einem das Blut in den Adern gefrieren ließ.*

*Wir wohnten schon lange hier draußen. Unser nächster Nachbar war Kilometer weit entfernt von unserem Hof. Doch war fast immer ein Hintergrundrauschen zu hören gewesen: in weiter Ferne fahrende Autos, Flugzeuge oder eine Kettesäge, die wie ein Waldmoped ein paar Runden drehte.*

*Jetzt aber war es absolut still – irgendwie wunderschön, aber gleichzeitig aufdringlich beängstigend.*

*Heilfroh war ich, als wir von unserer Erkundung unversehrt wieder zu Hause ankamen.*

*Mala kam uns sofort entgegen, als sie uns sah. „Seid ihr okay? Was habt ihr gesehen?"*

*Bevor ich etwas sagen konnte, stürzte Lenni auf Collin zu und fragte ihn: „Hast du es gefunden?"*

*Ohne ein Wort übergab Collin ihm den Magicube.*

*„Da ist er ja endlich, guck mal, Mama, das ist er, ich habe ihn mir schon so lange gewünscht", freute sich Lenni lautstark.*

*„Er funktioniert aber nicht, habe es schon ausprobiert", rief Collin ihm hinterher.*

*Offensichtlich war es Lenni egal. Er lief mit seiner Beute ins Haus und knallte hinter sich die Tür zu.*

*Die Frage, woher er wusste, dass Collin ihm etwas mitgebracht hatte, stellte ich mir erst viel später.*

*Collin berichtete: „Mama, da ist ein Flugzeug abgestürzt, alle sind tot!"*

*„Hat er Leichen gesehen?", fragte Mala leise in meine Richtung.*

*„Nein, aber Pulvermenschen hat Papa gesehen, hat er gesagt", verpetzte mich Collin.*

*Ich grinste verlegen. „Nein, so war das nicht gemeint, ich vermute, alle sind bei der Explosion des Flugzeugs sofort verbrannt."*

*„Geh doch bitte rein und setz uns etwas Wasser auf, die Küchenhexe brennt schon", bat Mala Collin, dann fragte sie: „Was hast du gesehen, und wo habt ihr dieses Spielzeug her?"*

*Ich erzählte Mala alles haarklein. Auch von der unheimlichen Stille, dem ekelerregenden Geruch und dass wir keinen einzigen lebenden Menschen gesehen hatten, weder unterwegs noch bei der Absturzstelle. „Kein Auto, kein Garnichts, als ob wir die letzten Menschen auf dem Planeten wären", schloss ich meinen Bericht.*

*„Was ist hier los? Wie sollen wir am Samstag zur Hochzeit von Carla kommen? Wie soll das gehen, wenn das Auto kaputt ist?", fragte Mala aufgebracht.*

*„Komm, wir gehen erst mal rein und trinken einen Kaffee", schlug ich vor.*

*Carla war Malas beste Freundin. Sie heiratete zum zweiten Mal, aber ich vermutete, ihre Hochzeit würde angesichts der Situation sowieso ausfallen, sagte jedoch vorerst nichts weiter dazu.*

*Später beim Kaffee ging ich dann nochmal auf Malas Fragen ein: „Du weißt selber, dass das Auto nicht kaputt ist. Der Strom ist weg, scheinbar sind alle technischen Geräte defekt. Es kann nur ein EMP oder ein Sonnensturm oder sonst irgendein kosmisches Ereignis gewesen sein, welches dafür verantwortlich ist."*

*„Was machen wir jetzt? Wie soll es weitergehen und wann wird es wieder normal?", fragte Mala mit deutlich zitternder Stimme, und ohne auch nur einen Schluck Kaffee getrunken zu haben.*

*„Wir sind doch gut vorbereitet; kaum jemand ist so gut vorbereitet wie wir“, versuchte ich die Lage zu deeskalieren.*

*Das schien sie etwas zu beruhigen. Wir nippten am lauwarmen Kaffee. Sie wusste es, ich wusste es. Uns war schon vor vielen Jahren klar gewesen, dass es irgendwann zu einem Showdown kommen musste.*

*Doch wir hatten all das nicht nur intuitiv gespürt und geahnt, wir hatten auch dementsprechend gehandelt. Anstatt Sparkonten bei langsam sterbenden Banken zu füttern, hatten wir immer alles Geld, was übrig war, in unseren Hof gesteckt: in unsere Selbstversorgung und in unsere kleine Land- und Forstwirtschaft, in Maschinen, in Vorräte und vor allem in die Solar-Batterieanlage. Ich war damals voller Hoffnung, dass es uns lange Zeit autark machen würde, aber keiner konnte an alles denken. Wir waren es ja schließlich gewohnt gewesen, jederzeit alle Hilfsmittel, Ersatzteile, Nahrungsmittel und was man sonst so braucht, kaufen zu können – einfach mit einem Klick im Netz bestellen, wenn die Kohle stimmte. „Ihnen wird geholfen“, just in time.*

*Diese Zeit war offensichtlich erst mal vorbei, wie es aussah. „Nun ist jeder auf sich gestellt, und alle, die noch was von der alten Welt wissen, in der es noch keine Erfindungen wie Elektrizität oder Internet gab, werden auch diese Zeit irgendwie überstehen.“ Ich trank meinen letzten Schluck Kaffee. Wir hatten uns etwas beruhigt.*

*„Sag mal, was für ein Teil habt ihr da mitgebracht?“, fragte Mala plötzlich.*

*„Ich denke, es ist ein Spielzeug, das nur mit Elektrizität läuft, denn es funktioniert auch nicht. Collin wollte es Lenni unbedingt mitbringen.“*

*Beinahe den ganzen restlichen Tag verbrachten wir damit, über die neue Situation zu sprechen, vor allem aber darüber, wie wir am besten damit umgehen könnten. Wir alle waren erschöpft und müde und gingen an diesem Tag früh schlafen. In dieser Nacht hatte ich wirre Träume, die mich mehrmals aus meinem Schlaf rissen.*

# 5. ORDNUNG IST DAS HALBE LEBEN

*Vor dem Ereignis hatte ich mich ausführlich mit sämtlichen Themen beschäftigt, alle möglichen Ratgeber gelesen oder als Hörbuch gehört. Sogar einen sauteuren Online- Kurs zum Thema „Wie Sie mehr Ordnung in Ihr Leben bringen und jeden Tag zwei Prozent effizienter werden“ hatte ich absolviert. Demnach müsste ich heute um die dreißigtausend Prozent effizienter sein – tatsächlich bin ich aber nur um ein paar Tausend Euro ärmer. Na ja, immerhin hatte ich das theoretische Wissen.*

*In mir herrscht übrigens auch nur teilweise Ordnung. Wir können diese Ordnung nicht erkennen mit unseren vorgegebenen Denkweisen. Die Urvölker im Urwald konnten die Ordnung in der scheinbaren Unordnung erkennen und mit ihr leben. Sie lebten mit dieser Unordnung, aber für sie war es Ordnung; zumindest wurde es mir so erklärt. Die Welt, in der wir uns jetzt befinden, ist dieser Urwald. Wir müssen uns die Ordnung, die wir für unser Leben brauchen, neu erarbeiten. Aber langsam und bedächtig, denn der Urwald hat seine eigene anarchistische Ordnung, die wir nicht erkennen können. Wir müssen lernen, diese Ordnung zu erkennen und uns mit ihr zu verbinden. Dies bedeutet nicht, dass wir uns der Ordnung komplett unterwerfen, sondern dass wir mit ihr wachsen und eine Symbiose bilden. Denn die Ordnung, die wir kannten, war zum Scheitern verurteilt. Sie war die echte Unordnung.*

*Nach dem Ereignis auch nur ansatzweise eine Ordnung wiederherzustellen, war die größte Herausforderung, die uns jemals bevorstand.*

*Ich hatte übrigens aufgehört, alles Mögliche über mein Handy zu hören, als Anfang 2026 herauskam, dass die Kopfhörer, ob drahtlos oder nicht, Aufzeichnungen über die Gehirnströme des Zuhörers über das Handy an den Hersteller senden würden. Ob das nun stimmte oder nicht, alleine die Möglichkeit dessen versaute mir mein Hörvergnügen. Also benutzte ich seitdem einen alten MP3-Player, auf den ich alles von Interesse laden konnte, wenn ich mal etwas bei der Arbeit hören wollte.*

*Vor dem Ereignis hatte meine Arbeit aus Vermittlungstätigkeiten in freiberuflicher Selbstständigkeit bestanden. Ich hatte mir eine Nische gesucht, mit der ich von zu Hause Aufträge für Marketing-Dienstleistungen an potenzielle Erbringer dieser vermittelte. Die Arbeit war skalierbar, und ich konnte mit einer 20-Stunden-Woche den Laden am Laufen halten, selbst wenn einer von uns mal ausfallen sollte. Mala arbeitete als Produktdesignerin für eine marktführende Nahrungsergänzungsmittel-Firma als freie Mitarbeiterin in Teilzeit – mit zwei kleinen Kindern wohl auch kaum anders möglich. So hatten wir viel Zeit für unser Hobbys, den Hof, die Tiere und viele andere Projekte.*

*Wir waren froh, als 2027 aufgrund von Personalmangel, Brennstoffknappheit für Schulbusse, Inflation und drohender Staatspleite die Schulplicht aufgehoben wurde, sodass wir unsere Kinder zu Hause unterrichten konnten.*

*Obwohl Schweden in Sachen Schulbildung einst als Vorzeigeland gegolten hatte, herrschten schon vor dem Beschluss, die Schulpflicht aufzuheben, unhaltbare Zustände an den Schulen. Schießereien, Drogen und ein ideologisch völlig irrer Lehrplan waren nur einige der Symptome einer niedergehenden Hochkultur.*

*Eher nebenbei schafften wir es, den Kindern zumindest die wichtigsten Grundlagen von Mathematik, Lesen und Schreiben beizubringen. Biologie, Physik und Chemie sollten später dazukommen. Wir waren verdutzt, dass beide Kinder bereits vor dem Schulalter zumindest ein bisschen lesen und schreiben konnten. Jedenfalls machten wir uns keine Spur von Sorgen, dass sie es später zu nichts bringen würden, denn eines hatte ich aus meinen vielen Bildungslektionen gelernt: Wer wirklich will, der kann auch! Viel mehr musste man eigentlich nicht wissen, denn das autodidaktische Lernen funktioniert in erster Linie über Freude, Wissensbegierde, Faszination und Intuition. So zu lernen war einfach unschlagbar. Diese Erfahrung hatte ich im mittleren Alter am eigenen Beispiel oft genug machen können.*

*Ich gebe zu, unsere Jobs waren weder sehr produktiv noch erfüllend, doch sie erleichterten uns durch einigermaßen gute Bezahlung das Leben, welches uns eigentlich erfüllte: unseren Gemüsegarten und die Jagd auf dem eigenen großen Grundstück, was mittlerweile allerdings höllisch viel Steuern kostete, außerdem ein wenig Holzwirtschaft, vor allem aber die Abgeschiedenheit und Ruhe, die wir immer gesucht hatten.*

*Wir hatten keine Lust, das „Unipenger“ – sozusagen das Bürgergeld mit Verknüpfung einer digitalen Wallet – zu bekommen, denn die Ansprüche und Verpflichtungen an diese waren uns zuwider. Doch es wurde immer schwieriger, ohne eine PW, oder auch Personal Wallet genannt, auszukommen. Deshalb ahnten wir schnell, dass dieses Ereignis vielleicht langfristig sogar zu etwas Besserem führen könnte.*

*Ich hatte von der kreativen Zerstörung gehört. Diese besagt, dass sich ein Unternehmen irgendwann selber zerstören muss, und dass ein bestimmtes Produkt oder die Dienstleistung an einem bestimmten Zeitpunkt nicht mehr gebraucht wird. Die freiwerdenden Ressourcen in Form von Gütern und Arbeitskräften würden dann sozusagen in einen gefragteren Markt überführt werden. So viel zur Theorie. Doch gab es vielleicht auch eine übergeordnete kreative Zerstörung?*

*Ordnen sollten sich jetzt vor allen Dingen erst mal meine Gedanken, denn ich weiß nicht mehr genau, was ich damals wirklich gedacht habe – und was ich jetzt vielleicht dazu dachte.*

*Ich mochte Ordnung, zumindest in meinen Gedanken. Ich war kein ordentlicher Mensch, aber es reichte mir, meine Werkzeuge, Dateien auf dem PC oder den Eiskratzer im Handschuhfach ohne große Suche zu finden. Ich wollte nicht ordentlicher werden, höchstens kreativer. Denn oft wurde mir langweilig beim ständigen Grübeln darüber, obwohl ich genug Wissen angehäuft hatte, es besser machen zu können.*

*Ich war damals relativ zufrieden mit dem Istzustand, und ich denke, Mala war es damals auch. Unsere Kinder konnten unbeschwert in der Natur mit den Tieren großwerden, wir hatten zwar wenige, aber wertvolle soziale Kontakte. Irgendetwas konnte man natürlich immer bemängeln, so viel war uns auch schon früher klar, aber es hätte von uns aus einfach so bleiben können, wie es war. Trotzdem waren wir der Herausforderung der Veränderung gewachsen.*

*Was ich aber nie verstehen werde, ist die Tatsache, dass wir nun voneinander getrennt wurden. Das ist ein Faktor, den ich nicht auf dem Schirm gehabt hatte. Gerade die ersten Tage waren sehr schmerzhaft. Aber nach einiger Zeit habe ich mich regelrecht daran gewöhnt, was mir allerdings noch mehr Sorgen bereitete.*

*Ich hatte nichts gegen Lost-in-Space- oder Mystery-Files-Geschichten. Nein, ganz im Gegenteil, ich mochte sie.*

*Als ein paar Wochen nach dem Ereignis Lenni frühmorgens, als ich gerade mit den Frühstücksvorbereitungen beschäftigt war, aus seinem Zimmer kam und völlig aufgedreht sagte: „Papa, der Magicube spricht“, war ich erst mal nicht sonderlich beunruhigt.*

*„Na, was hat er denn gesagt, Lenni?“*

*„Ich habe es nicht richtig verstanden, aber* ‚alle Südstädter‘ *oder so hat der gesagt.“ Er stand mit seinen langen blonden und völlig zerzausten Haaren im Pyjama aufgeregt vor mir.*

*„Du bist eine Zuckernase! Du kannst noch ein bisschen ins Bett gehen, wenn du möchtest, das Frühstück ist noch nicht fertig. Ich sage dir Bescheid, wenn es so weit ist.“*

*„Papa, ganz ehrlich, der Magicube hat geleuchtet und gesprochen, du musst mir glauben, komm mit, ich zeige es dir.“*

*Damit die anderen nicht aufwachten, ging ich mit in sein Zimmer, um mir ein Bild zu machen. „Siehst du, Lenni, der ist aus, kaputt wie leider alle elektronischen Geräte.“ Ich versuchte damals noch, betroffen zu wirken, aber in Wirklichkeit dachte ich anders darüber.*

*Ich erkannte schon nach wenigen Tagen des digitalen Entzugs die Vorteile. Wir alle, selbst Lenni, waren nur eine Woche nach dem Ereignis viel effizienter, zufriedener, kreativer und freier. Denn die Möglichkeit, sich in digitale Endgeräte zu vertiefen, war weg. So erschlossen sich völlig neue Tätigkeitsfelder. Noch nie hingen so viele selbstgemalte Bilder in unserem Haus. Niemals zuvor hatten wir so viele Brettspiele gespielt und Zeit miteinander verbracht.*

*Lenni betonte an diesem Morgen und eigentlich den ganzen Tag, dass der Magicube wieder ging. Natürlich mündete das Ganze am Abend in einem Streit mit seinem Bruder, den wir aber noch in letzter Sekunde vor einer Eskalation abwenden konnten. Lenni war sich sicher, dass der Elektrowürfel noch funktionierte. Wir waren uns sicher, dass Lenni geträumt hatte.*

*Die massive Werbekampagne für das Teil, die einst durch die digitalen Medien gegangen war, hatte uns damals ganz klar davon abgehalten, so ein Teil jemals zu kaufen. Wir wussten von Bekannten, dass das Teil eine einzige Verblödungsmaschine war. Und wir waren sicher, dass es sich – trotz seines angeblich netzlosen Daseins – heimlich, aber fleißig mit unserem W-Lan plus unterhalten hätte. Die Bekannten hatten uns auch erzählt, dass der Magicube Geschichten von den aktuellsten Themen brachte, von denen er eigentlich kaum etwas wissen konnte.*

*Selbst jetzt ohne Funktion war das Teil geheimnisvoll und gleichzeitig gruselig. Vielleicht hatte es gerade deswegen so eine Anziehungskraft auf die Kinder.*

*Die Geschichten, die das Teil einst in eher schlechter Videoqualität auf einer farbgleichen Seite in neun kleinen pixeligen LED-Bildschirmen von sich gegeben hatte, entsprachen weder der Wahrheit noch waren sie irgendwie förderlich für die kindliche Entwicklung. Warum kauften Eltern ihren Kindern so einen Mist? Natürlich, damit sie ihre Ruhe hatten, weswegen sonst? Es war diesen Rabeneltern offensichtlich egal, mit welchen Geschichtchen ihre Kinder gefüttert wurden.*

*Uns wunderte damals diese massive Werbekampagne. Woher nahmen die das Geld? Vermutlich Sponsoren, die dann mitbestimmen konnten, was den Kindern einprogrammiert werden sollte.*

*Wie gesagt, ich war froh, dass dieser ganze Kram nicht mehr funktionierte, was auch immer das für einen Grund gehabt hatte. Meine Hörbücher und Podcasts vermisste ich noch immer, aber an den letzten Tagen alleine auf unserem Hof hatte ich aus völliger Verzweiflung tatsächlich noch die letzten Bücher gelesen, die ich bis dato noch nicht gelesen hatte – in der Hoffnung, brauchbare Informationen zu finden, die mir weiterhelfen könnten.*

*Ich musste mir selber helfen. Kein Buch konnte diese Aufgabe übernehmen. Hätte ich noch länger warten sollen? Nein, es war jetzt an der Zeit, ich würde sonst vor Ungewissheit noch wahnsinnig werden.*

*Ein paar Wochen vorher, als Collin noch da war, stellte ich entsetzt fest, dass Mala und Lenni nicht zurückkommen würden. Irgendetwas war passiert. Nach dem Verschwinden von Mala und Lenni war ich nach drei Tagen wieder fit genug, mit Collin die zwölf Kilometer zum Haus von Dr. Magnusson zu schaffen.*

*Ich war zwar untrainiert, aber ich hatte auch kein halbes Jahr im Koma gelegen. Meine Muskeln schafften das, und dank wenig Schnee konnten wir die Räder benutzen. Doch die Stelle an meinem Hintern brachte mich fast um. Eine Mischung aus Schmerz und Juckreiz verzögerte unsere geplante Fahrzeit.*

*So hatten wir nicht viel Zeit, im Haus von Dr. Magnusson nach Mala und Lenni zu suchen, bevor es dunkel wurde. Aber wir fanden nichts, gar nichts! Nicht mal irgendeinen Beweis, dass sie hier gewesen waren. In dem*

*Haus war schon längst alles geplündert. Die Scheiben waren eingeschmissen worden und die Haustür stand offen. Auf der Wohnzimmerwand stand mit grüner Sprayfarbe: „Go To Hell Motherfucker!" Ich bekam eine Gänsehaut von der wirklich düsteren Stimmung in dieser einst schönen Villa, die jetzt nicht mehr war als eine Bruchbude.*

*Uns war sofort klar, dass wenn die beiden mit Chillow hierhergekommen waren, sie wahrscheinlich erst gar nicht angefangen hatten, nach Medikamenten zu suchen. Da waren schon andere vorher draufgekommen. Scheißjunkies. Ich ärgerte mich, dass wir nicht schon früher hier gewesen waren, um unseren Medikamentenvorrat aufzustocken, dann wäre es nicht so weit gekommen.*

*Auf dem Rückweg fiel Collin im Straßengraben etwas auf. „Warte mal, Papa, da liegt etwas."*

*„Wir müssen uns beeilen! Ich habe keine Lust, im Dunkeln zu fahren", sagte ich frustriert.*

*„Nein, warte! Das ist … Ich glaube es nicht! Das ist Lennis Magicube!" Er holte das Teil aus dem Straßengraben. „Lenni hatte ihn immer bei sich, weil er Angst hatte, er könnte sonst eine Geschichte verpassen." Collin sah traurig aus, aber auch hoffnungsvoll.*

*„Nun hast du ihn schon zweimal gefunden." Ich hoffte, dass der Anlass des Funds nicht derselbe war wie beim ersten Mal. „Nimm ihn mit! Lenni wird sich sicher noch mehr freuen, wenn du ihm den zum zweiten Mal schenkst." Ich persönlich hätte auf das Teil gut verzichten können.*

*Wir schafften es gerade rechtzeitig, frustriert, kalt und traurig in der Dämmerung nach Hause zu kommen.*

*Am übernächsten Morgen war auch Collin weg. Ich hatte den Verdacht, dass er auf eigene Faust suchen wollte, da ich von unserer Tour sichtlich angeschlagen war und den nächsten Tag zum Erholen brauchte. Ich hoffte, er würde mich nicht für schwach und faul halten, denn das war ich nicht. Aber vielleicht war ich gestern auch etwas zu unfreundlich zu ihm gewesen. Er kannte mich, und ich kannte ihn.*

*Kurze Zeit später fand ich heraus, dass die Pistole und Munition fehlten. Ab dem Zeitpunkt machte ich mir Sorgen, denn gegen seine Gedanken kann man leider kaum etwas machen.*

*Doch zwischen all den Sorgen keimte ein Spross der Hoffnung in mir auf. Genährt wurde er durch die schlauen Ratgeber, die mir nun vielleicht doch noch zugutekommen sollten. Durch NLP, neurolinguistisches Programmieren, solle man seine eigenen Gedanken programmieren können. Es auszuprobieren, konnte ja wohl nicht schaden. Also fing ich an, jeden Tag auch mental dafür zu sorgen, dass unsere Familie bald wieder zusammenfinden würde. Einen wesentlichen Unterschied zu einem Gebet hatte das Ganze aber eigentlich nicht.*

*Am nächsten Morgen, nach einer mehr oder weniger schlaflosen Nacht, weil Collin immer noch nicht wieder da war, fasste ich einen Entschluss. Ich brauchte einen Plan. Vielmehr hatte ich schon einen, denn ich hatte nachts viel Zeit zum Grübeln gehabt.*

*Doch wollte ich diesen Plan sicherheitshalber zu Papier bringen, damit er kein Hirngespinst blieb. Ich wusste sicher, sowohl aus eigener Erfahrung als auch aus den schlauen Ratgebern, dass Menschen mit geschriebenen Plänen, die sie sich jeden Tag vor Augen führten und gegebenenfalls ergänzten, wesentlich erfolgreicher bei der Umsetzung ihrer Vorhaben waren.*

*Also schrieb ich: Punkt 1: Hausdurchsuchung. Indem ich wusste und aufschrieb, was im Haus fehlte, wüsste ich, was Collin mitgenommen hatte. Wenn ich wüsste, was er mitgenommen hatte, könnte ich besser berechnen, was er vorhatte und wohin er gegangen war. Punkt 2 war die Strategie der Suche. Sollte ich Tagestouren machen oder mich auf einen längeren Trip begeben? Punkt 3: Was brauchte ich, was musste ich mitnehmen, wenn ich jeweils die eine oder andere Option von Punkt 2 wählte? Als Punkt 4 schrieb ich auf, einen neuen Plan zu machen, sobald Punkt 1 bis Punkt 3 abgearbeitet waren.*

# 6. OUTDOOR

*Mein Name ist Collin. In sechs Tagen werde ich fünfzehn, wenn ich richtig gerechnet habe. Ich kann mich noch gut an die Zeit erinnern, in der wir Feste gefeiert haben. Weihnachten war immer am schönsten. Bald können wir sicher wieder Weihnachten feiern, aber es gibt jetzt Wichtigeres.*

*Ich vermisse meine Mutter und meinen Bruder, auch wenn er oft genervt hat. So viel weiß ich, obwohl ich oft Dinge vergesse. Ich habe das Gefühl, die Kälte hat Schuld am Vergessen. Zu Hause war es immer schön warm, selbst in den letzten Wintern nach dem Ereignis, wie meine Eltern es nannten.*

*Wir hatten dank unseres Gemüsebeetes und den Gewächshäusern immer einen riesigen Vorrat an Lebensmitteln. Außerdem besitzen wir einen eigenen Brunnen, Hühner, haben Eier und so weiter. Vorgesorgt haben wir eigentlich schon immer, aber geholfen hat uns das nach dem Ereignis wenig. Auch unsere Rettungsaktionen der „vergessenen Güter" haben zu unserem guten Leben beigetragen – bis vor einiger Zeit.*

*Ich habe Papier und Stift mitgenommen, falls ich jemandem eine Nachricht hinterlassen muss. Das ist jetzt viel wert, denn irgendwie tut es mir sehr gut, wenn ich meine Erlebnisse aufschreibe. So kann ich all das hier auch nicht vergessen und hoffentlich später meine Geschichte meinen Eltern erzählen. Ich hoffe so sehr, dass ich sie bald wiederfinde.*

*Der Magicube lügt nicht. Mein Vater ist schwach, er muss sich erholen. Ich dachte, wir hätten keine Zeit mehr, und habe spontan entschieden, ohne ihn zu suchen. Ich bin alt genug, aber inzwischen habe ich ernsthafte Zweifel, ob das eine so gute Idee war.*

*Jetzt campiere ich in einem verlassenen Wohnwagen, den ich gestern Abend als ideale Nachtunterkunft ausgewählt habe. Ich liege still und reglos und höre merkwürdige Geräusche. Mich quälen Hunger und Durst; meine Füße sind eiskalt. Offensichtlich haben sie nicht mit unter der alten Zeltplane gelegen, die ich als Decke benutze. Ich bin mir nicht sicher, ob ich überhaupt geschlafen oder einfach nur gefroren habe. Wenn ich geschlafen habe, kann es nicht lange gewesen sein. Es hört sich an, als wären mehrere da draußen. Aber mehrere was? Ich frage mich, was oder wer diese Geräusche verursacht.*

*Mein Vater hat mir das Schießen beigebracht, obwohl es nicht legal ist, Minderjährigen in Schweden das Schießen beizubringen. Mein Bruder ist noch zu klein, aber auch Mama hat bei Papa Schießstunden bekommen, sogar noch Jahre vor dem Ereignis. In meiner Hand halte ich meine .22-Halbautomatik, die mir mein Vater kurz nach dem Ereignis anvertraut hatte. Na ja, ehrlich gesagt hatte ich sie mir einfach genommen. Auch damit hatten wir ein wenig geübt. Aber wirklich nur ein wenig, denn obwohl die Waffe recht leise ist, wollten wir nicht mehr Aufmerksamkeit als nötig verursachen. Die Pistole hatte er damals für die Fallenjagd gekauft.*

*„In Schweden ist es gar nicht so einfach, eine Pistole legal zu kaufen. Klar, als Jäger kann man Langwaffen kaufen, aber irgendwie fühlt sich der Staat durch Kurzwaffen wohl bedroht", hatte er damals gesagt. Trotzdem bekam er eine Erwerbserlaubnis, weil er sich auf den Tierschutz bei der Fallenjagd berufen hatte.*

*Ich bin froh, dass ich die Waffe jetzt habe. Aber ich habe auch Angst, da bin ich ganz ehrlich. Ich weiß, wie schnell sich eine Patrone verklemmen kann – oder ich vergesse, die Sicherung zu entriegeln. Außerdem möchte ich auf keinen Fall auf Menschen schießen. Aber wenn es sein muss, werde ich es tun. Hoffe ich.*

* * *

Die Geräusche kamen näher. Stimmen hörte ich nicht, also konnte ich davon ausgehen, dass es keine „von denen" waren. Langsam und so leise wie möglich schlich ich mich geduckt zum Fenster. Ich hörte nichts mehr, und mein Herz schlug etwas langsamer. Hatte ich nur geträumt? Nein, da war was, und mein Zittern kam nicht nur von der Kälte.

Leider war es in diesem nach Feuchtigkeit und Schimmel riechenden Wohnwagen genauso dunkel wie draußen. Trotzdem versuchte ich, aus dem Fenster zu schauen – in die Richtung, aus der ich die Geräusche vermutete.

Plötzlich rumste es, und der Wohnwagen bewegte sich deutlich.

Mein Herz raste und ich zitterte noch mehr. Schnell ging ich unter dem kleinen Küchenfenster in Deckung, durch das ich versucht hatte, nach draußen zu sehen.

Die .22er Kleinkaliber-Pistole hielt ich fest in der Hand. Ich hatte sie, seitdem ich alleine unterwegs war, stets griffbereit in meiner Tasche. Sie war immer geladen, aber nicht durchgeladen, und natürlich gesichert, wie ich es gelernt hatte.

Es rumste wieder, und der Wohnwagen wurde diesmal noch stärker angehoben, wieder und wieder.

Ich hielt mich mit der freien Hand an dem Handtuchhalter über mir fest und versuchte weiterhin so leise wie möglich zu sein. Wie konnte es sein, dass jemand wusste, dass ich hier drin war? Ich hatte seit vielen Tagen niemanden mehr gesehen. Auch lag momentan nur noch an wenigen Stellen Schnee, sodass mich eigentlich niemand hätte aufgrund meiner Spuren verfolgen können.

Jetzt hörte ich ein Grunzen und einen Schrei. Mein Herzschlag beruhigte sich, als ich erkannte, dass es wohl eher keine Menschen waren. Nein, es waren höchst wahrscheinlich Tiere. Bestimmt waren es Wildschweine. Denn nur die können einen leichten kleinen Wohnwagen wie diesen so anheben. Es konnten nur Wildschweine sein, die hervorragende Nasen haben. Rochen sie mich oder mein Trockenfleisch?

Seit dem Ereignis und dem darauffolgenden Massensterben waren die Schweine nicht mehr so scheu – ganz im Gegenteil – seitdem waren sie eher aggressiv. Lag es am Menschenfleisch, welches einige Tiere unweigerlich gefressen hatten?

„Wildschweine sind Allesfresser", hatte mein Vater immer gesagt, „deswegen müssen wir sie vor dem Verzehr auf Trichinen untersuchen lassen. Ein kleines Stück Muskelfleisch aus dem Unterlauf reicht, um es einzuschicken, und man bekommt das Ergebnis auf das Handy zugeschickt." Zugeschickt wurde mittlerweile schon seit Jahren nichts mehr.

Vorsichtig lud ich die Waffe durch, ging zur Tür und entsicherte. Langsam schloss ich die Tür auf und schaute mich mit entsicherter Pistole im Anschlag um.

Sofort sah ich im von den Wolken verdunkelten Mondlicht etwas großes Schwarzes auf mich zukommen.

Ich zögerte nicht und schoss wie wild darauf los.

Meine ganze Angst, die Kälte und Ungewissheit, das Zittern meiner Hände und der Hunger waren sofort wie weggeblasen. Dennoch erschrak ich vor den eigentlich recht leisen Schussgeräuschen der .22er. Bei jedem Knall zuckte ich zusammen.

Ich glaubte nicht wirklich, dass ich etwas getroffen hatte, doch das quiekende Geräusch eines Schweins sagte mir etwas anderes. Ich konnte meinen Augen kaum trauen, aber ungefähr sechs Meter vor dem Wohnwagen lag ein schwarzer Klumpen. Ich sah die Beine zucken. Diese Zuckungen hatte ich schon einmal gesehen, als ich früher mit meinem Vater auf der Jagd gewesen war. „Dies bedeutet eindeutig das Ableben des Tieres, sozusagen die letzten Zuckungen", hörte ich in meinem Kopf die Stimme meines Vaters.

Ich schloss die Tür vom Wohnwagen, in dem es jetzt weniger nach Schimmel miefte, sondern mehr nach Nitro-Zellulose-Pulver. Ich war froh, wieder ungestört unter die alten Decken und Jacken zu krabbeln, die ich jetzt über die Zeltplane gelegt hatte.

Es dauerte etwas, aber nachdem ich ungefähr eine halbe Stunde keine Geräusche mehr gehört hatte, schlief ich ein.

Am nächsten Morgen durchsuchte ich zum zweiten Mal den Wohnwagen nach brauchbaren Dingen, fand aber nichts. Ein Blick aus dem Fenster verriet mir, dass es in den letzten Stunden wieder geschneit haben musste, denn eine dünne Schicht Schnee hüllte alles in frisches Weiß. Ich beschloss, etwas Schnee mit dem Gaskocher aus dem Wohnwagen zu Wasser zu schmelzen. Bei der Gelegenheit konnte ich auch gleich mal pinkeln.

Ich schloss vorsichtig die Tür auf, wieder mit der Waffe im Anschlag. Was ich sah, konnte ich kaum glauben: eine Blutlache im Schnee und eine Schleifspur, die mit Bluttropfen versehen war und in den Wald führte. Ich hatte absolut nichts gehört. Es war ganz sicher ein Schwein. Aber jetzt zweifelte ich an dieser ersten Einschätzung.

Mein Vater hatte mir beigebracht, Spuren zu lesen. Es waren sicher keine Füchse. Laut den Spuren im Schnee waren es wahrscheinlich eher Hunde oder Wölfe gewesen. Doch die Hunde waren mittlerweile genauso gefährlich wie die Wölfe; aus den gleichen Gründen wie bei den Schweinen: Menschenfleisch. Sie hatten den Kadaver in den Wald gezogen. Ich überlegte, ob ich der Spur nachgehen sollte, aber ich beschloss, lieber meine Sachen zu packen und weiterzugehen.

Lange Zeit war ich damit beschäftigt, Schnee zu schmelzen. Man braucht viel, sehr viel Schnee, um eine Literflasche vollzubekommen. Aber nun war das Gas leer. Meine Trinkflasche war fast voll, und ich packte meine Sachen, um weiterzuziehen. Laut meinen Informationen sollte ich weiter nach Süden. Das war im Winter einfach, denn die Sonne zieht in Schweden, wenn man sie denn sieht, einen eher kleinen Bogen über den Horizont. Richtung Sonne ist Richtung Süden. Ich hatte ernsthaft überlegt, das Schwein zu suchen und mir etwas Fleisch mitzunehmen. Doch ich hatte wirklich keine Lust, mich mit den Wölfen oder Hunden oder sonst wem anzulegen. Mir ging es gut damit, keinen zu sehen.

Ich war ja auch vorher nichts anderes gewohnt. Ich wusste noch nicht, wie schön es sein konnte, auf Fremde mit guten Absichten zu treffen. Im Nachhinein hatte ich wahrscheinlich schon damals eine unterbewusste Sehnsucht, Gleichaltrige kennenzulernen. Ich hatte ein Ziel: nicht nur meine Mutter, Lenni und Chillow zu finden, sondern auch mir selbst zu beweisen, dass ich es alleine schaffen konnte. Vielleicht wollte ich einfach nur, dass alle stolz auf mich sind. Dass ich mich für diesen Stolz in Lebensgefahr bringen würde, war vielleicht dumm und gefährlich, aber es war mir das Risiko wert.

Ich hatte Glück an diesem Morgen, denn die Sonne war am klaren Himmel gut zu sehen. Zur Sicherheit achtete ich immer darauf, möglichst nur Waldwege mit Schotterbelag zu gehen. Hauptstraßen und Dörfer mied ich. So viel war uns nach drei Jahren Überlebenstraining im Wald und Plünderungen der Nachbarhäuser klar geworden: Wenn möglich, Fremden aus dem Weg gehen, denn es gab die einen und die anderen. Offenbar hatten sich Gruppen Übriggebliebener mit guten und mit schlechten Menschen gebildet. Was die schlechten Menschen in der Lage waren zu tun, sollte ich noch herausfinden.

An diesem Tag schaffte ich vermutlich zehn Kilometer, und mir wurde beim Laufen ordentlich warm. Natürlich hätte ich schneller sein können. Was mich aufhielt, war das Schlagen von Wasserlöchern mit meiner Axt in große Pfützen, damit ich kein Feuer zum Schneeschmelzen machen musste. Zwischendurch musste ich menschliche Bedürfnisse befriedigen und dementsprechend Material zum Abwischen sammeln. Auch ein Lagerfeuer zum Mittagessen musste sein. Ich hatte keine Menschenseele gesehen, und das war gut so. Aber einen so perfekten

Unterschlupf wie den Wohnwagen würde ich wohl nicht so schnell wieder finden.

Doch ich hatte Glück und fand am Abend eine alte Scheune, in der ich übernachtete. Es war mal wieder eiskalt – trotz der gefundenen Decken und Pullover, die ich mitschleppte.

Ich träumte in der Nacht von einer Hasenfalle, die ich selbst gebaut hatte, und von meiner Mutter, wie sie mir eine Gutenachtgeschichte erzählte. Lenni wollte mir den Magicube wegnehmen, da er der Meinung war, dass ich glauben würde, es sei nur kaputter Schrott aus der alten Welt.

Als ich aufwachte, musste ich mich erst einmal davon überzeugen, dass ich den Magicube auch dabeihatte. Aber ich konnte ihn in meinem Rucksack nicht finden. Ich wühlte alles raus, schimpfte, fluchte – und endlich fand ich ihn in der Seitentasche. Ich erinnerte mich sofort daran, wie ich ihn extra dorthin gepackt hatte, damit er nicht verloren gehen konnte. Wieder eine Bestätigung: Die Kälte machte mich vergesslich. Dazu kam der Hunger. Ich war jetzt schon wochenlang unterwegs, und mein Proviant war nahezu aufgebraucht.

Aber ich hatte Glück und konnte an diesem Vormittag eher zufällig mit der .22 ein Reh schießen. Es bemerkte mich nicht, als es sich vergnüglich in einer Tannenschonung den Wanst zwischen den jungen Bäumen vollschlug. Ich zögerte nicht, lud die Pistole leise durch, zielte und traf genau in den Hals. Trotzdem sprang das Reh sofort weg und verschwand in der Tannenschonung. Da nicht flächendeckend Schnee lag, vor allem nicht unter den Bäumen, hatte ich Schwierigkeiten, die Spur zu verfolgen. Ich fragte mich schon, ob ich überhaupt richtig getroffen hatte, und begann mit der Suche.

Es dauerte sicherlich über eine Stunde, bis ich den jungen Bock ungefähr achthundert Meter weiter unter einer Tanne fand. Ich war so froh und glücklich und begann sofort mit dem Ausnehmen und Säubern des Tieres. Ich zerlegte den Rehbock in Keulen, Rücken und Hals, so gut ich konnte und wie ich es bei meinem Vater gesehen hatte. Natürlich tat mir das Reh irgendwie leid, aber wenn man auf einem Selbstversorgerhof mit einem Vater, der Jäger war, groß geworden ist, hielt sich das Mitleid tatsächlich in Grenzen. Der Hunger tat den Rest. Ich hatte mich ganz ehrlich bei dem toten Rehbock bedankt, dass er mir das Weiterkommen ermöglichte. Wenn ich eine Gulaschsuppe in einem leerstehenden Haus fand, bedankte ich mich nicht, obwohl dafür schließlich auch ein Tier gestorben war. Ich konnte aber keine Dosensuppen mehr sehen, geschweige denn essen: Schon bei dem Gedanken kam mir der Mock hoch. Deswegen überwog jedes Mal die Freude über gutes, frisches Wildfleisch.

Ich merke sofort, als ich wieder aufbrechen wollte, dass ich mit mindestens zehn Kilo zusätzlichem Gepäck nicht weit kommen würde. Also entschied ich mich, eine zusätzliche Rast einzulegen, um ein Feuer zu machen, denn vorgebratene Portionen könnte ich wesentlich leichter transportieren. Doch es dauerte den ganzen restlichen Tag, das Fleisch vom Fell abzulösen, zu portionieren, zu braten und zu verpacken, denn ich hatte nur zwei Plastiktüten dabei.

Sogar am nächsten Tag, nach einer weiteren kalten, aber satten Nacht, war ich noch einige Stunden damit beschäftigt, die Arbeit zu beenden, nachdem ich zuvor mein Pop-up-Zelt eingepackt hatte. Spätestens an diesem Tag war ich froh, die ganze Zeit die Campingpfanne mitgeschleppt zu haben. Es war eine gute Idee, eine Fügung des Schicksals, dachte ich. Aber das Risiko, ungeschützt im Wald zu übernachten, wollte ich lieber nicht noch einmal eingehen. Deswegen ging mir die Hasenfalle nicht mehr aus dem Kopf, weil ich mich in dem kleinen Zelt selbst wie ein fetter Hase in der Falle fühlte.

Am schlimmsten in dieser Zeit war die Dunkelheit. Ich konnte mit zunehmender Winterdunkelheit immer weniger Kilometer am Tag schaffen. Ich wünschte mir nichts sehnlicher als eine funktionierende Taschenlampe. Ich war froh, als ich an diesem Abend wieder eine verlassene Scheune zum Übernachten fand. Auch altes Stroh, aus dem ich mir eine warme Matratze herrichtete, war glücklicherweise vorhanden. Das Trockenfleisch, das ich von Zuhause mitgenommen hatte, war mittlerweile ebenfalls aufgebraucht, und ich genoss das leckere Rehfleisch umso mehr. Wieder einmal wurde mir bewusst, wie wichtig ein Salzstreuer in der Wildnis war. Für die nächsten Tage war gesorgt, so konnte ich erst mal Strecke machen, dachte ich.

Es war wieder kälter geworden. Große Mengen Schnee gab es noch nicht wieder, aber Dauerfrost bei dichter frühwinterlicher Bewölkung. So konnte ich den Sonnenstand nur schätzen und hoffte, nicht zu weit von meinem Süd-Pfad abzukommen. Ich hatte eine größere Pfütze gefunden, die circa fünf mal fünf Meter maß, und ein Loch am Rand mit meiner kleinen Axt geschlagen, um etwas Wasser zu schöpfen. In weiser Voraussicht hatte ich unseren kleinen Wasserfilter mitgenommen. Zur Sicherheit kochte ich das Wasser zusätzlich noch in meiner kleinen Camping-Kanne aus Edelstahl ab. So hatte Papa es mir früher auf unseren Outdoor-Survival-Touren gezeigt. Ich war Fan von Messern, Feuerzeugen und Taschenlampen, die sich jetzt aber als Fehlinvestition herausstellten. Äxte und Softair-Pistolen mochte ich auch, zumindest so lange, bis ich die .22 von meinem Vater übernommen hatte.

Ich löschte das Feuer, indem ich es mit einem Stock auseinanderschob. Nach etwas warmem Wasser und leckerem Rehfleisch fühlte ich mich fit und wollte weiter. Doch ich hörte ein merkwürdiges Geräusch: ein Brummen wie von einem Motor. Sollte wieder jemand mit einem alten Diesel unterwegs sein? Papa war der Ansicht, dass der moderne Diesel nach zwei bis drei Jahren durch den Biodiesel-Anteil schlecht wird. Also müsste derjenige irgendwo Heizöl gefunden und getankt haben. Dieses hielt angeblich deutlich länger.

Das Brummen verstummte. Vielleicht hatte ich mich nur verhört.

Mein Rucksack wurde nach jeder Mahlzeit etwas leichter; was das Laufen erleichterte, aber schlecht für den Proviant war. Als ich mein Gepäck schulterte, starrte ich plötzlich in das ungepflegte Gesicht eines langhaarigen Typs. Ich bekam einen riesigen Schreck und drehte mich instinktiv um, um einen möglichen Fluchtweg zu sichern. Doch hinter mir stand noch ein anderer Kerl, drahtig und düster.

Scheiße, dachte ich, die hatten wohl doch den Rauch meines Feuers gesehen.

# 7. VERZWEIFELT

*Ich hätte ihn niemals alleine losgehen lassen dürfen. Ich hätte besser aufpassen müssen. Zuerst hoffte ich, es wären nur ein paar Stunden. Nur ein paar Stunden, dachte ich, aber es wurden Tage, dann Wochen, und ich musste eine Entscheidung treffen.*

*Meinen Plan hatte ich abgearbeitet. Doch Punkt vier, einen neuen Plan zu machen, sobald Punkt eins bis drei des ersten abgearbeitet waren, hatte ich nicht erledigt. Laut meinen Recherchen hatte Collin Trockenfleisch, Streichhölzer, eine Axt, Kochgeschirr, seinen Rucksack sowie Messer und Wasserfilter mitgenommen. Sogar unseren Salzstreuer hatte er eingepackt. Was er vorhatte, war mir klar. Wo er hinwollte, wurde mir leider nicht klar. Und warum zum Teufel hatte er diesen blöden Magicube mitgenommen? Auch die .22 inklusive Munition lag nicht mehr an ihrem Platz. Ich wusste nicht, ob ich sauer oder froh sein sollte, dass er wenigstens nicht unbewaffnet losgezogen war. Die Sachen, die ich nun für meine Reise eingepackt hatte, waren fast die gleichen, doch musste ich die schwere 30-06-Jagdbüchse mitnehmen. Leider hatten wir keine zweite Garnitur Camping-Kochgeschirr, also entschied ich mich für unseren kleinsten Kochtopf. Zur Not konnte man darin auch braten.*

*Die Frage, die ich mir stellte und die vor meiner Suche beantwortet werden musste, war, wo er hingegangen war. Sein erstes Ziel war klar: das Haus vom Doc, wo wir schon gewesen waren, aber dann? Er wollte Mala, Lenni und Chillow finden, aber wie? Vor ein paar Jahren noch hätte ich sein Handy tracken können, aber genau solche Dinge waren ja die Gründe für die zunehmende Autorität der meisten Staaten: Sie wollten alle ihre Schäfchen tracken. Eigentlich keine gute Sache, aber manchmal sehr praktisch. Wenn die Herrschenden die Möglichkeiten hatten, benutzten sie sie auch.*

*Wir hatten uns wie gesagt schon vor dem Ereignis bestmöglich vorbereitet: Selbstversorgung, Tauschhandel mit einigen Nachbarn und natürlich auch Verzicht auf einige Dinge, die man vor dem Ereignis nur noch mit digitaler ID und CBDCs bekam, also mit digitalem Geld. Wir wollten all das nicht und haben uns so wenig wie möglich erpressen lassen. Wenigstens dieser Druck war jetzt vorbei. Geld, in welcher Form auch immer, spielte keine Rolle mehr. Vermisst habe ich es nie.*

*Ich beschloss, noch einen Tag zu warten. Ein Tag, der mir hoffentlich später nicht fehlen würde, ein Tag, an dem ich betete, dass mir irgendeine Idee kam, die mir weiterhelfen würde, die richtige Richtung einzuschlagen.*

*An diesem Abend trank ich mehr als eine halbe Flasche Rotwein, die wir in Massen vor dem sicheren Kellertot aus verlassenen Häusern direkt in unsere Speisekammer gerettet hatten. Vielleicht in der Hoffnung, es gäbe einen Flaschengeist, der mir wenigstens einen Wunsch erfüllen würde. An diesem Abend machte ich allerdings keine Bekanntschaft mit ihm. Stattdessen besuchten mich Gedanken und Bilder, an die ich mich lieber nicht erinnern wollte.*

*Was war mit all den Leuten passiert? Klar war mir, dass die circa zehn Prozent der Leute, die sich dämlicher Weise einen Chip ins Hirn implantieren lassen hatten, ziemlich sicher innerhalb weniger Tage gestorben waren. Klar hatte es Vorteile gehabt, jederzeit online zu sein, ganz ohne separates digitales Endgerät. Aber es war auch schnell bekannt geworden, dass die Träger ohne regelmäßige Aufladung des Implantats der Gefahr eines Systemzusammenbruchs ausgesetzt waren. Dieser bedeutete, dass ohne medizinische Soforthilfe die Überlebenschancen bei annährend null Prozent lagen. Auch die alten, kranken und behinderten Menschen waren sicherlich innerhalb weniger Wochen oder sogar Tage gestorben. In unserer Gegend gehörten alleine etwa vierzig Prozent der Menschen zu dieser Gruppe.*

*Kurt Johansson, einer unserer „Nachbarn", wenn man jemanden in drei Kilometer Luftlinie Entfernung so bezeichnen mochte, hatte sich fünf Monate vor dem Ereignis einen Chip implantieren lassen. Er hatte mir bei unserem letzten Treffen von praktisch übersinnlichen Fähigkeiten berichtet. Wir fanden ihn einige Wochen nach dem Ereignis tot auf seiner Veranda. Auch Familie Ohlsson, die wir schon lange kannten – sie behindert, er Dialyse-Patient – hatten wir in ihrem Wohnzimmer tot aufgefunden. Fremdverschulden konnten wir in allen Fällen ausschließen. Und das war nur der Anfang in der ersten Zeit nach dem Ereignis.*

*In einem Gebäude einer Angelrollen-Fabrik hatte ich – zum Glück ohne Collin – eine fünfköpfige Familie gefunden. Der Vater hatte seine Familie ausgelöscht. Er musste so verzweifelt gewesen sein. Oder was sonst hatte ihn dazu getrieben? Als Letztes hatte er sich selbst mit der Schrotflinte gerichtet. Ein entsetzlicher Anblick, den ich nie vergessen werde. Dagegen war der Flugzeugabsturz ein Kinderspaziergang. Die meisten Menschen waren offensichtlich auf ein solches Ereignis nicht vorbereitet gewesen. Wie auch?*

*Selbst wir waren es nicht tatsächlich, trotz all unserer Vorkehrungen. Wir waren zwar vorbereitet auf alle möglichen Eventualitäten, mussten aber feststellen, dass es mich auch fast erwischt hätte, weil wir zu wenig Medikamente im Haus hatten. Ein klassischer Fall von Fehleinschätzung! Und was war mit den anderen Übriggebliebenen? Sie alle waren täglich großen Gefahren ausgesetzt.*

*Der Wein verhalf mir an diesem Abend nur zu einer selbstkritischen und leicht depressiven Verstimmung, also ging ich lieber ins Bett, denn schließlich sollte es am nächsten Tag losgehen – wohin auch immer.*

*Ich stellte den Hühnern reichlich Futter und Wasser hin und ließ die Stalltür offen. Unsere Kürbisernte war sehr gut gewesen, und auch die Futterrüben mochten die Hühner. Es war kein Idealfutter, aber den Hafer hatte ich lieber für uns, für unser Brot, mäusesicher verwahrt.*

*Natürlich hinterließ ich auch eine Nachricht, falls jemand vor mir zurückkäme: „Bleibt hier! Wenn ich euch bis Jahreswechsel nicht finde, komme ich zurück“, schrieb ich mit zittrigen Händen. Mir war klar, dass dies gleichzeitig eine Einladung für jeden Einbrecher wäre, das Haus in aller Selenruhe zu plündern und zusätzlich als Airbnb zu missbrauchen. Mir blieb aber keine Wahl, und ich nahm so viel Proviant mit, wie ich schleppen konnte.*

*Leider war mir noch immer nicht klar, in welche Richtung ich mich am besten bewegen sollte, und ich beschloss, erst noch einen Plünderer-Kaffee von einer unserer letzten Aktionen aufzusetzen. Ja, ich hatte eine Menge tote Menschen gesehen, aber mir war trotz der ganzen Toten klar, dass es auch viele Übriggebliebene geben musste, so wie eben nach jeder schweren Naturkatastrophe. Ich war mir allerdings auch sicher, dass sich die Menschen in gute und schlechte Gruppen zusammenrotten würden. Wir hatten versucht, uns so lange wie möglich von beiden Parteien fernzuhalten. Doch diese Zeit war nun leider vorbei.*

*Ich ärgerte mich, wie so oft, über die fehlende Milch im Kaffee. Ich dachte an die letzte Zeit mit Mala, Collin und Lenni. Wir hatten uns oft gestritten, meistens über belanglosen Scheiß. Wie viel Zahnpasta und Waschmittel wir noch hatten. Wer wann und wie oft frisches Holz spalten oder abgelagertes Brennholz ins Haus holen sollte. Dass die Kinder keine Freunde hatten und Lenni offensichtlich fantasierte. Er wiederholte ständig, der Magicube würde noch funktionieren, und er erzählte uns andauernd von der Südstadt. Wir waren froh, dass kein anderer etwas von seinem wirren Gerede mitbekam. Ansonsten hätten wir sicherlich die Empfehlung bekommen, Lenni mit diesen schicken, neuen und wohltuenden Medikamenten zu beglücken.*

*Jetzt erinnerte ich mich nur vage an den ersten Tag, nachdem ich von meinem Delirium „auferstanden“ war, und Collin mir am Abend sagte: „Lenni hatte recht, der Magicube funktioniert manchmal noch.“ Ich war an diesem Abend völlig fertig gewesen und hatte nur schemenhaft mitbekommen, was er da erzählte. Ich war mir nicht mal sicher, ob er das wirklich zu mir gesagt hatte. Auch wusste ich nicht, ob ich etwas darauf erwidert hatte. Ich erinnerte mich nur das Wort „Südstadt“; das sagte mir aber nichts.*

*Es gibt allerdings eine Sache, die ich bisher noch nicht berichtet habe – vielleicht aus Scham oder Angst, dass man deswegen meine Aufzeichnungen nicht ernst nehmen könnte: Einige Tage nach dem Ereignis, und ehrlich gesagt sogar schon einige Zeit davor, hatte ich das Gefühl, dass wir alle – also unsere gesamte Familie – irgendwie viel produktiver waren. Wir hatten ständig neue Ideen, viel Energie und schafften mehr als üblich.*

*Das ging so weit, dass ich sogar Skizzen von einer, wie aus dem Nichts erfundenen Magnetrohr-Zirkular-Applikation machte. Es war eigentlich ein einfaches Prinzip: Eine Metallkugel in einem Rohr wurde durch einen Elektromagneten nach oben gezogen. Durch den Schlagimpuls konnte so der Gravitation entgegengewirkt werden. Sofort nach dem oberen Aufschlag wurde die Kugel zur Seite in eine halbkreisförmige Röhre gestoßen, um die darin befindlichen Kugeln weiterzudrücken. Die unterste Kugel wurde nun wieder von dem Elektromagneten nach oben befördert, sodass ein ständiger Kreislauf an nach oben schießenden Kugeln entstand. Mehrere solcher kleinen Applikationen, seitenverkehrt angeordnet, könnten vielleicht ein Fluggerät ohne Flügel und Propeller zum Fliegen bringen. Aber ehrlich gesagt hatte ich natürlich auch den Gedanken, dass bei mir irgendwas nicht stimmen könnte. Meine Idee war allerdings am Tag des Ereignisses sofort mangels Elektrizität in Vergessenheit geraten.*

*Collin hatte eine Armbrust mit Zielvorrichtung aus Schrott gebaut, die auf fünfzig Meter mit enormer Kraft fast zentimetergenau traf. Mala und ich waren fasziniert von der Präzision der Armbrust.*

*Und auch Mala hatte kurz nach dem Ereignis eine geniale Idee. Sie optimierte nicht nur unseren gesamten Energiehaushalt, sondern entwarf auch ein selbsterwärmendes Gewächshaus mit Erdwärmespeicher, das durch Umwälzung der Luft im Sommer das Erdreich mit Röhrensystemen unter dem Gewächshaus erwärmte und im Winter die Wärme wieder abgab. Wir bauten das Gewächshaus Monate später, und durch die verschieden große Dimensionierung der alten Abflussrohre funktionierte das System tadellos – selbst ohne Strom.*

*Und sogar Lenni hatte einiges zu bieten: Er hatte den Magicube wiederbelebt – nur dass wir ihm das nicht geglaubt hatten, da er es nicht beweisen konnte.*

*Wir sprachen nicht oft über unsere Wesensveränderungen. Aber wir wussten doch intuitiv, dass sie uns halfen, die kommende Zeit zu überstehen. Außerdem baute ich gleich nach dem Ereignis eine manuelle Wasserzapfpumpe aus Resten, mit der wir im Haus Wasser zapfen konnten. Sie funktionierte tadellos, wohingegen unsere elektrische Brunnenpumpe natürlich genauso tot war wie Julius Caesar.*

*Nun war ich mir sicher. Denn eine fast hörbare innere Stimme sagte mir: Geh nach Süden. Südstadt. Großartig! Jetzt gehorchte ich tatsächlich dem wirren Geplapper meines Jüngsten. Aber was blieb mir anderes übrig? Ich sattelte meinen Rucksack und schloss die Tür hinter mir ab, als ob das wirklich jemanden davon abhalten würde, sich Zutritt zu verschaffen. Nach einigen Kilometern dachte ich nicht mehr darüber nach, ob ich auf dem richtigen Weg war – ich ging einfach.*

*Wir wohnten abgeschieden, das war uns bewusst. In den letzten drei Jahren war uns immer bewusster geworden, wie abgeschieden. Und wir waren heilfroh darüber.*

*Unsere Spekulationen über die Ursache des plötzlichen Aussterbens so gut wie all unserer Nachbarn wurden mit der Zeit immer weniger, genauso wie die Spekulationen über die Ursache des Ereignisses.*

*Das Einzige, was wir uns weiterhin fragten, war, ob es wohl so eine Art Kommune freundlich gesinnter Übriggebliebener gab. Die Vorstellung einer solchen Gemeinschaft ging uns nicht aus dem Kopf. Je mehr Zeit nach dem Ereignis verging, umso mehr wünschten wir uns auch wieder Kontakte zu anderen; nicht nur wegen der Kinder.*

*Außerdem ließ uns die Frage nie los, ob wir uns in einem Krieg befanden. Und wenn ja, mit wem? Zu guter Letzt fragten wir uns, ob das Ganze wohl weltumspannend stattgefunden hatte. Doch das beschäftigte uns nur am Anfang, denn uns war spätestens nach dem ersten Jahr klar – nach all den Toten, die wir gesehen hatten, und dem Mangel an Lebenszeichen von außen –, dass es wohl die ganze Welt betraf. Wir dachten oft darüber nach, was sich wohl für Szenen in der Welt ohne Strom abgespielt haben mussten, malten uns das aber lieber nicht allzu genau aus.*

*Die Dämmerung setzte um diese Jahreszeit früh ein. Ich ging länger, als ich sollte, und es wurde langsam dunkel. Ich hatte gut geschlafen und entschloss mich, so lange weiterzugehen, wie ich etwas sehen konnte. Und das klappte länger, als ich gedacht hätte, denn die Polarlichter zeichneten am Himmel grandiose Spektakel in wildem Grün, Rot und Violett. So konnte ich recht gut sehen, wo ich entlangging.*

*Schon ein Jahr vor dem Ereignis waren auffällig viele Polarlichter am Nachthimmel zu sehen gewesen. Auch im Jahr danach waren fast täglich dieses jedes Mal atemberaubende Schauspiele zu sehen gewesen. Auffällig war auch, dass die Wolkendichte extrem abgenommen hatte, seitdem vermutlich die ganze Welt ohne Strom war. Ob es an den nicht mehr existenten Kondensstreifen oder den fehlenden Abgasen aus Verkehr und Industrie lag, konnte ich nur mutmaßen.*

*Ich hatte das zweite Pop-up-Zelt der Kinder mitgenommen. Meinen Schlafsack, der angeblich bei bis zu minus zwanzig Grad warmhielt, hatte ich oben an meinem Rucksack befestigt. Der Aufbau meiner Übernachtungsmöglichkeit sollte nicht länger als fünf Minuten dauern.*

*Nachdem meine Nachtunterkunft fertig aufgebaut war, sammelte ich etwas Brennholz. Die Helligkeit der Polarlichter reichte kaum mehr aus, sodass ich nicht viele, aber immerhin einige trockene Zweige zusammensammeln konnte. Das Feuer ging erstaunlich gut an, und so konnte ich mich noch etwas wärmen, während ich mir eine Raviolidose in dem Kochtopf warm machte.*

*Das Zelt war definitiv zu klein. Ich musste meine Beine selbst anwinkeln, wenn ich mich quer hinlegte. Es war zwar sehr schnell auf- und abzubauen, aber wirklich lange wasserdicht war es nicht. Trotzdem erfüllte es kurzfristig seinen Zweck.*

*Am nächsten Morgen beschloss ich, in jedem Fall in verlassenen Häusern nach einem brauchbaren Zelt zu suchen. Es sollte mich aber nicht zu lange aufhalten, denn ich war mir nun ziemlich sicher: Richtung Süden war mein Weg. Eigentlich auch völlig logisch, denn wer ging schon kurz vor dem Winter, der sicherlich genauso extrem werden würde wie die vorigen, Richtung Norden?*

*Aber das war nicht der eigentliche Grund. Es war die Stimme von Collin in meinem Kopf, die sich immer deutlicher von meinen eigenen Gedanken absetzte. Vielleicht wurde ich verrückt, aber selbst wenn: Was sollte ich anderes machen, als nach meiner Familie zu suchen? Klar, ich hatte eine Nachricht hinterlassen, aber was sollten sie machen, selbst wenn sie vor mir wieder nach Hause kamen – mich anrufen? Die Zeiten waren vorbei, und das war wohl auch gut so.*

*In den nächsten Tagen konnte ich ordentlich Strecke machen. Am dritten Tag hatte ich sogar ein Elchkalb geschossen. Allerdings konnte ich leider nicht mehr als fünfzehn Kilo Fleisch mitnehmen. Den Rest würden sich die Wölfe, Luxe und Wildschweine teilen.*

*Einen Tag später fand ich in einem heruntergekommenen Ferienhaus ein anständiges Zwei-Mann-Zelt, das leider wesentlich schwerer war als das Pop-up-Zelt. Ich beschloss deswegen, einen Tag zu bleiben, damit ich mit einer Fleischdiät – kurz gesagt: alles weglassen außer Fleisch – meinen Ballast etwas verringern konnte.*

*Nebenbei durchsuchte ich das Ferienhaus etwas genauer. Ich fand brauchbare Sachen wie ein Büchsen-Reinigungs-Set – nicht allzu schwer, also transportabel –, außerdem Waffenöl und reichlich Waschpulver, welches ich aber selbstverständlich nicht mitnahm.*

*Ich machte mir auf dem Gasherd ein Elchsteak und sah aus dem Küchenfenster. Ein paar Dompfaffe wippten auf den Ästen der Hecke vor dem Fenster. Für sie war die Welt ganz normal, vielleicht etwas ruhiger als sonst. Trotzdem war ich mir sicher, dass die Tiere keinen Unterschied bemerkten. Das Fleisch fing an zu duften, und ich überlegte tatsächlich, mir die Flasche Rotwein aufzumachen, die ich ebenfalls gefunden hatte. Mitnehmen konnte ich sie sowieso nicht.*

*Trotz der einsetzenden Dunkelheit bemerke ich plötzlich eine vermutlich männliche Person, die genau auf das Haus zuging. Mir war sofort klar, dass Abhauen keine Option war. Das ganze Haus, und vermutlich auch ein Umkreis von zwanzig Metern ums Haus herum, roch nach Elchsteak. Außerdem waren meine Sachen im ganzen Haus verstreut. Das kam dabei heraus, wenn man unvorsichtig war und das Haus vorher nicht observierte.*

*Ich nahm meine 30-06, die stets geladen und gesichert war, und suchte nach einem idealen Platz zum Überraschungsangriff. Hinter einer großen Truhe, die als Wohnzimmertisch fungierte, verschanzte ich mich mit entsicherter Waffe. Dabei fiel mir auf, dass ich das Elchsteak nicht runtergedreht hatte und es immer noch brutzelte. Gut, zwei bis drei Minuten hätte es sowieso noch gekonnt, dachte ich mir scherzhaft. Erfüllt von meinem Galgenhumor wartete ich auf den Besucher.*

*Die Tür ging auf, und ich hörte eine alte Stimme: „Wer auch immer hier ist, ich bin unbewaffnet und möchte nicht, dass dieses Haus geplündert wird!" Kurz dachte ich: unbewaffnet mit Ansage, da kann etwas nicht stimmen, denn nahezu jeder Plünderer hätte ihn sofort über den Haufen geschossen.*

*Ich guckte vorsichtig an der Truhe vorbei und sah den alten Mann mit einem Revolver, der an Cowboy-Zeiten erinnerte. Hinter ihm war eine Katze durch die Tür gekommen. Er ging weiter Richtung Herd und hatte mich offensichtlich nicht bemerkt, wusste aber genau, dass jemand hier sein musste. Ich hatte einfach nur Glück gehabt, dass ich ihn vorher aus dem Küchenfenster gesehen hatte. Das nutzte ich mit zitternden Händen aus und kam in dem Moment hoch, als er mit dem Rücken zu mir stand.*

*„Keine Bewegung, Waffe runter!", sagte ich schroff. „Ich möchte nicht schießen, aber ich tue es, wenn ich muss!", ergänzte ich mit leiserer Stimme.*

*Der alte Mann legte seine Waffe auf den Küchentisch und drehte sich um. „Was tun Sie hier?", fragte er.*

*„Solange Sie unbewaffnet sind, stelle ich hier die Fragen", entgegnete ich und nahm seinen Trommelrevolver an mich. „Ich werde Ihnen nichts tun, ich brauche nur eine Unterkunft für eine Nacht."*

*„Das ist mein Haus. Wir haben es früher vermietet. Ich hoffe, Sie haben nichts mitgehen lassen, denn solche Gäste konnten meine Frau und ich noch nie leiden", warnte der Alte und ging zum Herd, um das Steak von der Flamme zu nehmen.*

*Ich ließ das Gewehr langsam sinken und fragte ihn, ob er ein Glas von seinem Wein und ein Stück von meinem Wildfleisch mitessen wolle.*

*„Meine Frau bringt mich um, wenn ich nochmal Alkohol trinke. Mein Name ist übrigens Thomas, Thomas Andersson“, sagte der Alte.*

*Wir setzten uns und fingen an zu plaudern – wenn man unser Gespräch unter den gegebenen Umständen als Plauderei bezeichnen konnte. Ich hatte meine Waffe stets einsatzbereit, aber erzählte ehrlich von meinen Absichten. Ich hatte zum Glück noch nichts aus dem Haus eingepackt, und da Thomas ja ohnehin nichts trank, war ihm der Wein wahrscheinlich egal.*

*Er erzählte, wie es ihnen ergangen war. Eine scheißschwere Zeit war es gewesen. Sein einziger Sohn hatte sich einen Chip implantieren lassen, weil ihn seine Programmierer- Firma sonst entlassen hätte. Er war einen Tag nach dem Ereignis gestorben. Der Alte vermutete, ein atomarer Angriff der Russen sei der Grund gewesen. Das war irgendwie typisch schwedisch.*

*Ich hielt dagegen, dass es keinerlei uns bekannte militärische Aktivitäten gegeben hätte. Wir einigten uns gütlich, nachdem er ein halbes Elchsteak gegessen hatte.*

*Er erzählte, er hätte den Schuss gehört und sei daraufhin die zwei Kilometer von seinem Haus gegangen, um mal nach dem Rechten in seinem Ferienhaus zu sehen. Ich erklärte ihm, wo der Rest vom Elch lag, sodass er sich das Tier dort abholen konnte, wenn er wollte. Zum Glück schien ihm das zuzusagen: „Wenn der Rest genauso gut ist wie das Steak hier, reicht mir das als Miete für eine Nacht.“*

*Seine Katze, die er Mausi nannte, strich mir um die Beine. Ich mag keine Katzen. Sie bringen das natürliche Gleichgewicht der Natur durcheinander. Ich hatte nie eine Katze geschossen, und hatte es auch nicht vor, immerhin taten die Menschen ja oftmals das Gleiche – also das natürliche Gleichgewicht stören. Wenn ich müsste, würde ich wohl auf einen Menschen schießen, aber nur, wenn ich dadurch mein oder das Leben eines meiner Familienmitglieder schützen könnte.*

*Irgendwie nervte mich der Alte mit seinen langen gelockten grauen Haaren und dem, was er sagte. Zum Glück deutete er an, nun zu gehen, und wollte seinen Vorderlader-Revolver mitnehmen.*

*„Du kannst gehen, aber dein Revolver bleibt hier liegen, du kannst ihn ja morgen wieder abholen.“*

*Der Alte murmelte etwas, das einer Zustimmung nahekam, aber sein Gesicht sagte etwas anderes. Ich konnte mir gut vorstellen, dass er nun nach Hause gehen würde, um aufzurüsten und dann mit seiner Alten einen Privatkrieg gegen mich zu veranstalten. Genau das las ich aus seinem Gesicht.*

*Er ging mit seiner Katze aus der Tür, drehte sich nochmals um und warf mir einen bösen Blick zu, obwohl er dabei irgendwie zu lächeln schien. Ich hatte schon während dieses dubiosen Treffens beschlossen, auf der Stelle meine Sachen zu packen und weiterzuziehen, sobald der Alte und seine blöde Katze, die völlig vereiterte Augen hatte, gegangen wären.*

*Und falls sich jemand fragt: Nein, ich habe das Waffenöl und die anderen brauchbaren Sachen nicht dagelassen, denn irgendetwas sagte mir, dass der Alte log.*

*Es war inzwischen dunkel geworden. Die Tür quietschte beim Schließen. Auch das gefiel mir nicht, denn ich hatte so meine Vermutung, dass der Alte mich nicht unbescholten davonkommen lassen wollte.*

*Ich war ungefähr hundertfünfzig Meter vom Haus entfernt, als mich etwas in den Unterschenkel biss. Scheiße, was war das? Es tat höllisch weh, und ich sah einen kleinen Pfeil, der mich am Rande meines Unterschenkels getroffen hatte.*

*Das Arschloch hatte doch tatsächlich auf mich geschossen. Was hatte er vor? Wollte er mich seiner Katze zum Fraß vorwerfen? Diesem Indianer Jones würde ich eine Kugel verpassen. Ich war sauer, richtig sauer, denn die Wunde würde mich vermutlich nicht umbringen, hatte aber das Potenzial, meine Mission erheblich zu stören. Außerdem tat es höllisch weh, als ich den zwanzig Zentimeter langen Pfeil herauszog.*

*Ich ging hinter einem Baum in Deckung und entsicherte meine 30-06. Der Vollpfosten hatte doch tatsächlich mit einer Armbrust auf mich geschossen. Auch nach einigen Minuten hörte und sah ich nichts. Weitergehen war eine Option – mein Schenkel tat weh, er blutete, aber weniger stark, als ich vermutet hatte. Also ging ich langsam weiter, immer mit einem Blick zurück und weit offenen Ohren. Ich ging die ganze Nacht, nachdem ich die Wunde mit einem Wundpflaster, Desinfektionsmittel und einem Verband versorgt hatte.*

*Als es wieder hell wurde, baute ich völlig erschöpft mein neues Zelt auf. Völlig fertig und übermüdet, mit pochendem Unterschenkel legte ich mich in das Zelt und war heilfroh, die Beine nicht anwinkeln zu müssen.*

*Ich träumte wirre Dinge: Von dem Alten, wie er versuchte, sein Pferd mit einem Flitzebogen zu erschießen, und es später, als es sich nach Stunden zu Tode gequält hatte, schlachtete, um mit dem Fleisch Katzen anzulocken.*

# 8. JENNY

Nachdem mir bewusst wurde, was überhaupt passiert war, und dass ich unvorsichtig gewesen war – oder nur am falschen Ort zur falschen Zeit –, lernte ich Jenny kennen.

Dass meine Freiheit jetzt flöten gegangen war und ich hier festsaß, konnte die neue Bekanntschaft von Jenny zumindest etwas abmildern. Sie hatten mir all meine Sachen weggenommen, schlimm genug, aber sie waren ja nicht weg, sondern hatten nur den Besitzer gewechselt. So hatte es mir mein Vater immer erzählt, wenn es früher um Tauschmittel ging.

„Ich bin Jenny!", hatte mich eine freundliche, recht dunkle Mädchenstimme empfangen.

„Jenny, wo sind wir hier? Wie lange bist du schon hier?", fragte ich vorsichtig.

„Keine Ahnung, wo wir sind, aber die Wichser haben was mit uns vor. Mehr musst du nicht wissen." Über ihr hübsches Gesicht lief eine Träne. Sie schluchzte. „Ich bin seit acht Tagen hier, und das Einzige, was mich wirklich interessiert, ist, wie ich dem Dürren die Eier abschneiden kann."

Ich traute mich nicht zu fragen, was er ihr angetan hatte, und wir schwiegen einen Augenblick.

Wir saßen in einem dunklen Keller. Ein vergittertes Fenster ließ ein wenig Licht hinein. Es stank nach Fäkalien und Waschpulver.

Die Typen hatten mich in ihrem alten Volvo, vermutlich einem alten Diesel, tatsächlich in den Kofferraum gepackt und mitgenommen. Sie hatten mich gefesselt und mir die Augen verbunden. In dem Kombi liegend hörte ich, wie sie sich über mein letztes Rehfleisch freuten. „Das gibt heute Abend ein gutes Essen. Was kriegen wir für den Kleinen?" „Keine Ahnung, vielleicht Munition und Diesel, der noch nicht schlecht ist, könnte ich mir vorstellen", hörte ich den anderen sagen.

„Was haben die Dummsäcke mit uns vor?", fragte ich Jenny.

„Ja, du hast recht, dumm kommen sie mir auch vor. Vielleicht geduldig, aber definitiv nicht klug. Sie haben mich entführt, als ich gerade auf der Suche nach einer unserer Kühe war. Seitdem wir keinen funktionierenden Elektrozaun mehr hatten, sind die Kühe ständig abgehauen. Meine Mutter hat zu meinem Vater gesagt, dass die Kühe bald Geschichte sind, wenn das so weitergeht. Außerdem wurden uns schon drei Kühe gestohlen. Würde mich nicht wundern, wenn das auch diese Typen hier waren. Ich will nicht hoffen, dass anstatt der Kühe jetzt Menschen auf deren Speiseplan stehen – aber siehst du, ich habe noch alle Finger."

„Ich habe den Dürren sagen hören, er wolle uns eintauschen – oder jedenfalls mich, gegen Munition."

„Kann sein, aber ich habe ihnen einen Tausch angeboten, mich gegen zwei Kühe. Aber die Idioten lachten nur. ‚Zuckerpüppchen, du bist sicher mehr wert als zwei Rindviecher, wenn du noch Jungfrau bist', hat der mit den langen, fettigen Haaren gesagt."

Wir saßen in der Scheiße – im wahrsten Sinne des Wortes, denn wir waren in einem Waschkeller eingesperrt, der aber immerhin auch eine Dusche besaß. Die Dusche funktionierte natürlich nicht, und beim Abfluss war einfach das Gitter entfernt worden, um es auch als Klo benutzen zu können. Freundlicherweise stellten die Herrschaften uns einmal am Tag zwei Gießkannen mit Wasser hin: zum Trinken, Spülen und Waschen. Sogar Duschgel war uns von den fürsorglichen Betreibern dieser Absteige zur Verfügung gestellt worden. Es war also klar, dass wir beim Spülen nach dem Geschäft sparen mussten. Es gab Pappkartons als Matratzen und Altkleider als Decken und Kissen. Das Verrückte war, dass man in so einer Situation regelrecht dankbar für das war, was man hatte. Wenigstens war es nicht kalt, denn sie hatten einen Ofen installiert, um das Waschwasser zu erwärmen. Ich konnte mir denken, dass der Ofen noch aus viel früheren Zeiten stammte. Jenny musste einmal am Tag einen Arm voller Holz holen, und wir bekamen Knäckebrot und Dosenfutter.

Wir unterhielten uns viel, und Jenny erzählte mir ihre halbe Lebensgeschichte, sogar von ihrer großen Liebe aus der Schulzeit. Das war lange her. Sie hatte den Jungen nie wiedergesehen. Sie war sechzehn und lebte mit ihrer Familie ähnlich wie wir, recht abgeschieden und autark in der Wildnis Südschwedens. „Ich bin zur Schule gegangen, weil ich es wollte. Meine Freunde haben mich immer aufgezogen, weil ich noch Kühe melken konnte. ‚Melke doch mal mich!', haben die Jungs immer gesagt. Das habe ich gehasst, denn die Idioten fraßen lieber die Heuschrecken-Proteinsnack-Produkte aus dem Supermarkt. Die hatten absolut keine Ahnung. Ich habe es an ihrem Verhalten gemerkt. Es ist eben so: Du bist, was du isst. Trotzdem, ich hatte Freunde, das ist mir immer wichtig gewesen."

Ich erzählte ihr, dass ich auf der Suche nach meiner Familie war. Wir waren Leidensgenossen auf unsere Art. Und so finster der Keller auch war, freundeten wir uns irgendwie an. Sie war echt schön, wenn sie sich mit der Hand durch ihr leicht gelocktes, blondes Haar strich oder sich mit ihrer Nagelpfeile die Nägel schliff. Wir beide hatten Angst, das war nicht zu leugnen.

Nach ein paar Tagen kamen wir uns bereits wie ein altes Ehepaar vor – weil es anscheinend keine andere Möglichkeit mehr gab. Trotzdem suchten wir unentwegt nach Möglichkeiten.

Ich versicherte Jenny an diesem Abend: „Wir kommen hier raus, und zwar unverletzt!"

„Collin, du bist auf der Suche, und ich möchte nur nach Hause. Auch wenn wir hier heil rauskommen, wie soll es dann weitergehen?"

„Ich bringe dich nach Hause", versprach ich.

„Du kannst bei uns bleiben, und wir versuchen, deinen Vater zu kontaktieren. Wir haben genug Essen und Platz im Haus."

„Das ist ganz lieb von dir, ich werde sicher gerne eine Nacht bleiben."

„Was ist hier los?", dröhnte plötzlich eine Stimme. Es war der langhaarige Bombenleger, wie ich ihn nannte. „Jetzt haltet ihr erst mal die Schnauze und kommt mit", krächzte er mit seiner gurgelnden Stimme. Er hielt meine .22 in der Hand und führte uns nach oben. Dort waren in der Küche zwei Stühle für uns reserviert.

„Hinsetzten", befahl der Dürre. „Gleich kommt der Chef für die Inspektion."

Wir saßen auf den Stühlen und mir ging der Arsch auf Grundeis. Die Tür ging auf und ein dunkelhaariger, schleimiger, dicker Typ mit einer Lederjacke, die ihm viel zu klein war, kam zur Tür herein. „Wen haben wir denn da?", schmatzte er und fraß dabei etwas, das für mich nach einer Bifi aussah.

„Das sind die Kinder, von denen ich dir erzählt habe", spuckte der Dürre die Worte hervor.

Er ging um uns herum, roch an Jennys Haaren und musterte sie ganz genau. Jenny empfand nur Abscheu, das konnte ich in ihrem Gesicht lesen. „Das sind keine Kinder, ihr Vollidioten. Die fressen nur und leisten nichts."

„Doch, der Junge ist vierzehn, und das Mädchen –"

„Halt's Maul!", unterbrach ihn der Chef. „Georg, ich habe dir schon öfter gesagt: Wenn du mich noch einmal verarschst, werde ich deine Eingeweide an meine Schweine verfüttern."

Von Landwirtschaft schien der sogenannte Chef was zu verstehen, dachte ich und hörte, wie Georg zu dem langhaarigem Bombenleger sagte: „Bring sie erst mal wieder runter."

Schmierhaar, wie wir ihn ab diesem Tag nannten, brachte uns zurück in unseren Raum. Ich hörte noch, wie Georg – ehemals *der Dürre* – mit dem Chef weiterverhandelte. „Wenn sie noch Jungfrau ist, dann kann ich dir …" Mehr konnte ich nicht verstehen.

Die Tür schloss sich hinter uns, und ich fragte mich im Stillen, ob ich beleidigt sein sollte, dass es für mich offensichtlich nichts zu verhandeln gab. Vielleicht hatten sie für mich nur den üblichen Sklaven-Tarif vorgesehen. Ich gebe es zu, ich hatte enorme Angst vor diesen Typen, aber irgendwie hatte ich auch das Gefühl, die waren völlig verblödet. In mir erhob sich ein Gefühl der Überlegenheit, obwohl wir eingesperrt waren. Jenny war auch nicht dumm, so viel war mir nach unseren Gesprächen klar. Es musste einen nicht allzu komplizierten Weg in die Freiheit geben.

„Einer ekliger und dümmer als der andere", bestätigte Jenny meine Vermutung.

„Ich werde morgen fünfzehn, wenn ich keinen Tag zu zählen vergessen habe."

„Das ist großartig, vielleicht können wir ja feiern", schmunzelte sie.

„Ich glaube, wir kommen hier raus! Ich bin mir sicher, dass diese Volltrottel meistens gar nicht hier sind und uns hier nur gefangen halten."

„Den Gedanken hatte ich auch schon, weil es manchmal stundenlang ruhig ist. Denkst du, wir finden den Schwachpunkt, der uns hier rausbringt?

„Jenny, unsere Entführer sind offensichtlich nicht die hellsten Kerzen auf der Torte, wir werden es schaffen, denke ich." An diesem Abend unterhielten wir uns, bis wir einschliefen, nachdem ich die letzten zwei Stücke Holz nachgelegt hatte.

Am nächsten Morgen war ich mir nicht mehr sicher, ob ich überhaupt geschlafen hatte, denn die Unterhaltung war so intensiv gewesen, dass ich Traum von Realität nicht unterscheiden konnte. Sie hatte mich geküsst. Nicht nur so, sondern richtig. Wir hatten uns so viel erzählt, die ganze Nacht, sodass ich keine Ahnung hatte, was stattgefunden hatte. Es erschien mir wie ein magischer Zauber oder eine Hypnose. Darüber hatte ich zu Zeiten, in den es noch Strom gab, mal eine Doku gesehen. Es war real.

Ich drehte mich verlegen zur Seite, als ich Jennys Stimme hörte: „Herzlichen Glückwunsch zum Geburtstag, wie war die Nacht?"

„Wir … wir haben uns die ganze Nacht unterhalten, oder?", stotterte ich zweifelnd.

„Nein, wir haben geschlafen und uns nur in unseren Köpfen unterhalten", hörte ich sie sagen, ohne ihr Gesicht zu sehen, denn sie hatte den Kopf weggedreht.

„Hast du mich gehört?"

„Ja", antwortete ich.

„Ich habe aber nichts gesagt, nur gedacht."

Ich verstand gar nichts mehr. Sie hatte mir trotz dieser abstrusen Situation völlig den Kopf verdreht: Ich wusste nicht mehr, wo oben und unten war. Es war offensichtlich, dass ich total verliebt in sie war. Glückshormone durchströmten meinen Körper. Ich sah zuckende Blitze in ihren Augen und hörte ihre liebliche Stimme in meinem Kopf widerhallen.

Die Tür ging auf und Georg stand vor uns. Normalerweise ging in den letzten Tagen die Tür nie so früh auf. Im ersten Moment dachte ich in meiner rosaroten Verliebtheit, Georg würde mir sicher nur zu meinem Geburtstag gratulieren wollen.

„Komm mit, Jenny, Holz holen. Um dich kümmere ich mich später!" Sofort war ich wieder in der Realität angekommen. Alle Sinne waren plötzlich aktiviert. Ich sah wie in Zeitlupe, wie Georg Jenny am Arm packte und sie in ihrer alten Jogginghose am T-Shirt hochzerrte.

„Was soll das? Es reicht uns, später ein Feuer zu machen, es ist doch noch warm hier. Kann ich vielleicht erst mal auf Toilette gehen?"

Die Tür ging zu, und ich war völlig perplex. Was ich gerade gesehen hatte, hatte ich vorher so noch nicht gesehen. Hier stimmte etwas nicht. Ich zog mich wie im Zeitraffer an und überlegte, wie ich hier rauskommen konnte. „Denk nach", sprach ich zu mir selber. „Denk verflucht nochmal nach!"

Doch dann passierte etwas, das ich noch nie zuvor, jedenfalls nicht so bewusst, erlebt hatte. „Collin, ich brauche Hilfe!" Ich sah das, was Jenny sah, vor meinem inneren Auge. Sie sollte sich auf den Küchentisch legen und die Hose ausziehen. Kurz zweifelte ich, ob es wirklich sein konnte, dass ich ihre Stimme und ihre Bilder empfangen konnte, doch es war mir egal, ob ich fantasierte.

Ich dachte nach und sah das Bild, wie die Tür von außen nur mit einem Vorhängeschloss gesichert war. Auch dieses Bild stammte vermutlich von ihr. Das Schloss war nicht eingeschnappt, sodass es möglich sein musste, die Tür aufzuhebeln. Ich hatte mit meinem Vater viele Türen aufgebrochen. Er hatte oftmals verzogene und abgeschlossene Türen einfach aufgehebelt, indem er die Tür mit einer Eisenstange oder einer langen Holzlatte hochdrückte. Dabei konnte eine nicht fixierte Tür, die nach oben hin Luft hatte, aus den Angeln gehoben werden. Ich schaute mich um. Das Einzige, was infrage kam, war die Duschvorhangstange. Dabei handelte es sich um ein altes Wasserrohr, an dem der ranzige Duschvorhang hing. Ich hielt kurz inne, bevor ich die Wut unserer Entführer wegen Vandalismus auf mich ziehen wollte.

Ich konzentrierte mich und versuchte, mit Jenny zu sprechen. Ich bekam leichte Kopfschmerzen, als ich versuchte, Kontakt mit ihr aufzunehmen. „Jenny, ich habe vielleicht eine Möglichkeit gefunden, die Tür zu öffnen", sagte ich konzentriert zu ihr, als ob sie vor mir stehen würde.

„Er hat deine Pistole auf den Flurschrank gelegt, beeile dich und sei so leise wie möglich. Wenn er dich nicht bemerkt, kannst du ihn vielleicht überrumpeln", hörte ich ihre ängstliche Stimme eindeutig in meinem Kopf. „Er versucht sich zu überzeugen –"

Was meinte sie damit: „Er versucht sich zu überzeugen"?

Ich riss die Duschstange runter und zog mir die Schuhe an. Dann trat ich, so kräftig ich konnte, auf das Ende der Duschstange, um sie zusammenzudrücken. Es dauerte eine Weile, dann war meine Hebelstange fertig.

Ich zweifelte kaum an dem, was ich meinte zu wissen. Ich musste diese Tür öffnen und Jenny retten.

Unter der Tür war kaum Platz, sodass die selbstgebaute Brechstange ihre Wirkung nicht erfüllen konnte. Wieder trat ich mit der Hacke darauf ein, bis es passte. Ich versuchte alles. Der Schweiß stand mir auf der Stirn, als ginge es um Leben und Tod. Ich wollte nicht hoffen, dass es so war, aber instinktiv gab ich alles, um diese verfluchte Tür zu öffnen.

Nach einigen Minuten stellte ich fest, dass es so nicht klappen würde. Das zusammengebogene Ende verzog sich nur weiter und konnte somit keine Kraft zum Aufhebeln der Tür entfalten. Ich dachte mir, es wäre gut, etwas unter die Stange zu legen, um mit mehr Hebelkraft die Tür nach oben zu drücken. Mein Vater hatte mir alles zu Hebelkräften erzählt und mir demonstriert, wie sie wirken konnten.

Ich war ein Idiot! Darauf hätte ich auch vorher kommen können: Ein Stück Feuerholz wäre ideal. Nur hatten wir gestern alles verbrannt. Ich zog meine Schuhe wieder aus, um sie unter die Stange zu legen. Etwas anderes hatte ich nicht gefunden. Und nun klappte es: Zumindest ein Stück weit konnte ich die Tür anheben, bis meine Schuhe nachgaben.

Scheiße, dachte ich, so komme ich hier nicht weiter. Ich brauchte etwas anderes und suchte den ganzen Waschkeller ab. Von oben hörte ich ein komisches, polterndes Geräusch. Ich hatte nicht mehr viel Zeit und wollte mich auch nicht konzentrieren, um etwas von Jenny zu empfangen.

Dann hörte ich, wie sich jemand von außen an der Tür zu schaffen machte, und mein Herz schlug binnen Sekunden doppelt so schnell.

# 9. DURCHGEMACHT

*Wann hatte ich zum letzten Mal eine Nacht durchgemacht? Da muss ich so ungefähr siebzehn gewesen sein. Damals dachte ich noch, dass Joints dabei helfen würden, die richtige Frau zu finden, was definitiv ein Trugschluss war. Ich hatte Mala erst mit fünfundzwanzig kennengelernt: auf einem Seminar für biologische Landwirtschaft der Zukunft. Wir hatten uns gesehen und gefunden. Bei allen Themen, die wir besprachen, waren wir einer Meinung. Zugegebenermaßen haben wir in den ersten Wochen, nachdem wir uns kennengelernt hatten, eher wenig gesprochen. Manchmal muss man nicht viel sprechen, sondern sich nur restlos hingeben.*

*Sie hatte dunkelblonde, gelockte Haare. „Ich habe sie dunkler gefärbt", ließ sie mich wissen, aber aufgefallen war es mir nicht – die rosarote Brille eben. Wir waren füreinander bestimmt.*

*Die Zeiten waren hart und wurden immer härter, zumindest im Kontrast zu dem fast sorgenfreien Leben, das wir aus unserer Jugend kannten. Immer mehr gesellschaftliche Krisen, Kriege, Seuchen und Bankenkrisen machten allen das Leben schwer, und natürlich waren auch wir davon nicht ausgenommen. Angst hatten wir kaum, denn wir hatten ja uns. Wir schlugen uns unseren eigenen Weg durch die immer autoritärer agierende Welt – mit Liebe, Kreativität und Mut. Wir beschlossen allerdings, unseren Kinderwunsch vorerst auf Eis zu legen.*

*Nachdem wir in Schweden Fuß gefasst hatten, wurde alles etwas ruhiger, und mit der ersten Aussaat im Gemüsebeet kam auch der Kinderwunsch wieder hoch. Klar, wir waren spät dran, aber vielleicht war ein wenig mehr Lebenserfahrung für die zukünftige Kindererziehung ja gar nicht so verkehrt.*

*Das Chaos der letzten Jahre war definitiv geplant, so viel war uns sehr schnell klargeworden. Von wem aber, das wussten wir nicht; wahrscheinlich von denen, die sich daran im wahrsten Sinne des Wortes mörderisch bereicherten: eine gigantische Umverteilung von unten nach oben. Doch das Ereignis schien uns intuitiv natürlichen Ursprunges gewesen zu sein.*

*Nie waren wir so naiv gewesen zu denken, dass die selbsternannte Elite es irgendwann gut mit uns meinte. Ebenso wenig glaubten wir an irgendwelche natürlichen Zyklen, die alle paar Jahre die Menschheit ins Unglück stürzten. Es war uns klar gewesen, dass es schon immer so gewesen war: Mal mehr, mal weniger, aber immer das gleiche Schema. Jedenfalls stand es so in den Geschichtsbüchern, aber wir vergaßen dabei nicht, wer diese geschrieben hatte: die „Sieger" – oder besser gesagt: die „Gewinner".*

*Eventuell war es dieses Mal das erste Mal seit langer Zeit, dass dieses System nicht mehr existierte und die Welt in ein neues Gleichgewicht finden konnte. Dieser Gedanke machte mir Hoffnung, und ich wusste, dass ich diese Chance gerne mit meiner Familie zusammen wahrnehmen wollte. Mir war klar, dass im Moment das Gesetz des Stärkeren galt, wie schon so oft zuvor.*

*Meine Wunde hatte sich offensichtlich nicht entzündet. Ich konnte nur froh sein, dass der Alte den Pfeil vorher nicht in einem Kadaver gewälzt hatte, denn zugetraut hätte ich ihm das. Es tat zwar weh, ich konnte aber gut laufen.*

*Nachdem ich das Zelt abgebaut hatte, ging ich los. Eines der größten Hindernisse war die Dunkelheit. Im Herbst ging es noch, aber im Winter an nebeligen oder bewölkten Tagen waren es nur ein paar Stunden, an denen man überhaupt Strecke machen konnte. Die Kälte war ein weiterer Faktor, der mir Sorgen bereitete. Solange ich in Bewegung war, konnte ich viel aushalten, aber wehe, ich legte eine Pause ein. In diesen Breitengraden wird es wirklich sofort sehr kalt im Freien.*

*Obwohl ich wusste, dass ich Collin all dies beigebracht hatte, machte ich mir Sorgen. Inzwischen war ich der festen Überzeugung, dass Mala, Lenni und unser Hund entführt, verschleppt oder weggelockt worden waren. Mein primäres Ziel war es dennoch, Collin zu finden, dann würden wir weitersehen.*

*Ich hätte es mir wirklich nie ausmalen können, wie leer und trotzdem gefährlich die Welt nun geworden war – was der Alte gerade eindrucksvoll bewiesen hatte.*

*An diesem Tag kam ich nicht weit voran, da es sicher schon zwei Uhr mittags gewesen war, als ich losgegangen war. Ich konnte mich an diesem Abend glücklich schätzen, in einer alten Wassermühle Unterschlupf zu finden. Das ersparte mir den erneuten Aufbau des nicht gerade aufbaufreundlichen Zeltes.*

*Fast eine Woche später war ich in Südschweden angekommen. Schweden ist ein über 1400 Kilometer langes und sehr waldreiches Land. Wir wohnten ziemlich genau in der Mitte dieses langgezogenen Waldlandes, und von unserem Zuhause bis zum südlichsten Punkt waren es fast siebenhundert Kilometer. Ich hatte in den letzten Tagen viel Proviant einsammeln können, außerdem geniale Wanderstiefel in der richtigen Größe und sogar einen Thermoschlafsack, der auch wirklich hielt, was er versprach. Wir hatten es immer geliebt, dieses Land mit dem Auto zu erkunden. Doch wenn man diese Strecken zu Fuß unterwegs war, sah es doch etwas anders aus.*

*Was ich in den letzten Tagen allerdings auch gefunden hatte, war ein Weg. Vielleich bildete ich es mir nur ein, aber ich hatte das Gefühl, Collin kommunizierte mit mir. Ich hatte häufiger das Gefühl, ich würde genau seinem Pfad folgen, aber vielleicht bildete ich mir das auch nur ein. Ich hörte mehrmals eindeutig seine Stimme und sah ab und an sogar eindeutige Bilder vor meinem inneren Auge.*

*Zugegeben, nach dem Ereignis passierten viele merkwürdige Dinge. Einmal testete ich zum Beispiel unsere Solarbatterien. Eines Tages war beim simplen Kurzschließen einer Zelle mit einem dünnen Kupferdraht ein Funke zu sehen. Ich war völlig aufgeregt, rannte begeistert zu Mala und verkündete stolz: „Ich habe Strom gemacht!" Beim Kontrollexperiment in Malas Anwesenheit war allerding bei derselben Zelle nichts zu sehen.*

*Unsere seltsamen Träume, die Zufälle, die uns das Leben leichter machten, weil wir instinktiv wussten, wo wir etwas finden würden, was wir brauchen konnten, dazu die Erfindungen und die Kraft, all das durchzustehen, glichen schon fast einem Wunder. Also hörte ich auf die Stimmen und Bilder. Eigentlich blieb mir ja auch nichts anderes übrig.*

*Ein Bild empfing ich besonders deutlich. Ich erkannte den Schrottplatz. Einer der Plätze, die wir in Südschweden vor längerer Zeit besucht hatten: ein stillgelegter Autofriedhof, der sich über mehrere Hektar ausbreitete. Es waren echte Oldtimer, die vor einiger Zeit sicherlich viel wert gewesen waren. Leider hatte der Zahn der Zeit einen Strich durch die Rechnung gemacht. Alle Autos waren inzwischen echte Leichen: ausgeweidete Metallskelette, die mittlerweile im Einklang mit der Natur lebten. Ich erinnerte mich noch an einen der legendären VW-T1-Bulli-Busse, durch den in der Mitte ein Baum wuchs. Moose und Flechten verwandelten diesen Platz mit den Autos in eine surreale Welt, in der alte Technik und Natur irgendwie zueinander gefunden hatten. Die Geschichte um den alten Schrottplatz erinnere ich nicht mehr genau, aber es kamen brüderliche Streitigkeiten, Alkohol und die Staatsgewalt darin vor.*

*Immer wieder kamen mir Zweifel, ob ich mit meiner intuitiven Wanderung nicht ein totes Pferd ritt. Im Grunde hatte ich aber wenig Zweifel an meinem Etappenziel. Collin war sicher dort, nur wusste ich nicht genau, wo ich war. Ich schätzte eher meine Route, und das war zu der Zeit mein größtes Problem. Straßen und Verkehrsschilder leiteten meinen Weg, immer ein wenig abseits der Straße.*

*Städte und Hauptstraßen mied ich – spätestens, seitdem ich etwa ein Jahr nach dem Ereignis versucht hatte, mein eigener Zahnarzt zu werden. Das letzte Mal, als ich versucht hatte, in einer Kleinstadt mit Zahnarztpraxis einen „Termin" zu bekommen, hatte ich eher das Gefühl, hinter die feindlichen Linien geraten zu sein.*

*Mir war nach unseren ersten Expeditionen schon klar, dass man die verbliebenen Einwohner lieber ihrem Schicksal überlassen sollte, denn tun konnte man eh nichts, zumindest nicht, ohne ein kleines Bataillon. Leider war es wie so oft in der Geschichte, dass sich in den Ballungsgebieten das Recht des Stärkeren – heute würde man wohl eher sagen: das Recht des am besten Bewaffneten – durchsetzte.*

*Jeder, der noch einen Funken Verstand gehabt hatte, musste versucht haben, sofort nach dem Ereignis diese Gebiete zu verlassen. Einige waren zu stolz, andere zu müde, desorientiert oder schlichtweg zu alt oder krank. Somit hatten es wahrscheinlich sehr wenige, wenn überhaupt, geschafft, hier zu überleben.*

*Irgendeine Masse für eine Zahnfüllung und am besten noch eine Betäubungsspritze sowie ein Bohrer standen auf meinem geistigen Einkaufszettel. Mein Zahn brachte mich damals fast um, obwohl ich nur eine Füllung verloren hatte. Trotz intensiven Putzens – denn Zahnpasta und Bürsten hatten wir in rauen Mengen – hatte ich nach einiger Zeit starke Schmerzen bekommen. Mir wurde schnell klar, dass mein Unterfangen sinnlos war.*

*Dass es Überlebende gab, war uns lange klar. Mir wurde an dem Tag bewusst, dass – egal ob in Klein- oder Großstätten – kaum eine Chance bestand, etwas zu organisieren. Also sagte ich meinen „Termin" ab und machte einen neuen: mit meiner Rohrzange und einer angebrochenen Packung Oxycontin. Es tat trotzdem höllisch weh und war äußerst unangenehm. Mala hielt mir den Spiegel, musste aber etwas später ihr Erbrochenes von den Badezimmerfliesen wischen.*

*Die Wunde verheilte gut. Wieder einen Backenzahn weniger, aber durch das Teufelszeug von Schmerzmitteln durchaus gut gelaunt, hatte ich diesen Tag eigentlich recht angenehm in Erinnerung. Zivilisation ist eben ein zweischneidiges Schwert.*

*Aber im Grunde genommen lebten wir ja schon Jahre zuvor unzivilisiert, und das hatte uns wahrscheinlich den Arsch gerettet. Das Fazit war denkbar einfach: Die paar Leute, die noch übrig waren, musste man ganz genau beobachten – und zwar am besten, bevor sie einen selbst beobachteten. Überall, wo mehr als ein paar Häuser, Läden oder Lagerhallen standen, sah es meistens nach Vandalismus und Gefahr aus. Nur die einzelnen Häuser weit abseits hatten wenigstens teilweise noch heile Fenster. Solche Orte mit Einschusslöchern, Brandspuren und Müll zeichneten die heutige Zivilisation aus.*

*Ich kam an einen Kreisverkehr und erinnerte mich tatsächlich an diesen Ort, obwohl mir nicht ganz klar war, ob ich meinen eigenen Film oder wirklich Collins Gedanken vor meinem inneren Auge sah. Jedenfalls war ich mir recht sicher, dass ich den Weg, der leicht bergab ging, nehmen sollte. Von hier aus, so schätzte ich, war es noch ein Tagesmarsch bis zu dem Schrottplatz. Etwas abseits der Straße stand ein alter Bus. Die Fenster waren zum Großteil noch heil, und ich beschloss mit einsetzender Dunkelheit, hier zu übernachten.*

*Beim Einschlafen war es eiskalt, vor allen Dingen in meinem Gesicht, aber es war auf jeden Fall besser, auf ein Feuer so dicht an einer Straße zu verzichten. Hunger hatte ich auch, denn meine Vorräte waren fast aufgebraucht. Wenn man so kurz vor dem Ziel ist, muss man sehr aufpassen, nicht unvorsichtig zu werden. Ich wollte unbedingt morgen den Rest der Strecke schaffen.*

*Am nächsten Morgen hatte es geschneit. Wieder einmal mehr und viel früher als üblich. Es war wunderbar still und die Sonne ging bei strahlend blauem Himmel auf, wie ich aus der Busscheibe sehen konnte. Ich machte mich sofort auf den Weg, musste aber nach einer Stunde feststellen, dass ich bei dem etwa Fußball-hohen Schnee längst nicht so schnell vorankommen würde wie ursprünglich geplant. Ob ich auf dem richtigen Weg war, wusste ich nicht genau. Ich konnte es nur vermuten, denn die Welt mit Schnee sieht eben ganz anders aus als ohne.*

*Fast jede Straße in Schweden wird gesäumt von Fichten oder Kiefernwäldern. Trotz des Schnees ging ich etwas leichtsinnig weiterhin ungefähr zwei Autolängen neben der Straße. Es war perfektes Jagdwetter: Jede Spur war eindeutig im frischen Schnee zu sehen. Auch meine.*

*Kurze Zeit später hörte ich ein Geräusch, wahrscheinlich von einem Traktor. Gab es tatsächlich noch Leute, die die Straße freischoben? Sicherlich nicht. Schnell ging ich hinter einem Baumstumpf in Deckung.*

*Das Geräusch kam näher, und ich konnte einen alten Pritschen-Lkw erkennen, der die Straße entgegen meiner Laufrichtung fuhr. Die verschneite, abschüssige Straße hinderte den Lkw, schnell voranzukommen. Eine riesige Rauchwolke hing über dem näherkommenden Fahrzeug. Der Lastwagen, wahrscheinlich aus alten Militärbeständen, wurde immer langsamer. Nur einen Steinwurf entfernt von mir kam der Lkw zum Stehen.*

*„Scheißkalt auf der Pritsche, Karl! Wir müssen öfter anhalten. Ich gehe mal pissen!"*

*Ich sah, wie ein fetter Typ mit Skibrille und Mütze meine Seite der Straße entlangging und sich an seiner Hose zu schaffen machte. Er furzte dabei so laut, dass ich es bis zu meinem circa zwanzig Meter entfernten Versteck hören konnte. Zur Sicherheit brachte ich mein Jagdgewehr im Zeitlupentempo in den Anschlag.*

*Zwei weitere Typen stiegen von der Pritsche.*

*„Was zum Henker hast du gestern gegessen, Bohnensuppe?", sagte einer der Typen.*

*Dann hörte ich Gelächter*

*„Das stinkt bis hierher", beschwerte sich Karl, vermutlich der Fahrer. Nun pissten zwei der Typen gleichzeitig.*

*Ich hörte den einen sagen: „Der Chef hat gesagt, bis Monatsende sollen wir die Gören gefunden haben!"*

*„Was ist so wichtig an denen?", fragte ein anderer, und der Fahrer antwortete: „Der Chef hat persönlich ein Hühnchen mit denen zu rupfen, weiß der Teufel warum. Hat uns nicht zu interessieren. Wir müssen zu Andreas, der hat noch frischeren Diesel. Mit dem Gebräu, das wir im Tank haben, kommen wir sonst nicht mehr weit."*

*Die Schneepinkler stiegen zu meiner Erleichterung wieder auf ihren Lkw, und es dauerte mehrere Minuten, bis sich das Teil wie eine Dampflokomotive langsam wieder in Bewegung setzte.*

*Ich hätte, wenn es nötig gewesen wäre, geschossen, das war mir in dieser Situation sehr klar geworden. Das Gebot „Du sollst nicht töten" bezog sich hoffentlich nicht auf Selbstverteidigung. Auch beim Fleischerwerb legte ich dieses Gebot stets zu meinen Gunsten aus. Hätten sie damals diese Sache mit den Geboten nicht etwas genauer definieren können?*

*Als ich nichts mehr von dem schrottreifen Lkw hörte, setzte ich mich langsam wieder in Bewegung. Eine halbe Stunde in der Kälte zu verharren und der Zeitverlust verschafften mir jetzt automatisch schnelle Füße – alleine schon, um wieder warm zu werden.*

*Ich machte mir Gedanken, wen sie wohl mit „den Gören" gemeint hatten. Hoffentlich ging es nicht auch um Collin. Dieser Gedanke setzte einen zusätzlichen Turbo bei mir in Gang.*

*Nachdem ich wieder warm geworden war, sah ich tatsächlich das Schild, trotz des Schnees, der am Schild festgefroren war: „Alter Schrottplatz" war zu erkennen. Schweden war einst Touristenland gewesen. Jede noch so kleine Attraktion hatte einmal ein eigenes Schild bekommen. Und wenn es nur ein alter Baumstupf war, der aussah wie ein Troll – es gab einen kilometerlangen Trampelpfad vom Parkplatz zum Ziel – und ein Hinweisschild an der Straße. Über diesen glücklichen Umstand war ich damals wirklich froh, denn sonst hätte ich den Schrottplatz ohne Navi niemals gefunden.*

*Die letzten Kilometer vergingen wie in Zeitlupe. Mit der Hoffnung, dass ich Collin nach vielen Wochen wiedersehen könnte, ging ich jetzt wie mit geflügelten Stiefeln und mitten auf dem jungfräulich schneebedeckten Waldweg.*

*Mir gingen viele Sachen durch den Kopf auf den letzten Kilometern: Wie hatte er es so weit geschafft ohne größere Schwierigkeiten? Oder hatte er Probleme gehabt, weswegen er nun nicht mehr weiterkam? Ich zweifelte ernsthaft an meiner Psyche und wusste nicht genau, was ich machen sollte, wenn mein Kopf mir nur einen Streich spielte und nichts von dem, was ich vermutete, so sein sollte, wie es mir schien. Wahrscheinlich wäre es in dem Fall besser, dass Mala, Lenni und Collin weg waren und irgendwie ein eigenes Leben ohne mich anfingen. In dem Fall wäre ich bis auf Weiteres definitiv unzurechnungsfähig, einfach durchgedreht. Es wäre dann sicher für alle das Beste so. Mir lief eine Träne die Wange hinunter. Ich hätte es auf die Kälte schieben können.*

*Leise, aber sicher hörte ich wieder den Motor. Es war genau derselbe Klang wie vorhin. Ich zweifelte noch einen Augenblick, ob mir mein Kopf einen Streich spielte, aber nein, es waren diese bewaffneten Idioten auf dem alten Militär-Lkw. Ich nahm meine Beine in die Hand und rannte; erst noch auf der Straße und dann in den Wald abseits der Straße. Dort versteckte ich mich hinter einem großen Stein. Ich lud mein Gewehr durch, wartete und horchte mit schnell schlagendem Herzen.*

*Zu meinem Erstaunen hörte ich nichts. Auch einige Minuten später nicht, also ging ich die Strecke in meiner Erinnerung noch einmal durch. Es gab keine Seitenwege, denn es war ein Waldweg. Waldwege sind oftmals Einbahnstraßen, die ausschließlich zum Holztransport genutzt wurden oder nur zu ein oder zwei Häusern führten. Das musste heißen, dass ihre Schrottkarre vermutlich endlich komplett den Geist aufgegeben hatte, jedenfalls hoffte ich das. Die Kälte, der alte Diesel und der Zustand des Oldtimer-Fahrzeugs hatten hoffentlich zum Stillstand geführt. Ich konnte mir gut vorstellen, dass sie vielleicht auf der Suche nach einem Ersatzteil waren. Meine frischen Fußspuren würden sie aber sehen, so viel war sicher. Und somit blieb mir nicht viel Zeit.*

*Ich rannte abermals aus dem Wald, wurde aber vor dem Waldweg langsamer, um mich zu versichern, dass sie mich nicht sehen konnten. Ich lief los, so schnell ich nur konnte. Meinen Rucksack hatte ich hinter dem Stein liegen lassen, um schneller laufen zu können. Es war nichts darin, was ich nicht im nächsten leerstehenden Haus wiederbeschaffen könnte. Und es lohnte sich, denn ohne den schweren Rucksack hatte ich das Gefühl, deutlich schneller voranzukommen.*

*Nun teilte sich der Weg, also war ich dazu gezwungen, einen Moment innezuhalten. Ich schaute mich um. Selbstverständlich erst einmal nach hinten. Nichts war zu sehen oder zu hören. Das beruhigte mich. Es dauerte einige Sekunden, bis ich das winzige Holzschild mit der Aufschrift „ottplatz“ sah. Das „Schr“ war unter dem Schnee nicht mehr zu erkennen.*

*Als ich im Jogging-Tempo weiterlief, dachte ich, es wäre besser, kurz etwas Energie zu sparen, denn ich war schon reichlich aus der Puste. Ich hoffte, dass die Chaoten sich nicht in so guter Kondition befanden wie ich. Eigentlich war ich mir dessen sogar sicher, aber wie groß mein Vorsprung war, konnte ich nur schätzen. Vielleicht drei oder vier Kilometer. Wenn sie schnell gingen, würden mir nach meiner Rechnung nicht mehr als zehn, vielleicht fünfzehn Minuten bleiben, um Collin zu finden und dann ebenso schnell, wie ich gekommen war, wieder zu verschwinden – hoffentlich mit ihm gemeinsam. Das war mein Plan und sicherlich ein gewagtes Unterfangen. Letztendlich blieb mir sowieso keine andere Wahl mehr.*

*Als ich wenig später mit zugekniffenen Augen die ersten Autoüberreste im stetig weiter fallenden Schnee erkennen konnte, war ich im ersten Moment erleichtert. Aber sofort nachdem ich das erste Mal „Collin" brüllte, stieg mein Adrenalinspiegel wieder. Der Schnee wirkte wie ein Schalldämpfer. Sehr weit würde man meine Rufe also nicht hören können.*

# 10. VOLLTREFFER

Die Tür ging auf. Ich hatte alle Utensilien zum Aufhebeln der Tür provisorisch und blitzschnell im Eifer des Gefechts unter meiner Decke verschwinden lassen und hoffte, dass sie da nicht so schnell entdeckt wurden. Ich kauerte mich neben meine Matratze und fiel fast rückwärts um, als ich sah, dass es Jenny war, die zur Tür hereinkam. „Collin, komm, wir müssen sofort weg!"

„Jen–, Jenny", stotterte ich und zitterte am ganzen Körper. „Was ist los? Ich habe gesehen, wie … Äh, er wollte, dass du …"

„Ist schon gut, Collin, jetzt komm schnell, wir müssen uns beeilen."

„Wieso hast du Bl–, Blut an deinem T-Shirt?", stotterte ich weiter vor mich hin und kam langsam auf die Füße.

„Das ist eine lange Geschichte", gab Jenny von sich.

Sie ging wieder die Treppe nach oben, und ich rief ihr nach: „Brauchst du deine Sachen nicht?" Ich sah mich um und stellte fest, dass sie ja eigentlich keine eigenen Sachen hier unten hatte. Sie erwiderte nichts oder hatte mich nicht gehört, ich überlegte kurz. Ich stellte fest, dass sie auch mir alle Sachen abgenommen hatten außer meinen Schuhen, die ich aber bereits wieder anhatte.

Ich konnte es eigentlich nicht glauben: Die Tür war offen, und ich konnte das Gefängnis einfach so verlassen? Fast zu schön, um wahr zu sein. Ich musste mich selbst überzeugen. Als ich dabei war, die Treppe hochzugehen, dachte ich eine Sekunde darüber nach, ob das Ganze vielleicht eine Falle sein könnte, verwarf den Gedanken jedoch genauso schnell, wie er gekommen war.

Ein schmaler Flur verband die Haustür mit der Kellertür und anscheinend auch mit der Küche. Ich sah Jenny dort stehen und ging zu ihr. Auch an ihrer rechten Hand klebte Blut. Das sollte aber noch nicht alles gewesen sein. Ich ging einen langsamen Schritt weiter in die Küche und bekam den heftigsten Schreck meines Lebens. Mein Herzschlag setzte kurz aus:

Georg lag mit heruntergezogener Hose auf dem Tisch. Jennys Nagelpfeile steckte in seinem Hals und alles war voll mit Blut. Eine richtige Pfütze hatte sich unter dem Tisch gebildet, genau dort, wo sein Kopf war. Noch immer rann Blut aus der Wunde. Jenny stand andächtig da wie vor einem Altar, als ob sie sich gleich zum Gebet niederknien würde.

Die Zeit verging wie in Zeitlupe, aber das war eine Täuschung: Wir hatten keine Zeit.

„Wir müssen sofort raus hier. Bis der andere Wichser kommt, kann es nicht mehr lange dauern", sagte sie monoton, ohne sich irgendwie zu rühren.

„Ist er tot, was ist passiert?"

„Ja, ich hoffe es zumindest."

„Jenny, ich brauche erst meine Sachen, dann –"

„Nein, nur raus hier, scheiß drauf", unterbrach sie mich.

„Ich brauche den Magicube. Ich lasse dich ungern vorgehen, aber den muss ich unbedingt finden, sonst habe ich ein Problem." Im ersten Moment dachte ich, dass sie mich eventuell für ein Kleinkind halten würde, das nach seinem Spielzeug suchte.

„Such ihn schnell, und dann lass uns abhauen", gab sie zu meiner Erleichterung nach. Sie schien unter Shock zu stehen, so viel war mur bewusst. Leider vermutete ich das Gleiche von mir, denn mir wurde auf einmal total kalt.

Es dauerte glücklicherweise nicht lange, meinen Rucksack in einer Abstellkammer zu entdecken. Ich schaute schnell hinein und vergewisserte mich, ob noch alles da war. Es fehlten sämtliche Messer und eigentlich alles, was wirklich wichtig war, aber den Magicube hatten sie drin gelassen. Den Rucksack über eine Schulter geworfen, musste ich noch kurz gucken, ob ich irgendwo die 22er plus Munition finden konnte.

„Collin, wir müssen jetzt sofort los!", schrie Jenny, und zwar so laut und energisch, wie ich es nicht für möglich gehalten hätte, wäre ich nicht Zeuge davon geworden.

Ich rannte zurück zur Küche und sah, wie sie die .22-Pistole aus seiner Hostentasche zog. „Du kannst Gedanken lesen", stellte ich fest.

„Du doch auch!" Sie gab mir die Pistole.

Ich checkte das Magazin: Es war voll. Die restlichen Patronen zu suchen, sparten wir uns und rannten aus dem Haus. .22-Munition fand man in vielen Häusern. Wahrscheinlich hatten einige ehemalige Bewohner noch nicht mal gewusst, dass sie dieses übliche Kleinkaliber irgendwo im Haus gehabt hatten.

Das Tageslicht blendete regelrecht, die Kälte spürten wir kaum. Wenn man aus diesem Haus geflüchtet war, änderte sich die Definition von Kälte offenbar. Ich rannte hinter Jenny her, während ich mich fragte, ob sie sich hier auskannte, was sie aber offenbar tat. Ich warf einen kurzen Blick zurück, um mir das Haus der Schande genau einzuprägen. Es war ein heruntergekommenes, kleines Einfamilienhaus in üblicher Holzbauweise mit schwarzem Blechdach. Die Farbe war schon zur Hälfte abgeblättert, und die Fassade passte zur Stimmung im Haus: düster, schäbig und wahrscheinlich nicht mehr zu retten. Jenny schaute zu mir zurück und rief abermals: „Komm mit, wir müssen jetzt sofort weg!“ Ich lief umso schneller hinter ihr her und war mir inzwischen sicher, dass sie das Gelände kennen musste.

Wir waren sicherlich drei, wenn nicht sogar vier Kilometer gelaufen. Wir konnten nicht mehr. Im Schuppen eines abgebrannten Hauses hielten wir einen Moment inne. Jenny sah sich atemlos um und fragte mit dem Blick auf die .22: „Kannst du eigentlich mit dem Ding schießen?“

„Jenny, mein Vater ist Jäger, und ich habe schon ein Reh damit erlegt.“

„Ich hoffe, du musst sie nicht einsetzen.“

„Ich auch“, murmelte ich.

Wir waren durstig vom Laufen und beschlossen, erst einmal Wasser zu finden. Nachdem wir einen Augenblick verschnauft hatten, gingen wir auf die Suche. Auf dem Grundstück befand sich ein Brunnen mit einer alten Handpumpe, die nicht mehr funktionierte. Meinen Survival-Outdoor-Wasserfilter, den ich von Zuhause mitgenommen hatte, hatten die Arschlöcher zu unserem Glück noch in meinem Rucksack gelassen. Ich war mir sicher, dass die beiden Penner nicht mal gewusst hatten, was das überhaupt war und was man damit anfangen sollte.

Wir fanden in dem Schuppen einen Eimer und eine Schnur, sodass wir Wasser aus dem Brunnen schöpfen konnten. Wir ließen das Wasser durch den Filter laufen und fingen es mit meinem Campingbecher auf, den sie mir freundlicherweise ebenfalls gelassen hatten. Wir tranken das Wasser, und ich half Jenny, das Blut abzuspülen.

„Ich kenne die Gegend, es sind ungefähr zehn Kilometer zu mir nach Hause“, freute sich Jenny. Irgendwie beneidete ich sie darum, in irgendein Zuhause zurückkehren zu können.

Jetzt noch einmal zu fragen, was eigentlich passiert war, traute ich mich nicht. Ich dachte, sie würde es mir schon erzählen, wenn sie so weit war. Das meiste konnte ich mir schon denken, trotzdem interessierte mich, wie sie es geschafft hatte, den Kerl mit der Nagelfeile zur Stecke zu bringen.

„Jenny, geht es dir gut? Ist das nur das Blut von Georg? Ich traue mich kaum zu fragen, was passiert ist aber …"

Jenny unterbrach mich und drückte mir zärtlich ihren noch nassen Finger auf die Lippen. Am liebsten hätte ich ihren Finger trotz meines Post-Schock-Zustandes küssen wollen. „Wir müssen so schnell wie möglich weiter, so viel kann ich dir verraten." Offensichtlich wusste sie mehr als ich, und ich wagte keine weitere Frage mehr. Also gingen wir weiter. Sie wusste genau, wo es langging.

Es war deutlich kälter geworden im Gegensatz zu dem Tag, an dem sie mich erwischt hatten. Der Himmel war grau und dunkel, sodass der nächste Schnee wahrscheinlich nicht lange auf sich warten lassen würde. Ich fühlte mich komisch: euphorisch und seltsam optimistisch. Ich hatte das Gefühl, in einem Computerspiel zu sein, so wie ich sie von früher kannte: Man konnte nicht wirklich sterben und hatte treue Partner, die für einen da waren.

Außerdem hatte ich das seltsame Gefühl, nicht mehr so ganz Herr meiner Sinne zu sein. Meine Blicke waren nur auf Jenny gerichtet. Einfach alles an ihr war toll. Ich wollte ihr helfen und für sie da sein; und meinetwegen konnte ihr Elternhaus auf der anderen Seite der Welt sein. Ich würde ihr folgen, Hauptsache, es änderte sich nichts an der Tatsache, dass ich in ihrer Nähe war. All das waren Gefühle, die ich zum ersten Mal in meinem Leben erlebte. Ich konnte nun eindeutig besser spüren, fühlen und nachempfinden, wie es sein musste, jemanden zu vermissen.

Leichte Kopfschmerzen und ein leeres Gefühl in der Magengegend stiegen auf einmal in mir auf. Hunger hatte ich nicht, ganz im Gegenteil. Ich dachte, ich müsse nie wieder etwas essen. Aber dann sah ich es genau vor mir: nicht nur Jenny, die immer noch vor mir ging, sondern auch das, was in ihrem Kopf vorging. Und jetzt gerade dachte sie an das, was im Haus passiert war. Es dauerte keine Minute und mir kamen die Tränen. Sie drehte sich nicht um, und dafür war ich dankbar.

Sie schien die Gegend wirklich gut zu kennen, denn wir gingen direkt durch den Wald. Ganz Schweden besteht eigentlich aus Wald oder, wie mein Vater immer sagte: aus Forstkulturen. Die Topografie und der Boden lassen an den meisten Stellen in dieser Landschaft einfach nichts anderes zu. Ich mochte den Wald, die Pilze, die Tiere und den Geruch.

Die Szenen, die ich in Jennys Kopf sah, waren grauenhaft. Erst wollte das miese Arschloch Georg sich davon überzeugen, ob sie noch Jungfrau war. Jenny tat so, als ob sie sich dem Befehl unterordnen würde, und griff dabei unauffällig in die Tasche ihrer Jogginghose, die ihr die Entführer zum Anziehen gegeben hatten und die sie jetzt ausziehen sollte. Die Nagelfeile hatte sie aus guten Gründen wohl immer mit dabei. Sie hatten sie ihr als Einziges gelassen – oder sie hatten nicht bemerkt, dass sie sie überhaupt hatte. Geschickt verbarg sie die Feile in ihrer Hand und weigerte sich, als Nächstes ihren Schlüpfer auszuziehen.

Georg wurde wütend. Seine Worte, die folgten, widerten mich einfach nur an: „Süße, entweder du zeigst mir jetzt, was ich sehen will, oder ich werde mich selber davon überzeugen. Der Chef will nur Neuware. Ansonsten werde ich ihm sagen müssen, dass du schon gebraucht bist, und das mindert den Preis, was weder für mich noch für dich vorteilhaft wäre."

Die nächste Szene, die ich sah, war, wie er sich seine Hose runterzog und sich auf sie legte. Sie hielt die Hände demonstrativ über sich, um sich untergeben zu zeigen. Er versuchte, was er versuchen wollte – und scheiterte, denn in Sekundenschnelle hatte er Jennys Nagelfeile im Hals. Sie hatte direkt seine Halsschlagader getroffen, Volltreffer. Wahrscheinlich mehr zufällig als alles andere, aber es ging offenbar schnell.

Er machte japsende Geräusche, aber weniger als eine Minute später sackte er schlapp auf ihr zusammen. Sie hatte ihn währenddessen fest umklammert, damit er nicht aufstehen oder zur Waffe greifen konnte. Als sie sich unter ihm befreite, zuckte er noch ein wenig mit den Beinen, ganz so, als ob er noch versuchen wollte wegzulaufen.

Es waren grauenhalte Bilder, trotzdem war ich tatsächlich froh, dass dieser böse Mensch nun tot war. Ich war nicht stolz auf Jenny, sondern hatte tiefes Mitleid, denn sie hatte es sicherlich nicht freiwillig getan. Doch auf eine spezielle Art bewunderte ich sie dafür und fragte mich, ob auch ich dazu in der Lage gewesen wäre.

Mir war klar, dass es Zeit brauchen würde, um diese schrecklichen Szenen verblassen zu lassen. Das Verrückte war nicht, dass ich nicht nur ihre Bilder gesehen, sondern auch ihre Gefühle dazu empfunden hatte, jedenfalls dachte ich das in dem Moment. Es bestand die Möglichkeit, dass alles nur meine Einbildung war, aber dazu war es zu real und zu detailliert.

Sie drehte sich auf einer Lichtung um, blieb stehen und sagte plötzlich: „Jetzt weißt du, was passiert ist." Ich senkte den Kopf und nickte. „Es dauert noch etwa eine Stunde von hier; ich kenne die Lichtung. Vor längerer Zeit ist uns mal eine Kuh abgehauen und stand dann hier seelenruhig zum Grasen. Können wir uns bitte beeilen? Ich möchte nach Hause."

Ohne Worte folgte ich Jenny und malte mir in Gedanken ihr Zuhause aus: ihre Eltern, ihre etwas jüngere Schwester und ihren kleinen Bruder, von denen sie mir erzählt hatte.

Die letzten Kilometer liefen wir durch unwegsames Gelände, mit vielen Steinen und halb gefrorenen Pfützen dazwischen. Wir krochen durch Büsche ohne Blätter und bekamen frischen, kalten Schnee von den Zweigen in den Nacken. Wenn wir jetzt eine Pause einlegen würden, müssten wir ganz schnell ein Feuer machen, um nicht zu erfrieren. Doch solange man sich bewegte, konnte einem die Kälte nichts antun, so viel wusste ich aus eigener Erfahrung.

Nachdem wir über eine große Wiese gelaufen waren, sah ich einen Hof in der Ferne. Ein typischer schwedischer Bauernhof, wie es sie zu Tausenden gab. Das Haus mit klassischer falunroter Fassade und weiß gestrichenen Eckbrettern, Fenstern und Türrahmen. Die Scheune mit silbrigen Blechplatten und einer Fassade aus Holz im gleichen roten Farbton.

Als wir näherkamen, sah ich, dass alles in gutem Zustand war. Das sagt viel über die Familie aus, dachte ich insgeheim. Ich wurde immer gespannter, Jennys Familie kennenzulernen, aber irgendwie auch etwas beunruhigt. Was würden sie wohl zu mir sagen, was würden sie mich fragen?

Doch als wir näherkamen, blieb Jenny wieder stehen. „Siehst du das?", wollte sie wissen.

„Was genau meinst du?"

Sie ging in die Knie, und ich tat es ihr wie automatisch nach. „Da stimmt was nicht. Siehst du die kaputten Fensterscheiben? Wir sollten uns lieber langsam heranschleichen!"

Wir schlichen also auf allen Vieren langsam durch den kalten Schnee an Jennys Elternhaus heran. Hinter einer Hecke gingen wir in Deckung.

„Lass uns einen Augenblick warten“, gab sie den Ton an.

„Okay.“ Ich war klitschnass vom Schnee und zitterte eher vor Kälte als vor Aufregung.

Es wurde langsam dunkel, und in dieser langen schwedischen Winter-Dämmerung schlichen wir uns geduckt in Richtung der Fenster.

Jenny guckte vorsichtig ins Haus. Ich hatte die .22 und die letzten Patronen in der Tasche griffbereit. „Alles dunkel“, flüsterte sie.

Wir gingen zur offensichtlich aufgebrochenen Haustür. Sie ging als Erstes hinein und rief leise: „Papa, Mama?“ Ich folgte ihr. Behutsam durchsuchten wir alle Zimmer, doch niemand war da. „Das waren der Chef und seine Gang“, beurteilte sie die Lage, und trotz der Dunkelheit sah ich Tränen in ihren Augen. Alle Schränke waren durchwühlt, Schubladen rausgerissen und deren Inhalt einfach auf den Boden gekippt worden.

„Welche Gang?“, fragte ich vorsichtig, aber sie ignorierte die Frage: „Lass uns erst mal sehen, wo wir schlafen können. Mit etwas Glück finde ich noch etwas zu essen für uns. Wasser haben wir, denn mein Vater hat eine Hand-Brunnenpumpe im Keller eingebaut. Da friert es fast nie, und es kommt immer Wasser.“

Sie zeigte mir die Kellertür, die hinter einem Regal war, das mit der Tür verbunden war. Ein kleiner Haken an der Seite wurde hochgedrückt und die Tür mit Regal ging auf. „Hier sind sie nicht gewesen“, stellte Jenny fest und stieg in den dunklen Keller hinab. Auf der zweiten Stufe blieb sie stehen, und es wurde hell. In einer Nische an der Seite waren Kerzen und Streichhölzer deponiert.

Im Keller waren praktisch die gesamten Lebensmittelvorräte gelagert: Säcke mit Hafer, Regale mit Einmachgläsern und alles Mögliche andere. Und ich hatte immer gedacht, wir hätten reichlich Vorräte, aber dieser Keller war wie ein kleiner Supermarkt. Wir zapften Wasser in einen alten Emaille-Krug und nahmen ein Glas eingemachte Gulaschsuppe mit nach oben.

„Alles haben die Penner gefunden, aber das nicht. Wir haben immer das Regal an der Kellertür voll gehabt, damit eventuelle Plünderer etwas zum Mitnehmen hatten. Ich gehe davon aus, dass meine Familie vorher flüchten konnte. Sonst hätten sie denen bestimmt unser Lebensmittelversteck verraten müssen. Sie wussten, dass es diese Gang gab. Die ist vor einiger Zeit schon bei einem der wenigen übrig gebliebenen Nachbarn eingebrochen. Dem Nachbarn ist nichts passiert, aber wir mussten mit Lebensmitteln aushelfen."

Nachdem wir getrunken und uns das Essen auf dem Holz-Küchenofen warm gemacht hatten, ging es zumindest mir etwas besser. Jenny aß fast nichts.

Wir richteten unser Schlafquartier in Jenny Zimmer ein. Es war das erste Mal, dass ich mit einem Mädchen gemeinsam in seinem Zimmer schlief. So hatte ich mir das allerdings nicht vorgestellt. Jenny sprach nicht, und ich hatte das Bedürfnis, für Schutz zu sorgen, also blieb ich die halbe Nacht wach. Gott sei Dank hatte der obere Flur einen Holzofen, sodass es nicht ganz so kalt wurde.

Jenny weckte mich am Morgen. „Komm, Collin, wir müssen meine Eltern suchen."

Mein erster Gedanke war: Meine Suche nach meiner Familie läuft schon etwas länger; sprach diesen aber lieber nicht laut aus. „Sag mal, Jenny, was ist das mit der Telepathie?"

„Collin, das funktioniert nur bei eng Verbundenen."

„Ist das normal? Ich habe früher noch nie etwas davon gehört."

„Weiß nicht, hat nie jemand mit mir drüber gesprochen. Lass uns zu den Johannsons gehen. Die wohnen weit abgelegen, vielleicht sind sie dahin geflüchtet. Was anderes kann ich mir nicht vorstellen, denn es gibt im Umkreis von einigen Kilometern nur noch drei bewohnte Häuser."

Wir packten etwas Proviant zusammen und füllten Wasserflaschen auf. Es dauerte ungelogen den ganzen Tag, um die langen Strecken zu den Häusern abzuarbeiten. Aber es war niemand da bei den Johannsons, auch nicht bei den Nilssons, und auch bei Lundgrens war alles leer und ausgeplündert. Als wir am Abend wieder Quartier in Jennys Zimmer bezogen, war die Stimmung nicht besser geworden.

Am nächsten Tag beschlossen wir weiterzuziehen, nachdem ich Jenny von meinem Geheimnis erzählt hatte: „Ich hatte vorgestern Geburtstag und habe es tatsächlich vergessen. Es war einfach zu aufregend an diesem Tag. Er hatte dich an diesem Morgen abgeholt, das Blut, der tote Körper und unsere Flucht."

Jenny umarmte mich und gab mir spontan einen Kuss auf die Wange. Mein Kopf wurde ganz warm, und eine geheime kosmische Energie durchfloss mich in diesem Augenblick.

„Was ich dir erzählen will, wird sicherlich etwas unglaubwürdig klingen, aber ich schwöre, es ist wahr: Der Magicube von meinem kleinen Bruder Lenni, der funktioniert manchmal tatsächlich noch, aber vermutlich nicht so, wie er mal gedacht war. Er ist irgendwie gestört und funktioniert nur ganz selten. Ich habe es meinem kleinen Bruder nie geglaubt, bis ich es selber gesehen habe. Eigentlich erzählt das Teil nur diese blöden Märchen, aber es hat eine Art Eigenleben entwickelt. Deswegen war es für mich so wichtig, ihn mitzunehmen. Es war mir wichtiger als die Pistole“, sprudelte es aus mir heraus.

„Was meinst du mit Eigenleben? Soviel ich weiß, funktioniert nichts von dem elektronischen Kram mehr.“ Jenny sah mich zweifelnd an.

„Wenn man die Farben des Würfels zusammenbringt, erzählt er eine Geschichte. So war es mal, aber die meiste Zeit ist der Würfel tot. Manchmal dauert es zehn Minuten, manchmal eine Stunde, aber dann kommt ein Bild oder eine kurze Sequenz mit Ton. Ich habe mich auf den Weg gemacht, weil der Würfel mir vom Waldland erzählt hat. Wie so ein blöder Werbefilm: ‚Waldland ist das Refugium der Übriggebliebenen. Hier trifft sich Jung und Alt. Richtung Süden müsst ihr gehen.‘ Nur einige wenige Sekunden, aber ich habe es mehrfach gesehen. Jenny, du musst mir glauben!“

„Klar glaube ich dir, lass es uns aber bitte vorher ausprobieren. Vielleicht erzählt er mir, wo meine Eltern sind.“

„Jenny, das Gleiche habe ich ja auch gedacht. Mein Vater war krank, er wäre fast gestorben, und er hätte mir nie geglaubt. Und ich will meine Mutter und Lenni wiederfinden.“

Ich holte den Magicube aus meinem Rucksack. Der sogenannte Vorführeffekt machte seinem Namen alle Ehre, und selbst nach über einer Stunde tat das Ding gar nichts! Lächerlicher konnte man sich wohl kaum machen, und ich schmiss das Ding in die Ecke Richtung Rucksack.

Jenny war nicht sauer, aber merkbar ungeduldig, vielleicht sogar etwas zornig. Zornig war sie aber nicht auf mich oder den Magicube, sondern über die Ereignisse der letzten Tage. Sie fluchte einige Male: „So eine verfickte Scheiße, was zum Henker sollen wir jetzt machen?“

Ich versuchte, sie zu beruhigen, wobei sie mich grimmig ansah. Ich fand sie selbst so noch hübsch.

„Kyrkö Mosse, Achtung, Zwischenruf, Kyrkö Mosse, die Ähre will zum Halm, hier finden sich viele wilde tote Schrötter“, tönte es plötzlich mit elektronisch verzerrter Stimme aus der Ecke meines Rucksackes. Uns blieb fast das Herz stehen, aber ich war unendlich froh, als das Scheißteil endlich einen Mucks von sich gab und sogar leuchtete.

Jenny stürzte zu dem Magicube und sah noch ein kurzes Aufflackern der roten Seite des Würfels mit Bild, bevor das Elektroding wieder ins Koma fiel. „Was ist Kyrkö Mosse?“, fragte Jenny.

Irgendwie kam mir der Name bekannt vor, mir fiel aber einfach nicht ein, was es zu bedeuten hatte. „Ich denke, es ist ein Ort, zu dem wir hinsollen“, äußerte ich meine Vermutung, aber meine Worte wurden von einem angsteinflößenden Geräusch gestört.

„Das sind Schüsse! Und zwar aus einem vollautomatischen Gewehr. So was hat nur das Militär“, sagte ich.

„Meinst du, das ist das Militär und sorgt für Ordnung?“

„Nein, niemals. Irgendjemand hat sich die Waffen und die Munition unter den Nagel gerissen. Wir sollten lieber abhauen.“

Wir packten unsere Sachen, inklusive etwas von der reichlich vorhandenen Verpflegung und brachen auf. Ich war erstaunt, dass Jenny die Haustür hinter sich schloss. Wahrscheinlich Gewohnheit, dachte ich.

Bevor wir losgingen, guckte Jenny nochmals in den leeren Stall. Alle Tiere waren weg, genau wie ihre Familie. Willkommen in meiner Welt, dachte ich.

Wir waren einige Stunden unterwegs, und ich hatte Jenny überzeugen müssen, besser keine Hauptwege zu laufen, als wir abermals Schüsse aus einem Maschinengewehr hörten. Diesmal aber deutlich weiter weg.

Ich ging jetzt voraus, und wie ein Blitz kam mir die Erinnerung. „Jetzt weiß ich es wieder: Kyrkö Mosse, das ist dieser Schrottplatz, wo einmal jemand Autos ausgeschlachtet hat. Das Moor und der Wald haben die Bergung der Wracks irgendwann unmöglich gemacht.“

„Collin, ich kenne diesen Ort. Ich war mit meinen Eltern einmal dort. Das ist nicht so weit von hier entfernt. Damals sind wir ungefähr eine halbe Stunde mit dem Auto gefahren.“

„Ich war auch mit meinen Eltern einmal da, nur ist es sicherlich sechs Jahre her.“ Eine große Hilfe war ich in diesem Moment wahrlich nicht.

„Gut. Ich glaube, ich weiß, wo wir lang müssen“, sagte sie und ging wieder vor mir.

An diesem Abend hatten wir echte Probleme, einen Unterschlupf für die Nacht zu finden. Es hatte leichtes Tauwetter eingesetzt, und zu den nassen Schuhen kamen nun auch nasse Klamotten hinzu. Erst sehr spät am Abend fanden wir ein verlassenes Ferienhaus mitten im Wald, welches immerhin einen Kamin hatte. So konnten wir uns etwas aufwärmen und vor dem Schlafen noch etwas essen. In dieser Nacht schliefen wir so tief, wie wir auch tief im Wald waren.

Ich wachte als Erstes auf und stellte fest, dass es draußen schon sehr hell war. Ich entzündete erneut das Feuer, und so konnten wir wenig später nach einer morgendlichen Dosensuppe frisch gestärkt weiterziehen. Der Schneematsch war überfroren, es war extrem glatt, aber nur zwei Stunden später hatten wir trotz vieler Zweifel unterwegs den Schrottplatz gefunden.

Es gab eine alte, völlig heruntergekommene Hütte dort. Sofort richteten wir uns dort ein, machten ein Feuer und bauten aus herumliegenden Brettern etwas, das als eine Unterkunft fungierte.

Wir saßen zur Nachmittagszeit, als es bereits zu dämmern begann, am Feuer und grillten an kleinen Zweigen Peperoni mit Feta-Füllung aus dem Glas, die mindestens schon vier Jahre auf dem Buckel hatten und offiziell seit zwei Jahren abgelaufen waren. Trotzdem schmeckten sie auch ohne Brot sehr gut.

„Was genau sollen wir jetzt deiner Meinung nach machen? Meinst du, dein Magicube hilft uns jetzt weiter?“

„Lass uns erst mal eine Weile hierbleiben, ich kann morgen versuchen, den Magicube zum Laufen zu bringen, vielleicht bringt uns das was.“

„Du weißt aber schon, dass es auch die Möglichkeit gibt, deinen Vater vielleicht auch so zu erreichen, ohne Handy oder Internet.“

„Ich werde es versuchen“, gelobte ich, und an diesem Abend sprachen wir nicht mehr viel. Es war wieder mal ziemlich kalt, und wir waren abwechselnd damit beschäftigt, Brennholz zu organisieren und nachzulegen.

„Ich habe eine Flasche von dem Zeug, das meine Eltern oft und gerne getrunken haben, mitgenommen. Ich glaube, es ist ein guter Augenblick, um den Ampwein mal aufzumachen, oder, Collin?“

„Schützt der auch vor Kälte?"

Sie öffnete die Flasche aus ihrem Rucksack. „Bestimmt!"

Nachdem wir die halbe Flasche geleert hatten, konnte ich mich an nichts mehr erinnern. Wirre schnelle Träume hielten in meinen leichten Schlaf Einzug: Ich stellte eine alte Fernseherdachantenne auf, die ich auf dem Schrottplatz gefunden hatte, und hielt sie mit der Hand fest. Ich sah in meiner Erinnerung aus wie die Freiheitsstatur. Im nächsten Moment nahm ich Kontakt zu meinem Vater auf. Ich kann aber nicht genau sagen, ob ich damals schlief oder hellwach war. Ich wusste es nicht, und ich weiß es bis heute nicht. An viel mehr aus der Nacht kann ich mich nicht erinnern.

Aber als ich aufwachte, da konnte ich mich erinnern. Jenny hatte mich mit ihrer Decke zugedeckt und sich von hinten an mich geschmiegt. Ich fühlte mich leicht schwindelig und nahm irgendeinen süßlichen Geruch war, konnte aber nicht ausmachen, woher er kam. Ich vermutete, es war Jennys Geruch oder der von dem Wein.

Ich hatte nicht das Gefühl, einen Kater zu haben. Ganz im Gegenteil: Ich war sofort hellwach. Ein Glas Wein konnte nicht zu dem Blackout geführt haben, und ich zweifelte daran, überhaupt geschlafen zu haben.

Nachdem Jenny wach war, grinste sie mich an. „Das war eine Nacht! Hast du überhaupt geschlafen?"

„Keine Ahnung, ich kann mich an so gut wie nichts erinnern." Aber ich hatte ein warmes Gefühl in der Magengegend, wie eigentlich immer, wenn Jenny in meiner Nähe war, was im krassen Kontrast zum Wetter stand, denn es wurde wieder kälter und Schnee rieselte vom Himmel herab.

# 11. DER SCHROTTPLATZ

*Nach meinem ersten Rufen hörte ich nichts und ging weiter. Ich rief abermals und sah, wie etwas auf mich zukam. Ich konnte durch den fallenden Schnee nicht genau erkennen, wer da kam, und wollte schon mein Gewehr in den Anschlag bringen, als ich sah, um wen es sich handelte.*

*„Collin!", rief ich und lief los. Wir lagen uns in den Armen.*

*Collin fing an zu weinen. Ich sah ihn an und sofort kamen auch mir die Tränen. Die wenigen Wochen ließen ihn so viel älter aussehen. Das Kindliche war zum Teil gewichen, es war nicht ganz weg, aber er war offensichtlich gereift in der kurzen Zeit.*

*„Wie hast du das geschafft? Warum bist du weggegangen?", fragte ich ihn mit einem Kloß im Hals.*

*„Komm mit, Papa, ich muss dir jemanden vorstellen."*

*„Collin, wir müssen sofort weg hier, die sind hinter mir her."*

*„Wer ist hinter dir her?"*

*„Diese Typen im Militär-Lkw. Sie haben meine Spuren im Schnee entdeckt. Wahrscheinlich wollten sie Ersatzteile besorgen."*

*„Hier gibt es doch nichts Brauchbares mehr. Wenn hier noch ein heiler Reifen liegt, ist ein Baum durchgewachsen", sagte Collin, und ich lachte kurz.*

*Wir stapften durch den Schnee und kamen an ein heruntergekommenes Hüttchen.*

*„Das ist Jenny, wir haben uns getroffen in dem –"*

*„Hi Jenny, nett dich kennenzulernen, aber wir müssen so schnell wie möglich von hier verschwinden!", unterbrach ich Collin.*

*Die Kinder, wenn man sie noch so nennen konnte, packten ihre Sachen, und wir brachen auf. Ich lief hinter ihnen, nachdem ich ihnen gesagt hatte, welche Richtung die beste für uns wäre.*

*Wieder einmal half uns der starke Schneefall, der eingesetzt hatte: Schon nach wenigen Minuten war es kaum noch möglich, unsere Spuren zu sehen. Toastbrot-große Flocken fielen fast waagerecht vom Himmel. Wind in Kombination mit starkem Schneefall war immer eine gute Sache, um schnell jegliche Spuren zu verwischen. So schnell wie die Kids liefen, kam ich kaum hinterher. Ich war mir ziemlich sicher, dass keiner unserer Verfolger dieses Tempo halten könnte.*

*Als ich nicht mehr konnte, rief ich: „Halt, wartet mal. Mit dem Tempo können wir nicht weiterlaufen. Lasst uns zügig gehen, es schneit und der Wind verwischt unsere Spuren." Wir gingen gemäßigt und dem Wetter entsprechend weiter. Es wurde langsam dunkel, und wir hatten noch keine Bleibe gefunden, was mir – zusätzlich zu den Verfolgern – Sorgen bereitete.*

*Wir fanden ein Haus, völlig ausgebrannt. Nur ein paar verkohlte Balken ragten wie mahnende Zeigefinger aus dem Schnee heraus. Etwas entfernt vom Haus stand ein rostiger Kleinbus. Wir hatten gar keine andere Wahl, als diesen als Übernachtungsmöglichkeit anzunehmen.*

*Die seitliche Schiebetür ließ sich mit etwas Gewalt öffnen. Es war ein älterer Mercedes-Vito-Kleinbus. Er hatte hinten keine Fenster und war als Werkstattwagen ausgerüstet. Werkzeug fand sich keines mehr in dem Wagen, aber die Regale waren noch da. Auf jeden Fall konnten wir hier übernachten, ohne im Freien eine Notunterkunft bauen zu müssen. Zwei faustgroße Rostlöcher waren im Inneren erkennbar, denn die letzte Helligkeit des Tages schien durch sie hindurch. Wir benutzten die Regale als Feuerholz, machten ein Feuer direkt vor der Seitentür und setzten uns dicht gedrängt auf die Türschwelle. Konservendosen, kurz im Feuer erwärmt, linderten schnell unseren Hunger, Geschmolzener Schnee unseren Durst.*

*Ich fand in dem wahrscheinlich ehemaligen Klempnerwagen ein ausziehbares flexibles Alurohr, vermutlich mal für eine Dunstabzugshaube gedacht, welches wir durch die beiden rostigen Löcher zogen. Auf der einen Seite des Fahrzeugs stützten zwei angelehnte verkohlte Holzbalken des abgebrannten Hauses das Rohr, damit es nach oben zeigte. Auf der anderen Seite stülpten wir das Rohr über die Glut. So hatten wir einen Schornstein, der durch den Wagen verlief und es im Inneren des Autos zum Einschlafen einigermaßen warm machte.*

*Ich wollte von Jenny und Collin wissen, wie sie sich getroffen hatten und was passiert war. Alle Informationen bekam ich allerdings nicht, denn die beiden waren völlig fertig. Ich hatte den Eindruck, dass sie sich nach langer Zeit endlich wieder sicher fühlten. Es war stockdunkel im Auto und sie schliefen schnell ein.*

*Ich träumte in dieser Nacht wirres Zeug. Wir waren Indianer vom Stamme Vito, die von einem feindlichen Stamm verfolgt wurden. Die junge Squaw und der Krieger mussten sich beweisen, indem sie einen Büffel im feindlichen Stammesgebiet zur Strecke bringen sollten und dem Stamm das Herz und die Zunge mitbringen mussten. Danach wären sie heiratsfähig.*

*Ein Schrei wie von einem Indianer riss mich aus dem Schlaf. Ich hatte keine Ahnung, ob es morgens oder noch nachts war, dank der kompletten Dunkelheit im Auto. Wenigstens ein Fenster zum Fahrerraum hätten die Ingenieure doch in die Kiste einbauen können.*

*Ich tastete nach dem Alurohr; es war kalt wie Eis. Hatte ich mir den Schrei nur eingebildet? Nach einigem Suchen fand ich den Türöffner und öffnete langsam und so leise wie möglich die Tür. Hell war es nicht wirklich, was aber eher an der starken Bewölkung lag.*

*Ich lugte aus der Tür und hörte etwas. Waren es Stimmen? Scheiße, dachte ich und weckte die Kids so leise wie möglich.*

*Zielgenau griff ich nach meinem Gewehr und brachte es in der Türöffnung liegend auf meinem Rucksack in den Anschlag. Durch das Zielfernrohr sah ich zwei Typen mit Automatikgewehren. Der eine brüllte den anderen an. Was er genau sagte, konnte ich allerdings nicht verstehen, doch mir war klar, dass sie uns noch nicht entdeckt hatten.*

*„Legt euch flach hin, kein Mucks, könnte gleich ernst werden“, flüsterte ich.*

*Den Vorderen der beiden hatte ich im Visier. Ich erkannte ihn tatsächlich: Es war einer von den Militär-Lkw-Flachpfeifen. Man musste nicht Jura studiert haben, um zu wissen, dass diese Leute keinesfalls etwas Gutes im Schilde führten. Mir war außerdem sehr bewusst, dass ich keine Zeit hatte, großartig zu überlegen, ob zu schießen jetzt das Richtige wäre. Einmal ernsthaft das Motto „Angriff ist die beste Verteidigung“ anwenden zu müssen, hatte ich mir auch bis vor einiger Zeit nicht träumen lassen. Ich hatte noch nie auf einen Menschen geschossen, und ehrlich gesagt auch gehofft, dies niemals tun zu müssen. Aber wenn ich es müsste, würde ich es tun. Trotzdem fluteten mich Gedanken, ob es meinem Karma guttun würde – Himmel, Hölle, Schöpfer, Naturgesetze und so weiter. Definitiv war ich nervöser, als wenn ich ein Reh anvisiert hätte.*

*Die Nervosität tat der Zielgenauigkeit Abbruch, so viel merkte ich jetzt. Ich schoss trotzdem, traf, und der Erste sackte zusammen wie vom Blitz getroffen. Der Brüller, den ich wahrscheinlich in meinem Traum für einen Ureinwohner Amerikas gehalten hatte, ging nach einigen Sekunden des ungläubigen Staunens hinter einem Baum in Deckung. Leider hatte ich ebenfalls vor Ehrfurcht der Gewalt der Kugel vergessen wieder durchzuladen.*

*Das holte ich jetzt nach und hörte Collin aus dem Hintergrund: „Hast du getroffen?"*

*„Ja, aber da ist noch einer."*

*Wie ein Trommelfeuer schlugen plötzlich wie aus heiterem Himmel die Kugeln der Automatikwaffe in unsere blecherne Unterkunft ein. Ich wusste, dass man mit diesen Maschinengewehren auf weitere Entfernung nicht besonders zielsicher schießen konnte. Ich war der Heckenschütze und es lag an mir, jetzt ein ruhiges Händchen zu behalten. Der Typ hatte sicherlich einiges an Adrenalin in sich, was es fast unmöglich machen sollte, zielsicher zu treffen.*

*Ich kam hinter meinem Rucksack hervor, visierte den Baum an, hinter dem mein Gegner stand, und wartete. Er tat vermutlich das Gleiche, um zu hören, ob er getroffen hatte, ob noch Schüsse kamen.*

*Es dauerte nur eine Minute, und der Kerl schlich sich mit Waffe im Anschlag in Richtung unseres Vito-Kleinbusses. Er war wahrscheinlich echt so naiv und dachte, er hätte mit einer Salve Schüsse getroffen. Beim Militär war er anscheinend nie gewesen, ansonsten wäre er geflüchtet – und ich verspreche ganz ehrlich, ich hätte nicht geschossen, wenn er sich zurückgezogen hätte.*

*Einen ohrenbetäubenden Knall später – denn ich hatte so schnell nichts gehabt, um es mir in die Ohren zu stopfen – lag auch Nummer zwei am Boden und rührte sich nicht mehr. Durch das Zielfernrohr sah es so aus, als wäre er einfach nach hinten umgekippt.*

*Diesmal machte ich den Fehler nicht noch einmal, sondern lud meinen Repetierer sofort wieder durch. Durch das Zielfernrohr beobachtete ich die Situation ungefähr eine Zigarettenlänge. Gleich nach dem Schuss hatte ich leise geflüstert: „Nummer zwei liegt, weiter in Deckung bleiben!"*

*Etwas später gab ich Entwarnung und überzeugte mich, dass die beiden unversehrt waren. „Das ist nochmal gut gegangen, ich habe diese Typen schon gestern gesehen, sie waren hinter mir her. Packt schon mal die Sachen. Ich versichere mich, dass sie uns nicht mehr gefährlich werden können."*

*Mit der durchgeladenen Waffe in der Hand ging ich erst zum zweiten und dann zum ersten Typ. Beide hatte ich in die Brust getroffen. Durch die*

*Zerleger-Munition, die eigentlich für eine schnelle Tötungswirkung beim Wild sorgen sollte, waren sie sofort in die ewigen Jagdgründe abgetreten.*

*Trotzdem hatte ich ein sauschlechtes Gewissen. Die schnelle Beerdigung bestand aus etwas zusammengeschobenem Schnee, den ich über sie schob. Die Läufe ihrer Gewehre verbog ich zwischen zwei dicht aneinander liegenden Steinen und schmiss sie samt der Munition in die Lücke dazwischen. Ein paar Äste reingestopft, und keiner würde die je mehr gebrauchen können.*

*Der Vito sah aus wie ein Schweizer Käse, und ich bedankte mich gen Himmel, dass keiner von uns etwas abbekommen hatte. Ich denke nicht, dass ich geschossen hätte, wenn ich nicht vorher von der Geschichte von Jenny und Collin erfahren hätte. Anscheinend hatte sich hier eine Bande von echten Arschlöchern ausgebreitet, die, wie es schien, wie Heuschrecken über das Land zog, um ihre archaischen Sitten und Gebräuche auszuleben. Kurz gesagt: Vergewaltigung, Plünderung, Mord und Totschlag.*

*Wir zogen weiter ohne Eile. Ich hatte nicht mehr das Gefühl, dass Leute hinter uns her waren.*

*Wir liefen auf einem Hauptweg. Collin drehte sich um, blieb stehen und sagte: „Papa, du musst mir jetzt vertrauen! Auch wenn du es uns nicht glaubst, aber der Magicube leitet uns! Wir hätten den Schrottplatz sonst nie angesteuert, und ich weiß genau, dass du meine Gedanken empfangen hast. Wir müssen Richtung Süden: zu einem Platz, der Waldland heißt."*

*Normalerweise hätte ich gesagt, dass ich ihm kein Wort glauben würde, aber meine Gedanken waren nicht so richtig geordnet nach den Ereignissen. Außerdem hatte ich auch keinen anderen Plan, also erwiderte ich passiv: „Ist schon okay, wir gehen Richtung Süden." Collin hatte recht gehabt, seine Gedanken hatten mich erreicht.*

*Ich war müde und hätte sofort schlafen können. Auch dass wir jetzt mitten auf einer einst vielbefahrenen Straße liefen, kümmerte mich nicht.*

*Jenny meldete sich zu Wort: „Seht ihr das Schild?"*

*B&B stand darauf, und ein Gästehaus war jetzt genau das, was wir brauchen konnten. Kommen Sie herein, Sie sind herzlich willkommen, hörte ich wie im Rausch in meinen Ohren. Die Realität sah allerdings ein wenig anders aus: Das ehemalige Gästehaus war extrem heruntergekommen. Spuren von Plünderungen waren überall zu sehen.*

*Trotzdem war es jetzt die einzige infrage kommende Unterkunft für uns. Jenny war froh, endlich wieder eine Toilette benutzen zu können. Wasser war, dank des naheliegenden kleinen Baches, reichlich vorhanden. Trotz der Kälte war dieser aufgrund seiner schnellen Fließgeschwindigkeit noch nicht zugefroren.*

*Nach einer relativ entspannten Nacht beschloss ich, den nächsten Tag hierzubleiben. Vielleich würden wir sogar einige Tage hierbleiben, denn einiges war mir im Unklaren. An diesem Tag unterhielten wir uns die meiste Zeit. Wir erhitzten Wasser auf einem alten gusseisernen Ofen und konnten dank einer verbeulten, aber heilen verzinkten Gießkanne sogar warm duschen. Es war ein echter Genuss, wieder sauber unter den dreckigen Klamotten zu sein.*

*Jenny erzählte ihre Geschichte, Collin seine und ich erzählte meine, alles haarklein. Wir unterhielten uns bis spät in die Nacht. Jeder hatte dem anderen gegenüber viele Frage zu beantworten, und so eine intensive, aufregende Unterhaltung war für uns alle anstrengend.*

*Auch die nächste Nacht verlief relativ entspannt. Holz war im Schuppen genug vorhanden, und im ehemaligen Speiseraum war es nachts angenehm warm. Wir entschlossen uns, mindestens einen, wenn nicht zwei oder drei Tage hier Energie zu sammeln, um uns klar zu werden, wie und welchen Weg wir einschlagen würden.*

*An diesem Tag hatte mich mein Gedächtnis eingeholt und kalt erwischt, denn ich hatte vergessen, Collin nachträglich zum Geburtstag zu gratulieren. Er verzieh mir zweifellos, und trotzdem war es mir peinlich.*

*„Wir haben keine Uhr, kein Handy und keinen Kalender, wir können doch froh sein, ungefähr zu wissen, welcher Tag ist. Dafür schreiben wir doch jeden Tag alles auf, oder?“*

*„Ja, und genau deswegen hätte ich es nicht vergessen dürfen“, sagte ich.*

*Ich sah bei der Gelegenheit, wie Collin und Jenny sich ansahen. Ich freute mich riesig, dass er endlich einen Freund, oder besser gesagt eine Freundin, gefunden hatte, trotz dieser fürchterlichen Umstände. Und es sah so aus, als ob da sogar mehr wäre als nur Freundschaft. Das konnte aber auch daran liegen, dass sie zusammen viel durchgemacht hatten. So etwas konnte ja laut Sigmund Freud durchaus zusammenschweißen.*

*Die wirklich wichtige Frage, die sich für mich stellte, war, wohin, wie und in welchem Zeitfenster wir als Nächstes gehen sollten. Wir sollten nicht vergessen, dass es Winteranfang war, und wenn dieser Winter so werden würde wie die der letzten Jahre, konnten wir in drei bis vier Wochen nirgendwo mehr hingehen ohne das Risiko, unterwegs zu erfrieren.*

*„Collin, hast du eine Idee, wie weit dieses angebliche Waldland weg sein könnte?"*

*„Wir müssen versuchen, den Magicube zum Laufen zu bringen. Papa, es kann sein, dass wir dann mehr erfahren." Collin holte den Würfel und fing an, die Reihen in die gleichen Farben zu drehen. Ich hätte wirklich an alles geglaubt: Telepathie, Houdini, Copperfield – aber dass das Teil irgendein elektrisches Lebenszeichen von sich geben würde, definitiv nicht.*

*Aber nur wenig später wurde ich eines Besseren belehrt. Das erste Mal nach über drei Jahren sah ich das Licht, welches der Würfel ausstrahlen konnte, wenn er denn wollte. Ich hatte echte Probleme, Realität und Traum auseinanderzuhalten. Die Szenerie, wie Collin und neben ihm Jenny auf Stühlen an einem Tisch saßen, ging mir lange Zeit nicht mehr aus dem Kopf. Es hatte etwas von einer Séance, in der die Geister längst Verstorbener beschworen werden sollten.*

*„Sieh dir das an, Papa, da müssen wir hin!" Ich konnte, wie gesagt, meinen Augen kaum trauen, als ich auf den Würfel sah. „Es ist die blaue Seite, die Seite der Hoffnung", erklärte Collin.*

*Der Würfel war fast still, aber ich glaubte, eine tiefe, leise Melodie zu hören. Was ich sah, war in dem Moment für mich unglaublich: Unsere Position wurde wie auf einem Navigationsgerät genau angezeigt. Der Weg, den wir gehen sollten, wurde uns auf dem kleinen Display, das auf den neun Augen der blauen Seite des Würfels erstaunlich hochauflösend dargestellt wurde, wie bei Google Earth mit einer Satellitenkarte dargestellt.*

*Ich war fasziniert und erstaunt gleichermaßen und brachte kein Wort raus. Mir gingen zu viele Gedanken durch den Kopf: Wo waren Mala und Lenni hingegangen, wenn sie diese Informationen gehabt hatten? Warum hatten wir Lenni nicht geglaubt, und was hatte der Würfel ihnen angezeigt? Die wichtigste Frage, die sich mir stellte, aber war: Wer hatte den Würfel programmiert, und wer schickte ihm die Informationen? Wie in drei Teufels Namen konnte das Ding noch funktionieren? Nicht nur, dass es buchstäblich vom Himmel gefallen war und überlebt hatte, es enthielt eindeutig auch Elektronik und vermutlich eine Batterie. Das konnte eigentlich nicht wahr sein, und dennoch sah ich es ja mit eigenen Augen.*

*„Erkennst du die Karte? Da müssen wir hin", sagte Collin.*

*„Ich war schon immer schlecht in Geographie", antwortete Jenny.*

*Ich brachte nur ein „Na ja" hervor. Etwas Geistreicheres fiel mir beim besten Willen nicht ein. Ich hatte mich schnell an die Welt ohne Elektronik gewöhnt, und trotz des scheinbaren Hinweises auf die beste Route, war mir klar, was für eine magische Anziehungskraft diese Geräte gerade auf Kinder und Jugendliche hatten. Gleichzeitig wusste ich aber auch, dass dies momentan nicht das Problem war. Den restlichen Tag wurde ich nicht mehr Herr meiner Sinne und schlug vor, früh schlafen zu gehen, um am nächsten Morgen hoffentlich etwas sortierter aufzuwachen.*

*Natürlich beschlossen wir am nächsten Morgen, dem Pfad zu folgen, der uns vorgegeben wurde. Schätzungsweise waren es hundert Kilometer. Waldland war laut der Karte ein Ort direkt im Wald und nur einen Katzensprung entfernt vom Meer im äußersten Süden des Landes. Was uns da erwarten würde, wussten wir allerdings nicht.*

*Ehrlich gesagt war mir nicht wohl bei dem Gedanken, dem Rat eines Kinderspielzeugs zu folgen, das eigentlich nur zur frühkindlichen Verblödung und Indoktrination gedacht gewesen war. Trotzdem packte mich auch die Neugier, denn das hier passierte offensichtlich nicht grundlos. Eventuell hatte ich sogar den Gedanken im Hinterkopf, dass Mala und Lenni schon dort sein könnten und auf uns warteten.*

*Mal wieder packten wir unsere Sachen, um die letzten Kilometer, für die wir vermutlich drei bis fünf Tage brauchen würden, anzugehen. Nachdem wir zwei Stunden marschiert waren, kamen wir an eine Kreuzung. Wir sprachen kurz darüber, an welchem Rand der Straße wir weitergehen sollten, oder ob es besser wäre, quer durch den Wald zu gehen, als mich von der Seite etwas stach.*

# 12. VERSUNKEN

Ich war echt ziemlich sauer auf meinen Vater. Wir hatten es geschafft, den Magicube zum Laufen zu bringen, und er stand nur sprachlos da. Mir war es peinlich gegenüber Jenny, meinen Vater so verwirrt zu sehen. Trotzdem war ich froh, dass er ohne viele Worte bereit war, den Weg nach Waldland mit uns zu gehen. Mir war klar, dass es ihm immer noch schlecht ging wegen der beiden Toten, die er zu verantworten hatte. Ich sah, wie es an ihm zehrte, und gleichzeitig war er froh, uns allen den Arsch gerettet zu haben.

Was aber dann auf dieser beschissenen Kreuzung passierte, als wir gerade dabei waren, diese zu überqueren, weiß ich bis heute nicht.

Ein Schuss fiel. Jenny, die vorne ging, und ich, der direkt hinter ihr war, drehten uns instinktiv sofort zu der vermuteten Schützenposition um. Gleichzeitig gingen wir in die Knie.

Ich drehte mich zu meinem Vater um und sah, wie er wie in Zeitlupe zur Seite umstürzte wie ein herabfallendes, abgeplatztes Stück eines Eisberges, das im Meer versank. Nur, dass er im Schnee versank. Knöchelhoher Schnee reichte, um einen ausgewachsenen Menschen darin versinken zu lassen.

Im ersten Moment dachte ich, es sei eine gute Taktik, in Deckung zu gehen, und wollte es ihm gleichtun. Doch im selben Moment vernahm ich mehrere Schüsse und hörte, wie die Projektile wie eine Horde wildgewordener Hornissen an meinem Kopf vorbei schwirrten. Ich fing sofort an zu laufen und brüllte in Jennys Richtung: „Lauf!“

Kaum waren wir in der angrenzenden Tannenschonung verschwunden und konnten kaum glauben, nicht getroffen worden zu sein, als ich sagte: „Warte hier, ich muss nochmal zurück, und meinem Vater sagen, dass er nur schnell laufen muss.“

Etwas erhöht, gleich neben der Kreuzung, konnte ich meinen Vater gerade so im Schnee liegen sehen: eine kleine dunkle Insel im endlosen Weiß – und das Blut neben ihm.

„Papa, komm schnell, du musst laufen!", rief ich verzweifelt. Ich wusste, ich durfte auf keinen Fall wieder über die Kreuzung, und überlegte trotzdem kurz, ob es eine Option wäre, meinen Vater abzuholen.

Ich glaube, Jenny war es, die mich in diesem Moment davon abhielt. „Collin, wir müssen abhauen, dein Vater muss es selber schaffen." Er musste meinen Ruf gehört haben, aber er bewegte sich keinen Millimeter. Nicht mal ein Wölkchen warme Luft war in Richtung seines Kopfes zu sehen.

Meine Augen füllten sich mit Tränen, meine Beine wurden butterweich, aber ich tat das einzig Richtige und rannte mit Jenny so schnell es ging wieder einmal mitten in den Wald.

Über die Tage danach kann ich nicht viel sagen, weil ich mir keine Notizen gemacht habe. Die Trauer hatte mich völlig überwältigt. Nur kurze Momente der Hoffnung gaben mir ab und an, aber leider viel zu kurz, etwas Auftrieb. Den meisten Auftrieb gab mir Jenny, allein durch ihre Nähe. Ohne sie hätte ich es nicht geschafft, das kann ich ganz klar sagen.

Eine Sache ging mir immer wieder durch den Kopf: Ich war trotz, oder gerade wegen meines Schocks ziemlich schnell mit Jenny abgehauen. Und ich war mir ziemlich sicher, dass es uns das Leben gerettet hatte, relativ schnell geflüchtet zu sein. Doch erstaunlicherweise erinnerte ich mich noch daran, dass ich gesehen hatte, wie sich nach dem Schuss vorsichtig drei Leute auf meinen Vater und auf die Kreuzung zubewegt hatten. Allerdings sah ich es nicht mit meinen Augen. Vielleicht war es wieder eine Übertragung seiner Gedanken auf mich, so wie es schon ein paarmal gewesen war, so, wie eventuell auch der Magicube funktionierte. Das hieße, dass er zumindest zu dem Zeitpunkt noch nicht tot gewesen war.

Durch unsere Angst vor den Verfolgern hatten wir uns in den letzten Tagen völlig ausgepowert. Nun hatten wir eine Grotte gefunden – mit Historie, denn laut der noch lesbaren Tafel dieses Ortes hatte sich hier vor mehreren Hundert Jahren ein legendärer Räuber monatelang versteckt. Hier konnten wir unentdeckt ein Feuer machen und unsere nassen Schuhe trocknen; denn wir waren einige Male durch Bäche gewatet, um unsere Spuren zu verwischen. Nach oben hin war die etwas größere, steinige Erdhöhle – denn viel mehr war es zugegebenermaßen nicht – offen.

Das erste Mal nach zwei Tagen der Dauerflucht konnten wir uns auch wieder unterhalten, ohne völlig fertig in einen komatösen Schlaf zu fallen. „Collin, ich vermute, meine Familie hat das gleiche Schicksal getroffen wie deinen Vater."

„Sag das nicht, Jenny, ich werde die Hoffnung nicht aufgeben, dass er noch lebt – und genauso wenig, dass deine Familie flüchten konnte."

Wir hatten beide Tränen in den Augen und in diesem Moment passierte etwas, womit ich nicht gerechnet hatte. Sie küsste mich. Nein, nicht wie bei einem Gutenachtkuss von meiner Mutter, sondern richtig. Zuerst wusste ich gar nicht, was ich machen sollte, aber einige Dinge erklären sich von selbst. Wenn meine Batterieanzeige vorher auf fünf Prozent gestanden hatte, sauste sie jetzt innerhalb weniger Sekunden mit voller Ladeleistung auf hundertfünf Prozent.

Wir machten uns an diesem Abend trotz Kälte und Angst gegenseitig Hoffnung. Das Feuer wärmte uns. Wir würden unsere Familien wiedersehen und in Waldland auf sie warten können.

Heute weiß ich, es war sozusagen nach der ersten akuten Trauerphase die nächste Stufe: die Verdrängungsphase. Ich schlief dicht gedrängt an Jenny. Sie lag in ihrem Schlafsack hinter mir und wir schliefen tief und gut.

Wir versuchten, den Magicube nach den letzten Kilometern zu befragen. Ich erhoffte mir, nochmals die Karte zu sehen. Doch der Würfel tat nicht das, was er tun sollte. Er wurde stattdessen nur immer wärmer und fing tatsächlich nach einiger Zeit an zu rauchen. Erst nur ein bisschen, aber dann konnte ich ihn nicht mehr in der Hand halten. Auf dem Boden fing er an zu kreiseln und ging dabei in Flammen auf, bis er wenig später zu einem rotierenden glühenden Ball wurde. Mein Vater hatte mir mal von dem Phänomen eines Kugelblitzes erzählt. Genauso würde ich mir einen vorstellen. Mit einem lauten Knall verabschiedete sich der Magicube – und ich mich damit aus dem skurrilen Traum.

Und wie immer suchte ich erst mal in meinem Rucksack nach dem quadratischen Ding. Jenny wachte auch auf und wir versuchten, den Würfel zum Laufen zu bringen, nachdem wir das Feuer neu gestartet und uns ein Dosenfrühstück, bestehend aus lauwarmer serbischer Bohnensuppe und einer kalten Dose Wiener Würstchen, gemacht hatten.

Als das Feuer wieder ausging, hatten wir es immer noch nicht geschafft, etwas von dem Magicube zu erfahren. Doch Jenny war sich einigermaßen sicher, wo wir hinmussten. Sie war im südlichen Teil des Landes aufgewachsen und kannte sich hier besser aus als ich. Ich konnte noch nicht mal behaupten, dass ich mich in der Mitte des Landes besonders gut auskannte.

Tauwetter hatte eingesetzt, und vermutlich gegen Mittag – genau konnten wir es an diesem nebeligen Tag nicht sagen – kamen wir nach einem anstrengenden Fußmarsch durch den matschigen Schnee an der Küste an. Wir erkannten es unverwechselbar an der Luft, die nach Salz und Meer roch. Außerdem waren die Kiefern von den Stürmen an der Küste dafür typisch geformt und nicht sehr groß. Ein völlig anderes Bild, als wenn man vor einem sehr großen See steht, bei dem man das andere Ufer nicht sehen konnte.

So viel hatten wir schon einmal geschafft. Nun stellte sich nur noch die Frage, in welche Richtung wir weitergehen sollten. Rechts oder links an der Küste entlang. Wir wussten noch, dass Waldland fast direkt an der Küste liegen sollte. Wir sahen Möwen, wie sie entlang der Strandlinie flogen, von uns aus gesehen nach rechts. Da wir absolut keine Ahnung hatten, nahmen wir einfach auch diese Richtung.

Nach zwei Stunden und ungefähr sechs Kilometern kamen uns erste Zweifel. Wir beschlossen, eine Rast am schneenassen Strand einzulegen. Doch trockenes Feuerholz war nicht aufzutreiben.

Wir gingen ein Stück in den Wald und fanden kaum brennbares Material, als plötzlich ein bewaffneter Mann vor uns stand. Wir hatten keine Chance, zu reagieren, denn er kam praktisch aus dem Nichts.

„Wer seid ihr, von woher kommt ihr und was wollt ihr hier?“

Jenny antwortete prompt: „Ich heiße Jenny, und das ist Collin. Wir mussten flüchten, weil es …“

Sie kam ins Stocken, sodass ich weiter antwortete: „Wir wurden entführt und konnten flüchten. Wir wissen nicht, wo sich unsere Familien aufhalten und wie es ihnen geht. Mein Vater wurde angeschossen und Jennys Eltern sind verschwunden. Wir haben von Waldland gehört. Das muss hier irgendwo sein.“

„Mitkommen!“, befahl der etwa Mitte dreißig Jahre alte Mann mit Mütze und Tarnjacke. Doch in seiner Stimme konnte ich bis jetzt nichts Bedrohliches ausmachen. Meine Pistole hatte ich wie immer in der

Jackentasche und würde sie benutzen, wenn es nötig wäre. Während der Mann uns vor sich hertrieb, sagte er: „Waldland, sagt ihr, was soll das sein?"

Jenny antwortete, und ich hoffte, dass sie nichts von dem Magicube sagen würde. „Wir haben das erste Mal von unseren Nachbarn davon gehört. Deren Kinder haben es irgendwo aufgeschnappt."

„Nun ja, ihr müsst wissen, dass wir hier ein Lager haben. Es sind Leute, die ihren Frieden wollen. Sie alle haben viel durchgemacht. Wenn ihr von den Existner-Gang-Typen kommt, kann ich euch sagen, dass wir hier mit Spionen kurzen Prozess machen."

Waldland existierte. Das war mein erster Gedanke. Leute, die sich organisierten, um in Frieden leben zu können, bewaffnete Wachleute, die den Bereich schützten. Ich konnte es kaum glauben, aber wir hatten Waldland gefunden.

„Ist doch klar, dass ihr skeptisch seid. Und gut zu wissen, dass die Leute hier sicher sind", meinte Jenny.

„Exis– was?", unterbrach ich.

„Existner haben sich die Typen genannt, die hier im Süden mächtig Unruhe stiften. Die meisten kommen aus Dänemark", erklärte der bewaffnete Mann.

Wir gingen durch den Fichtenwald auf eine mächtige Waldlichtung zu: sicherlich mehr als zehn Hektar groß und komplett von Wald umrandet. Zäune gab es nicht, dafür aber ein kleines Dorf, das mich an ein Siedlerdorf aus den Cowboyfilmen von früher erinnerte –oder vielleicht auch an eine Flüchtlingsunterkunft, wenn man es etwas realistischer sehen wollte: Zelte, Lagerfeuer, unfertige Häuser und auch ein paar fertige Baracken konnte ich entdecken. Kleine Kinder spielten Fußball im nassen Schnee, und größere bauten an den Häusern mit. So viel Leben an einer Stelle hatten wir seit Langem nicht gesehen. Jenny und ich guckten uns an und grinsten.

„Kommt erst mal mit zum Prof, der wohnt da hinten im Hauptgebäude."

Die Leute sahen uns an. Uns begegneten durchweg freundliche Gesichter. Wir konnten es kaum glauben, denn wenn etwas zu schön war, um wahr zu sein, dann war es auch meistens genau so.

Der Prof war wider Erwarten kein alter Mann mit Bart, sondern schätzungsweise nicht älter, als es mein Vater war – oder gewesen war. „Hi Johann, wen bringst du uns denn da?"

Wir stellten uns vor, und er bat uns an den Tisch, der vielmehr eine Tafel war. Mindestens sechzehn Stühle zählte ich, und wir wussten nicht so recht, wo wir Platz nehmen sollten. „Ist egal, wo ihr euch hinsetzt. Caroline, bring uns doch bitte einen Tee. Wollt ihr was essen?"

Ich antwortete für uns beide: „Danke, vielleicht später."

Caroline war eine hagere Frau, etwas jünger als der sogenannte Prof. Sie hatte leuchtend weiße Zähne und dunkles Haar mit deutlich zu frühen grauen Strähnen, sah aber ganz lieb aus.

Johann, der uns aufgelesen hatte, setzte sich ebenfalls, direkt neben den Prof. Der Prof sah nicht aus wie ein Professor. Ich vermutete aber, dass die Abkürzung Prof darauf hindeuten musste. Ich überlegte, welcher Name noch damit verbunden sein könnte, aber mir fiel so schnell nichts ein. Doch wie er sprach, fragte und argumentierte, seine gesamte Ausstrahlung – all das entsprach vielleicht tatsächlich einem Professor.

„Ich war Professor für Ingenieurswesen an der Uni in Uppsala. Wenn ihr eine Brücke bauen wollt, bin ich euer Ansprechpartner."

Wir lachten kurz, aber wussten auch, dass wir gleich unsere Geschichte erzählen mussten.

„Ich möchte euch heute gar nicht mit tausend Fragen löchern. Wichtig ist nur, ob es euch gesundheitlich gut geht. Braucht von euch jemand Medikamente, hat Zahnschmerzen oder braucht psychologische Hilfe?"

Wir guckten uns an und verneinten. Der Tee war wirklich lecker und die Wärme im Magen breitete sich langsam weiter in den ganzen Körper aus.

„Hat jemand von euch Waffen, Munition, Sprengstoff oder andere gefährliche Sachen dabei?"

Ich beschloss ehrlich zu sein, denn ich hatte das Gefühl, der Magicube hatte uns nicht umsonst hierhergebracht. All die Strapazen, der Schuss auf meinen Vater, die Entführung – all das war es nicht wert, jetzt zu lügen. Selbst wenn uns die Leute hier nicht freundlich gesonnen sein sollten, könnte ich mit der .22 und sechs Schuss im Magazin wohl kaum etwas daran ändern. Also holte ich die Pistole aus meiner Tasche.

„Johann, hast du die beiden nicht durchsucht?"

„Äh", stammelte Johann verlegen.

Ich unterbrach ihn: „Er hat sie nicht gefunden, ich hatte sie zwischen den Pobacken."

Alle lachten.

„Also ist deine Waffe sozusagen im Arsch. Ich denke, wenn ihr nicht bewaffnet gewesen wäret, hättet ihr es wahrscheinlich nicht bis hierher geschafft", stellte der Prof fest. Er nahm die Pistole mit einem Taschentuch an sich, was noch mehr Gelächter auslöste.

Als wieder etwas Stille eingekehrt war, sagte Caroline: „Lass die Kinder erst mal zur Ruhe kommen."

Der Prof willigte ein: „Johann wird euch eine Unterkunft zuweisen. Ihr werdet heute Abend etwas zu essen und zu trinken bekommen. Außerdem zeigt er euch, wo die Toiletten und Duschen sind."

„Danke!", erwiderten wir, und Jenny huschte bei dem Gedanken, endlich duschen zu können, ein Lächeln über ihr etwas schmutziges, aber wunderhübsches Gesicht.

Unsere Unterkunft war nicht mehr als eine Baracke. Etwas größer als mein Kinderzimmer, mit drei Betten, einem Tisch, drei Stühlen und einem kleinen Fenster neben dem Tisch. Es war nicht luxuriös, aber offensichtlich erst mal sicher und durch den winzigen Werkstattofen und etwas Brennholz sogar warm.

„Holz müsst ihr selber machen", sagte Johann und ließ die Tür hinter sich demonstrativ einen Spalt offen, um uns zu zeigen, dass wir keine Gefangenen waren. Das erste Mal seit vielen Wochen fühlte ich mich wieder etwas sicherer.

Es klopfte vorsichtig und die Tür ging wieder auf. Ein etwa zwölfjähriges blondes Mädchen stand mit einem Tablett in der Hand in der Tür. „Hi, ich bin Julie, ich soll euch die Suppe bringen. Wir Kinder von Waldland freuen uns, dass ihr da seid, soll ich ausrichten", kicherte sie und verschwand so schnell, wie sie gekommen war. Bevor wir uns bedanken konnten, schloss sie die Tür hinter sich. Sie hatte zwei Teller duftender, dampfender Hühnersuppe mitgebracht. Wir saßen am Tisch und löffelten dankbar.

„Danke. Ich glaube, wir richten uns erst mal ein und machen es uns dann gemütlich", bedankte sich Jenny.

„Echt lecker die Suppe, scheint frisch zu sein, kein Dosenfutter", freute ich mich und löffelte gierig weiter.

Wir packten noch unsere Rucksäcke aus, aber es dauerte nicht lange, bis wir satt im Bett lagen. Der Ofen im Zimmer strahlte eine herrliche Wärme aus. Trotzdem lagen wir mit Klamotten unter den Decken, so wie wir es gewohnt waren. Unsere Betten standen gegenüber, etwa zwei Meter voneinander entfernt. Auf dem Tisch brannte eine Kerze und wir guckten uns beim Einschlafen an. Es war magisch. Mein ganzer Körper kribbelte – noch mehr als neulich beim Ampwein, der echt reingehauen hatte. Kein Wunder, denn der Wein alleine war den Menschen irgendwann zu langweilig geworden, sodass die findigen Hersteller ihn nach der fast weltweiten Freigabe aller Drogen vor einiger Zeit mit Amphetaminen versetzt hatten. Doch nichts war für mich aufregender als Jennys Anblick. Trotzdem schlief ich schnell ein.

Als ich am nächsten Morgen aufwachte, war Jenny weg. Mein erster Gedanke war, dass sie wahrscheinlich zur Toilette gegangen war, mich nicht hatte wecken wollen und eben das tat, was man so tat, wenn man gerade aufgestanden war.

Ich blieb noch ein wenig in meinem Bett liegen. Alles war anders. Ich hörte Stimmen draußen und wollte instinktiv gleich zu meiner .22 greifen, wobei mir einfiel, dass ich sie ja nicht mehr hatte. Ich genoss es, noch etwas im warmen Bett liegen zu bleiben.

Nach einiger Zeit machte ich mir aber doch Gedanken, da Jenny nicht wiederkam – und dann fing ich an, mir ernsthaft Sorgen zu machen und stand auf.

Als ich an den Schrank ging, in dem wir unsere Sachen untergebracht hatten, sah ich, dass nichts fehlte, sondern im Gegenteil Sachen dazugekommen waren: Zahnbürsten, Zahnpasta, Duschgel, T-Shirts, Strümpfe, Hosen und Pullover. Vorsichtig schloss ich die Schranktür. Auf dem Tisch entdeckte ich ein Paket Kerzen, Grillanzünder und sogar Kekse. Ich fragte mich kurz, ob schon Weihnachten wäre, aber das müsste eigentlich noch etwas hin sein. Neben der Tür standen neue Schuhe. Darüber hing eine Jacke. Ich wollte trotzdem sichergehen, dass die Tür offen war, und öffnete sie vorsichtig. Sie klemmte ein bisschen, ging aber auf.

Sofort fing ich die neugierigen Blicke zweier kleiner Mädchen ein, die im Schnee vor der Haustür spielten. So merkwürdig es auch klingt, aber an diese „Normalität" musste ich mich wohl erst mal wieder gewöhnen.

Etwas später kam Jenny zur Tür herein. Ich versuchte, meine Sorgen zu verstecken.

„Hast dich sicher gefragt, wo ich gewesen bin, oder?"

Ich nickte nur. So konnte ich nichts Falsches sagen.

„Ich war erst duschen, dann frühstücken und danach habe ich mich etwas mit dem Prof unterhalten."

„Was hast du ihm gesagt?"

„Nur, wie wir hierhergekommen sind, die Geschichte von gestern und wo wir mal gewohnt haben. Er hat mich nichts über dich gefragt. Er wollte warten, bis du zu ihm kommst und mit ihm reden willst."

Ich überlegte und beschloss, auch erst mal duschen zu gehen – und Frühstücken hörte sich auch nicht schlecht an. Jenny beschrieb mir den Weg und ich nahm bei dieser Gelegenheit gleich eine neue Zahnbürste, Duschgel und neue Klamotten mit. Ihr angenehmer Duft war mir sofort aufgefallen, als sie zur Tür hereinkam; da musste ich unbedingt mithalten.

Zu meiner großen Verwunderung gab es tatsächlich warmes fließendes Wasser und auch Toiletten mit Wasserspülung. Die mussten hier so eine Art Holzofen-Boiler haben, dachte ich. Es war vielleicht schlechter Campingplatzstandard, aber das Beste, was ich seit langer Zeit an Komfort erlebt hatte.

Ein freundlicher junger Mann mit einem Kleinkind an der Hand drehte sich zu mir um. „Frühstück gibt es im Culinarium." Er erklärte mir den Weg.

Überall sah ich Leute werkeln und Kinder spielen. Es war so ein fremdes Bild für mich, dass ich mir die Tränen verkneifen musste.

Im Essensgebäude, was hier offensichtlich Culinarium genannt wurde, erwartete mich ein Buffet mit Rührei, Brot, Marmelade, Brotaufstrichen und sogar Salami. Das letzte Mal, dass ich Salami gegessen hatte, war vor dem Ereignis; ich konnte mich kaum daran erinnern. Irgendwie dämpfte mich das Gefühl, dass es zu schön war, um wahr zu sein. Aber vielleicht war es auch der Ausgleich für den Tod meines Vaters. Das Frühstück war jedenfalls hervorragend, so viel konnte ich sagen.

Es dauerte nicht lange – und irgendwie hatte ich damit gerechnet –, dass sich der Prof an meinen Tisch setzte. „Eigentlich heiße ich Karl", eröffnete er das Gespräch.

Ich war nicht zu Gesprächen aufgelegt, rang mich aber dennoch zu einer Antwort durch: „Seit wann gibt es das Ganze hier?"

„Seit ungefähr zwei Jahren. Ich habe angefangen, hier ein Camp für Leute, die orientierungslos und verzweifelt waren, aufzubauen. Der Rest meiner Familie hat es nicht geschafft …"

„Hatten Sie Kinder?", fragte ich höflicherweise.

„Ja, eine Tochter." Er senkte seinen Kopf und ich glaubte ihm. „Mir gehört dieses Land, ich habe es vor vielen Jahren einmal recht günstig gekauft. Du weißt vielleicht, dass es vor einiger Zeit eine Immobilien- und Währungskrise gab. Da habe ich zugeschlagen, solange die Krone noch einen Wert hatte. Das digitale Geld danach habe ich kaum benutzt. Land ist Land, und genau genommen war das Geld vorher auch nur eine Ponzi-Masche. Weißt du, was das ist?"

„Die sogenannten Fiat-Währungen meinen Sie?"

„Ich verstehe. Wahrscheinlich hat dir dein Vater gesagt, wie es vorher ablief, also vor der Generalüberwachung durch die Digitalwährungen, sehr gut, sehr gut", wiederholte er. Ich meinte, ein kleines Leuchten in seinen Augen zu erkennen, und trotzdem kam ich mir hier ein bisschen wie bei einem Verhör vor.

„Wie geht es weiter mit uns, und wie können wir unsere Eltern wiederfinden?", traute ich mich zu fragen.

„Collin, ihr könnt ganz beruhigt sein, ihr seid hier in Sicherheit und könnt jederzeit gehen, wenn ihr wollt. Aber wenn ihr hierbleiben wollt, müsst ihr etwas mithelfen und auch etwas für andere tun. Logischerweise sind in dieser Gemeinschaft alle füreinander da. Das soll nicht heißen, dass es nicht mal Streit gibt, aber jeder hier in Waldland hat bestimmte Aufgaben, damit die Leute für sich und andere sorgen können. Verstehst du das?"

„Klar doch, war bei uns zu Hause nicht anders", sagte ich selbstbewusst.

„Jenny hat exakt dasselbe gesagt, das ist lustig. Wir verlangen ganz bestimmt keine unmenschlichen Dinge hier, aber jeder muss seinen Teil beitragen, sonst funktioniert es nicht! Die größte Chance, sicher auf eure Eltern zu treffen, besteht darin, hierzubleiben und abzuwarten."

Ich nahm das erst einmal so hin und hörte mir noch an, was er zu den Freizeitaktivitäten zu erzählen hatte. Es gab Schießunterricht, Karate, Esoenergie, was auch immer das war, und Koch- sowie Gärtnerkurse. Jede Woche wurde eine Waldlandsitzung abgehalten, manchmal sogar mit anschließender Feier, an der jeder teilnehmen konnte.

„Ihr könnt noch so lange in der Hütte bleiben, bis neue Gäste kommen. Danach wird euch eine Stuga mit mindestens einem Erwachsenen zugewiesen. Ich werde sehen, wer am besten zu euch passen könnte." Dieser Gedanke gefiel mir überhaupt nicht.

Zurück in der Hütte, in der ich Jenny erwartete, traf ich stattdessen auf einen Jungen. Er saß an unserem Tisch und schrieb etwas.

„Du musst Collin sein, mein Name ist Loman!"

Loman war schätzungsweise ungefähr so alt wie ich. Wie sich später aber herausstellte, war er schon siebzehn und offensichtlich ziemlich klein für sein Alter.

„Jenny ist beim Schießkurs, und nach dem Mittagessen hilft sie zwei Stunden in der Mühle." Eigentlich kam er mir ganz nett vor, doch irgendwie gefiel mir sein Ton nicht. Ich hatte kein Problem mit Arbeit. Mir war klar, dass hier alle ihren Teil zum Gemeinwohl beitragen mussten.

„Du kannst dir deine Kurse aussuchen. Es ist wichtig, dass wir alle lernen und uns verbessern. Auch die Arbeit kannst du dir aussuchen. Wir haben auch Leute, mit denen du reden kannst, wenn dir danach ist. Du weißt schon, was ich meine", sagte Loman. Auf was ich von all den Dingen am wenigsten Lust hatte, war mir noch nicht ganz klar.

Mein Vater hatte immer gesagt: „Typen, die nicht mal eine Glühbirne auswechseln können, sind die, die ausgewiesene Experten dafür seien sollen, anderen bei einer Krise zu helfen." Ich behielt meine Meinung aber besser für mich. Erstens hatte ich keine Krise, und zweitens ging der Typ mir jetzt schon auf die Nerven.

Trotzdem entschied ich mich, den Kurs Esoenergie mitzumachen, auch wenn ich mir darunter überhaupt nichts vorstellen konnte. Danach hatte ich mich zum Holzschleppen aufschreiben lassen.

Also ging ich wenig später, seiner Wegbeschreibung nach, zu einem großen Zelt.

Es hatte etwas von einem Indianerzelt. Drinnen war es ziemlich dunkel, aber in der Mitte brannte ein Feuer. Viele Kerzen erhellten das Zelt zusätzlich. Oben gab es eine Öffnung, sodass das Zelt wie ein Schornstein funktionierte. Dementsprechend roch es etwas rauchig, was mich aber nicht weiter störte. Ungefähr zehn Kinder unterschiedlichen Alters und zwei erwachsene Frauen saßen hier zusammen.

„Du musst Collin sein", sagte die eine.

Ich nickte etwas verlegen und setzte mich zu den anderen auf einen der Dreibein-Hocker, die überall aufgestellt waren.

„Collin, wir sagen dir gleich, was wir hier machen", sagte die eine Frau, allerdings ohne ihre Lippen zu bewegen. Vielleicht war dies ja ein Kurs für Bauchredner, oder was ging hier vor sich?

„Pia, letzte Woche hast du eine Streichholzschachtel geschafft. Heute versuchen wir es mal mit einem Stück Holz."

Pia war das Mädchen, welches dicht vor einem Tisch saß und nun aufstand. Auf dem Tisch lag ein kleines Stück Brennholz. Pia stand vor dem Tisch, als ob sie das Stück Holz beschwören wolle. Kurz dachte ich, ich wäre hier in einer Theatervorstellung, aber als ich sah, wie sich das Stück Holz bewegte, schließlich aufstellte und anfing, über dem Tisch zu schweben, ging ich eher von einem schlechten Film aus. Es war allerdings kein Film; ich sah es mit eigenen Augen. Das Stück Holz schwebte nicht nur, sondern fing auch an zu rotieren, bevor es plötzlich auf den Tisch knallte.

„Bravo, Pia, das war dein neuer Rekord!"

Alle klatschen, nur ich war zu versteinert, um mitzumachen.

„Collin, schön, dass du hier bist! Ich hoffe, Pias Künste haben dich nicht zu sehr verwundert." Verwundert war gar kein Ausdruck. Sofort fing ich an, an dem zu zweifeln, was ich eben gesehen hatte.

„Nein, sehr interessant", antwortete ich.

„Du kannst ja heute erst mal zugucken, dann kannst du entscheiden, ob der Kurs etwas für dich ist."

Ich nickte wieder und sah mir das weitere Zirkusprogramm an. Ein Junge erriet angeblich, an welche Farben und Zahlen ein anderer dachte. Ein etwas älteres Mädchen ließ den Rauch des Feuers spiralförmig aufsteigen, fast wie ein kleiner Tornado.

Dann erzählten die Frauen, wie es am besten möglich war, die Fähigkeiten, wie sie sie nannten, weiter zu trainieren. „Jeden Tag eine Viertelstunde reicht. Mehr ist besser. Bis zum nächsten Mal!"

Ich war so erstaunt und gleichzeitig skeptisch, dass die Zeit wie im Fluge vergangen war.

„Ich bin Melli, und das ist Linda", stellte sich die eine vor, als die anderen Kids das Zelt schon verlassen hatten.

„Hat es dir gefallen?", fragte Linda.

„Äh, ich weiß nicht so genau. Ich muss nochmal darüber nachdenken", stammelte ich.

„Kein Problem, Collin, komm einfach wieder, wenn du Lust hast."

Ich sagte, dass ich jetzt zum Holztransportieren müsse, und entließ mich so schnellstmöglich selber aus dieser seltsamen Situation.

Der Holztransport war stupide, und das war auch gut so. Ich hatte so wenigstens etwas Zeit, über das nachzudenken, was eben passiert war. Überall vor den Häusern, Hütten und Zelten gab es kleine Unterstände, die wohl täglich mit Holz befüllt wurden. Der gigantische, zum Teil mit Planen bedeckte und teilweise in einer Scheune gelagerte Holzvorrat wurde also täglich von mehreren Helfern verteilt. Ich vermutete, dass sie auch für das Fällen und Spalten des Holzes zuständig waren.

„Unsere Währung ist die Zeit, mein Junge, jeder arbeitet mindestens zwei Stunden am Tag; wenn er möchte, auch länger", wandte sich einer mir zu, bevor unsere Lieferwege auseinandergingen.

Mit einer Sackkarre lud ich mehrmals meine wärmende Fracht ab und dachte dabei daran, dass dieses Dorf eigentlich ganz gut organisiert war.

Als es dunkler wurde, endzündeten andere Dorfbewohner Fackeln entlang der Wege, sodass ich nach Feierabend unsere Hütte recht schnell wiederfand.

Jenny war an diesem Abend richtig euphorisch, was mich zum Zweifeln brachte, ob ich meine Erlebnisse des Tages überhaupt erzählen sollte.

„Ich habe dreimal genau ins Schwarze getroffen, Collin, ich habe so gut wie noch nie vorher getroffen. Das liegt alles nur an dem Lehrer", erzählte sie begeistert.

„Womit habt ihr denn geschossen?", fragte ich eher uninteressiert, ließ es mir aber nicht anmerken.

„Das war Kleinkaliber, hat er gesagt. Ich glaube, wir haben sehr großes Glück gehabt, dass uns der Magicube hierhergebracht hat. Vielleicht finden unsere Eltern auch hierher." Sie verstummte und ich sah, dass ihr das soeben Gesagte etwas unangenehm war. Dabei wusste sie weder genau, was mit ihrer Familie war, noch mit meiner. Doch ich konnte ihr zu dieser Zeit einfach nichts übel nehmen, denn sie war jetzt meine Familie.

Wenig später beschloss ich, ihr dennoch von meinen Erlebnissen zu erzählen. Sie hörte gespannt zu und hing an meinen Lippen.

„Collin, das ist genau das, was ich auch vermutet hatte. Wir haben irgendwelche übersinnlichen Fähigkeiten nach dem Ereignis bekommen." Ich vermutete eher, dass die menschlichen Urinstinkte, von denen ich in einigen unserer Bücher zu Hause gelesen hatte, in der Notsituation wieder ans Tageslicht kämen.

Für einige Sachen, die im Zelt passiert waren, hatte ich allerdings tatsächlich keine Erklärung. Doch der Trick mit dem Erraten der Farben und Zahlen könnte eben nur ein Trick gewesen sein. Ich stellte mir aber auch die Frage, wozu die Dorfbewohner Tricks einstudieren sollten. Jedenfalls sicher nicht, um mich zu beeindrucken. Manchmal kommt man mit seinem scheinbar rationalen Denken nicht weiter.

Ich hatte den Kurs nur ausgewählt, weil er sich interessant anhörte und ich mir nichts darunter vorstellen konnte. Ich war neugierig gewesen und mit der Nase auf dem Boden gelandet. Doch auch meine Neugier war geweckt, und ich wollte hinter diese Tricks kommen. Jenny hatte weniger Zweifel und meinte, ich solle die Dinge nehmen, wie sie sind.

Die nächsten Tage waren für uns beide sehr aufregend, also aufregend im positiven Sinne. Wir waren beide total fasziniert von der guten Organisation von Waldland. Jeder Mensch, jedes Kind und jede Familie, die hier hingefunden hatte, musste sich einfach sicher in dieser Gemeinschaft fühlen. Irgendwie waren alle lieb zueinander, wie in einer riesengroßen Familie. Ich schätzte, dass mindestens vierhundert Menschen hier lebten.

Wir erfuhren, dass der Prof hier vor dem Ereignis eigentlich mal einen Campingplatz hatte eröffnen wollen. Ihm fehlte damals das nötige Kleingeld, sodass er beschlossen hatte, noch einige Jahre zu sparen. Das

Grundstück hatte er ja gekauft. Eine Genehmigung hatte er auch, allerdings mit gepfefferten Umweltauflagen. Mittlerweile interessierten die keinen mehr, und der Prof hatte seinen Campingplatz mehr oder weniger unfreiwillig bekommen. Er hatte ihn tatsächlich schon damals Waldland nennen wollen.

Loman kam nach Einsetzen der Dunkelheit in unsere Unterkunft und verkündete: „Morgen müsst ihr leider umziehen, eine Familie mit drei Kindern ist gerade angekommen, wir brauchen die Hütte hier dringend für sie."

„Kein Problem, aber wo sollen wir hin?", erwiderte ich.

„Ähm, Morten hat noch Platz in seinem Haus."

„Ist das der Schießlehrer?", fragte Jenny.

„Genau, ja", sagte Loman, schwieg und blätterte in seinen Aufzeichnungen herum, um dann etwas aufzuschreiben. „Nun gut, morgen Früh zu Sonnenaufgang bitte mit gepackten Sachen bereithalten." Loman verließ unsere Hütte, die uns also nur noch für ein paar Stunden zur Verfügung stand.

„So eine Scheiße!", fluchte ich.

„Morten ist echt nett, ich habe kein Problem, bei ihm einzuziehen."

In dieser Nacht sollte ich das erste Mal das Gefühl von Eifersucht zu spüren bekommen. Ich fragte mich auf der einen Seite, warum ich ein Problem damit hatte, dass Jenny jemanden mochte, den ich nicht mal kannte. Auf der anderen Seite überlegte ich, wie ich jemanden mögen sollte, den auch Jenny mochte. Verrückt war das in jedem Fall und hinterließ bei mir ein brennendes Stechen in der Herzgegend beim Einschlafen.

# 13. NEUE NORMALITÄT

Morten war wirklich nett. Zumindest kam es mir so vor. Seine Hütte war wesentlich komfortabler als unsere. Das ausgeklügelte Wassersystem, das von einem Bach etwas weiter oben für ganz Waldland sogar einen gewissen Wasserdruck bereitstellte, verlief in der Nähe seiner Hütte. Kurzerhand hatte man seine Hütte mit an das System angeschlossen – sicherlich mit einem gewaltigen Aufwand bei der Installation ohne Maschinen. So gab es fließend Wasser und ein funktionierendes Badezimmer. Echter Luxus, konnte man sagen.

Wir hatten zu Hause nur eine Handpumpe gehabt, die oft einfror. Doch wenn sie funktionierte, konnte man den Wasserspeicher im Keller damit auffüllen, der dann auch für einen gewissen Wasserdruck sorgte. Mein Vater hatte das System schon so gut es ging optimiert. Wie all das genau funktionierte, hatte er mir mal erklärt, aber ehrlich gesagt hatte ich es vergessen. Und außerdem tat es weh, an meinen Vater zu denken.

Wir alle hatten an diesem Tag freibekommen, um uns kennenzulernen. Wir spielten ein altes Brettspiel, das sich Monopoly nannte. Nachdem wir die Regeln begriffen hatten, machte es wirklich Spaß. Jenny war hinterher aber etwas sauer, denn sie war als Erste pleite. Ich entschied mich nach drei Stunden für ein Unentschieden mit Morten.

Ich schöpfte neue Hoffnung, denn Morten schien wirklich in Ordnung zu sein. Er war mindestens Mitte dreißig und wohl etwas zu alt, um in Jennys Beuteschema zu fallen. Jedenfalls konnte ich auf den ersten Eindruck verstehen, warum sie ihn mochte. Er erzählte uns von seiner Vergangenheit und stellte uns zunächst keine Fragen. Er war beim Militär gewesen, aber zum Zeitpunkt des Ereignisses ausgestiegen, da er eine Ehekrise gehabt hatte. Kinder hatte er angeblich keine. Ich vermutete, dass dies der Grund für seine Ehekrise gewesen sein könnte.

Er war Schießwart auf dem Militärübungs-Schießstand gewesen und darum sicher ein guter Ausbilder an der Waffe; allerdings hatte ich für das

Militär nie Sympathien gehabt. Dafür hatte ich einfach zu viele Geschichten von meinen Eltern aus der jüngeren und älteren Geschichte gehört.

Morten gab sich sichtlich Mühe, uns willkommen zu heißen. Ich wollte nicht unhöflich sein und nahm die Einladung an.

Nach einigen Tagen fühlten wir uns fast wie eine Familie. Morten machte keinen auf Obervater, aber dafür waren wir auch altersmäßig nicht weit genug auseinander. Trotzdem meinte ich nach ein paar Tagen zu erkennen, dass er Jenny ganz bestimmt an- und vor allen Dingen nachsah. Ich lernte im Esoenergie-Kurs einiges über Gedankenlesen, kam aber nicht zu ihm durch. War vielleicht sowieso nur Blödsinn. Allerdings hatte ich es mit Jenny und meinem Vater live erlebt, vielleicht war also doch was an dem ganzen Hokuspokus dran.

Wir hatten zwei Zimmer im Obergeschoß, in denen man zwar kaum stehen konnte, aber es wurde selbst im Winter wunderbar warm dort unter dem Dach. Mein Zimmer, wenn man die sechs Quadratmeter so nennen wollte, hatte sogar eine Tür, die ich meistens aber offenließ. Jennys Zimmer hatte keine Tür und war zum kleinen Flur mit einfacher Treppe nach unten offen. Dafür war es etwas größer; und wenn es nach mir gegangen wäre, hätte ich keine Tür gebraucht. Unten hatte Morten sein Zimmer neben der Küche. In der Küche stand ein Tisch mit vier Stühlen. Das Wohn- oder Gemeinschaftszimmer war auch nicht größer als die Küche. Alles war sehr klein, dafür aber funktional, und darauf kam es schließlich an. Das Highlight war das funktionierende Badezimmer mit einer Dusche, einem Waschtisch mit einem alten Edelstahl-Spülbecken – eigentlich für Küchen gedacht – und der Dusche. So viel Luxus hatten wir tatsächlich das letzte Mal in dem Keller gehabt, in dem wir eingesperrt gewesen waren.

Das kleine Haus sah von außen nicht besonders einladend aus. Die Fassade bestand aus diversen zusammengesammelten Brettern. Die Dachziegel passten nicht zueinander, und die Fenster hatten unterschiedliche Farben. Doch wenn drinnen auf dem Küchenofen ein paar Eier brutzelten, hatte man das Gefühl, nach Hause zu kommen.

Jenny und ich unterhielten uns viel, meistens abends. Das Treffen der Gemeinschaft, welches wohl alle drei Monate abgehalten wurde, sollte am nächsten Tag stattfinden. Wir unterhielten uns darüber, was wir morgen erfahren würden.

„Ich wollte den Prof eigentlich noch so viel fragen, aber jedes Mal, wenn ich ihn treffe, fragte er mich alles Mögliche, sodass ich meine Fragen jedes Mal vergesse", wunderte sich Jenny.

„Mir geht es genauso, Jenny. Wenn wir morgen nichts erfahren, werden wir ihn selber fragen müssen."

Am nächsten Abend war es so weit. Ich wäre fast zu spät gekommen, denn ich wollte noch duschen vor dem Treffen. Jemand, der erst kurz in der Gemeinschaft war und dann noch zu spät kam, würde wohl unangenehm auffallen. Ich schaffte es knapp, meinen Platz neben Jenny im Essensraum zu finden, ohne aufzufallen.

„Gut, dass du es noch rechtzeitig geschafft hast, hatte mir schon Sorgen gemacht", flüsterte Jenny mir zu.

Schon ging es los, und Loman, dieser kleine Wunderknabe, präsentierte wortgewandt wie ein Alter den Prof: „Hallo, liebe Leute, ich begrüße euch zur vierteljährlichen Sitzung des Waldland-Rates. Wir hatten in den letzten Wochen insgesamt einunddreißig Neuzugänge." Er zählte alle namentlich auf, und wir waren selbstverständlich auch mit dabei.

„Pastor Peter Konz, den wir hier auch neu aufnehmen durften, veranstaltet jetzt jeden Samstag hier im Speiseraum eine Messe für alle, die Interesse haben." Ein Klatschen hallte durch den Raum. „Außerdem müssen wir vom Rat leider mitteilen, dass ab jetzt nur noch drei Flaschen Ampwein und fünf Packungen Zigaretten pro Peron über achtzehn für Extraarbeitsstunden im Monat zur Verfügung stehen."

Ein Raunen und Stimmengewirr gingen minutenlang durch den Raum, bevor der Prof das Getöse durchbrach: „Wir haben leider keine andere Möglichkeit, denn unsere Vorräte gehen zur Neige. Solange keine neuen Vorräte erschlossen werden können, bleibt dies so. Jeder, der aktiv an Vorratsrettungsaktionen teilnehmen möchte, kann sich später bei mir melden. Und jetzt zu den guten Nachrichten: Mir ist aus zuverlässiger Quelle zu Ohren gekommen, dass es scheinbar noch – oder wieder – Elektrizität geben soll." Wieder ertönte das gleiche Raunen im Raum.

„Woher haben Sie diese Information?", schallte es aus den hinteren Reihen.

„Ich kann das jetzt noch nicht zu hundert Prozent bestätigen, aber meine Quellen sind sich relativ sicher. Wie und seit wann das möglich ist, kann ich leider nicht genau sagen. Ich dachte nur, es wäre fair, meine Hoffnung auf ein baldiges Ende des Lebens ohne Strom mit euch zu teilen. Ihr könnt jetzt eure Fragen stellen."

„Wie ist es um unsere Verteidigung aufgestellt? Früher oder später werden die Existner oder andere Gangs uns sicherlich anzugreifen versuchen", fragte eine Frau mittleren Alters, die nur wenige Meter von uns entfernt saß.

„Das Problem unserer kleinen Verteidigungstruppe ist mittlerweile so gut wie gelöst. Wir haben inzwischen umschichtig immer fünfundzwanzig Leute rund um die Uhr, die Waldland vor Eindringlingen beschützen. Außerdem haben wir weitere Frühwarn-Systeme installiert und diese praktisch getestet. Ihr könnt relativ unbesorgt sein. Über eine Grundausbildung aller Bewohner über fünfzehn Jahre stimmen wir in der nächsten Sitzung ab. Waffen und Munition, Lebensmittelvorräte und Brennholz haben wir erst mal genug. Um Nachschub wird sich wie jedes Jahr ab dem Frühjahr gekümmert. Und jetzt kommen wir zur Verleihung der Medaille für besonderen Einsatz."

Es überrasche uns nicht besonders, dass Loman den Preis erhielt. Zu guter Letzt wurde ein Weihnachts- und Jahresübergangsfeuer angekündigt.

Auf dem Weg nach Hause, wenn man das so nennen konnte, kamen Jenny und ich zu dem Schluss, dass wir eigentlich nichts Neues erfahren hatten. Etwas enttäuscht verkrochen wir uns später in unsere Betten, und in dieser Nacht ging die Post ab, allerdings nur in meinem Kopf.

Ich träumte, dass der Prof Leute dabei erwischte, wie sie kleine Kinder quälten. Details habe ich nicht mit in meine Notizen aufgenommen, weil ich sie sowohl mir als auch anderen ersparen wollte. Es war in jedem Fall grauenhaft und dadurch, dass ich den Esokurs machte und meine Fähigkeiten in Hellsichtigkeit trainiert hatte, konnte ich diesen Traum am nächsten Morgen nicht so einfach ignorieren. Ich sparte es mir, mit Jenny beim Frühstück darüber zu reden, obwohl ich es wirklich gerne getan hätte.

Als ich am späten Nachmittag wieder dabei war, Holz auszuliefern, war ich aber eigentlich ganz froh darüber, dass ich mit niemandem darüber gesprochen hatte.

Die Tage bis zum Fest waren kurz und kalt wie jeden Winter. Mit „Fest" meine ich hier nicht Weihnachten. Der Mangel an Geschenken und bunter Weihnachtsbeleuchtung hatte das Fest hier aber zumindest zu einem Fest der Weihnacht und des Jahreswechsels gemacht. Viele hatten ihre Familie verloren, und es wäre unfair gewesen, wenn einige zusammen Weihnachten feierten und andere nicht. Es war kein Gesetz oder Ähnliches, aber offensichtlich hielten sich alle daran.

Morten machte ein Brathähnchen, welches er selber geschlachtet hatte. Trotzdem redeten wir nicht viel mit ihm, denn Jenny und ich waren ein eigeschworenes Team. Natürlich bedankten wir uns, doch in Mortens Gesicht stand praktisch geschrieben, dass er sich mehr erwartet hatte. Ich versuchte erst gar nicht, in seinen Gedanken zu lesen, denn ich hatte die Vermutung, dass mir die Bilder ganz und gar nicht gefallen würden. Ganz im Gegensatz zu Jenny. Sie konnte das wohl auch ohne Augenkontakt und hatte an diesem Weihnachtsabend im Flüsterton von Bett zu Bett doch so einiges zu berichten.

„Ich habe einiges gesehen von dem, was er gesehen und gefühlt hat. Er redet nicht mehr viel, was mir auch ganz lieb ist, doch was ich gesehen habe, war für mich beängstigend, kann ich dir sagen. Er hat nicht nur für das Militär gearbeitet, sondern auch für einen privaten Sicherheitsdienst in Malmö. Er hat krumme Geschäfte mit den dort ansässigen Clans gemacht und sogar Leute gefoltert. Auf ein Gedankenbild mit einem Gasbrenner, den er in der Hand hatte, hätte ich gerne verzichtet. Ob er für oder gegen die Clans gearbeitet hat, kann ich nicht genau sagen. Auch ob er es bereut, wüsste ich gerne. Jedenfalls bekam er nach einiger Zeit Stress mit seiner Frau, weil er so gut wie nie zu Hause war, und wenn er da war, ließ er sich mehr oder weniger volllaufen. Sie fing eine Beziehung mit einem anderen an, und er bekam das raus. Eine Szene war jedenfalls eine vorgehaltene Waffe in ihr Gesicht. Aber das Einzige, was an diesem Abend knallte, war – Gott sei Dank – die Tür hinter ihr. Seitdem ist er alleine."

„Krass, so oder ähnlich hatte ich es auch vermutet. Aber ich stelle mir jetzt die Frage, ob er wohl ahnt, dass du oder auch andere ihn sozusagen hacken können?", erwiderte ich.

„Das glaube ich nicht. Der Mann ist viel zu sehr mit seinen Rekruten beschäftigt, als dass er sich über so etwas Gedanken machen würde. Ich denke schon, dass er davon gehört hat, aber ich vermute stark, dass er keine Ahnung von der Realität des Gedankenlesens, Telekinese und so weiter hat. Er betreut unsere Verteidigung, bildet unsere Spähtrupps aus und kümmert sich ganz nebenbei auch noch um die Schießausbildung der Jugendlichen. Also ich möchte glauben, er versucht hier gerade etwas gutzumachen.“

In dieser Nacht schliefen wir beide unruhig, und mitten in der Nacht unterhielten wir uns sogar noch ein bisschen. Mittlerweite hatte ich eher das Gefühl, wir wären wie Geschwister – nur dass man als guter Bruder natürlich nicht auf die langen blonden Haare seiner Schwester gaffte, wenn sie sich kämmte, und am liebsten daran riechen würde. Ich machte mir nichts vor: Ich war nach wie vor verliebt in sie und hätte wahrscheinlich alles getan, was auch immer sie verlangt hätte. Aber sie nutzte die Situation nie aus, denn natürlich wusste sie dank ihrer Fähigkeiten auch von meinen Gefühlen.

Waldland hatte noch genug Fläche, um mindestens die doppelte, wenn nicht sogar die dreifache Menge an Übriggebliebenen, wie ich sie immer noch nannte, unterbringen zu können. Doch der Geistliche und seine Familie waren vorerst die Letzten, die kamen.

Jenny und ich beschlossen, zu dem ersten Gottesdienst zu gehen, der kurz vor dem Fest stattfand. Wir erhofften uns keine Auffrischung unseres Glaubens, sondern viel mehr Informationen, die uns weiterhelfen könnten, unsere Familien zu finden oder zumindest einige Puzzleteile zusammenzusetzen.

Das Ganze fand im Essens- und Gemeinschaftsraum statt, in dem auch der Prof seine Ansprachen hielt und die Sitzungen des Gemeinde-Organisationsteams tagten. Wir waren überrascht, was der Pastor in so kurzer Zeit zustande gebracht hatte: Ein Holzkreuz war aufgehängt und Gestecke aus Tannengrün angebracht worden. Eigentlich sah tatsächlich fast alles wie in einer echten Kirche aus, soweit ich das beurteilen konnte, denn ich war nur einmal zur Beerdigung meiner Großmutter in einer Kirche gewesen, und das war ziemlich lange her.

Wir setzten uns sehr weit hinten hin. Irgendwie hatte ich das Gefühl, dass fast alle, die kamen, eher weiter hinten Platz nahmen. Doch kurz vor Beginn der Zeremonie setzten sich ein paar Waghalsige doch noch weiter nach vorne. Wahrscheinlich lag es daran, dass hinten kaum noch Platz war.

Kirchenglocken gab es selbstverständlich nicht, aber die brauchten die ungefähr fünfzig Anwesenden auch nicht, nachdem der Pfarrer loslegte: Er war laut genug. „Liebe Gemeinde, liebe Mitmenschen und Gläubige", schrie er in die schüttere Menge, als ob er bewusst sein Mikrofon vermisste.

Er musste echt ausgehungert sein, dachte ich, denn ein Dasein als Pfarrer ohne Gläubige hatte bei ihm nach so vielen Jahren offensichtlich Entzugserscheinungen ausgelöst. Er schwadronierte über die harte Zeit, die Zeit der Prüfung. Soweit alles in Ordnung, aber wir hatten uns eigentlich eher die typische Pfarrergeschichte aus seinem Privatleben erwartet, wie wir es früher in diversen Fernsehserien gesehen hatten, um dann den Zusammenhang der privaten Geschichte im wahrsten Sinne auf eine höhere Ebene zu bringen. Es waren aber bis kurz vor dem Ende nur die üblichen Floskeln und Aufforderungen zum Verzicht, bevor es richtig losging.

„Wir sind Tiere, wir haben uns alles sagen lassen und dementsprechend gehandelt. Wenn die Herrschenden gesagt haben: ‚Spring!'; dann sind wir gesprungen. Wenn die Herrschenden gesagt haben: ‚Töte!'; dann haben wir getötet. So war es immer, und das ist das Übel unserer Welt. Wenn wir nicht endlich damit aufhören, den Herrschenden zu gehorchen, werden wir immer wieder dieselben Fehler machen. Ich bin hier, um euch von dem einzigen richtigen Glauben zu erzählen, der Liebe heißt. Liebe zu Gott, meinem Schöpfer, Liebe zum Sohne Gottes, Jesus, der als einziges fleischgewordenes Wesen Gottes auf der Erde Gott verkörperte. Liebe zum Schöpfer, Liebe zur Schöpfung!"

Ich musste zugeben, dass er es echt draufhatte, langsam und unaufgeregt anzufangen, und sich dann umso energischer weiter hochzuschaukeln. „Wir haben nur eine Chance: Wir müssen die bedingungslose Liebe Gottes und Jesu Christi akzeptieren und uns von diesem Sklavensystem befreien. Seht ihr, in den letzten Jahrzehnten wurde es immer offensichtlicher, es waren Zeiten der Kriege, selbst in Europa. Die Menschen sind vom Glauben Gottes abgekommen, immer und immer mehr. Sie töteten, sie stahlen und die Natur der Familie wurde ihnen abgesprochen. Selbst die Sprache wurde von den Herrschenden verändert, damit sie die alten Werte vergessen sollten. Natürlich unter dem Deckmantel der Gleichberechtigung. Nein, liebe Gemeinde, darum geht es nicht. Wir sind sowieso alle gleich vor dem Schöpfer, Halleluja!"

Die Anwesenden applaudierten und waren sichtlich euphorisch. Es war eine mitreißende und gleichzeitig beängstigende Stimmung.

„Wisst ihr, was passiert ist?“, fragte der Pfarrer noch lauter – und nun wurde es vielleicht noch interessanter: „Gott höchstpersönlich hat den Reset-Schalter gedrückt. Die Unzucht, den Drogenkonsum, die Nichtsnutzigkeit seiner Schäfchen konnte er nicht mehr aushalten. Ich sage euch, warum – ja sogar ganz genau, warum es passiert ist. So konnte es sowieso nicht weitergehen auf diesem Planeten. Das Einzige, was Gott blieb, war entweder eine Sintflut, oder dem Planeten, eher gesagt: den Menschen, einfach den Stecker zu ziehen.“

Ich vermutete, dass er jetzt den emotionalen Höhepunkt erreicht hatte, denn er wurde langsam wieder ruhiger.

„Und ich sage euch: Genau deswegen haben so viele Menschen auch den nuklearen Holocaust überlebt – wie wir! Mein Glaube und der meiner Familie haben uns überleben lassen. Ein Wunder, nein, gleich mehrere Wunder ereigneten sich direkt vor unseren Augen, sage ich euch. Wir lebten bis zu dem Ereignis in der Nähe eines Atomkraftwerkes, als Gott die Elektrizität vom Antlitz dieser Erde nahm. Die Kühlung der Reaktoren funktionierte nicht mehr, sodass die Brennstäbe sprichwörtlich im Boden versanken. Und ihr könnt mir glauben: Sie gingen direkt in die Hölle, denn diese Technik war Teufelswerk.“

Nun legte er tatsächlich noch einen Gang zu. Jenny und ich saßen auf unseren Stühlen wie in einem Flugzeug, welches nur eine kurze Startbahn zur Verfügung hatte und Vollgas geben musste. Wir wurden praktisch in den Sitz gepresst.

Der Pfarrer redete nun nicht mehr nur laut, er schrie jetzt förmlich: „Es war ein Wunder!“ Klar, das Wunder fehlte noch, dachte ich. „Trotz der Havarie des Teufelswerkes geschah uns nichts; meine Familie und ich überlebten unbeschadet, obwohl wir nur zwanzig Kilometer von dem Kraftwerk entfernt wohnten. Wir lebten, wir leben immer noch; und uns geht es gut.“ Ob der Pastor so unbeschadet von der Sache geblieben war, stellte ich doch stark infrage, und ein Blick zu Jenny bestätigte mir meine Meinung, selbst ohne Telepathie. „Der einzige Ausweg aus diesem Schlamassel ist die bedingungslose Liebe und der unanfechtbare Glaube an Gott. Wir selbst, also alle, die noch leben, haben Schuld an dieser Katastrophe. Gott hätte dies niemals zugelassen, wenn nicht wieder Sodom und Gomorrha eingekehrt wären. Nun lasst uns beten. Vater unser im Himmel.“

Jenny und ich gingen völlig geschockt – und auf der anderen Seite inspiriert – in unser Übergangszuhause, wie wir es nannten.

Am Abend sprachen wir über die Ereignisse. „Mit vielem hat er ja recht gehabt, Collin. Nur wie er es gesagt hat, hat mir nicht gefallen. Und immer dieses: ‚Wenn ihr nicht an die unbändige Liebe Gottes zu euch und andersrum glaubt, dann …' Willkommen im einundzwanzigsten Jahrhundert. Über die Geschichte mit Himmel und Hölle sollte er doch langsam mal hinwegkommen."

„Du weißt ja nicht, was er erlebt hat. Und du hast recht, er sollte seine Geschichte möglichst neutral erzählen, es sind ja genug Leute da, die es hören wollen. Ich hatte allerdings nicht das Gefühl, er hätte die meisten verschreckt."

Jenny schnaufte: „Nein, das hat er sicher nicht, ganz im Gegenteil, uns hat er ja auch gekriegt, also ich bin neugierig, wie es weitergeht."

Da hatte sie recht, denn ich war es auch. Jenny anzulügen, war sowieso keine gute Idee. Denn sie hatte Fähigkeiten, bei denen selbst die Teilnehmer des Esoenergie-Kurses gestaunt hätten. Ich war so froh, sie zu haben. Ohne sie hätte ich wahrscheinlich den ganzen Tag nur geheult. Durch den scheinbaren Alltag vergaß ich viel. Ich hatte auch Kräfte; die mir aber nur bei dem Kurs immer wieder bewusst wurden.

# 14. DAS FEST

Ein riesiges Feuer loderte am südlichen Ende von Waldland. Es war das Gebiet, in dem noch nichts gebaut war. Alle Äste von den gefällten Bäumen wurden dort aufgeschichtet. Die Asche sollte später zum Düngen der Felder verwendet werden, sagte uns eine nette Frau mit Kind, die neben uns stand, als wir das imposante Feuer beobachteten. Die Flammen schlugen kirchturmhoch in die Luft. Die ganze Umgebung war an diesem Abend taghell. Feuerteufel schienen durch den Nachthimmel zu sausen, und das Knacken und Knistern des Holzes waren fast so laut wie Böller bei einem Feuerwerk.

Jenny nahm mich in den Arm und sagte: „Ich bin so froh, dass wir uns haben. Jede noch so beknackte Scheiße kann etwas Gutes bringen, wenn man es zulässt."

Dass sie „beknackte Scheiße" sagte, interessierte mich in diesem Moment weniger, denn ich wusste, wie sie es meinte. Mir war trotz des gefrorenen, schneefreien Bodens nicht kalt gewesen dank des extrem großen und heißen Feuers. Doch in diesem Moment kam ich tatsächlich ins Schwitzen.

Getoppt wurde das Ganze nur noch durch die Würstchen, die es für alle gab. Waldland hatte sogar einen eigenen Schlachter, der zusammen mit seinen Helfern ganze Arbeit leistete. Es waren die besten Würstchen, die wir jemals gegessen hatten. Senf oder Ketchup brauchte man nicht, denn der Geschmack war einzigartig gut. Schweden war nicht gerade berühmt für seine Metzgerkünste, doch Hans, unser Schlachter, war ein Immigrant aus Deutschland, der sein Handwerk mehr als verstand.

Der Prof hielt später, als die ersten Flaschen Ampwein geleert waren, noch eine Rede. Viel mehr als „… und auf ein erfolgreiches neues Jahr für Waldland" blieb allerdings nicht bei mir hängen.

Nachdem die meisten Erwachsenen schon ordentlich einen im Karren hatten, bedienten wir uns mit jeweils einem Glas Ampwein am Ausschank selbst. Morten lungerte am Ausschank herum und sagte nur: „Belasst es bei einem Glas, das Zeug wird hier aus gutem Grund rationiert."

Wir beachteten ihn nicht weiter und stellten uns dichter ans kleiner werdende Feuer. Die Flammen waren nicht mehr so hoch wie am Anfang, aber trotzdem musste man einfach ins Feuer schauen.

Die Wirkung des Weines setzte wieder schnell und heftig bei mir ein. Sofort waren alle Lampen an, und ich empfing ein Wirrwarr von allen möglichen Gedanken. Es war nicht so heftig wie beim ersten Mal, aber trotzdem nicht wirklich angenehm. Ich konnte mich sogar an den Rückweg mit Jenny an der Hand erinnern. Das Weihnachts- und Jahresübergangsfeuer war magisch gewesen, und ich schlief in dieser Nacht gut; bis ich schweißgebadet aufwachte.

Ich hatte einen fürchterlich realistischen Albtraum gehabt. Aber das eigentliche Problem an diesem Morgen war meine Verwirrtheit. Jenny schlief noch, und ich hatte somit noch Zeit, meine Gedanken etwas zu sammeln. Mein Vater wurde in diesem Traum gequält und gefoltert. Er war eingeschlossen und wurde immer wieder misshandelt. Ich beschloss, jeglichen Ampwein-Konsum für mindestens fünf Jahre einzustellen, denn offensichtlich konnte ich Traum und Realität danach nur noch schwer unterscheiden. Dieses Fest sollte mir aber aus mehreren Gründen noch länger im Gedächtnis bleiben.

Dieser Januar fing sehr nass an. Es regnete tagelang bei Temperaturen um die zwei Grad. Ab und an gefror der Regen und die Wege glichen Eispisten. Viele Leute verletzten sich, und unser einziger Arzt in Waldland, der Doc genannt wurde, hatte sich dummerweise selbst den Arm gebrochen.

Somit musste die einzige Krankenschwester die durch Eisregen und Glätte Verwundeten versorgen. Luisa war eigentlich Zahnarzthelferin gewesen, hatte aber im Krankenhaus gelernt und offensichtlich einiges drauf.

Jenny half wenig später auch in unserer Krankenstation, die aus nicht mehr als drei Zimmern im Untergeschoss des Hauptgebäudes von Waldland bestand. Dort waren auch der Speiseraum sowie der Empfangsraum, die Küche und im Obergeschoß die Wohnung des Profs, die vermutlich auch das Zuhause von Caroline war, wie jedenfalls von vielen vermutet wurde. Caroline hatte uns bei unserer Ankunft den Tee gebracht, und auch wir hatten vermutet, dass sie die Freundin des Profs sein könnte.

Erst Mitte Januar ging der Regen in Schnee über, worüber alle mehr oder weniger glücklich waren, denn der Schnee war weniger rutschig als der Schlamm.

Jenny und ich beschlossen, auch zu dem nächsten Gottesdienst zu gehen, der eigentlich regelmäßiger stattfinden sollte, aber wegen der Wetterlage immer wieder verschoben worden war. Aber wenn wir diesmal nichts Interessantes erfahren würden, hatten wir uns gesagt, würden wir weitere Besuche einstellen.

Der Pastor, Pfarrer, Prediger, oder was auch immer er war, blieb mir jedoch von dem Fest am meisten in Erinnerung. In meiner, wenn auch leicht verschwommenen Erinnerung stand er ganz nah am Feuer und sprach irgendein Mantra vor sich hin. Fast wie bei einem Ritual. Seine Handflächen waren Richtung Feuer neben seinen Hüften demonstrativ abgewinkelt, und es hatte eigentlich nur noch so eine Sturmhaube über seinem Kopf mit Mund- und Augenschlitzen gefehlt. Es hatte irgendetwas Rituelles an sich gehabt. Er hatte auf jeden Fall mysteriös, okkult und gespenstisches gewirkt.

Dieses Mal war ich zu früh in der Kirche – oder viel eher dem Speiseraum, der wieder einmal vorher zur Kirche umgestaltet worden war. Die Leute, die kamen, waren alle sehr gut gekleidet. Sie hatten sozusagen ihre Sonntagsklamotten an. Ich hatte dieselben Sachen an, die ich eben noch beim Holzausliefern getragen hatte.

Jenny kam, aber nur kurz. Sie sagte, der Doc bräuchte Hilfe, da die Krankenschwester eine Grippe hätte. „Erzähl mir bitte nachher, was er geredet hat, Collin", flüsterte sie und verschwand so schnell, wie sie gekommen war.

Ich liebte es, wie sie meinen Namen sagte und dachte kurz darüber nach, einfach zu gehen. Doch es waren schon sehr viele Leute gekommen, und der Pastor positionierte sich. Ich wollte nicht unangenehm auffallen und blieb, nun wo ich schon mal da war.

„Wer nicht an mich glaubt, muss gehen", fing der Pastor an, und ich hoffte, dass keiner meine aufsteigende Röte im Gesicht sah. „So und nicht anders hat Jesus seine Jünger …"

Den Rest habe ich mir, ehrlich gesagt, nicht gemerkt, denn ich war erst mal froh, dass er offensichtlich nicht mich gemeint hatte. Was ich aber von diesem Gottesdienst behalten hatte, waren die folgenden Sätze:

„Das letzte Mal habe ich euch von meinem ehemaligen Wohnort, der in der Nähe eines Atomkraftwerkes lag, erzählt. Was ich euch aber nicht erzählt habe, ist, dass meine Familie und ich letztendlich die einzigen Überlebenden waren; und zwar in einem sogar relativ weiten Umkreis. Die Plünderer aus Exister, ehemals Dänemark, plünderten und ermordeten die letzten wenigen Überlebenden des nuklearen Desasters, Frauen und auch Kinder. Sie kommen nicht von hier, nein, sie kamen nicht mal aus Dänemark, sie waren schon vorher der Abschaum der Gesellschaft. Aus irgendwelchen Gründen wurden diese teuflischen Leute vorher in unsere nordischen Länder geholt und haben schon lange vorher dort ihr Unwesen getrieben. Die Sünde der Prostitution und des Drogenhandels, bevor dieser aus den gleichen teuflischen Gründen legalisiert wurde, und der Staat, der sich die Taschen mit den staatlich kontrollierten Sünden vollgemacht hat. Aber jetzt sage ich euch: Wir haben nur überlebt, weil wir geglaubt haben, geglaubt an das Gute im Menschen, geglaubt an uns und an die unendliche Kraft Gottes. Vielleicht haben sich die Menschen ihre Krankheiten nur eingebildet, vielleicht gab es nie eine tödliche Strahlung, vielleicht haben die Opfer der Plünderer ihren Glauben verloren. Doch eines weiß ich, wir haben überlebt, weil wir niemals an der unbändigen Macht und Liebe Gottes gezweifelt haben." Das Halleluja und die Gebete weiter auszuführen, ist der Mühe nicht wert.

Nach dem Gottesdienst wollte ich gucken, ob ich Jenny in der Krankenstation fand, und sehen, ob sie schon Feierabend machen konnte. Ich fand sie nicht, denn Diana, die ich bis dato noch nicht kannte, und die sozusagen an der Rezeption der Station bedienstet war, sagte mir, dass Jenny noch zu tun hätte und noch Zeit bräuchte, da sie einen Jungen nähen mussten, der zu nahe mit dem Bein an eine Axt gekommen war. Also machte ich mich alleine auf den Heimweg.

Kurz bevor ich die Tür des Hauptgebäudes erreichte, hörte ich eine Stimme hinter mir: „Collin, hast du kurz Zeit zu reden?" Ich erkannte die Stimme sofort; es war der Prof.

Natürlich willigte ich ein, und wir gingen ins Obergeschoss in seine Wohnung.

Kaum waren wir zur Tür hinein, ergriff der Prof das Wort: „Alles, was du hier siehst, bleibt bitte unter uns, und bevor ich es vergesse: natürlich auch das, was wir hier besprechen. Ich schätze dich und genauso auch Jenny als ziemlich vertrauenswürdig ein, habe ich da recht?"

Selbstverständlich antwortete ich umgehend: „Worauf Sie sich verlassen können!"

„Wir gehen jetzt in mein Büro, bitte erschrecke dich nicht." Überall brannten Kerzen. Die Wohnung war wirklich geräumig, denn über dem größten Gebäude Waldlands war trotz geringer Dachhöhe reichlich Platz.

Als wir in sein Büro kamen und er die Tür hinter sich schloss, hörte ich ein Klickgeräusch, das mir irgendwie bekannt vorkam, und in diesem Moment passierte etwas Unglaubliches: Das Klickgeräusch kam von einem Schalter, der augenblicklich den fensterlosen Raum mit Licht erhellte. Es war das erste Mal seit über drei Jahren, dass ich in einem von elektrischem Licht hell erleuchteten Raum stand. Hätte der Pfarrer bei seiner Predigt diesen Trick angewandt, hätte ich ihm wahrscheinlich jedes Wort geglaubt.

„Collin, ich bitte dich, dass dies erst mal unter uns bleibt. Nicht viele Leute hier in Waldland wissen, woran ich forsche – und das soll auch so bleiben. Setz dich gerne."

Wenn man so lange wie ich kein elektrisches Licht gesehen hatte, musste man sich erst mal neu orientieren. Ich versicherte mich abermals, dass dies kein Trick war und meinte wirklich, eine gute alte Glühbirne zu sehen. Vielleicht war es auch eine LED-Birne, keine Ahnung, aber das spielte auch keine große Rolle.

Ich setzte mich auf das Sofa, der Prof nahm auf einem Sessel schräg gegenüber Platz. Neben ihm stand eine Werkbank, die ebenfalls beleuchtet war und auf der diverse elektrische Geräte standen.

„Manchmal funktioniert es, manchmal nicht. Seit einem halben Jahr gibt es keine Probleme mehr. Plus ist Plus, und Minus ist Minus. Davor war es genau umgedreht. Weißt du, was das heißt?"

Ich antwortete verlegen: „Muss was mit den Polen zu tun haben."

„Nicht ganz falsch, aber auch nicht ganz richtig. Ich vermute – oder besser gesagt: ich bin mir ziemlich sicher –, dass es sich bei dem Ereignis um eine Anomalie des Erdmagnetfeldes gehandelt haben muss. Alleine das hat uns innerhalb weniger Monate mehr oder weniger ins Mittelalter zurückversetzt. Aber das Magnetfeld scheint sich wieder zu stabilisieren. Du denkst vielleicht, das hier wäre ein Fake, oder ich wäre ein genialer

Wissenschaftler, aber nein, das bin ich ganz bestimmt nicht. Ich habe mir nur Fragen gestellt. Und da ich auch zwei Semester Elektrotechnik studiert habe, war für mich klar, wie ich herausfinden kann, was passiert sein könnte."

„Darf ich kurz fragen, warum Sie das nicht öffentlich sagen?"

„Das kann ich dir sagen. In dem Moment, wenn ich es allen gesagt hätte, wären die Leute verrückt geworden und hätten mir wahrscheinlich mein Labor geplündert. Sie alle wissen von den Annehmlichkeiten der Elektrizität und wären wahrscheinlich durchgedreht, vermute ich. Und solange die Elektrizität nicht stabil war, wollte ich das Risiko sowieso nicht eingehen. Siehst du, was alles auf meiner Werkbank steht? Das eigentliche Geheimnis sind diese kleinen Aggregate." Er holte ein kleines flaches schwarzes Kästchen mit zwei Kabeln daran von der Werkbank, um es mir genauer zu zeigen. „Diese Teile sind in einigen neueren Geräten verbaut worden. Es handelt sich hierbei wahrscheinlich um sogenannte Neutrinovoltaik-Zellen. Du musst dir das Ganze so vorstellen wie eine Solarzelle, nur dass hier die Atome auf den Folien nicht durch das Sonnenlicht zum Bewegen gebracht werden und dadurch Strom produzieren, sondern durch Neutrinos."

„Was sind Neutrinos?" Meine Neugier war geweckt. Ich war von der Faszination des Profs schnell angesteckt worden. Er muss einmal ein guter Lehrer gewesen sein, dachte ich.

„Neutrinos sind kleinste Teilchen, die durch das Universum sausen. Sie gehen durch alles durch, richten aber keinen Schaden an, weil sie so klein sind. Pro Sekunde sausen Millionen von Neutrinos durch diesen kleinen Kasten und erzeugen Strom. Im Grunde würden unsere Solarzellen auch noch funktionieren, aber die haben Kondensatoren, um den Strom auszugleichen. Und das war genau das Problem bei den allermeisten Stromerzeugern und so gut wie allen elektrischen Geräten: Bei dem Ereignis sind auf jeden Fall alle diese Kondensatoren kaputtgegangen. Es muss so eine Art Überspannung gegeben haben – und zwar weltweit. Was genau die Ursache gewesen ist, weiß ich nicht, wir werden es vielleicht irgendwann erfahren. Jedenfalls war ich irgendwann in der Lage, den ersten Akku mit diesem Teil zu laden. Und der Rest ist eigentlich ganz einfach."

„Lassen Sie mich raten", unterbrach ich den Prof, „Sie haben eine Leuchtdiode genommen und diese mit der Batterie verbunden?"

„Mensch, Collin, du musst gut in der Schule gewesen sein, genau so habe ich es gemacht. Nur, dass die Batterien sich manchmal laden ließen und manchmal eben nicht. So bin ich zu der Erkenntnis gekommen, dass eben das Ereignis immer noch nicht zu Ende war. Doch wie gesagt: Seit über einem halben Jahr funktioniert es kontinuierlich."

Ich verschwieg, dass ich nie eine Schule von innen gesehen hatte, und stotterte: „Weißt du, Prof, äh … Entschuldigung, wissen Sie, Herr Prof …"

„Schon gut, Collin, sag bitte du", erwiderte der Prof sofort.

„Danke. Wissen Sie noch, äh, ich meine, weißt du noch, wie du das herausgefunden hast?"

Der Prof lächelte. „Ja, eines der vielen Kinder, die hierhergekommen sind, hatte ein Spielzeug mit. Es war eine Magipup, kennst du die?"

Mir kam es vorerst besser vor, so zu tun, als ob ich die Spielzeuge nicht kennen würde, und hoffte stark, dass der Prof mich beim Lügen nicht erwischte. Also schüttelte ich nur verhalten mit dem Kopf, und das ging offenbar durch.

„Diese Puppe hatte eine Elektronik im Körper. Ich kann mich sogar noch an den Werbeslogan des Herstellers erinnern: *Magipup braucht keinen Klapps, keinen Stecker, kein Gemecker. Sie liebt dich so, wie du bist. Pass gut auf sie auf, damit du sie nie vermisst. Sie ist mit allen verbunden, kennt deine Wünsche und heilt deine Wunden …* Weiter weiß ich nicht mehr. Ich habe die Puppe auseinandergebaut, sozusagen geschlachtet, und den geheimen Generator gefunden. Das Verrückte an der Sache war, dass das Mädchen, von dem ich die Puppe hatte, meinte, die Puppe wäre noch heil und würde manchmal mit ihr sprechen. Den Eltern war es recht, denn es gab genau deswegen häufig Streit um die Puppe. Sie sagten der Kleinen, ich würde sie reparieren. Ab und zu fragt mich die kleine Johanna, ob ich die Puppe schon repariert hätte, aber ich glaube, sie ist dabei, es zu vergessen denn ihre Mutter hat ihr inzwischen eine wirklich schöne Puppe selber gebastelt. Ich hoffe, sie kommt darüber hinweg."

„Das wird sie sicher. Aber wie viele von den Puppen bräuchte man, um Waldland mit Strom versorgen zu können?"

„Das kann ich dir nicht genau sagen. Das ist aber nicht das Problem, sondern vielmehr die weitere Elektrik zum Regulieren und Speichern des Stroms. Wie gesagt, alles andere ist eigentlich Schrott. Und das Verblüffende war, dass in der Puppe ganz andere Elektronik verbaut war. Nicht die üblichen Platinen mit Dioden, Kondensatoren und Relais, sondern nur winzige Bauteile, die ich vorher noch nie gesehen habe. Nicht mal die Kamera oder das Mikrofon konnte ich finden, ist das nicht verrückt?“

Ich stimmte ihm zu und beschloss trotzdem, jetzt noch nichts vom Magicube zu erzählen.

„Ich denke für heute ist es genug. Du und Jenny könnt jedenfalls jederzeit zu mir kommen und wir können reden. Ich weiß, dass du das, was ich dir heute gezeigt und erzählt habe, sicherlich nicht rumerzählst, aber ich habe gesehen, wie du Jenny ansiehst, und weiß, dass sie wahrscheinlich das einzig Wichtige im Moment für dich ist. Es ist okay, wenn du es ihr erzählst, aber nur wenn du dir sicher bist, dass sie es für sich behält. Ich vertraue dir.“

„Danke, ich habe keinen Grund, Sie, äh, dich zu enttäuschen.“

Erst der sogenannte Gottesdienst und dann diese Offenbarung – ich war an diesem Abend erst mal fertig.

Jenny war schon zu Hause, und das Einzige, was ich an diesem Abend preisgab, war nicht besonders viel: „Das war alles sehr viel Input heute. Ich glaube, wir sollten lieber morgen darüber sprechen. Es ist besser, wenn ich meine Gedanken erst mal sortiere.“

„Das geht mir genauso, Collin. Mir wurde vorgeschlagen, jetzt regelmäßig auf der Krankenstation auszuhelfen. Ich weiß nicht, ob ich das kann, denn ich bin auch total fertig heute wegen der Dinge, mit denen ich dort konfrontiert wurde.“ An viel mehr kann ich mich nicht erinnern, weil ich sehr schnell einschlief.

Am Abend darauf war alles etwas ruhiger. Ich hatte zwar die meiste Zeit des Tages Holz aus dem Wald gezogen und später aufgespaltet, aber das war längst nicht so anstrengend gewesen wie der Tag davor. Zum ersten Mal begriff ich, dass körperliche Arbeit oftmals nicht so ermüdend war wie die Arbeit, die der Kopf verrichten musste.

Jenny war äußerst interessiert an dem, was ich zu berichten hatte. Aber ich ließ ihr auch genug Zeit, ihre Geschichten zu erzählen, die zugegebenermaßen auch ziemlich schockierend waren.

So lag zum Beispiel ein neunjähriges Mädchen auf der Krankenstation. Sie hatte eine zertrümmerte Kniescheibe. Ich wusste aus eigener

Erfahrung, wie schmerzhaft das sein konnte, denn ich hatte vor einiger Zeit auf übelste Weise die Kniescheibe von meinem rechten Bein an einem Stein aufgeschlagen, als ich ein Haus observiert hatte und gerade gehen wollte: Ich rutschte auf einer Eispfütze unter der dünnen Schneeschicht aus, und leider bremste nur der Stein meinen Sturz. Ich hatte mir vor Schmerzen fast in die Hose gemacht und gedacht, ich müsste erfrieren, weil jede kleinste Bewegung so sehr schmerzte.

Leider war das nicht alles, was Jenny mir erzählte, denn die Kleine, die gerade neu angekommen war, oder vielmehr von einer unser Späh- und Organisationsgruppen aufgelesen worden war, hatte offensichtlich noch mehr durchgemacht: Sie hatten das Mädchen in einem Keller eines Hauses ungefähr fünfzehn Kilometer entfernt aufgelesen. Sie hatte diverse Platzwunden, Kratzer und sprach kein Wort. Ich wollte mir nicht ausmalen, was ihr sonst noch passiert sein konnte. Sie hieß Aimie, soviel hatte sie immerhin verraten.

Außerdem gab es noch eine Handvoll mehr Patienten, die mehr oder weniger stationär behandelt werden mussten. Ich konnte mir vorstellen, dass selbst zwei Leute nicht reichten, um die Kranken zu versorgen. Außerdem sollte ja immer einer vor Ort sein, um in akuten Notfällen helfen zu können.

Deshalb hatte sich Jenny entschieden zu helfen: „Ich habe mich freiwillig für den Notdienst gemeldet. Ich kann dort sicher viel lernen, und es ist gut, in dieser Zeit medizinische Kenntnisse zu haben." Ich stimmte ihr zu, und sie fragte leise: „Meinst du, es wird irgendwann wieder so wie früher?"

„Keine Ahnung, aber ich versuche, es rauszukriegen. Versprochen", beteuerte ich, und sie schenkte mir dafür das schönste Lächeln, das sie zu bieten hatte.

# 15. GARANTIERTES MINDESTEINKOMMEN

Zugegeben dauerte es einige Zeit, bis sich Jenny mit ihrem neuen Job anfreundete. Und auch ich hatte mehr oder weniger einen neuen Job bekommen, dazu aber später mehr.

Zwei Wochen später stand der nächste Gottesdienst an. Der Pfarrer hatte angeblich einen Schnupfen und setzte eine Woche lang aus. Aber an diesem Tag hatten wir uns vorgenommen, uns die ungewöhnliche Predigt wieder zusammen anzuhören. Auf der Krankenstation war Jenny eigentlich unentbehrlich, aber sie hatte dank Überstunden sogar den gesamten Tag freibekommen.

„Liebe Gemeinde, ich freue mich, euch hier in wachsender Zahl begrüßen zu dürfen. Offensichtlich scheint sich mein bescheidener Gottesdienst wachsender Beliebtheit zu erfreuen, und ich heiße die Neuen herzlich willkommen."

Bescheidenheit war jedenfalls nicht eine seiner Tugenden, dachte ich, als er wieder anfing, ordentlich loszuschmettern.

„Wisst ihr, warum ihr hier seid? Wisst ihr, warum ihr verschont wurdet? Nein? Ich werde es euch sagen! Ihr seid hier und lebt noch, weil ihr glaubt. Ihr glaubt an das Gute. Ja, genau: das Gute, die Liebe und die Zuversicht. Wir alle gehen durch schwere Zeiten, wir wandeln als lebende Tote auf dieser Erde, und ich sage euch, warum."

Jenny flüsterte: „Ist wie im Kino, jetzt geht es mit der Zombie-Apokalypse los."

Ich konnte mir mein Lachen kaum verkneifen.

„Seht her, ihr alle seid noch hier, weil Gott es so will. Die allermeisten Menschen hat Gott von der Erde genommen, aber ihr seid noch hier. Wir haben am eigenen Leibe gespürt, was es mit dem Zorn Gottes auf sich hat. Er hat die meisten aller Menschen von seinem Schachbrett entfernt. Vielmehr die Bauern", und die Stimme des Pastors wurde etwas leiser, um nur wenige Sekunden später in den nächsten Lautstärkegang hochzuschalten.

„Ihr seid selber schuld, wir sind alle schuld an diesem grauenhaften Desaster. Wir haben uns zu sehr von Gott und den Schöpfungsgesetzen abgewandt, genau als diese so wichtig gewesen wären. Wir haben all das zugelassen, und ich sage euch: Es war eine Prüfung. Gott hat uns geprüft, ob wir armseligen Menschen es wert sind, weiter diesen Planeten und uns selbst sowie die göttliche Schöpfung zu zerstören. *Stopp*, das ist es, was wir viel früher immer wieder hätten sagen müssen: *Stopp den Wahnsinn, stopp die Genmanipulation, stopp die Digitalisierung, stopp die zentralistische Geldpolitik, stopp die allgegenwärtige Überwachung, Stopp!* Doch wir haben es nicht gesagt. Stattdessen haben wir alle schön brav mitgemacht. Nun haben wir Gottes Zorn erlebt, wie er immer und immer wieder über die Menschheit kommt. Ja, liebe Gemeinde, es ist nicht das erste oder zweite Mal. In der Bibel steht es geschrieben, und für alle, die sich hier neu eingefunden haben, und für alle, die die Bibel nicht kennen, hier steht alles drin. Sodom und Gomorrha, Noah und die Sintflut, meint ihr, das war nur damals so?" In dem Moment ertappte er sich selber, wie er mit der Faust auf den Tisch vor sich schlug wie ein Richter mit dem Hammer.

Jenny und ich zuckten zusammen und guckten uns ungläubig an.

„Verzeiht, liebe Gemeinde", sagte er mit deutlich heruntergefahrener Stimme; man musste schon genauer hinhören. „Wir müssen um die Vergebung unserer Sünden beten. Nur so können wir zur Heilung kommen und gestärkt aus dieser Krise hervorgehen."

Logischerweise sollte dieser Nachmittag für ordentlich Gesprächsstoff sorgen, nicht nur bei uns, sondern in ganz Waldland.

Jenny war diejenige, die an diesem Abend unsere private, allabendliche Talkshow begann. „Der Typ ist völlig irre, Collin. Das siehst du hoffentlich auch so, oder? Er hat ja mit den meisten Sachen recht, aber bei der Schuldfrage hört es bei mir auf."

„Extremist hat mein Vater immer dazu gesagt, wenn Leute so geredet haben wie er. Und er hat mit vielen Dingen sicherlich recht, auch wenn er sie dazu benutzt, seine Schuldgeschichte und den absoluten Glauben an Gott, wie er von der Kirche gepredigt wird, miteinzubeziehen. Ich weiß ehrlich gesagt nicht, was ich davon halten soll. Wie geht es der Kleinen?"

„Sie ist stabil, Gott sei Dank haben wir Schmerzmittel. Aber sie hat fürchterliche Angst, sie muss Schlimmes erlebt haben."

„Jenny, ich muss dir etwas sagen. Der Prof hat mich eingeladen, und ich habe mit ihm gesprochen. Er hat mir davon erzählt – oder mir viel mehr demonstriert –, dass es durchaus noch möglich ist, Strom zu produzieren."

Jenny war völlig aus dem Häuschen. „Wie bitte? Du willst mich entweder verarschen oder einfach nur auf andere Gedanken bringen. Collin, wenn das nicht wahr ist, was du da gerade erzählt hast, werde ich dich umbringen."

Ich dachte einen kleinen Augenblick an das Arschloch, das versucht hatte, sich von Jennys Unschuld zu überzeugen und wahrscheinlich zu Recht mit seinem Leben dafür bezahlt hatte. „Du kannst dir sicher sein und nächstes Mal einfach mitkommen. Der Prof hat gesagt, das geht in Ordnung."

Gesagt, getan. Ein paar Tage später kam Jenny mit. Ich hatte den Prof um einen neuen Termin gebeten, und er hatte sich sogar über unser Interesse gefreut. Als Jenny mit mir etwas später in dem hell erleuchteten Raum stand, konnte sie – wie ich beim letzten Mal – kaum glauben, was sie in dem fensterlosen Raum sah.

„Collin hat dir sicherlich erzählt, was ich herausgefunden habe. Erst mal muss ich sagen, ich vertraue euch. Eure Geschichte ist absolut authentisch, und ich habe von Anfang an wenig Zweifel gehabt, dass ihr etwas verschweigt oder in irgendeiner Weise nicht vertrauenswürdig wäret. Es gibt nicht viele hier in Waldland, die wissen, woran ich forsche. Ich darf nur bei der ganzen Arbeit die Gemeinschaft nicht vernachlässigen. Deshalb brauche ich eure uneingeschränkte Loyalität. Wisst ihr, was das ist?"

Wir erwiderten fast gleichzeitig: „Ja!"; und waren gespannt, worauf der Prof hinauswollte.

„Jenny, ich habe gehört, dass du hervorragende Arbeit in der Krankenstation leistest. Und du, Collin, machst oftmals freiwillig Überstunden, damit es alle warm haben. Wisst ihr, das ist genau das, worauf es bei so einer Gemeinschaft hier ankommt: freiwillig mehr zu tun, als von einem verlangt wird. Dafür gibt es immer Extravertrauen, und so war das schon immer. Vertrauen ist wie eine Währung. Entweder man hat es, oder man rennt ewig hinterher. Ihr habt intuitiv, trotz eurer Verluste, Ängste und Sorgen, sofort das Richtige getan, und deswegen gehört ihr zu den wenigen Eingeweihten in Waldland. Aber davon werdet ihr euch nichts kaufen können. Das Einzige, was ihr dafür bekommt, ist der Aufbau eures eigenen Selbstvertrauens und den Respekt der anderen. Das ist allerdings viel mehr wert als irgendwelche Privilegien, denn die kommen dann meist automatisch. Versteht mich bitte nicht falsch: Ich will damit nicht sagen, dass ihr etwas Besonderes seid, nicht schlechter oder besser als die anderen, sondern nur, dass ihr euch mein Vertrauen sozusagen erarbeitet habt. Das haben bis jetzt nicht mal zwei Händevoll Leute geschafft von den inzwischen fast fünfhundert, die Waldland jetzt zählt. Und ihr könnt gespannt sein auf die Dinge, die ich euch mit der Zeit preisgeben werde. Es gibt viel mehr zu wissen, als ihr euch vorstellen könnt."

Und wieder einmal ging ein Abend zu Ende, an dem ich noch lange mit Jenny redete – stets im Flüsterton, um absolut sicherzugehen, dass wir nicht gehört wurden.

Ich wusste nicht, ob Morten sich überhaupt dafür interessierte, was wir so zu besprechen hatten, denn das einzige Thema, das ihn interessierte, wenn er nicht gerade über unsere angebliche Unordentlichkeit meckerte, war die Verteidigung von Waldland. Ohnehin sprach er immer weniger. Es war rätselhaft und auch manchmal unheimlich, doch ich dachte mir, dass jemand vielleicht wirklich etwas verheimlichte, wenn er so wenig redete. Wahrscheinlich, um bloß nichts Falsches zu sagen.

Oftmals kam es uns so vor, als ob wir in der Hütte alleine wären, denn selbst mitten in der Nacht war Morten öfter nicht da. Wenn ich nachts aufwachte und bei dieser Gelegenheit gleich etwas Holz im Ofen nachlegte, bemerkte ich seine Abwesenheit: Seine Schlafzimmertür stand offen, aber ich hörte kein Schnarchen. Auch seine Schuhe waren nicht an ihrem Platz. Falls das Ganze nichts mit seinen militärischen Tricks zu tun hatte, hatte er definitiv ein Geheimnis.

Jedenfalls war es Jenny und mir immer ein Anliegen, so zu sprechen, dass er uns nicht hören konnte, selbst, wenn wir davon ausgingen, dass er weg war. Sicher ist sicher, und wir wollten auf keinen Fall das Vertrauen, das uns übertragen worden war, verletzen.

Einige Wochen später ging immer noch alles seinen gewohnten Gang.

Das Einzige, das mir wirklich Sorgen bereitete, war, dass der Prof bis jetzt noch keinen neuen Termin mit uns ausgemacht hatte. Es war Ende

Februar und der Winter war leider erst richtig in Fahrt gekommen. Überall türmten sich hohe Schneewälle auf, und es wurde mittlerweile zum Holzsparen aufgerufen. Der Winter konnte durchaus bis Mitte Mai anhalten, und Vorsicht ist bekanntlich die Mutter der Porzellankiste.

Doch der Frühling kam dieses Jahr früher als erwartet. Mitte März blühten bereits die ersten Krokusse, und der Schnee war weg, obwohl es noch leichte Nachtfröste gab.

Allgemeines Erstaunen herrschte über einen angeblichen Kondensstreifen, den mindestens hundert Menschen gesehen haben wollten. Der Pastor, den wir mittlerweile aus beruflichen Gründen verfolgten, meinte in einer seinen Predigten: „Es ist ein Zeichen Gottes, er will uns zeigen, dass wir uns bereit machen müssen.“ Wir erwarteten im Grunde auch eigentlich nichts anderes mehr von diesem Quacksalber, wie Jenny und ich ihn mittlerweile nannten.

Für den Esoenergie-Kurs hatte ich leider keine Zeit mehr gehabt, aber ich hatte dort viel gelernt. Es ging in erster Linie darum, seine Gedanken zu bündeln und zu schärfen. Dass offensichtlich viele Übriggebliebene Kräfte entwickelt hatten, die ich vorher nur für Märchen gehalten hatte, wurde mir dort eindrucksvoll vorgeführt. Ich hatte keine Ahnung, ob das schon immer so gewesen war, oder ob es sich um eine neue Sache handelte.

Auch Jenny ging nicht mehr zum Schießen. Sie hatte das zweite von drei Abzeichen erhalten, und das reichte ihr. Die Arbeit in der Krankenstation war ihr mittlerweile wichtiger. Und so blieb auch mehr Zeit für uns.

Das Einzige, was der Prof ungefähr zwei Wochen nach dem letzten Treffen unter sechs Augen zu uns gesagt hatte, war: „Behaltet bitte den Pastor im Auge. Peter Konz ist alles andere als ein unbeschriebenes Blatt. Das ist euer erster Job im Kreise des Vertrauens.“ Und genau das taten wir so unauffällig wie möglich. Natürlich bekamen wir kein Geld dafür; das war auch gar nicht nötig, denn wir hatten alles, was wir brauchten.

Eines Abends sprach ich mit Jenny auch über einen Plan B, falls Waldland überfallen werden sollte, oder wenn es uns hier nicht mehr gefiel. Das Einzige, was uns aber einfiel, war, zurück zu Jennys Dorf zu finden und zu hoffen, dass ihre Eltern dort wären oder irgendwann wiederkommen würden. Doch gerade jetzt, mitten im Winter, erschien uns das Leben oder Überleben hier in Waldland als die beste Möglichkeit, die uns hätte passieren können. Jenny hatte natürlich die Hoffnung, ihre Eltern bald wiederzusehen, genauso wie ich hoffte, meine Mutter und Lenny zu finden. Aber die Chance, sie anderswo zu finden, erschien uns geringer, als dass sie hier herfinden würden.

Jenny konzentrierte sich bei einem der nächsten Gottesdienste auf den Pfarrer. Sie kam aber nicht zu ihm durch. „Die Menschen müssen offen sein. Meistens funktioniert es nicht, wenn sie schlechte oder unehrliche Gedanken oder Absichten haben", sagte sie hinterher.

Also konzentrierte sich unsere Spionage auf die weitere Teilnahme an den Gottesdiensten und auf das, was wir eben so aufschnappten. Das erste Treffen nach dem Auftrag vom Prof sollte ich alleine wahrnehmen, da Jenny wieder einmal einen Notfall zu betreuen hatte. Sie liebte diese Arbeit inzwischen und hatte wahrscheinlich das erste Mal in ihrem Leben das Gefühl, wirklich gebraucht zu werden. So war unsere Gemeinschaft, eben zwangsweise und aus Mangel an Alternativen, aber ehrlich und menschlich.

Und so berichtete ich dem Prof an diesem Nachmittag: „Leider konnten wir nichts Besonderes herausfinden. Aber die Art, wie er seine Gottesdienste gestaltet, gefällt uns nicht. Er ist radikal, redet von Schuld und bedingungslosem Glauben. Ich hoffe nicht, dass er die Gläubigen, die stetig mehr werden, zu irgendetwas auffordert. Denn Jenny und mir kommt es so vor, als ob die meisten ihm folgen würden, egal, was er predigt."

„Das ist auf der einen Seite mehr, als ich mir von euch erwartet hätte, und auf der anderen hatte ich so etwas leider schon geahnt; daher bin ich nicht überrascht. Ihr solltet euch auch nicht des Nachts auf die Lauer legen oder Leute ausquetschen, nein, ihr habt das schon ganz richtig gemacht", erwiderte der Prof.

„Ich muss Ihnen – äh, sorry: dir – noch etwas sagen. Es hat nichts mit dem Pastor zu tun, und ich habe lange überlegt, ob ich es erzählen soll."

„Wenn du es nicht erzählen willst, brauchst du es nicht." Das Gesicht des Professors wurde ernst.

„Ich vertraue dir!", beteuerte ich, endlich mit dem richtigen Pronomen. „Wir haben mithilfe eines Spielzeugs hierher gefunden. Es heißt Magicube. Ich glaube, es kommt von der gleichen Firma wie die Puppe, die Sie" – da war es wieder – „auseinandergenommen haben."

„Wieso hast du mir das nicht früher erzählt? Wenn das wahr ist, ändert das eine Menge!“ Der Prof versuchte sichtbar, seine Erregung in Grenzen zu halten.

„Ich wusste ja nicht, dass es so wichtig sein könnte“, log ich. Aber ein Geheimnis zu haben, wenn man sonst nichts hat, ist manchmal das Einzige, was einem bleibt.

„Nichts für ungut, Collin. Hast du das Ding noch?“

„Ja!“, schoss es aus mir heraus. Vermutlich wollte ich wiedergutmachen, dass ich gelogen hatte.

„Bitte bringe es mir, und pass auf, dass es keiner sieht. Am besten jetzt.“

Ich brachte ihm noch am selben Abend den Magicube und war etwas verunsichert, was Jenny dazu sagen würde, denn irgendwie war es auch ihrer, also auch ihr Geheimnis, welches ich preisgegeben hatte, ohne sie vorher zu fragen.

Der Prof war absolut begeistert von dem Würfel. Er nahm das Ding wie einen heiligen Gral an sich.

Das Letzte, was er mir an diesem Tag mitteilte, war: „Weißt du, was das bedeutet, Collin? Das bedeutet, dass es entweder noch Satelliten oder eine Bodenfunkstation geben muss, die irgendwie Informationen übermitteln kann. Sensationell!“

Ich sagte ihm noch kurz, wie wir das Teil zum Laufen gebracht hatten, wusste aber nicht, wie er auf seine Schlussfolgerung kam. Vielmehr machte ich mir jetzt Gedanken darüber, wie Jenny reagieren würde.

An diesem Abend kam sie so spät nach Hause, dass ich sie nur kurz, mehr oder weniger im Schlaf, wahrnahm.

Aber am nächsten Abend hatten wir etwas Zeit miteinander. Erstaunt nahm ich zur Kenntnis, dass sie sagte: „Ich hätte es dem Prof schon lange gesagt, es scheint ja auch wichtig zu sein.“

Okay, damit hatte ich nicht gerechnet, war aber echt froh, keinen Streit deswegen mit ihr zu haben.

Bei unserem nächsten Treffen mit dem Prof wurden wir beide befördert. Wir waren jetzt wichtige Menschen in Waldland, nur dass wir leider keinen Orden, Wimpel oder Aufnäher bekamen. Absolutes Stillschweigen über unsere Tätigkeiten und unser Wissen war ab jetzt angesagt. Dafür bekamen wir eindeutig eine bevorzugte Behandlung. Das war sozusagen unser Lohn. Außerdem gab es einen Schatz an guten Schuhen, Handschuhen und Mützen, aus denen wir uns das für uns Passende aussuchen durften. Zusätzlich gab es von nun an immer ein leckeres Dessert und echte Cola bei den geheimen Treffen, die nun immer wöchentlich stattfinden sollten.

Jenny und ich hatten uns immer noch so viel zu erzählen, dass wir manchmal morgens schwer aus dem Bett kamen. Der Winter neigte sich seinem Ende zu und die Tage wurden allmählich wieder länger.

Doch an diesem Morgen standen wir sozusagen im Bett, als jemand schrie: „Hilfe, helft mir, mein Mann, er ist verletzt! Hilfe, hört mich denn keiner?"

Wer genau es war, wusste ich nicht, aber Jenny sagte aufgeregt: „Hört sich an wie die Stimme von Marta, sie wohnt ein paar Hütten weiter." Jenny war schon dabei, sich anzuziehen. Sie hatte in den letzten Monaten viel gelernt und war sich ihrer Verantwortung offensichtlich bewusst. Ich bewunderte sie. Ja, ich bewunderte sie sowieso, aber das war etwas anderes. Sie stürzte wie ein Blitz aus der Haustür. Ich hatte in der Zeit noch nicht mal meine Strümpfe angezogen.

Tumult war von draußen zu hören, ein Stimmenwirrwarr. „Nein, das kann nicht sein"; und: „Diese Schweine hole ich mir!", verstand ich als vollständige Sätze. Ich überlegte ernsthaft, ob ich überhaupt rausgehen sollte. Es wäre ja sowieso nur reine Neugier gewesen. Erfahren würde ich auch so, was passiert war. Aber was sollte Jenny von mir denken, wenn ich nicht nachkommen würde?

Vor der Hütte waren ungefähr zehn Leute. Marta, ich vermutete zumindest, dass sie es war, schrie panisch: „Warum hat er ein Messer im Bauch? Warum habe ich nichts gehört?" Sie ging wieder in die kleine Hütte zu ihrem Mann und schrie weiter: „Tom, wer war das? Tom, steh doch auf!"

Erst in diesem Moment begriff ich den Ernst der Lage. Es war wahrscheinlich der erste gewalttätige Angriff in Waldland. Die Sicherheit, die dieser Ort einst bot, war vom heutigen Tage an nicht mehr gegeben. Und so viel wusste ich aus der Vergangenheit, dass in dem Moment, wo die Leute sich nicht mehr sicher fühlen konnten, die Probleme vorprogrammiert waren. Vielleicht war dies der Anfang vom Ende Waldlands.

Der Prof kam und stellte keine Fragen. Er ging direkt in die Hütte und holte Marta raus, um sie zu beruhigen. „Der Doc kommt jeden Moment, wir werden alles tun, um Tom zu helfen, versprochen. Marta, erzähl mir bitte, wann du Tom das letzte Mal unverletzt gesehen hast."

Der Prof legte einen Arm um sie und verschwand mit ihr hinter der Hütte. In diesem Moment sah ich Jenny bei Tom, und Jenny sah mich. Das erste Mal seit langer Zeit hatte ich wieder ihre Stimme im Kopf, aber diesmal so klar und deutlich wie nie zuvor. „Collin, er wird es nicht schaffen, er wurde so schwer verletzt, dass es wahrscheinlich keine Heilung mehr gibt."

Ich sendete ihr mit aller Kraft zurück: „Versuche irgendwie zu erfahren, wer es war."

Und sie nickte tatsächlich.

Der Doc kam und natürlich auch Loman gemeinsam mit einem anderen jungen Mann, den ich nicht kannte. Sie hatten eine Trage dabei. Sogar einen Notdienst gibt es hier, dachte ich, in der Hoffnung, dass sich das genauso herumsprechen würde wie der Vorfall an sich, denn ich hatte es noch nicht gewusst, und es vermittelte schließlich eine gewisse Art von medizinischer Sicherheit. Doch dem war nicht so, wie sich später herausstellen sollte.

Tom wurde in die Krankenstation gebracht, und der Prof gab sein Bestes, um alle zu beruhigen. Ich hoffte insgeheim, dass Jenny so schnell war und Erste Hilfe leisten konnte, sodass Tom überleben würde. Das Schlimme daran aber war, dass es mir primär weniger um das Überleben von Tom ging, sondern vielmehr um den Vertrauensverlust, der damit einhergehen könnte. Ich befürchtete intuitiv, dass der daraus resultierende Schaden für uns alle unangenehm größer sein könnte.

# 16. ERMITTLUNGEN

Jenny kam wieder einmal sehr spät aus der Krankenstation. Ich schlief bereits und hatte auch eigentlich nichts anderes erwartet. Trotzdem wunderte ich mich am nächsten Morgen, dass sie sich bereits wieder anzog.

„Collin, ich muss wieder zum Dienst. Er lebt noch, und wir brauchen jede Kraft, um die kleine Chance zu nutzen, die er zum Überleben hat."

„Ich verstehe, ich freue mich auf dich, wenn du wiederkommst", rutschte mir im Halbschlaf raus.

Jenny lächelte, und ich merkte, wie mein Gesicht schlagartig warm wurde. Peinlich war es mir eigentlich nicht, aber rot wurde ich trotzdem.

Jenny kam schon am Nachmittag wieder. Damit hatte ich nicht gerechnet. Ich war auch früh zu Hause, vorausgesetzt, man konnte oder wollte unsere Unterkunft bei Morten überhaupt so nennen.

Die Holzarbeiten im Wald lagen sprichwörtlich auf Eis, weil der ganze Schnee der letzten Tage zu einer dicken Eisschicht verschmolzen war. Mal taute es, mal herrschte wieder strenger Frost. Ich machte uns einen Tee, und wir hatten sogar Kekse, was auch mit unseren neuen Privilegien zu tun hatte.

Morten war auf einem Einsatz. Er hatte ständig Übungen und kam in letzter Zeit auch nur zum Schlafen, Duschen und Essen zurück. Also saßen wir am Esstisch in der kleinen Küche am warmen Küchenofen.

Jenny sah nicht besonders glücklich aus, und so konnte ich mir schon denken, was sie mir zu verkünden hatte: „Er ist heute Mittag gestorben." Tränen liefen aus ihren Augen, und sie ließ den Kopf hängen. Auch ich konnte meine Tränen nicht zurückhalten. Ich wusste nicht, wieso, denn ich kannte diesen Mann flüchtig, nur vom Sehen. Vielmehr kamen mir die Tränen, weil ich Jenny weinen sah. „Ich habe mir so viel Mühe gegeben, ich habe alles getan. Ich habe heute Nachmittag den Doc gebeten, mich auch zu einer Ärztin auszubilden."

„Und was hat er gesagt?"

Jenny gab das Gesagte exakt wieder: „Jenny, ich kann verstehen, dass du den Mann retten wolltest. Die ärztliche Ausbildung dauert sehr lange. Sie kann nur an einer Universität und – nun ja, ehrlich gesagt gibt es keine Unis mehr –, aber –" Dann hatte sie den Doc unterbrochen, weil er ins Stottern kam. Sie hatte daraufhin gefragt: „Wenn Sie keine Ärzte mehr ausbilden, wer soll es dann machen? Wie viele gibt es noch, und wer soll das in Zukunft tun?" Der Doc hatte geantwortet: „Du hast absolut recht, ich muss einen Nachfolger ausbilden. Ich werde mit dem Prof darüber sprechen."

„Heißt das, dass du bald Ärztin bist?" Ich war ganz aufgeregt.

„Nein, nicht unbedingt, und wenn, dann wird auch das Jahre dauern, aber ausschließen möchte ich das nicht." Jenny spielte verlegen an einem losen Faden ihres Ärmels herum.

Ich stand augenblicklich auf und umarmte sie. Schon jetzt war ich so stolz auf sie und meinte: „So hat jedes Schlechte vielleicht auch etwas Gutes."

Nach einer Weile traute ich mich zu fragen, was mir schon auf der Zunge brannte: „Hat Tom noch etwas sagen können?"

„Nun, er hat zwar nichts mehr gesagt, aber ich habe ihn gefragt, ob er die oder den Täter erkannt hat, und er hat leicht mit dem Kopf geschüttelt."

„Jenny, wer war das? Und vor allen Dingen: warum?"

„Weißt du, Collin, ich glaube, es könnte etwas damit zu tun haben, dass Tom sozusagen unser zweiter Offizier hier ist – oder eher war."

„Da könntest du recht haben", sagte ich und ergänzte: „Morten war die ganzen letzten Wochen meistens auf Ausbildungsmission, und er ist der Ranghöchste unserer Verteidigung, der zu dem Zeitpunkt verfügbar war. Somit könnte man sagen, dass es ein Anschlag auf die Führung unserer Verteidigung gewesen sein könnte. Und zwar offensichtlich still und heimlich, hinterlistig und feige, ohne Kriegserklärung. Eigentlich können es nur potenziell sehr gut informierte und skrupellose Angreifer gewesen sein."

In diesem Moment kam Morten zur Tür rein. „Hallo, ihr beiden, ich hoffe es geht euch gut nach der Scheiße, die hier passiert ist."

Sofort fingen Jenny und ich wie wild an durcheinanderzureden. Er beruhigte uns und lobte Jenny für ihren tapferen und schnellen Einsatz. Er hätte schon mit dem Prof gesprochen, und es würde gleich eine Sitzung geben. Er wies uns ausdrücklich darauf hin, Obacht zu geben, denn es könnte sein, dass die Gefahr noch nicht vorüber sei. Offensichtlich waren er und der Prof auf ähnliche Ermittlungsergebnisse wie wir gekommen. So schnell wie er gekommen war, ging er auch wieder.

Ich kam mir bei der ganzen Sache etwas nutzlos vor, dachte aber darüber nach, mich freiwillig zur Verteidigung zu melden.

Jenny sagte, sie hätte wenig geschlafen und würde erst mal duschen, um sich danach etwas auszuruhen. Es war noch reichlich früh, aber ich entschied mich, ebenfalls früh ins Bett zu gehen, in der Hoffnung, noch etwas mit Jenny zu reden. Bevor Jenny einschlief, konnte ich ihr noch sagen, dass ich mich morgen zur freiwilligen Verteidigung melden würde.

„Überleg dir das nochmal, Collin!“ Aus ihren Worten war für mich rauszuhören, dass ich ihr wichtig war und sie nicht gerade begeistert von der Idee war.

Trotzdem ging ich gleich am nächsten Tag zum Prof und fragte ihn, wo ich mich anmelden könnte. Er meinte, dass ich noch etwas zu jung sei für die Verteidigung, die Verteidigung nun aber eben auch ausgebaut werden müsse. Ehrlich gesagt hatte ich auch keine Lust mehr, ständig Holz zu schleppen, aber darum ging es nicht in erster Linie, sondern vielmehr darum, dass ich mir endlich nutzbringend vorkommen wollte. Jenny beeindruckte mich mit ihrer Leistung, und ich hatte schon länger das Bedürfnis, mit ihr mitzuhalten. Natürlich war mir die Sicherheit Waldlandes auch wichtig. Mir kam Waldland sehr sicher vor, zumindest bis vor Kurzem. Das änderte sich langsam in den ersten Wochen nach dem Erscheinen des Pfarrers und seinen radikalen Predigten und allerspätestens nach dem Mord an Tom. Die angenommene Sicherheit war vorbei. Ich wollte dabei helfen, die Sicherheit wiederherzustellen.

Die Zeit verging, und mein Gefühl der Nutzlosigkeit steigerte sich bis zu dem Augenblick, als ich das Okay vom Prof bekam, in die Aufstockungstruppe zur Verteidigung aufgenommen zu werden. Natürlich war Morten der Ausbilder, und er ließ mir keinerlei Vorteile, nur weil wir unter demselben Dach wohnten. Ganz im Gegenteil: Ich hatte das Gefühl, er würde mich sogar extrahart fordern. Ständig musste ich Liegestützen machen, Waldläufe, Kniebeugen oder einfach nur stundenlang an einem Außenposten stehen, um Wache zu schieben. Neue Erfahrungen von fast abgefrorenen Extremitäten und das Vermissen der abendlichen Gespräche mit Jenny brachten mich fast an den Punkt, aufzugeben. Den einzigen Vorteil, den diese Übungen brachten, war die Ablenkung von den Gedanken der Nutzlosigkeit. Es dauerte wirklich nicht lange, neues Selbstbewusstsein zu fassen, und das tat mir gut.

Jenny war erst nicht besonders begeistert von meiner Entscheidung, merkte aber schnell, dass es mir guttat. Ja, sie hatte ihre Berufung gefunden. Und ich, ich hatte nur eine bessere Beschäftigung gefunden. Außerdem waren wir ja sozusagen auch noch als Innen-Agenten beschäftigt, doch weder die Aufklärung des oder der Täter des Verbrechens noch die wahren Ambitionen des Pfarrers konnten wir herausfinden. Über eine Kündigung unseres Status als Ermittler hätten wir uns nicht gewundert.

Am nächsten Tag sollte die erste Beerdigung stattfinden, der wir in Waldland beiwohnen sollten. Es war zugleich die erste Beerdigung in Waldland mit Pfarrer, Pastor und Quacksalber Peter Konz. Tom und Marta hatten keine Kinder, jedenfalls hatten sie keine nach Waldland mitgebracht. Viel mehr wusste ich nicht, doch ich sollte mehr erfahren.

Es regnete an diesem Montag Anfang April. Mindestens sechzig Leute versammelten sich am Rande unseres Schießplatzes. Ich fragte einen der Dienstältesten der Verteidigung, den ich mittlerweile einigermaßen gut kannte und von dem ich wusste, dass er schon lange hier war, warum der Friedhof hier platziert war.

„Dies ist der Ort, der am tiefsten liegt. Wir wollten ausschließen, dass es zu einer Kontaminierung des Grundwassers kommen kann“, hörte ich ihn sagen. Das klang einleuchtend. Der einzige Regenschirm, den ich auf der Beerdigung sah, war der einer jungen Frau, den sie aber über den Pastor hielt, als er zu seiner Grabrede ansetzte.

„Liebe Gemeinde, liebe Anwesenden. Wir haben uns heute hier versammelt, um den Tod von Tom zu betrauern. Tom ist hinübergegangen zu unseren Ahnen und Urahnen. Unser Beileid und unser Gebet widmen wir nun Marta. Aber es war nicht nur hinterlistiger Mord, liebe Gemeinde, sondern ein feiger und hinterlistiger Angriff auf unsere freie und friedvolle Gemeinde hier in Waldland. Der tragische Tod von Tom hat uns allen gezeigt, dass wir nicht gut genug geschützt sind. Aber was kann uns schützen? Noch mehr bewaffnete und ausgebildete Verteidiger? Nein, das führt automatisch zu noch mehr Kontrolle. Das kennen wir bereits aus der alten Welt; und wer möchte das zurückhaben?“ Seine Stimme wurde wie bei seinen Predigten wieder lauter.

Jenny guckte mich erschrocken an, und erst da bemerkte ich, wie sie meine Hand fasste. Es stand ihr ins Gesicht geschrieben, was sie dachte. Sie ließ es mich mal wieder mit ihrer merkwürdigen Art der Gedankenübertragung wissen. Nur dass ich in diesem Augenblick nicht ihre Stimme hörte, sondern plötzlich nichts mehr sehen konnte. Ich sah nicht mehr, was es aktuell zu sehen gab, sondern das, was sie gesehen hatte: Es war bei dem Feuer, bei dem Fest, als wir diesen Wein getrunken hatten. Ich erlebte die Situation aus ihren Augen. Der Pfarrer, der gerade neu angekommen war, stand neben Tom am Feuer, gar nicht weit weg von uns. Er gestikulierte wild vor Tom herum, ganz so, als ob er zu blöd wäre, etwas zu verstehen.

Da unterbrach der Pastor mit seiner lauten Stimme meine Halluzination: „… ich nicht, und somit sage ich euch, wenn ihr diese satanische Welt hinter euch lassen wollt, gibt es nur eine Möglichkeit: der bedingungslose Glaube und die Unterordnung hin zu den göttlichen Gesetzen. Nur so können wir auf Dauer in Frieden miteinander leben."

Mittlerweile heulte Marta so laut, dass es der Pastor dabei beließ und nicht weiterredete. In der Situation fand ich es sehr vorteilhaft, dass der Prof den Pfarrer einmal live erlebt hatte. Nach der Beerdigung kam der Prof zu uns und lud uns für den nächsten Tag zu einem Treffen ein.

Bei dem Treffen, an dem diesmal insgesamt acht Waldländer teilnahmen, lernten wir zum ersten Mal alle Eingeweihten kennen. Wir waren absolut überrascht, dass wir nur acht plus der Prof waren. Noch überraschter waren wir, dass Morten nicht mit dabei war. Morten hatte offensichtlich einen anderen Status. So wie Verteidigungs- und Innenministerium. Loman, Caroline, der Doc und noch drei weitere Personen gehörten also neben uns zu den Eingeweihten.

Es gab salzige Kekse, Chips und Cola, Kaffee und Ampwein, den sich aber vorerst keiner einzuschenken wagte.

„Schön, dass ihr gekommen seid. So könnt ihr euch auch mal kennenlernen. Ihr seid mehr oder weniger alle auf dem gleichen Wissensstand, und so soll es auch bleiben. Schon mal vorneweg, wir werden diese Treffen so unauffällig wie möglich ab jetzt einmal in der Woche abhalten. Wir sind sozusagen der Thinktank von Waldland. Die Beerdigung und die Rede vom Pastor waren für mich sehr aufschlussreich. Ich weiß nicht genau, welches die größere Gefahr für Waldland ist: der verrückte Pastor oder der Anschlag auf Tom. Ich stelle mir sogar die Frage, ob der Pfarrer oder Pastor in irgendeinem Zusammenhang mit der Ermordung stehen könnte. Das ist nur eine These, und ich bitte jeden von euch, etwas dazu zu sagen, falls es wahrhaftig, ehrlich und relevant ist."

Ich sah hinüber zu Jenny. Sie nickte und stand auf. „Der Pastor kannte Tom, ich habe es beim Fest am Feuer beobachtet, konnte leider aber nicht alles hören. Dafür sah ich, wie der Pastor vor Tom wüst und hektisch gestikuliert hat. Anscheinend kannten sich die beiden, jedenfalls kam es mir so vor."

„Hervorragend, Jenny, auch wenn wir nicht genau verifizieren können, in welchem Verhältnis die beiden zueinander standen, so erscheint deine Beobachtung schon recht auffällig. Wir müssen das im Auge behalten und weiter nachforschen. Wichtig ist, wie ihr wisst, dabei so unauffällig wie möglich vorzugehen."

Es wurde noch einiges andere besprochen, konkrete Ergebnisse gab es jedoch vorerst nicht. Das Einzige, was wir erfuhren, war, dass wir sozusagen die einzigen Eingeweihten waren.

Nachdem die anderen gegangen waren, erzählte uns der Prof noch etwas über sie. Sie bildeten zusammen mit uns das Team hinter Waldland, die Organisation und sozusagen den Rat.

Jenny und ich fühlten uns auf dem Heimweg gleichzeitig geehrt wie auch gefordert und freuten uns auf das nächste Treffen. Doch morgen war erst einmal der nächste sogenannte Gottesdienst angesetzt; und der sollte spannender werden, als wir uns erwartet hätten.

Das ganze Gesülze – „Gott ist groß und mächtig" – kannten wir mittlerweile zur Genüge. Doch bei diesem Gottesdienst spielte sich etwas anderes ab, das ich bis heute kaum glauben kann.

Der Pfarrer leitete seine Show mit folgenden Sätzen ein: „Jesus wurde an das Kreuz genagelt. Er blutete stark und hatte schlimme Schmerzen. Er war und ist der Sohn Gottes. Er hätte leicht zeigen können, dass er seinen Peinigern übermächtig war, doch er tat es nicht, um zu zeigen, dass er für die Menschen sterben wollte. Natürlich, wie ihr sicher alle wisst, ist er einige Wochen später auferstanden, nachdem er bestialisch ermordet wurde. Er zeigte damit sinnbildlich seine Zugehörigkeit zu

Gott, oder man könnte auch sagen, der übermächtige Gott zeigte sich selber in der Form eines Menschen. Ich möchte euch heute und hier etwas demonstrieren."

Jenny und ich guckten ungläubig, als der Pfarrer hinter seiner improvisierten, aus einem schmalen hohen Schrank mit einem Tischtuch getarnter Kanzel, mangels einer echten, ein Messer hervorzog.

„Ich zeige euch, wie Jesus es hätte machen können, wenn er gewollt hätte", verkündete er und streckte seinen Arm hoch. In diesem Augenblick, Jenny und ich waren völlig perplex, rammte er sich das Messer mit seiner anderen Hand in den Arm kurz unter seiner Handfläche. In diesem Moment war uns beiden abschließend klar, dass der Pfarrer tatsächlich nicht mehr alle guten Geister beisammenhatte.

Ein Raunen ging durch die Menge. Eine Frau weiter hinten kreischte hysterisch. Wieder andere stießen Laute wie „Oh!" oder „Ah!" aus.

Der Pfarrer stand mit seinem Messer im Unterarm hinter seiner Kanzel, hielt den Arm in die Luft und drehte ihn dabei, sodass man sehen konnte, dass es kein Trick war. Er überreizte die Situation nicht, ließ den Überraschungsmoment wirken und zog sich das Messer genauso schnell wieder aus dem Arm, wie er es hineingestochen hatte. Ich konnte einen roten Streifen an seinem Unterarm erkennen.

Jenny flüsterte: „Er müsste normalerweise verbluten, da, wo er sich das Messer hin gestochen hat, ist die Hauptschlagader."

Doch er blutete nicht einmal.

„Ihr denkt, das ist unglaublich? Nein, ich sage euch, euer Unglaube lässt euch das denken. Was ich euch damit zeigen wollte, ist der Beweis, dass Jesus für euch gestorben ist. Für uns alle, ob wir glauben oder nicht."

Wir waren froh, als der Gottesdienst zu Ende war und wir nach dem Abendbrot zusammen oben lagen, um die Vorstellung Revue passieren lassen zu können. „Jenny, ich bin mir sicher, dass es echt war. Er hat sich tatsächlich das Messer in den Unterarm gerammt, ja sogar durchgestochen und hinterher nicht einmal geblutet, wie kann das sein?"

Jenny überlegte einen Moment. Dann fand sie doch noch Worte: „Ich habe beim besten Willen keine Ahnung, aber ich glaube, es könnte etwas damit zu tun haben, wie auch wir kommunizieren können, wie ich manchmal Gedanken lesen kann, und mit dem, was du beim Esoenergie-Kurs gesehen hast. Vielleicht sollte der Pastor lieber auf der Krankenstation aushelfen, wenn er mit seinem Glauben Wunder vollbringen kann."

„Ich gebe dir recht, Jenny, aber eine Sache siehst du vielleicht nicht richtig. Der Pfarrer ist kein Guter, dafür muss ich kein Hellseher sein. Ich weiß auch, dass du das mit dem Pfarrer und der Krankenstation nicht ernst gemeint hast, aber stell dir mal vor, man könnte sich antrainieren, nicht zu bluten, also die Realität austricksen sozusagen."

„Ja", stimmte sie zu. „Das kann sein, und ich bin mir auch sicher, dass es kein Trick war. Entweder sind wir schon längst tot und haben es noch nicht gemerkt, oder wir sehen irgendetwas noch nicht."

Dass wir tot waren, glaubte ich nicht, denn Tote konnten sicherlich nicht so verliebt sein wie ich.

Am nächsten Tag beschlossen wir, Marta zu besuchen, nicht nur, weil sie uns leidtat, sondern auch, weil wir erfahren wollten, ob Tom den Pfarrer schon vorher gekannt hatte.

Der erste echte zarte Frühlingstag war da. An diesem Morgen lachte die Sonne schon frühmorgens über Waldland. Irgendwie scherte sich die Natur einen Scheiß um uns Menschen, dachte ich. Die Vögel zwitscherten den Sommer herbei, und das Gras wurde grüner, ohne jemanden vorher um Erlaubnis zu fragen. Eigentlich wäre mir nach einem ausgedehnten Waldspaziergang mit Jenny gewesen, aber wir hatten etwas zu tun. Dank unserer Sonderprivilegien hatten wir eine Packung Salzkekse, die guten ohne Heuschreckenanteil, und eine Thermoskanne mit frisch gekochtem Schwarztee dabei.

Wir klopften vorsichtig bei Marta an. Sie öffnete und bat uns herein. „Vielen Dank nochmal für deine Erste Hilfe, Jenny. Ich habe mir sagen lassen, dass du so heißt. Bei dem ganzen Chaos hatte ich deinen Namen vergessen."

„Kein Problem", erwiderte Jenny, schenkte uns einen Tee ein und machte die Kekse auf.

„Das ist mal eine Überraschung, wo habt ihr die denn her?"

„Überstunden", antwortete Jenny.

Ich fragte Marta nach ihrem Befinden und ob wir etwas für sie tun könnten.

„Nein, aber wenn ihr etwas hört, wer meinen Mann …" In diesem Moment fing sie zu schluchzen an und es dauerte einen Moment, bis sie sich wieder gefangen hatte. „Wir sind durch all diese Scheiße durchgegangen; wir hatten Waldland gefunden und uns sofort sicher und wohl gefühlt. Niemals hätte ich gedacht …" Wieder ging sie in Tränen auf, und ich guckte Jenny an.

Sie schüttelte vorsichtig den Kopf, was mir so viel zu verstehen gab wie: „Jetzt nicht!"

Wir tranken weiter Tee und aßen Kekse, sprachen über das traumhafte Frühlingwetter und dass ja bald Pflanzzeit wäre.

Als die Kekse und der Tee fast alle waren, war es Jenny, die ins Wespennest stach: „Marta, ich muss dir was sagen. Ich habe Tom beim Fest gesehen – mit dem Pastor. Mir kam es so vor, als ob die beiden sich kannten."

Marta fing augenblicklich wieder an zu weinen. Es dauerte mindestens fünf Minuten, bis sie sich beruhigte und mit zitternder und ungewöhnlich dunkler Stimme sprach: „Ja, wir kannten ihn leider vorher. Er hat bei uns in der Nähe gewohnt, eines der Nachbarhäuser war seines. Der Pastor, das kann ich euch mit gutem Gewissen sagen, kannte Waldland schon vor uns, obwohl er erst über ein Jahr später hierhergekommen ist. Ich sage euch jetzt etwas im Vertrauen: Seine Familie ist nicht seine Familie. Der Pfarrer ist kein Pfarrer, jedenfalls war er das nicht in unserer Gemeinde. Ich weiß nicht, wo er die Frau mit den Kindern aufgeschnappt hat, aber wir …" Wieder unterbrachen Tränen ihre Worte.

Jenny und ich verhielten uns still. Wir wagten es nicht, uns gegenseitig anzusehen, aber eigentlich nur, damit wir noch mehr erfahren konnten und natürlich auch, um Marta nicht noch mehr aus dem Konzept zu bringen.

„Tom hat vor längerer Zeit mal bei dem selbsternannten Pastor gearbeitet. Er war bei einer Energiespar-Firma tätig gewesen. Der Pfarrer wohnte damals alleine und trank gerne etwas mehr Ampwein als andere, ihr wisst schon. Aber auch er musste seine Fassade für die neusten Energie-Standards sanieren lassen. Bezahlt hat er seine Rechnung wohl nie, denn kurz vor dem Ereignis hatte die Firma, bei der Tom gearbeitet hat, einen Rechtsstreit mit dem Pfarrer, Pastor, Prediger; oder nennt ihn wie ihr wollt. Wir haben es nur erfahren, weil wir ja in der Nähe wohnten und Tom die persönliche, nachweisbare Zustellung der Rechnungen übernommen hatte. Soviel ich weiß, ging es bei der Diskussion am Feuer aber nicht darum, sondern um die Ausführungen der Arbeiten. Der Pastor hat behauptet, er hätte damals nach der Sanierung ein gewaltiges Schimmelproblem aufgrund mangelnder Luftzirkulation gehabt und deswegen nicht bezahlt. Tom hatte ihn nicht mal danach gefragt. Vielmehr interessierte uns, woher er von Waldland wusste, denn er war es, der uns den Tipp gegeben hatte. Wir haben ihn das erste Mal vor zwei Jahren wiedergesehen, und zwar im Wald beim Ästesammeln. Auch da war er alleine. Er war total freundlich, erzählte von Gott und der Welt und ganz am Rande von Waldland. Wir waren sofort Feuer und Flamme. Ihr wisst ja, wie er reden kann. Jedenfalls kann ich nicht genau sagen, ob er vielleicht geschieden war und sich die Familie wieder vereint hatte, oder ob er jemals Pastor war. Ich kann mir beides kaum vorstellen, obwohl mir seine Grabrede gefallen hat."

Sie schluchzte wieder, aber wir schafften es, uns kurze Zeit später zu verabschieden, ohne dass es auffällig wirkte. Nun waren wir ja nicht nur wegen unseren Ermittlungen bei Marta gewesen. Das, was wir erfahren hatten, ließ unseren Adrenalinspiegel jedenfalls nicht gerade absinken, denn es bestärkte unsere Vermutungen, dass der Pfarrer log.

Beim nächsten Treffen mit dem Prof und dem Waldland-Team, welches nur einige Tage später stattfand, berichteten wir natürlich von den aktuellen Ereignissen. Allerdings wusste der Prof schon von dem dubiosen Gottesdienst. Er lobte uns jedenfalls für die gute Arbeit, wie er es nannte, die wir bei dem Besuch von Marta gemacht hätten. Irgendwie kam es mir falsch vor, so von dem Gespräch zu reden. Ich vergaß diesen Gedanken aber recht schnell, als der Prof anfing, von seinen neuesten Erkenntnissen zu berichten.

„Es geht hier beim besten Willen nicht darum, einen Feind zu definieren. Aber es ist elementar wichtig, dass Waldland nicht weiter gefährdet wird. Ich kann im Moment glücklicherweise nicht die Gefahr eines weiteren Angriffs von innerhalb oder von außerhalb erkennen. Es kann sein, dass diese Bluttat von den Existern oder einer anderen feindlichen Gruppierung ausgeführt wurde. Diese Möglichkeit scheint mir aber unwahrscheinlicher als die, dass der Angriff von jemanden aus Waldland selber stammt", sagte der Prof.

Der Doc brachte daraufhin ein: „Wäre es nicht angebracht, uns alle auf den neuesten Stand zu bringen? Offenbar hat die Vorführung des Pastors ja auch etwas damit zu tun."

Caroline brachte Kaffee, Tee, Kekse und andere Knabbereien, die darauf schließen ließen, dass der Abend länger werden könnte.

Der Prof bedankte sich kurz, widmete sich aber direkt wieder dem Thema: „Ich möchte heute meinen aktuellen Wissenstand mit euch teilen. Hinterher kommen wir noch auf die zu planenden Umstellungen, die wir sicherlich nicht alle heute abarbeiten können, bereitet euch also auf Hausaufgaben vor! Collin und Jenny haben mir einen sogenannten Magicube mitgebracht. Dieser gehört zu einer Serie von den ehemals neuesten sogenannten Smart Toys. Ein anderes Kind hatte damals eine Puppe vom gleichen Hersteller hierher nach Waldland mitgebracht. Die Kleine und ihre Familie hatten mithilfe dieses Spielzeugs den Weg hierher gefunden – genauso wie Jenny und Collin. Ich würde gerne wissen, wie viele Bewohner Waldlands ebenfalls auf gleiche Weise hierhergefunden haben. Das erste Jahr war mir klar, wie die Leute hier herfanden: Einfache Mundpropaganda hat sicherlich ausgereicht. Doch nach einiger Zeit fragte ich mich, wie die wenigen Übriggebliebenen hier herfanden. Eine plausible Antwort habe ich nie gefunden und mich immer wieder gewundert, denn sie kamen aus weit entfernten Regionen hierher. Was bedeutet das für uns? Wir müssen damit rechnen, dass es mit hoher Wahrscheinlichkeit – oder eher ziemlicher Sicherheit – irgendwelche Leute da draußen gibt, die über Waldland Bescheid wissen. Entweder gibt es hier einen Informanden, oder es funktionieren noch Satelliten."

Der Prof stand kurz auf, lief ein paar Schritte auf und ab. Wir alle wussten, dass er noch nicht fertig war. Er war voll in seinem Element.

„Noch einmal zu den Smart Toys: Sie haben keine Batterien. Sie haben aber GPS, also Satelliten-Navigation und einen Sat-Transponder, der über Satellit eine Internetverbindung herstellen kann. Ich habe herausgefunden, warum diese Toys immer noch funktionieren. Allerdings funktionieren sie nicht immer, sondern für den User nur, wenn die Einheit es zulässt. Wann und warum die Einheit dies zulässt, habe ich nicht herausgefunden. Dafür aber, wie der winzige Generator zur Stromversorgung funktioniert. Es sind sogenannte Neutrinovoltaik-Zellen oder ein Generator der neuesten und den meisten Menschen bis dato unbekannten Generation. Die Stromversorgung ist quasi autark und läuft über freie Energie. Die gesamte Elektronik ist ohne Kondensatoren gebaut. Das ist eine Technik, die ich vorher noch nicht kannte. Ich gehe aber davon aus, dass es nicht nur bei den Smart Toys zum Einsatz gekommen ist. Denn ihr wisst vielleicht, dass bei dem Ereignis offensichtlich alle Kondensatoren durchgebrannt sind und sämtliche Elektronik zerstört wurde. Das führte dazu, dass das absolute Chaos ausbrach. Zuerst stürzten die Flugzeuge ab. Kein Supermarkt hatte mehr geöffnet, und Plünderungen, Mord und Totschlag waren innerhalb weniger Tage an der Tagesordnung. Ihr habt es alle miterlebt. Überlebt haben nur die, die irgendwie vorbereitet waren. Für mich kam das Ganze nicht ganz überraschend, denn viele Dinge waren schon vorher völlig aus dem Gleichgewicht geraten. Totalüberwachung, Digitales Zentralbankgeld, Zuteilungen, Grundeinkommen mit den bekannten Bedingungen und das Ende der freien Marktwirtschaft. Das brachte zunehmend mehr Leute dazu, sich so autark wie möglich zu organisieren. Doch es waren eben nur wenige Prozent. Und diejenigen, die es geschafft hatten, die ersten Wochen, Monate und auch vielleicht das erste Jahr zu überleben, mussten sich dann auch mit denjenigen, die nur überlebt hatten, weil sie andere ausgeraubt, geplündert und oftmals umgebracht hatten, herumschlagen. Ich vermute, dass es vielleicht mit gutem Willen zwei Prozent sind, die dieses Chaos seit mehr als drei Jahren überlebt haben."

Karl, ein älterer Herr, der mit zu den Gründern Waldlands gehört hatte und von Anfang an mit dabei war, fragte: „Was denkst du, wie hoch ist die Wahrscheinlichkeit, dass der Pfarrer etwas mit dem Mord zu tun haben könnte? Und was willst du uns mit dem Technikkram sagen?"

Ich schaute Jenny an und sie nickte zustimmend, was vermutlich bedeutete, dass sie dasselbe auch gerne gefragt hätte.

Der Prof erklärte: „Ich kann nur vermuten – und das ist elementar wichtig zu wissen –, ich vermute, die Wahrscheinlichkeit, dass er damit etwas zu tun hatte oder es selber war, ist leider höher als die, dass es jemand von außerhalb war. Trotzdem habe ich morgen eine Sitzung mit der Verteidigung, also Morten und Konsorten. Übermorgen werden wir uns als Rat hier erneut treffen, um die weitere Vorgehensweise zu besprechen. Zu den komplexen Elektrothemen habe ich gesagt, was ich herausgefunden habe. Es scheint so, als ob es ein System gibt, das sozusagen auf das Ereignis vorbereitet war."

Und nun kam der Hammer, worüber Jenny und ich noch lange sprechen sollten, nicht nur an diesem Abend. Der Prof fuhr fort: „Entweder war es eine Art von Polsprung, ein extrem heftiger Sonnensturm oder ein sogenannter Polflip im Inneren des Erdkerns. Ich werde hier nicht weiter darauf eingehen, da ich während der ersten Sitzungen des Rates genug zu den Themen erläutert habe. Mittlerweile glaube ich, dass es bewusst keine Warnung davor gegeben hat. Denn es sieht für mich danach aus, als ob es Menschen gegeben hat und höchstwahrscheinlich noch gibt, die das Ereignis vorhergesehen haben und sich dementsprechend darauf eingerichtet haben. Mit anderen Worten, es ist auch unsere Aufgabe, diese Menschen ausfindig zu machen und festzustellen, welche Absichten sie haben. Doch gerade stehen wir vor ganz anderen Problemen, die uns hier direkt betreffen. Recherchiert weiter, denn wir müssen herausfinden, wer unseren Frieden hier sabotiert hat und hinter dem Mord steht – wenn es denn einer von hier gewesen ist. Nächste Sitzung: übermorgen, gleiche Zeit. Ich wünsche euch einen schönen Abend!"

Der Doc hatte noch eine letzte Frage an diesem Abend: „Wieso hat seine Hand nicht geblutet?"

Der Prof verwies auf die nächste Sitzung und beendete diese.

Jenny und ich waren so aufgeregt an diesem späten Abend, denn die Sitzung hatte echt lange gedauert. Eigentlich sollte keiner wissen, dass es diese Sitzungen gab, aber wir konnten es vor Morten nicht verheimlichen.

Er saß am Esstisch und sagte mürrisch: „Keine Sorge, ich weiß, wo ihr wart. Morgen bin ich mit meinen Leuten dran, also bitte nicht spoilern."

Wir lachten und gingen nach oben.

Jenny legte sich zu mir ins Bett, damit wir leiser reden konnten. „Polsprung, Sonnenstürme, was hat das mit dem Ausfall des Stroms zu tun?", flüsterte sie und umarmte mich dabei von hinten.

Wir redeten noch lange, denn ich wollte jede Sekunde genießen, in der wir so nahe zusammen waren. Doch irgendwann schlief ich leider ein.

Zwei Tage später kam es zum nächsten Treffen.

Der Prof erzählte einiges über die Pläne zur Verteidigung und über das Ressourcen-Organisationsteam, wobei es sich eigentlich um die gleiche Gruppe handelte. Bei den nächsten Touren sollten unbedingt vermehrt bestimmte Bücher gesucht und mitgebracht werden. Das Ganze betraf auch mich, denn ich war zumindest Auszubildender dieser Teams.

Bestimmte Bücher, die mit viel Glück irgendwo aufzutreiben waren, sollten dem Prof helfen, seine Thesen zu vertiefen, aufzugeben oder umzudenken. Denn das, was er als Grund des Ereignisses vermutete, war äußerst interessant: „Bitte bedenkt, dass es sich bei meinen Einschätzungen nur um Vermutungen handelt. Macht euch euer eigenes Bild, und glaubt nicht pauschal alles, was ich euch sage. Ich denke aber, dass ich es euch sagen muss. Vor vierzigtausend Jahren, so vermutet man, hat sich der Mensch, der vorher als Neandertaler bekannt war, zum heutigen Menschen entwickelt. Wieso das so geschehen sein soll, wird nicht genauer beschrieben. Wieso das aber vielleicht mit der heutigen Entwicklung zu tun haben könnte, werde ich euch gleich sagen. Meine Vermutung, dass der plötzliche und unerwartete Ausfall aller Elektronik – oder zumindest fast aller, wie wir ja mittlerweile wissen – etwas mit einem Polsprung, Polflip oder einem gewaltigen Sonnensturm zu tun hat, ist nicht abwegig. Was es genau war, wissen wir nicht, doch eines konnte ich belegbar herausfinden: Die Pole haben sich in den letzten Jahren mehrmals vertauscht. Das konnte ich mit meinen Batterietests herausfinden. Also scheidet ein Sonnensturm wahrscheinlich aus. Es kann aber durchaus sein, dass es zusätzlich noch einen Sonnensturm gab; oder etwas Ähnliches, denn Probleme im Erdmagnetfeld können sozusagen eine Kettenreaktion auslösen. Durch meine Experimente und die gründliche Untersuchung der Smart Toys bin ich allerdings darauf gekommen, dass es ziemlich sicher Menschen gegeben haben muss, die von dem bevorstehenden Ereignis gewusst haben müssen. Warum sie die Menschen nicht gewarnt haben, kann ich nur vermuten. Selbst wenn nur eine fünfzigprozentige Chance bestanden hätte, Schlimmeres zu verhindern, hätte die Massenpanik wahrscheinlich zu den gleichen Effekten geführt. Ich schätze nach meinen Berechnungen die Überlebenden bis heute auf zwei bis fünf Prozent. Ebenfalls bin ich mir sicher, dass es sich um ein globales Ereignis gehandelt hat. Ganz einfach deswegen, weil wir sonst längst Hilfe von außen bekommen hätten. Und nun komme ich auf die Frage vom letzten Treffen zurück. Warum hat die Hand des Pastors nicht geblutet? Nun ja, es gibt und gab schon immer Fakire, Scharlatane, Zauberer, Säbelschlucker, Zirkusnummern und sonst noch was alles. Aber keines von diesen Dingen trifft zu. Viele von uns haben sich an etwas gewöhnt, das seit dem Ereignis passiert ist. Ich denke, die meisten wissen, was ich meine."

Der Prof ließ uns einen Augenblick durchatmen und überlegen. Doch Jenny und ich guckten uns nur kurz an und wussten, was er meinte.

„Früher hätten wir es nicht für möglich gehalten, obwohl es immer wieder belegbare Fälle von Übersinnlichkeit, Telekinese, Gedankenübertragung, Hellsichtigkeit und wundersamer Genesung gegeben hatte. Fast alle Menschen waren in einer Art von Schockstarre in den Wochen nach dem Ereignis. Die neuen Fähigkeiten haben viele als Umstellung auf die neue Situation wahrgenommen und sich keine großen Gedanken gemacht. Zu beschäftigt waren die meisten mit dem bloßen Überleben. Sie hatten also gar keine Zeit, sich über ihre neuen Fähigkeiten Gedanken zu machen. Wie einst die Neandertaler verschwunden sind, sind auch die Menschen von heute verschwunden. Okay, wir sind noch da, aber ich kann mir vorstellen, dass in einigen Generationen die Menschen sogar etwas anders aussehen als wir heute. Warum könnte das so sein, fragt ihr euch sicher, und ich möchte das Ganze, also meine Gedanken, dazu gerne auch begründen: Vor vierzigtausend Jahren hat es auch Anomalien mit dem Erdmagnetfeld gegeben. Belegt wurde das Ganze erst vor wenigen Jahren durch Forschungen in einem Salzsee. Erwiesenermaßen hat es damals einen Polsprung oder Polflip gegeben. Vulkanasche, die durch den Magnetismus innerhalb weniger Jahre auf mindestens eine Umkehr der Pole hinwies, wurde dort gefunden. Vulkanasche ist magnetisch und ein guter Indikator. An die große Glocke hat dies keiner gehängt, ebenso wenig wie die Hinweise auf einen unmittelbar bevorstehenden neuen Polflip. Ich habe schon vor fünfzehn Jahren Podcasts über diese Themen gehört und einige Bücher zu dem Thema gelesen. Was ich euch abschließend damit sagen möchte – und da ich mir relativ sicher bin, auch zeitnah der Allgemeinheit von Waldland –, ist folgende Erkenntnis: Der Mensch erklimmt gerade hier und jetzt die nächste Evolutionsstufe! Deswegen haben viele von uns neue Fähigkeiten, was auch unser Esoenergie-Kurs eindeutig belegt hat."

Mit diesen Worten beendete der Prof die Sitzung.

Ich konnte dem Prof nur zustimmen, denn was ich beim Esoenergie-Kurs so alles gesehen hatte, sprengte ab und zu sogar meine Vorstellungskraft. Es waren genau die Antworten, die wir gesucht hatten, und wir wollten an diesem Abend noch einiges besprechen.

„Meinst du, wir sollten unsere Fähigkeiten weiter trainieren?", fragte Jenny.

Ich war noch dabei, mir meine zweite Bettdecke zu holen, denn es war wieder einmal frisch in dieser Nacht. Und Jenny kuschelte sich leider heute nicht hinter mir ein. „Der Kurs ist eher für Kinder. Ich denke, wir müssen es irgendwie so schaffen. Wir wissen, was wir können, aber ich habe den Eindruck, dass es in Stresssituationen am besten funktioniert“, sagte ich.

„Da hast du absolut recht, Collin, wir sollten uns überlegen, unsere Fähigkeiten auch ohne akute Gefahr besser einsetzen zu können. Was meinst du, wollen wir es beim nächsten Gottesdienst versuchen? Vielleicht können wir in die Gedanken vom Pastor eindringen.“

„Versuchen können wir es ja mal, aber ich denke, es wäre sinnvoller, unsere Kräfte – wenn man das so nennen kann – dafür einzusetzen, unsere Eltern wiederzufinden.“

„Klar, der Gedanke ist mir auch schon gekommen, nur weiß ich auch, dass die Reichweite eine entscheidende Rolle spielt. Außerdem muss dein Gegenüber am besten wissen, dass er das auch kann. Das ist irgendwie so, als ob man denkt, das Radio wäre kaputt, obwohl man einfach nur nicht an den An- und Ausknopf gedacht hat.“

# 17. VERLORENE SEELEN

Beim nächsten Gottesdienst waren wieder mehr Leute als bei dem Mal zuvor da. Und ja, das bereitete uns gewisse Sorgen, weil wir wussten, dass der Pastor ein Blender war. Wie schon erwähnt, waren vielleicht viele Dinge richtig von dem, was er sagte, nur wie er es sagte und was er vermutlich daraus machen würde, bereitete uns Sorgen.

Neugierig waren wir trotzdem, und eigentlich hatten wir ja sogar den Auftrag, ihm zuzuhören.

„Liebe Gemeinde und liebe neue Einwohner dieser Kommune. Es freut mich, dass ihr immer zahlreicher erscheint. Auch heute werde ich wieder Wunder vollbringen. Nicht so spektakulär wie beim letzten Mal, aber Wunder werden es trotzdem sein. Jede von euch Seelen wird diesen Input begeistert aufnehmen. Ich möchte euch eine Geschichte erzählen. Diese Geschichte ist wahr, denn ich habe sie wirklich erlebt."

In diesem Moment dachte ich, es wäre gut, sich kurz mit Jenny abzusprechen, und ich flüsterte: „Lass uns uns jetzt darauf konzentrieren, seine Gedanken zu lesen."

Sie flüsterte leise zurück: „Wollte gerade dasselbe sagen." Ihr liebliches, leichtes Grinsen sollte mich hoffentlich nicht von unserer Unternehmung ablenken.

Der Pastor sprach von der Geschichte, wie er durch übermäßigen Ampwein-Konsum vom Pfad der Tugend abgekommen sei. Das Ereignis aber hätte ihn wieder mit seiner Familie und seinem alten Beruf des Pastors zusammengebracht. Er faselte etwas von: „Ohne Schmerz gibt es keine Heilung, ich habe es am eigenen Leib erfahren. Ich war zum Tode verurteilt, und nur der Wille und die Kraft Gottes haben mich wieder in das echte Leben zurückgebracht. So hat jedes Ereignis, welches uns noch so schlimm vorkommen mag, doch immer etwas Gutes. Wir selbst sind dafür verantwortlich, wie ein noch so schlimmes Ereignis auf uns wirkt. Natürlich treffen wir diese Entscheidung nicht alleine – ich habe sofort gemerkt, dass es der Wille Gottes ist und der göttliche Pfad, den wir akzeptieren müssen. Gott lenkt uns, wenn wir dies akzeptieren. Niemals hätte ich sonst meine Familie wiederbekommen und die Drogensucht überwinden können, Halleluja! Genau das war für mich das erste Wunder. Das zweite Wunder, von dem ich euch heute erzählen möchte, fand kurz danach statt. Kaum war ich mit meiner Familie wieder vereint, wurden wir überfallen. Es waren die Exister oder eine angeschlossene Gruppe. Sie kamen nachts und brachen unsere Tür auf. Sie gingen in unser Haus, als ob es ihres gewesen wäre. Ich wachte auf und hörte die Geräusche. Wir haben alle oben geschlafen und hörten, wie sie unten alles auseinandernahmen. Ich ging nach unten in der Dunkelheit, und ich sage euch, ich hatte keine Angst. Meine Familie wurde mir wiedergegeben, Gott hatte mich von meinen Lastern befreit. Genau das sagte ich mir, als ich nach unten ging. Dunkle Schatten waren in unserem Wohnzimmer zugange und nahmen alles auseinander. Ich hätte es besser wissen müssen, aber ich sagte: ‚Gott wird euch eure Sünden vergeben, wenn ihr um Vergebung bittet.' Die Antwort kam prompt: Von den sechs Schüssen, die einer der Einbrecher auf mich abgab, trafen mich drei. Einer in den Arm, ein anderer ins Bein und der dritte in meine Lunge. Ich sackte sofort zusammen. Die Mädchen schrien oben, und die Einbrecher flüchteten. Wahrscheinlich hatten sie nur einen Revolver, den sie leer geschossen hatten. Ich war noch bei Bewusstsein, merkte aber, wie mir das Atmen immer schwerer fiel, und betete abermals zu Gott. Ich betete dafür, dass er meine Wunden verheilen lassen solle, denn ich versprach ihm in diesem Augenblick, alles dafür zu tun, den Glauben an ihn weiterzutragen. Meine Frau kam als Erste von oben herunter und sah mich auf dem Boden liegen. Meine Kinder folgten. Ich schämte mich zutiefst, so hilflos und blutüberströmt auf dem Boden zu liegen. Als das Wunder geschah, dachte ich an die Geburt eines Kindes. Ebenfalls blutig, nackt und hilflos kommt es zur Welt. Eine wunderbare Wärme, die sich langsam in meinem Körper ausbreitete, erfüllte mich in diesem Moment. Meine Schmerzen waren weg. Ich hörte meine Frau weinen und die Kinder, wie sie riefen, was das sei. Was es war, war genauso wie bei dem Wunder der Geburt: Meine Wunden hörten auf zu bluten, und mein Bewusstsein kam schärfer zurück als jemals zuvor. Ich würde es heute so beschreiben, als ob ich von Gott höchstpersönlich geküsst worden wäre. Ich stand auf und wusch mir das

Blut ab. Ich hatte keine Schmerzen, und die Schusswunden waren nur als kleine blasse rote Flecke zu erkennen. Deswegen sage ich euch: Ich war eine verlorene Seele, und jeder hier, der nicht glaubt, sei es an das, was ich erzähle, oder an den Schöpfer selbst, ist eine verlorene Seele. Warum, fragt ihr euch vielleicht. Ihr müsst wie ich mit euch selbst ins Gericht gehen. Nur wenn ihr euer sündiges Leben und eure Verlogenheit eurem Richter nackt und rein zur Schau stellt, könnt ihr euch selbst vergeben. Und so wird euch auch der barmherzige Schöpfer vergeben."

Der Pastor machte eine kleine Pause und wische sich tatsächlich den Schweiß von der Stirn, obwohl es noch recht kalt war.

Jenny war fast wie in einer Art Trance. Ich vermutete, sie sah etwas in seinen Gedanken.

Eigentlich hatte ich genug von Sünde und Glauben gehört, sodass ich mir wünschte, dass der Pastor fertig gewesen wäre. Ich ahnte nicht, dass er gerade erst anfing.

„Das dritte Wunder", sagte er – mir leuchtete ein, dass ja noch eines fehlte – und fuhr fort: „Es war die Erleuchtung. Ich ging nachts draußen spazieren, denn ich konnte nicht schlafen. Die Ereignisse ließen mir keine Ruhe. Ich dachte darüber nach, wie es vor dem Ereignis gewesen war, und kam in ein Waldstück. Plötzlich tauchte vor meinen Augen etwas auf. Es war eine Gestalt, die so hell war, dass sie den ganzen Wald erleuchtete. Meine Augen waren das Licht nicht gewohnt, und so erkannte ich erst nicht, was es wirklich war: Es war ein Engel, mit all meiner Ehrlichkeit sage ich euch: Es war ein Engel! Das scheinbar geschlechtslose Wesen begann zu mir zu sprechen. Es sagte: ‚Du, genau dich haben wir auserwählt. Du bist unverwundbar, und dich haben wir beauftragt, den Glauben neuerlich zu verbreiten. Nur wenn ihr glaubt, könnt ihr frei sein.'"

Der Pastor nahm einen Schluck Wasser. Kaum war er mit dem Trinken fertig, ging es auch schon weiter: „Das war es, nur so kurz. Und nein, ich habe es mir nicht eingebildet. Ich war unverwundbar und bin es immer noch. Ich wurde unverwundbar, um euch die Wahrheit zu überbringen. Der Engel erzählte mir von Waldland und dem Weg dorthin. Er meinte auch, dass ich euch als Erstes die frohe Botschaft überbringen solle: *Glaubt und ihr seid frei, liebt und ihr seid stark, vertraut und euch wird vertraut werden, erschafft und ihr werdet unsterblich sein*. Halleluja!" Gott sei Dank war der Pastor nach diesen Worten fertig mit seiner Predigt.

Jenny war wieder bei sich und stand mit mir in der sich erhebenden Menge auf. Alle Leute unterhielten sich lautstark, nur wir schwiegen.

Wie jeden Abend freuten wir uns schon auf unser Privatgespräch. Ich wusste das wirklich sicher, denn Jenny sagte auf dem Heimweg: „Ich freue mich schon auf dich heute Abend." Diese Worte waren einfach nur Energie für mich.

Und so wurde es auch ein relativ langer Abend; oder besser gesagt eine lange Nacht.

Selbstverständlich fragte ich Jenny erst mal, ob sie etwas herausfinden hatte können, denn ich selber war wohl zu sehr auf die Aussagen des Pastors konzentriert gewesen.

„Ich kann dir in jedem Fall verraten, dass er kein Pastor ist. Er hat daran gedacht, wie er vor dem Ereignis Fahrräder und Mopeds repariert hat, auch eine Szene aus seiner Schulzeit konnte ich sehen. In der hatte er ein schlechtes Abschlusszeugnis bekommen, was darauf hindeutet, dass er nicht hätte studieren können. Aber das für mich Interessanteste war, dass er Bilder von einem Jungen in dem Keller seines Elternhauses hatte. Und halte dich fest, die Polizei hat ihn vor längerer Zeit befragt, wie seine Eltern bei der Explosion eines Wasserstofftanks ums Leben gekommen sind. Ich habe in seinen Gedanken erkennen können, dass er bei der Aussage log. Ich möchte nicht zu viel fantasieren, wenn ich allerdings darauf wetten müsste, würde ich sagen, er ist ein pädophiler Verbrecher, eventuell sogar ein Mörder – aber ganz sicher vor allen Dingen ein Lügner."

„Das ist heftig, Jenny, aber was hältst du von seinen Aussagen, seinen Offenbarungen?"

„Das kann ich dir leider nicht sagen, und das liegt daran, dass die Gedanken und Bilder, die ich empfange, leider nicht parallel zu dem Gesagten ablaufen. Bei der Sache mit dem Engel habe ich jedoch keine Lüge erkennen können."

„Es ist wahrscheinlich auch so, dass wenn sich jemand nur lebhaft genug etwas einbildet, es für ihn durchaus real erscheint, vermute ich."

Jenny stimmte mir zu.

Aber was diese Predigt zu bedeuten hatte und vor allen Dingen auslöste, war uns zu diesem Zeitpunkt nicht bewusst. Viel interessanter war für uns die Frage, ob der Mord an Tom auf das Konto des Predigers ging.

Genauso interessant war die Frage, wer seine angebliche Familie war. Denn die Kinder hatten keinerlei Ähnlichkeit mit ihm. Wir waren uns jedenfalls sicher, diese Themen beim nächsten Treffen mit dem Waldland-Team anzusprechen.

Am nächsten Tag passierte jedoch etwas völlig Unerwartetes.

Es war mittlerweile Frühling, und die Waldländer konzentrierten sich zu dieser Zeit auf die Anzucht der Jungpflanzen und die Bodenverbesserung, um eine gute Ernte einzufahren. Doch an diesem Vormittag wurden nicht die etwas abgelegenen Felder bearbeitet, sondern das noch nicht bebaute Stück Land auf der Nordseite der Lichtung. Ungefähr dreißig Leute waren dabei, den Boden zu beackern, um wahrscheinlich ein Fundament zu errichten.

Wir gingen dem Geschehen nach, direkt nachdem uns Morten, der von der Nachtwache kam, davon erzählt hatte: „Der Pastor ist jetzt vollständig verrückt geworden. Der baut einfach etwas mit seinen Leuten da unten. Collin, nach dem Mittagessen bist du eingeteilt zum Spähen und Organisieren, denk bitte daran."

Das hatte ich tatsächlich fast vergessen: Mein erster echter Einsatz stand ja unmittelbar nach meiner Ausbildung bevor.

Das war aber nicht so schlimm, denn Jenny hatte heute Nachmittag auch Dienst auf der Krankenstation. Vielmehr steckte sie nun tatsächlich in der Ausbildung zur Ärztin und studierte schon eifrig einige Medizinbücher sowie diverse Chemie- und Biologiebücher.

Doch weit kam ich an diesem Nachmittag nicht. Wir sollten mit zehn Mann zum Baugrund der Bauarbeiten des Pastors, verdeckt bewaffnet. Ich wies Morten auf eine andere Mission hin, die ich eigentlich ausführen sollte, und dass diese eventuell durch den Einsatz gefährdet wäre.

Er ging auf meine Bedenken ein und wies mich an: „Setz dir eine Mütze auf und stell dich etwas abseits."

Ich wollte bloß nicht unsere Mission zur Überwachung der Gottesdienste durch die eventuelle Missgunst des Pfarrers gefährden.

Aber so weit sollte es nicht kommen. Die Männer meiner Einheit verteilten sich langsam und unauffällig – und erst, nachdem der Prof ankam. Somit wurde eher der Eindruck von weiteren Schaulustigen erweckt – hoffte ich zumindest.

Ich konnte den Prof gerade so hören, als er sagte: „Ihr könnt hier nicht einfach etwas bauen. Denn erstens ist es eigentlich mein Land, und zweitens müssen alle Waldland-Bewohner über weitere Baumaßnahmen abstimmen."

Peter Konz alias der Pastor antwortete: „Es gibt keinen Staat mehr, somit auch keinen Privatbesitz. Wenn jemandem etwas gehört, dann dem Schöpfer und den Menschen, die Ihn als einzigen Entscheidungsträger sehen. Er stellt uns alles Materielle zur Verfügung, die Schöpfung, auch bekannt als Wunder der Natur."

Der Prof unterbrach ihn: „Ist ja alles schön und gut, und ich möchte auch gar nicht widersprechen, aber wie stellen Sie sich das vor? Hier leben mittlerweile fast fünfhundertfünfzig Leute. Wenn hier jeder tut und lässt, was er oder sie gerade will, dann herrscht hier Sodom und Gomorrha, um es mit ihren Worten zu sagen. Wir brauchen hier Regeln und eine gewisse Ordnung."

„Sind es nicht gerade diese Regeln und die Ordnung gewesen, die uns in diese Situation gebracht haben? Regeln, die immer weiter ausgeufert sind und in eine totalitäre Überwachungsordnung geführt haben? Wir wollen hier nur eine Kirche bauen. Eine Kirche für alle, ja auch für Sie, Herr Professor! Ich kenne nicht mal ihren echten Namen."

Gelächter war von den Leuten, die am Bau beteiligt waren, zu hören.

„Keiner kennt Ihren Namen, wollen Sie uns nicht Ihren Namen mitteilen?"

„Kaum jemand hat mich je nach meinem Namen gefragt. Ich bin hier nun mal als *der Prof* bekannt. Jeder, der meinen Namen wissen möchte, dem verrate ich ihn, kein Problem", antwortete der Prof, und ich fragte mich auch, warum weder ich noch Jenny uns nach seinem richtigen Namen erkundigt hatten. Dabei fiel mir ein, dass er mir seinen Namen vielleicht doch am Anfang mal genannt hatte; wahrscheinlich hatte ich ihn aber vergessen.

Der Pastor schmunzelte und sagte: „Ja wissen Sie, wenn es mir nicht so vorkommen würde, als ob hier zwei Nachbarn stehen würden, die sich um den Bau einer Gartenhütte und die Nähe zur Grundstücksgrenze streiten würden, würde ich sagen, Sie überschätzen vielleicht ihre Kompetenzen."

Der Prof winkte ab: „Von mir aus, machen Sie doch, was Sie wollen, aber ich möchte Streitigkeiten vorbeugen und sage, wenn die Mehrheit entscheidet, dass hier weitere Hütten für weitere Bewohner entstehen sollen, müssen Sie Ihr Gebäude zu Wohnzwecken freigeben. Außerdem muss jeder der Bewohner seinen Teil zum Funktionieren von Waldland weiterhin beitragen. So etwas wie Sozialhilfe haben wir noch nicht."

„Versprochen", erwiderte der Pastor und fügte hinzu: „Wenn es zu voll wird, werde ich mit meiner Familie hier einziehen. Und genug Platz für andere Familien ist auch noch da. Wir bauen nur in unserer Freizeit, auch wenn dieser Bau genau genommen auch allgemeinnützige Arbeit ist."

Der Prof ging, und die Leute klatschten, bevor sie ihre Arbeit wieder aufnahmen.

Es wurde erst spät dunkel. Mitte April merkte man den Umschwung zwischen winterlicher Dunkelheit und sommerlicher Helligkeit am deutlichsten.

Ich war froh, dass uns die Gemeindemitglieder um den Pastor nicht so recht als Einheit im Sicherheitseinsatz erkannt hatten. So konnte ich gemeinsam mit Jenny unserer Gottesdienst-Recherche weiter nachgehen.

Aber erst mal stand die Waldland- Ratssitzung an. Wir hatten ja schließlich noch Informationen, die den Rat interessieren dürften.

Der Prof eröffnete diesen Abend mit den Worten: „Für alle, die es noch nicht wissen, ich heiße mit bürgerlichem Namen Karl. Genauer gesagt: Karl Svensson. Meine Großeltern waren jüdischer Herkunft und sind 1935 nach Schweden geflüchtet. Meine Mutter heiratete einen waschechten Schweden, deswegen mein Nachname."

Irgendwie fand ich es cool, dass der Prof deutsche Wurzeln hatte, obwohl mein Vater immer gesagt hatte, es wäre nichts, worauf man stolz sein könnte. Verstanden habe ich das aber bis heute nicht. Jedenfalls blieb es für uns bei Prof, das hatte sich einfach zu sehr eingebürgert, aber der Schachzug mit dem Namen vom Pastor hatte offensichtlich gesessen.

Nun erzählte Jenny von ihren Erkenntnissen.

Alle im Rat waren sichtlich schockiert, und es wurde so viel gesagt wie: „Glauben tun wir das, nur beweisen können wir es nicht."

Nach dem Treffen hatten wir noch eine kurze Privataudienz beim Prof und baten ihn um etwas Ermittlungsfreiheit, alleine schon, um Situationen wie bei der Baustelle künftig vermeiden zu können.

Es war klar, dass Jenny bei einer OP nicht einfach gehen könnte, aber wenn sie Sonderurlaub beantragen würde, wäre auch das kein Problem, erläuterte der Prof. Auch mit Morten wollte er reden, um einen gewissen Sonderstatus für mich zu vereinbaren. „Übertreibt es nicht", sagte er, und wir gingen nach Hause.

Das Gras wurde langsam grün, und die Vögel zwitscherten ihr niemals enden wollendes Lied vom Frühsommer.

Nun begann die Feldarbeit umso mehr. Gepflanzt wurde erst Anfang Mai und auch nur bei anhaltend warmem Wetter. Eine Wettervorhersage gab es nicht, was aber die Pflanzen nicht vom Wachsen abhielt. Es war riskant, und deswegen wurde immer Saat zurückgehalten, um Misserfolge abfedern zu können. Die erdmagnetischen Anomalien hatten also auch etwas mit dem zunehmend kälteren Wetter zu tun, vermutete ich. Angeblich war auch die letzte Eiszeit von solchen Anomalien ausgelöst worden, sagte der Prof in einer unserer Sitzungen.

Wir wollten aber viel eher wissen, wo der Pastor vorher gewohnt hatte, um bei wärmerem Wetter die erste Exkursion von Waldland aus zu starten und herauszubekommen, was es mit dem Pastor wirklich auf sich hatte.

Deswegen gingen wir nochmal zu Marta, um sie zu befragen. Sie nannte uns den Namen der Ortschaft und war so nett, uns sogar einen kleinen Plan zu zeichnen, wie wir am besten zu ihrem Haus kommen würden, und wo das Haus des Pastors war. Sie bat uns, ihr ein Bild von ihrem verstorbenen Mann aus ihrem Haus mitzubringen. Im Gegenzug baten wir sie, die Mission geheim zu halten.

Ende April war es so weit. Das Wetter war das erste Mal richtig warm, und wir entschieden uns spontan zum Aufbruch. Ideal war nicht nur das Wetter, sondern auch der Patientenmangel auf der Krankenstation.

Marta hatte uns gesagt, dass es ungefähr achtzig Kilometer wären.

Wir hatten Proviant für eine Woche mit und hofften, im Notfall, falls es länger dauern sollte, noch etwas auftreiben zu können.

Falls jemand fragen sollte, gab der Prof die Auskunft, wir wären auf der Suche nach unseren Eltern, was noch nicht einmal gelogen war.

Der Prof erlaubte mir sogar, meine .22-Pistole mitzunehmen. Bestens ausgerüstet, wie wir dachten, liefen wir los.

Hakestad hieß das Dorf, das unseren Zielort darstellte. Wir stellten schon am ersten Tag fest, dass es etwas ganz anderes war, auf ein konkretes

Ziel hin durch die Wallapampa zu laufen, als damals fast planlos in Richtung Süden. Wenn wir etwas über fünfundzwanzig Kilometer am Tag schafften, sollten wir nach drei Tagen da sein. Das war zu schaffen, dachten wir, und waren nach dem ersten Tag, an dem wir vermutlich sogar mehr als dreißig Kilometer geschafft hatten, noch völlig happy.

Ich genoss es wirklich, wieder mit Jenny ganz alleine zu sein. Wir kamen uns näher, und alleine schon aus diesem Grund war es die Reise wert.

Wir schliefen, wie auch früher schon, möglichst abseits der Hauptwege in verlassenen Häusern und Scheunen. Es war angenehm warm, auch nachts. Wir mussten auf dem Hinweg nicht ein einziges Mal Feuer machen, da wir genug Trockenfleisch, Konserven, Kekse und sogar Süßigkeiten dabeihatten. Die Bäume trieben langsam aus, und ein zartes Grün begleitete unseren Weg.

Am vierten Tag dachten wir, dass wir unser Ziel erreicht hätten, aber weit gefehlt. Irgendwie schienen wir vom Weg abgekommen zu sein, doch dank Martas Karte konnten wir ahnen, wo wir ungefähr waren. Es gab ein Dorf etwas östlich von Hakestad, dessen Namen sie mit auf die Karte geschrieben hatte. Wir liefen also etwas zurück und kamen zu der Ortschaft, die – wie jede kleine Ortschaft mit mehr als drei Häusern – mit Schildern ausgewiesen war. Dann orientierten wir uns weiter anhand der Karte, und ungefähr zwei Stunden später kamen wir nach Hakestad.

Es bereitete uns etwas Sorgen, dass wir doch das ein oder andere Schild sahen, welches vor einer sogenannten No-Go-Area warnte. Das Zeichen von Radioaktivität und eine schwarze Hand, die so viel bedeuten sollte wie: „Achtung, ab hier nicht mehr weitergehen!", waren auf den Schildern zu sehen. Wir ließen uns davon nicht aufhalten, denn die Leute hatten hier schließlich jahrelang gelebt – angeblich. Wir waren dennoch etwas verunsichert, und verstörenderweise kamen mir die Worte des Pastors in den Sinn: „Der Glaube macht dich stark."

Es herrschte eine sehr unangenehme Stimmung in dem Dorf. Einige der Häuser waren ausgebrannt, sodass uns die Orientierung von Anfang an etwas schwerfiel. Auch merkwürdige Haufen von Schrott, vermischt mit vermutlich Viehmist, alten Klamotten, Kühlschränken und Waschmaschinen, die sich mehrere Meter auftürmten, machten das Dorf zu einer skurrilen Kulisse. Klar, Müllabfuhr und Schrottplatz gab es nicht mehr, Strom auch nicht, aber warum sollte man sich überhaupt die Arbeit machen, solche künstlichen Riesen-Kackhaufen aufzuschichten?

Wir suchten erst einmal das Haus von Marta. Es dauerte nicht lange, denn sie hatte uns das Haus gut beschrieben. Die Scheiben waren eingeschlagen, die Tür aufgebrochen, und wir hatten Probleme, uns überhaupt durch das Haus zu bewegen, weil alle Schränke umgekippt worden waren. Regale, Bücher, Bilder und auch die Tapeten lagen zerfetzt auf dem Boden. Einige Trockenbauwände waren sogar eingeschlagen worden.

„Wer macht so was? Nicht mal das Haus meiner Eltern wurde so übel zugerichtet. Lass uns bloß ein Bild einpacken und raus aus dem Chaos hier", sagte Jenny.

Wir suchten etwas und fanden nach einiger Zeit ein Fotoalbum. Ja, Marta und ihr Mann hatten noch ein echtes Fotoalbum gehabt, und uns wurde klar, dass ausgedruckte Fotos wirklich sehr vorteilhalt sind.

Wir packten einige Bilder ein, um uns schnellstmöglich auf den Weg zum Haus des Pastors zu machen. Genau wussten wir es nicht, aber angeblich sollte der Ort ja verstrahlt sein, und deswegen hatten wir schon vorher beschlossen, möglichst schnell wieder abzuhauen. Außerdem war es wieder deutlich kühler geworden, und selbst Schnee und Frost waren erfahrungsgemäß zu dieser Zeit schließlich nicht gänzlich ausgeschlossen.

Wir fanden das Haus des Pastors direkt. Erstaunlicherweise war es nicht verwüstet worden. Über der Eingangstür, die sogar verschlossen war, hing ein Schild, auf dem stand: „Ungläubige und verlorene Seelen haben kein Zutritt." Offensichtlich hatte das Schild erstaunlich gut gewirkt, bis wir kamen und mit einem Baumstamm die Tür aus den Angeln beförderten.

Verrückterweise sah alles aus, als ob hier noch jemand wohnte. Ich hatte im Laufe der Zeit viele Häuser gesehen, aber dieses war anders. Wir guckten uns in Ruhe um. Jeder Raum erschien wie gerade erst gereinigt. Nicht mal Staub lag auf den Regalen.

„Wie kann das sein, wohnt hier noch jemand?", fragte ich Jenny.

„Ich bekomme eine Gänsehaut. Ich glaube, hier wohnt noch jemand – oder wieder."

Nachdem wir das ganze Obergeschoss durchsucht hatten, welches nur aus zwei Zimmern bestand, fiel uns sofort auf, dass es keine Kinderzimmer gab. Das eine war ein Büro, und das andere sah aus wie ein Gästezimmer. Im Untergeschoss fanden wir nur ein Schlafzimmer, Wohnzimmer, Esszimmer, Toilette und natürlich die Küche. Eine Speisekammer gab es auch, und die war randvoll mit Konserven.

„Jenny, irgendwas ist hier faul, wir sollten so schnell wie möglich hier raus und das Weite suchen." Ich war inzwischen leicht bis mittelschwer besorgt.

„Warte mal, hast du die Fenster im Fundament von außen nicht gesehen?", fragte sie und sagte dann: „Es muss einen Keller geben, wo ist die Tür? Das müssen wir unbedingt noch checken."

Wir suchten also die Tür und fanden sie unter der Treppe nach oben. Eine Garderobe war an die Tür geschraubt worden, sodass man die Tür nicht gleich erkennen konnte, auch dank der Jacken, die daran hingen.

Wir stiegen hinab in die Dunkelheit. Unten angekommen sahen wir etwas Licht von den recht kleinen Fundamentfenstern. Mindestens vier Holztüren mit Vorhängeschloss konnten wir auf den ersten Blick entdecken.

„Und was nun?", fragte ich.

Jenny lachte kurz. „Warte mal, Collin, warst du nicht der, der die Tür in dem Keller, in dem wir eingesperrt waren, aufbrechen wollte – und zwar mit deinen Schuhen? Ausziehen, würde ich sagen!"

Ich stieg in ihr Lachen ein, und das tat gut, denn es lenkte mich von meiner Nervosität ab. „Ich habe oben in dem Gästezimmer einen Werkzeugkasten gesehen, ich schaue mal nach", fiel mir ein.

Oben fand ich einen Hammer sowie einen stabilen Schraubenzieher.

Als ich wieder nach unten kam, nahm Jenny mir den Hammer aus der Hand und schlug mit nur einem gezielten Schlag das Bügelschloss auf.

Ich war mal wieder total begeistert von ihr.

Wir öffneten die Tür und fanden – nichts. Das Einzige in diesem Raum waren zwei Ketten mit Lederriemen, die mit dem Fundament verbunden waren. Sofort bekam ich Beine so weich wie Gummi, und ich versicherte mich umgehend, ob die Pistole da war, wo sie sein sollte. Wir öffneten so schnell wie möglich die nächsten Kammern. In der zweiten war eine Art Altar. Was wir sahen, könnten wir kaum glauben: lauter merkwürdige Skulpturen, die aussahen wie kleine Kinder mit abgehackten Gliedmaßen, geschmückt mit Federn und Plastikschlangen. An der

Wand hing ein Kreuz, umgedreht. Die Wände waren schwarz gestrichen, und wir sparten uns, die zahlreichen Kerzen anzuzünden, um mehr zu sehen. Eigentlich hatten wir schon genug gesehen, aber die Neugier ließ uns keine andere Wahl, auch noch in die anderen Kammern zu gucken. In der dritten Kammer war ein Schlachtraum zu erkennen, mit Haken an der Decke, einem Waschbecken und einem Edelstahltisch sowie einem Messerblock samt Hackklotz. Bis jetzt ein echtes Gruselkabinett, und wir wagten es kaum, in die vierte Kammer zu gucken. Doch darin befand sich einfach nur eine herkömmliche Toilette mit Dusche und Waschbecken. Sogar unbenutzte Handtücher hingen an der Wand, und weitere waren sauber in einem kleinen Regal unter dem Waschbecken einsortiert. Dies war auch der einzige unverschlossene Raum hier unten.

Ich wollte Jenny gerade sagen, dass wir genug gesehen hatten, als wir eine Stimme vernahmen und zusammenzuckten.

„Ist hier jemand? Peter, bist du wieder da?“ Es war eine älter klingende, raue Frauenstimme, und nun griff ich mit zitternden Fingern nach meiner Waffe.

Ich ging vor und flüsterte: „Bleib hinter mir, wir sitzen hier unten in der Falle. Nach oben ist der einzige Weg hier raus.“ Ich schlich die Treppe hoch, und Jenny folgte mir. Ich hatte die Waffe im Anschlag und war bereit, uns den Weg freizuschießen, wollte aber, ehrlich gesagt, lieber darauf verzichten.

„Ach, mein Junge, nimm doch deine Spielzeugpistole runter. Habt ihr die Einbrecher gefunden?“, fragte die alte Dame, die auf einmal vor mir stand.

Die Frau sah so aus, als ob sie mindestens hundert Jahre alt war.

„Junger Mann, können Sie mir vielleicht die Haustüre reparieren?“

Ich war völlig perplex und sagte: „Äh ja, haben Sie ein paar Nägel?“

„Da ist ja auch noch ein junges Fräulein. Haben Sie den Peter auch da unten? Er ist nun schon seit Tagen auf Reisen und wollte längst wieder da sein.“

Jenny guckte nur ungläubig in meine Richtung und sagte: „Nein, leider nicht!“

„Sie haben ja schon Werkzeug, prima. Junge, sei doch so nett und hole die Nägel aus der Werkstatt. Ich glaube, ein paar Bretter sind da auch noch, dann können wir die Türe reparieren.“

„Ja, mache ich gleich“, stotterte ich, um Jenny hier nicht alleine zu lassen.

„Nun mache ich uns erst mal einen Kaffee. Etwas Kuchen habe ich auch noch.“

Sie ging in die Küche und wir folgten ihr. Sie hatte in der einen Hand eine Plastiktüte und in der anderen einen Stock, mit dessen Hilfe sie sich in die Küche schleppte. Sie hatte lange graue, gelockte Haare. Eine Strickjacke und ein wirklich hässlicher Rock mit knall-gelben Blumen verdeckten ihre alten Knochen. Sie packte die Plastiktüte aus und holte stinkendes, gammliges Fleisch daraus hervor, um es auf dem Küchentisch auszubreiten.

„Soll ich uns eine leckere Suppe kochen? Ich habe so selten Gäste hier, und noch seltener so junge, fleißige und gutaussehende. Ihr kommt wie gerufen. Die meisten hier haben so hässliche Flecke und Blasen im Gesicht, die könnt ihr alle vergessen, die schaffen gar nichts mehr.“ Die Stimme der alten Frau wurde langsam immer dunkler. „Und ihr werdet sicherlich auch solche hässlichen Flecke bekommen und wie die anderen alte Waschmaschinen aufstapeln, um die bösen Geister zu besänftigen, nicht wahr?“ Die Stimme der Alten hörte sich jetzt fast so an wie die vom Pfarrer.

Jenny und ich waren völlig verängstigt, und ihre Beine schlotterten sicherlich genauso wie meine.

Ich improvisierte: „Wir holen jetzt die Nägel, und eine Suppe wäre prima.“ Allein der Gedanke an eine Suppe aus dem vergammelten Fleisch ließ mir die Galle hochkommen.

Sie erwiderte nichts, drehte sich zum Glück zum Tisch mit dem Gammelfleisch um und fing an, wie ein Zombie mit einem Messer auf das Fleisch einzustechen. Wir waren schon auf dem Weg zur Tür, als sie – und ich könnte schwören, sie sprach mit der Stimme von dem Pastor – sagte: „Bringt noch etwas Holz mit für den Ofen, ja?“

Kaum waren wir aus der Tür, nahmen wir unsere Beine in die Hand und rannten. Es dauerte sicher zwanzig Minuten, bis wir das erste Mal anhielten, um Luft zu schnappen.

Jenny keuchte: „Mission beendet, Patient tot!“

Sie lachte, aber mir war nicht zum Lachen zumute. Der Schock saß mir immer noch zu tief in den Knochen.

„Was ist da gerade passiert?“, fragte ich. „Erst der Folterkeller, denn nichts anderes war es, und dann die alte Hexe, die mit der Stimme des Pastors redete. Das war das Unheimlichste, was ich je erlebt habe. Bitte sag mir, dass du das auch alles gesehen hast.“

„Nichts davon hast du dir eingebildet, so viel kann ich dir sagen, aber lass uns jetzt ruhig weitergehen, die Alte kommt sicher nicht mit dem Hexenbesen hinter uns her.“

„Sicher bin ich mir da nicht“, murmelte ich.

Trotzdem mussten wir das Tempo verringern, denn es war plötzlich wieder ziemlich warm, sicher über zwanzig Grad – das erste Mal in diesem Frühling.

# 18. AM SEE

Wir beschlossen, so weit zu gehen, wie wir bis zum Einbruch der Dunkelheit kamen. Egal, ob wir eine Unterkunft finden würden oder nicht, und notfalls die ganze Nacht. Zur Not würden wir einfach im Wald schlafen.

Die Zecken waren verschwunden nach dem Ereignis, denn normalerweise waren sie jetzt schon aktiv. Vorher eine Plage, jetzt ausgestorben, das kam mir irgendwie bekannt vor. Ich konnte mir nur vorstellen, dass sie durch die Kältewelle, die seit dem Ereignis deutlich spürbar gewesen war, ihre Existenzgrundlage verloren hatten.

Als es schon leicht dämmerte, kamen wir an einen der unzähligen Seen, die diesem Land einst zu seinen zahlreichen Touristen verholfen hatte. Fast jeder See hatte einige Ferienhäuser in direkter Nähe. Irgendwann vor etwa zwanzig Jahren hatte man in Schweden die Bauregeln geändert, sodass es nicht mehr so leicht möglich gewesen war, in direkter Seenähe zu bauen. Wahrscheinlich wäre es sonst irgendwann dazu gekommen, dass so viele Ferienhäuser um die Seen gebaut worden wären, dass die Abgeschiedenheit und Stille eher mit einem voll belegten Campingplatz mit Campinghütten und Wohnwagen zu vergleichen gewesen wäre. Es kam uns jedenfalls zugute, dass wir nicht lange suchen mussten.

Auf einer Halbinsel mit einem Damm, der zu ihr führte, auf dem man gerade so eben mit einem Auto hätte fahren können, fanden wir eine kleine Hütte mit vielleicht dreißig Quadratmetern. Sie war wunderschön. Die Halbinsel war ungefähr zwei Hektar groß und überwiegend mit alten Fichten bewachsen. Der Duft von sommerlichen Fichten und der Geruch des Sees waren wunderbar. Es roch nach Urlaub. Wir gingen in die Hütte, die nicht verschlossen war, und waren überrascht, denn sie war nicht geplündert worden. Es sah im Grunde so aus, als ob die Hütte einfach nur auf ihre nächsten Feriengäste wartete.

Wir legten unsere Rucksäcke ab, und Jenny verkündete: „Ich gehe jetzt baden, bin etwas durchgeschwitzt, kommst du mit?"

Ich war völlig perplex, denn ich hatte ja keine Badehose dabei und sagte: „Das Wasser ist bestimmt noch ganz kalt."

„Feigling, mir ist immer noch ganz warm, und ich möchte mich abkühlen. Hast du nicht gesehen, direkt da vorne an der Wasserlinie ist sogar ein kleiner Strand. Da, wo das Wasser seicht ist, erwärmt es sich schnell."

Jenny ging los, und ich sah, wie sie sich auf der Terrasse, die mit ihren schönen, großen Panoramafenstern zum See hin gut zu sehen war, langsam auszog. Ich traute meinen Augen kaum, aber sie zog sich völlig aus. Und ich, ich schaute verlegen weg, denn ich wollte nicht, dass sie mich sah, wie ich sie wie hypnotisiert anglotzte. Was ich gesehen hatte, ließ mich aber überlegen, ob ich es ihr nicht gleichtun sollte.

Wieder schaute ich aus dem großen Panoramafenster und sah, wie sie mit ausgestreckten Armen in den See lief: Wie ein schickes, elegantes Wasserflugzeug, welches geschmeidig zur Landung ansetzte. Irgendwie kam mir die Situation genau so unglaublich vor wie die verrückte alte Frau und der Folterkeller.

In diesem Moment entschied ich mich, mich auch auszuziehen und hinterherzurennen.

Das Wasser war kälter, als ich vermutet hatte. Wenn man aber einen Grund hat, ins kalte Wasser zu springen, tut man das. Nach ein paar Schwimmzügen kam ich zu Jenny. Der erste Kälteschock war vorbei, und wir bespritzten uns wie übermütige Kinder gegenseitig mit Wasser.

Sie schwamm auf mich zu und sagte: „Du hast recht, es ist arschkalt, aber sauber sind wir geworden."

Sie umarmte mich, und ich ging dabei fast unter. Aber ich spürte zum ersten Mal ihren nackten Körper an meinem. Sie gab mir einen Kuss und schwamm an Land. Ich folgte ihr. Kalt war mir nicht mehr.

Wir gingen ins Haus und zogen uns an. Ich holte Feuerholz, das dankenswerterweise fein säuberlich gestapelt im Schuppen gleich neben dem Haus reichlich vorhanden war.

Wir entzündeten ein Feuer im großen Kamin im Wohnzimmer und setzten uns auf die Couch direkt davor. Die gruseligen Ereignisse vom Vormittag waren auf einmal wie weggeblasen.

Die letzte Helligkeit des Tages zeichnete rote und gelbe Spiegelungen auf das Wasser. Es war magisch.

Jenny sprach aus, was auch ich gerade gedacht hatte: „Wenn ich mir ein Ferienhaus mieten würde, dann dieses." Sie lehnte ihren Kopf an meine Schulter.

Die Hitze des Feuers war allmählich gut zu spüren und verhalf der Hütte, die angenehm warmen Temperaturen des Tages auch über die Nacht zu halten.

Wir erwärmten uns die Konservendosen, die wir dabeihatten, einfach vor dem Kamin. Jenny durchsuchte die Küchenschränke und fand eine Flasche Wein, keinen Ampwein, sondern richtigen Rotwein, der allerdings schon einige Jahre auf dem Buckel hatte. Wir probierten den Wein, der in etwa so schmeckte, wie der Korken roch, und taten so, als ob es das Normalste der Welt wäre. Mir schmeckte der Wein, obwohl er eigentlich nicht schmeckte. Das lag aber vielmehr an der Situation, denn diese konnte einfach schöner nicht sein: mit Tomatensuppe aus der Dose, Wein am Kaminfeuer und zusammen mit dem schönsten Mädchen der Welt. Die Wirkung setzte auch ohne Amphetamine recht schnell ein, sodass davon auszugehen war, dass der Wein noch Alkohol enthielt. Der leichte Essiggeschmack war aber nicht zu leugnen. Trotzdem reichte mir ein Glas völlig aus, um das Gefühl zu haben, nicht mehr ganz Herr meiner Sinne zu sein.

Jenny brach die Stille: „Das war ein völlig verrückter Tag heute, aber ich bin froh, ihn mit dir erlebt zu haben."

Sie stellte ihr leeres Glas auf den Tisch und rutschte näher zu mir heran. Sie sah mich an, und ich erwiderte ihren Blick. Unsere Gesichter kamen sich langsam näher. Sie war es, die ihre Lippen zuerst auf meine legte. Ich kam mir vor wie ein Feigling, aber erwiderte ihren Kuss. Unsere Zungen trafen sich und spielten ein Spiel, dessen Regeln ich offensichtlich kannte, obwohl ich erst einmal gespielt hatte, damals in der Grotte.

Das Feuer im Kamin hatte ordentlich Hitze entwickelt, mit anderen Worten hatten wir gar keine andere Wahl, als uns unserer Klamotten zu entledigen.

Am nächsten Morgen wusste ich, dass wir ab jetzt fest zusammen waren. Das eigentliche Problem, das aus dieser Situation entstand, sollte mir aber erst später bewusst werden: Ich würde wahrscheinlich nie wieder ohne sie leben können. Dieser Tag war der schönste in meinem Leben.

Wir küssten uns lange, aber wir beide wussten, dass wir weitermussten. Unsere Vorräte hielten vielleicht noch zwei Tage, und mit den Vorräten aus dem wunderschönen Ferienhaus vielleicht sogar vier oder fünf. Das eigentliche Problem waren vielmehr die Sorgen, die sich der Waldlandrat machen würde, wenn wir nicht pünktlich wieder dort sein würden.

„Sie werden sicherlich ein Rettungsteam losschicken, wenn wir nicht pünktlich sind", meinte ich.

„Nicht nach einem Tag. Also lass uns das schöne Wetter und das tolle Haus noch einen Tag länger genießen."

Ich stimmte zu, und wir verbrachten einen weiteren wunderbaren Tag in dem Ferienhaus.

Spätestens am Tag darauf wusste ich, wie machtvoll die Liebe sein kann. Wir fühlten uns stark und so sehr miteinander verbunden. Das, was noch dazukam, war unsere mentale Verbundenheit, die durch den telepathischen Gedankenaustausch zustande kam. Dies genauer zu erklären, würde den Rahmen meiner Aufzeichnungen sprengen. Leider kann ich mich auch nicht an viele Details erinnern, denn die rosarote Brille hatte offenbar einen Erinnerungsfilter geschaffen.

Wir waren schon zwei Tage unterwegs. Er regnete wie aus Kübeln, und wir hatten, wenn überhaupt, gerade einmal die Hälfte der Strecke geschafft. Wir waren durch und durch nass an diesem Nachmittag. Die erste Unterkunft, in der wir uns trocknen und uns aufwärmen könnten, sollte unsere sein. Um uns vor dem Regen zu schützen, erkoren wir eine ehemalige Bushaltestelle an einem Kiesweg zu unserem Unterstand aus, an der wohl auch die nächsten Jahre vorerst kein Bus mehr halten würde.

Kaum saßen wir, küssten wir uns. Wir schlotterten und waren nass bis auf die Unterhosen, aber wir konnten nicht anders. Im Nachhinein betrachtet war es vielleicht sogar die Kompensation der unheimlichen Geschehnisse, die wir erlebt hatten. Es gab uns so viel Kraft in diesem Augenblick, und die konnten wir beide brauchen.

Nach einer Weile hörten wir ein Geräusch und ich flüsterte: „Jenny, hörst du das auch? Hört sich an wie ein …"

„Ja, ich höre es, hört sich an wie ein Auto."

Ich griff in meinen Rucksack, um die .22er herauszuholen. Ich fand sie nicht und fing direkt mit dem Fluchen an: „Scheiße, haben wir die Pistole mitgenommen?"

„Klar, ich habe die Hütte kontrolliert, bevor wir aufgebrochen sind, da war nichts mehr."

Ich schaute vorsichtig um die Ecke der Haltestelle und sah einen Lkw, der reichlich Rauch hinter sich aufstiegen ließ. In der alten Welt hätte man so einen Umweltverpester wahrscheinlich sofort verhaftet, was ich auch richtig fand.

„Wir haben nicht mehr viel Zeit, das sind bestimmt Exister, wir müssen uns verstecken", sagte ich mit zittriger Stimme.

Jenny wandte ein: „Wenn wir hier rausgehen, sehen sie uns. Wir können uns nur an der Seite verstecken, die sie beim Vorbeifahren nicht sehen."

Wir krümelten uns an der Innenseite der Holzfassade in der Hocke hin, so klein wie wir uns nur machen konnten, halb unter die Sitzbank und warteten mit schnell schlagenden Herzen ab.

Der Lkw wurde langsamer, was uns nicht gerade beruhigte. Von der Seite, von der er kam, gab es eine leichte Steigung, was anscheinend reichte, um den alten Lastwagen deutlich im Tempo zu drosseln. Es dauerte eine gefühlte Ewigkeit, bis der Lkw praktisch im Schneckentempo an der Haltestelle vorbeizog. Auf der Pritsche saßen Leute. Wir hofften, dass uns keiner von denen gesehen hatte. Der Lkw hielt nicht an.

Wir wollten gerade aufatmen, als wir einen lauten Ruf hörten. „Sofort anhalten! Da war jemand an der Haltestelle!", rief jemand, der uns wahrscheinlich von der Pritsche aus gesehen hatte.

Jenny und ich waren schnell. Als wir die quietschenden Bremsen des Lastwagens hörten, waren wir schon unter der Bank hervorgekommen und mit unseren Rucksäcken in der Hand, in der Deckung zwischen Lkw und Bushaltestelle, auf der Flucht in den Wald.

Jenny lief vor mir und war sogar schneller als ich.

Sie schaute sich um, und ich rief nur: „Lauf weiter!"

In diesem Moment hörte ich Gewehrfeuer. Es war wieder ein Sturmgewehr, das mindestens einen Schuss pro Sekunde abgab.

Ich hörte Kugeln an meinem Kopf vorbeipfeifen.

Im nächsten Moment lag ich auf dem Boden.

Kurz vor dem Waldstück war ich gestolpert, hingefallen und hart aufgeschlagen. Mein Arm schmerzte höllisch, ein stechender Schmerz zog sekundenschnell bis in die Schulter hoch. Wenn ich mich nicht verhört hatte, hatte mein Unterarm beim Aufschlagen auf den Stein, auf dem ich gelandet war, laut geknackt. Vielleicht war es aber auch nur ein Schuss gewesen, der gleichzeitig abgegeben worden war.

Instinktiv stand ich sofort wieder auf und rannte weiter.

Ich hatte aber einige Sekunden Zeit, um mich zu den Verfolgern umzudrehen. Mehrere Männer sprangen vom Lkw. Es wurde wieder geschossen. Die Wahrscheinlichkeit, aus der Entfernung getroffen zu werden, schätzte ich aber als eher gering ein.

Trotzdem rannte ich so schnell ich konnte und holte sogar Jenny fast ein. Trotz der fast unerträglichen Schmerzen.

Sie hatte offensichtlich von meinem Sturz nichts mitbekommen und rannte ebenfalls in vollem Tempo weiter.

Wir liefen tief in den Wald hinein, bis wir nichts mehr von unseren Verfolgern hörten. Unter einem großen Stein, der schief im Boden steckte und auf seiner Rückseite eine kleine Höhle bildete, die im Inneren fast komplett mit Moos überzogen war, suchten wir Deckung und warteten nach Luft ringend ab.

Ich suchte mit meinem unverletzten Arm nochmals in meinem Rucksack nach der Pistole, fand sie schließlich und sagte: „Ich hoffe, dass ich sie nicht benutzen muss. Ich liebe dich, Jenny!“

Sie umarmte mich. „Du wirst sie sicher nicht brauchen. Ich liebe dich auch, Collin!“

Wir warteten nur einige Minuten, als sich Leute näherten.

Sie kamen von hinten, und wir konnten gerade so ihre Stimmen hören.

Ich hörte, wie sich der eine beklagte: „Fuck, ich habe keinen Bock mehr, hier im Dickicht nach irgendwelchen Pennern zu suchen, Charlie.“

Der andere sagte: „Die sind längst weg, und wir haben keinen Hund dabei. Ich glaube nicht, dass Andreas den Wichser getroffen hat, ich habe keinen Tropfen Blut gesehen.“

„Aber gestürzt ist er, das habe ich auch gesehen.“

„Kann Zufall gewesen sein. Lass uns hier abhauen, da warten ein Haufen Chicks und eine Menge Dope auf uns.“

Dann entfernten sich die Stimmen. Wir beschlossen, trotzdem noch zu warten und erst in der Nacht weiterzugehen.

Nach einer Zeit fragte Jenny: „Bist du gestürzt? Haben sie dich getroffen?“

„Nein, ich bin nur gestolpert, habe mir den Arm verletzt, sonst nichts.“

Jenny guckte sich im letzten Tageslicht meinen Arm an. Trotz der starken Schmerzen hatte selbst das etwas Anziehendes an sich. Jemand, der mich liebte, kümmerte sich um mich. Auf der anderen Seite verfluchte ich mich, denn durch das ganze Verliebtsein war ich unvorsichtig geworden. So hatte meine erste Erfahrung mit diesem tollen Mädchen in der Hütte all meine Vorsichtsmaßnahmen außer Kraft gesetzt. Warum waren wir an der Haltestelle geblieben? Nur wegen des Regens? Nein, ich wollte sie küssen, das war mir wichtiger. Ich hätte darauf bestehen müssen, einfach weiterzugehen. Aber so war das wohl, wenn man über beide Ohren verliebt war.

Jenny verarztete meinen Arm und riss mich aus meinen Selbstvorwürfen: „Du kannst froh sein, dass du nicht getroffen worden bist, aber dein Arm scheint zumindest angebrochen zu sein."

„Jenny, viel wichtiger ist, dass dir nichts passiert ist. Es ist ja nur mein linker Arm. Ich bin Rechtshänder." Ich streichelte ihr zärtlich mit meiner rechten Hand über ihre Wange und gab ihr einen Kuss. „Danke, gut, du bist schon fast Ärztin und hast sogar einen Verbandskasten im Rucksack."

Ihre eine Augenbraue schnellte nach oben, als sie sagte: „Verarschen kann ich mich alleine, ich bin höchstens eine Krankenschwester in Ausbildung."

„Trotzdem: Meinem Arm geht es schon viel besser", versicherte ich.

Ich himmelte sie an, und nicht nur, weil sie über ein Jahr älter war, sondern auch so viel klüger.

Dichter Nebel kam auf, aber wir liefen trotzdem weiter. Wenn ich etwas hatte, dann war es Orientierungssinn. Ich hatte mich bisher in den schwedischen Wäldern so gut wie nie verlaufen. Es gibt so etwas wie einen inneren Kompass, doch ich war etwas verunsichert wegen der eventuellen Polumkehr-Schwierigkeiten. Dann könnte logischerweise der innere Kompass auch nicht mehr funktionieren. Dennoch hatte ich das Gefühl, er würde funktionieren.

Trotz der miserablen Sichtweite schlichen wir uns langsam voran. Wenn diese Leute zurückkommen sollten, würden sie uns nur finden, wenn wir noch in der Nähe waren. Meinem Kompass zufolge liefen wir einen großen Bogen, um am Morgen wieder auf unseren eigentlichen Weg zu stoßen.

Die Sonne ging gerade wieder auf, und an einem heruntergekommenen Bootshaus machten wir Rast. Etwas Schlaf musste sein, das sollte unsere Sinne wieder etwas schärfen. Wir machten es uns so gemütlich wie möglich und schliefen sehr schnell ein.

Natürlich wachten wir irgendwann mitten am Tag wieder auf und wussten dank einer dichten Wolkendecke nicht, wie spät es sein könnte. Der Helligkeit zufolge tippte ich auf frühen Nachmittag. Wir packten schnell unsere Sachen und gingen weiter. Die grobe Richtung war uns einigermaßen klar, denn wir konnten den Sonnenstand ungefähr abschätzen.

Völlig begeistert erkannten wir etwas später den Ort, an dem wir in der zweiten Nacht auf dem Hinweg übernachtet hatten.

„Collin, du bist prima! Wir haben den richtigen Weg wiedergefunden."

Da wir keine Verfolger vermuteten, machten wir sogar ein Feuer, um uns etwas von den Konserven aufzuwärmen. Satt und etwas beruhigter machten wir uns ein gemeinsames Bett mit den zwei Isomatten und unseren Schlafsäcken als Decken und genossen den Abend so gut es ging, denn mein Arm schmerzte immer noch stark, trotz Verband. Zwei Tage würde ich wohl noch durchhalten, dachte ich und schlief ein.

In dieser Nacht verfolgten mich abscheuliche Träume: von der alten Hexe, wie sie die Männer vom Lkw auf unsere Spur ansetzte. Sie hatte so eine Art Glaskugel, auf der man uns genau sehen konnte; wo wir gerade waren, wo wir gerade schliefen.

Umso glücklicher war ich, morgens neben Jenny aufzuwachen, was mir allerdings auch wie ein Traum vorkam.

An diesem Tag unterhielten wir uns pausenlos, während wir den uns bekannten Weg zurück Richtung Waldland liefen. Sie erzählte mir von ihrer Kindheit, wie sie mit den unzähligen Tieren auf dem kleinen Bauernhof ihrer Eltern zusammen mit ihren Geschwistern groß geworden war, und dass sie genau so ein Leben irgendwann mal für ihre Kinder wollte. Sie sagte, dass sie von den Wirren der alten Zeit nicht besonders viel mitbekommen habe, da ihre Eltern stets für eine möglichst heile Welt gesorgt hatten. Aber sie erzählte auch von den finanziellen Problemen, die ihre Eltern immer wieder gehabt hatten, da der Staat oder vielmehr die ESU, die Europäische Staaten Union, die Viehhaltung und generell das Leben auf dem Land immer teurer gemacht hatte. Es war kurz vor dem Ereignis schon fast so eine Art Straftat, so zu leben, wie unsere Familien gelebt hatten.

Bei mir war es ganz anders gewesen. Meine Eltern hatten kaum ein Blatt vor den Mund genommen, was sie von all dem gehalten hatten, was in der Welt und der Politik passiert war. Ich erzählte Jenny davon an diesem schönen Maitag: von den komplexen Strukturen der angeblichen Demokratie, die nicht viel mehr gewesen war, als die moderne Endversion einer kommunistischen Langzeitstrategie, wie mir mein Vater bei jeder Gelegenheit stets erklärt hatte – das war der wahre Grund für die Vollüberwachung jedes Menschen. Die Staaten hatten Angst vor dem Individuum, und deswegen musste es, das Individuum, am besten total überwacht werden, denn es komplett abzuschaffen, war ja schwer möglich. Eigentlich dürfte unser Planet gar nicht mehr existieren, hatte mein Vater oft gesagt, denn Klimawandel, Seuchen, Krieg und Terror müssten uns, inklusive des Planeten, schon längst vernichtet haben. Irgendwann war meinen Eltern bewusst geworden, dass es in den meisten Fällen um die bloße Angst ging: Sie sollte die Menschen gefügig machen. Und so waren nach und nach die digitale Vollüberwachung, Sozialkredit-Systeme und $CO_2$-Zertifikats-Plichten eingeführt worden.

„Weißt du, Jenny, die Welt, in der wir jetzt leben, kommt uns feindlich vor, aber die Welt vor dem Ereignis war viel feindlicher. Ich glaube, aus diesem Chaos kann etwas viel besseres Neues entstehen."

„Meine Eltern haben das auch gewusst. Ich habe sie einige Male über diese Sachen sprechen hören, und sie haben es genau wie deine Eltern gesehen. Ich habe nur nie nachgefragt, denn es war nicht für meine Ohren bestimmt. Sie haben das Beste daraus gemacht, doch gelitten haben sie auch darunter. Ich wüsste so gerne, wo sie jetzt sind, wie es ihnen geht." Jenny guckte mich an und wischte sich die Tränen aus den Augen.

Ich sagte ihr, dass wir sehr froh sein konnten, Waldland zu haben. Dass ihre Eltern, wenn sie von Waldland erfahren würden, sicherlich dort als Erstes nach ihr suchen würden.

Was ich ihr nicht sagte, war, dass ich es bevorzugen würde, wenn ihre Familie nichts von Waldland erführe. Ich hatte einfach Angst, sie könnten mir Jenny durch ihre bloße Anwesenheit wieder wegnehmen.

Jenny ließ mich sogleich wissen: „Da brauchst du dir keine Sorgen zu machen. Ich würde ohne dich nirgendwo hingehen."

Sie hatte mich bei meinen Gedanken ertappt, was mir erst peinlich war, aber dann als tiefe, vertraute Verbundenheit erschien; wahrscheinlich für immer, das wurde mir in diesem Moment klar. Trotzdem schwieg ich danach lieber, obwohl das auch nicht viel brachte. Jenny war mir das Allerheiligste, und wenn sie für immer jeden Gedanken aus meinem Kopf lesen konnte.

Wir kamen zu der ersten Bleibe, bei der wir auf dem Hinweg übernachtet hatten. Morgen sollte es nur noch ein Tagesmarsch nach Waldland sein.

Ich beschloss, diesen letzten Abend ohne Erwachsene mit Jenny besonders zu genießen. Vermutlich war es das letzte Mal für eine längere Zeit. So nah konnten wir uns in Waldland wahrscheinlich nicht so schnell sein. Wir sprachen darüber und beschlossen, es nicht öffentlich zu zeigen, aber auch nicht um jeden Preis zu verheimlichen. Trotzdem war uns klar, dass wir Probleme bekommen könnten, gerade mit Morten, denn er hatte keine Freundin. Deswegen wollten wir es ganz besonders vor ihm nicht zeigen, um nicht seine Missgunst zu wecken. Wir waren noch jung, aber alt genug, um einige intuitive offensichtliche Dinge zu erkennen.

Wir nutzen unsere Chance voll aus und hatten einen unbeschreiblich schönen Abend am Lagerfeuer – und dank des klaren Himmels sogar einen wunderschönen Sternenhimmel ohne Lichtverschmutzung. Zum ersten Mal wurde mir klar, wie schön der Sternenhimmel war, und zwar genauso so, wie er vor Hunderten von Jahren von den Menschen gesehen worden war. Uns wurde bewusst, wie klein und unbedeutend wir eigentlich waren, uns aber doch so sehr lieben konnten.

Der nächste Tagesmarsch war hart für mich.

Am Vortag hatte ich vor lauter Euphorie meinen Arm völlig vergessen, obwohl mich Jenny ein paarmal darauf hingewiesen hatte, mit meinem Arm vorsichtig zu sein. Logischerweise tat mir der Arm genau dann besonders weh. Mit jedem verdammten Schritt pochte es in meinem Arm, und ich konnte mein schmerzverzerrtes Gesicht vor Jenny nicht mehr geheim halten.

Sie blieb öfter stehen und fragte, ob wir eine Pause einlegen sollten.

Ich verneinte jedes Mal, obwohl ich eigentlich lieber Halt gemacht hätte. Aber ich wollte an diesem Tag gerne in meinem Bett schlafen, denn

Rückenschmerzen hatte ich mittlerweile auch bekommen. Ich vermutete, dass dies nicht an den unkomfortablen Schlafgelegenheiten, sondern eher an der Art des Schlafens mit Jenny im Arm gelegen haben könnte. Dazu kam noch die Verspannung durch den verletzten Arm.

Es konnte nicht mehr weit sein, geschätzt nur noch drei Stunden, und Jenny küsste mich bei jeder Pause, was mir immer wieder neue Kraft gab.

Ich dachte an den alten Film von Papa, den mit der Zeitmaschine aus den Achtzigern, durch den ich vor vielen Jahren mein erstes Englisch gelernt hatte, mit dem genialen Song von Huey Lewis & The News – *The power of love.* Mein Vater hatte damals tatsächlich noch so einen alten DVD-Player, auf dem ich den Film einige Male geguckt hatte, natürlich alle drei Teile.

Es war nicht mehr weit, und wir beschlossen, in der sicheren Nähe zu Waldland noch unsere letzten Vorräte über einem Lagerfeuer aufzuwärmen, um in den letzten Stunden unseren Trip Revue passieren zu lassen.

„Ich hoffe, es geht mit deinem Arm“, äußerte Jenny ihre Besorgnis, die ich ihr aber gleich wieder nahm: „Klar, gerade wenn wir sitzen. Nur die Bewegung tut weh.“

Sie kam zu mir und küsste mich. Sie sollte am besten nie aufhören, mich zu küssen, aber leider brauchte sie in diesem Moment ihren Mund zum Reden: „Ich möchte noch diesen Sommer mit dir zu meinem Elternhaus gehen, wenn das für dich okay ist.“

„Na klar ist das für mich mehr als okay!“

„Natürlich nur, wenn dein Arm wieder verheilt ist.“

Ich freute mich riesig und konnte es kaum erwarten.

Als wir spät am Abend in Waldland ankamen, traute ich zuerst meinen Augen nicht. Es war zwar noch nicht ganz dunkel, trotzdem sah ich das Leuchten von Licht aus der Nähe vom Hauptgebäude.

Jenny fragte: „Habe ich eine Halluzination, oder sehe ich Licht dort drüben?“

Den Blick immer noch auf das leuchtende Haus gerichtet antwortete ich: „Genau das Gleiche dachte ich auch gerade. Aber ich glaube, der Prof hat wohl die Bombe platzen lassen.“

Wir sahen vor dem Hauptgebäude mehrere Leute stehen. Wie die Fliegen wurden sie offensichtlich magisch vom Licht angezogen. Sie standen in Grüppchen und schienen sich zu unterhalten. Als sie uns entdeckten, kamen einige auf uns zu und fragten uns, wie unsere Reise gewesen war. Da unser Ziel den wenigsten bekannt war, sagten wir nur, dass es prima, aber sehr anstrengend gewesen wäre und ich mir den Arm verletzt hatte, da ich einen Abhang hinuntergefallen wäre.

„Wisst ihr, was passiert ist in der Zeit, als ihr nicht da wart?", fragte eines der Mädchen, die uns umringten. Es war sichtlich aufgeregt.

„Nein", sagte Jenny, „aber wir werden es sicher gleich erfahren. Erst mal muss ich mit Collin auf die Krankenstation."

Wir gingen in das Hauptgebäude und hofften, dass der Doc an seinem Arbeitsplatz war. Tatsächlich war er das, und wir waren erstaunt, wie voll es auf der Station war. Schon im Flur standen zwei Betten, jeweils mit Tropf. Irgendetwas musste passiert sein, während wir weg gewesen waren.

Der Doc winkte ab und bat Jenny zu bleiben, da hier reichlich zu tun wäre: „Während ihr im Urlaub wart, ist hier die Hölle los gewesen."

Wir wagten nicht weiter zu fragen, und Jenny sagte: „Collin, wenn es irgendwie geht mit deinem Arm, geh nach Hause. Ich glaube, hier brauchen erst mal andere Schwerverletzte meine Hilfe."

Natürlich hatte ich Verständnis. Eigentlich wollte ich ihr so viel mehr sagen, aber ich erkannte den Ernst der Situation. Ich überlegte kurz, hoch zum Prof zu gehen, dachte aber, ich würde früher oder später sowieso erfahren, was los war. Das Ergebnis unserer Expedition war wahrscheinlich in diesem Moment nicht so wichtig.

Auf dem Flur traf ich Caroline, die mir mitteilte: „Der Prof kontaktiert dich morgen – und Morten ist … ist momentan …, also, er ist nicht da." Mit diesen Worten verschwand sie eilig Richtung Krankenstation mit einer Tasche voller Verbandszeug.

Was auch immer passiert war, ich konnte mir vorstellen, dass es zu vielen Verletzten und vielleicht sogar Toten geführt haben musste.

# 19. ANGRIFF

Ich war mir ziemlich sicher, dass es einen Angriff gegeben haben musste. Ich war an diesem Abend mit meinem schmerzenden Arm alleine in unserer Hütte. Es war gut, dass ich total müde und kaputt war, denn ich brauchte tatsächlich keine Minute, um einzuschlafen. Meine etwas durchgelegene, aber noch bequeme Matratze linderte die Schmerzen im Rücken wie auch im Arm. Kaum hatte ich mich richtig positioniert, ging ich sofort in den Standby-Modus über.

Es war schon hell, als ich am nächsten Tag wieder aufwachte. Ganz Waldland war ungewöhnlich still. Ich hörte keine Arbeiter mit Hämmern, Sägen oder Äxten, die Holz spalteten oder Häuser bauten. Irgendwie kam mir das gespenstisch vor. Ein Blick Richtung Jennys Bett war noch gespenstischer, denn sie war nicht da. Das Bett sah genauso aus wie gestern Abend, und ich war mir sicher, dass sie nicht nach Hause gekommen war.

Trotz der morgendlichen Aufregung überfiel mich ein unbändiges Hungergefühl, und mir fiel ein, dass ich gestern Abend ganz vergessen hatte, etwas zu essen. Eine Tüte mit Haferbrot und Honig stand auf dem Tisch – aus Waldlands eigenem Anbau. Den Leuten war klar, dass es irgendwann kein Dosenfutter mehr geben würde, und Brot aus der Dose war sowieso eine Seltenheit. Tatsächlich hatte ich mit meinem Vater einmal Brotkonserven gefunden. Es war so eine Art Pumpernickel gewesen, also ähnlich wie Schwarzbrot, und hatte einen bitterlich-sauren Eigengeschmack nach Dose. Besser als nichts, aber das Haferbrot war dagegen ein echter Traum.

Es klopfte wenig später an der Tür. Ich hatte eigentlich mit Jenny gerechnet, aber es war der Prof.

„Hallo, Collin. Gut, dass ihr es mehr oder weniger heil zurückgeschafft habt. Wir hatten uns schon Sorgen gemacht, aber durch den Vorfall hier noch nichts Konkretes unternommen. Ihr hattet ja etwas Verspätung."

Ich fing an zu berichten: „Wir wurden verfolgt, von so Männern auf einem Lkw. Ich bin –"

„Weiß ich schon", unterbrach mich der Prof und erklärte: „Jenny hat mir alles erzählt. Sie hat bis in die Nacht gearbeitet. Gott sei Dank seid ihr zurückgekommen. Ich glaube, zwei unserer Männer hätten es sonst nicht geschafft. Ich vermute, aus Jenny wird mal eine hervorragende Ärztin."

„Was ist denn eigentlich passiert?"

„Ich dachte, du wüsstest es schon, sonst hätte ich es dir als Erstes erzählt: Wir wurden angegriffen. Einen Tag, nachdem ich den Menschen von Waldland vom Strom erzählt hatte – sogar mit Vorführung. Ich hatte mittels Solarzellen und Batterien den Vorplatz vom Hauptgebäude erleuchtet. In der Nacht ist es passiert. Ich möchte nicht hoffen, dass gerade das Licht es war, das unsere Angreifer zum Angriff bewogen hat."

Ich fand es bewundernswert, wie gewählt sich der Prof trotz dieser Ereignisse ausdrücken konnte.

Er fuhr fort: „Eigentlich scheißegal, denn wie lange sollte ich das noch geheim halten? Wir waren ja nicht die Angreifer. Sie kamen mitten in der Nacht und bewegten sich aufs Hauptgebäude zu. Einige deiner Kameraden bemerkten die Eindringlinge, denn du weißt ja selber, es gibt immer Wachposten, und das ist auch gut so. Sie sagten Morten Bescheid und organisierten sich schnell zur Verteidigung. Die Angreifer waren mindestens zu zehnt, wenn es nicht sogar zwölf Männer waren. Woher sie kamen, wissen wir nicht, aber sie waren gut vorbereitet, denn sie kamen genau an den Orten rein, wo keine Wachen standen. Ich halte das für keinen Zufall. Sie müssen uns schon länger ausgespäht haben, ist jedenfalls meine Vermutung."

„Was ist dann passiert?", wollte ich wissen.

„Sie haben sich vor dem Hauptgebäude versammelt und wollten wohl gerade stürmen, als unsere Leute sie stellten. Es kam zu einem Schusswechsel, bei dem zwei unserer Männer und einer ihrer Männer sofort starben. Unsere Leute schätzen, dass sie mindestens vier, wenn nicht sogar noch mehr angeschossen haben, aber vermutlich hatten einige von ihnen kugelsichere Westen an. Jedenfalls verfolgten unsere Männer die Eindringlinge, die bei ihrer Flucht auf alles schossen, was ihnen zwischen Kimme und Korn kam. Leider haben wir jetzt drei Verletze: Männer der Verteidigung, wovon einer immer noch in Lebensgefahr schwebt, und leider sogar zwei schwer verwundete Zivilisten, die mit der ganzen Sache absolut nichts zu tun hatten, und nur wegen des Lärms am falschen Platz zum falschen Zeitpunkt waren. Wir wissen nicht, was, wer und warum, können uns aber denken, worum es ging."

„Wie furchtbar!", das Zittern in meiner Stimme war kaum zu überhören: „Wo ist Morten?"

„Morten ist leider der, der noch ums Überleben kämpft. Wenn sich die Lage wieder etwas beruhigt hat, berufen wir die nächste Sitzung ein. Collin, dann könnt ihr von eurer Reise berichten."

Der Prof ging.

Ich war wieder alleine und hatte Zeit, etwas nachzudenken. Stolz erfüllte mich, denn ich war mit dem Mädchen zusammen, welches wahrscheinlich zwei Menschen das Leben gerettet hatte. Unsere Mission war zwar momentan eher zweitrangig, aber ich freute mich schon, von unseren Erkenntnissen zu berichten. Ich beschloss, Jenny auf der Krankenstation zu besuchen und gegebenenfalls etwas zu helfen. Aber die Krankenstation war immer noch überfüllt, und ich traute mich nicht hinein. Deswegen setzte ich mich einfach auf einen Stuhl und unterhielt mich mit den anderen wartenden Angehörigen im provisorischen Wartezimmer auf dem Flur. Es war eindeutig eine Spaltung zwischen den Menschen zu spüren. Einige gaben tatsächlich dem Pastor die Schuld, denn sie waren der Meinung, er sei ein Verräter. Die anderen waren sicher, er hätte damit nichts zu tun und würde nur dazu beitragen, dass Waldland zu einem besseren Ort würde. Ich fand es erschreckend, wie eine Person die Menschen so spalten konnte, obwohl ich eindeutig eine Meinung zu dieser Sache hatte, diese aber lieber nicht äußerte.

Endlich kam Jenny und verkündete: „Für heute kann ich nichts mehr tun. Lass uns nach Hause gehen!"

Wir gingen, denn Jenny war total fertig. Sie sagte, sie und der Doc hätten alles gegeben, aber um Morten und einen meiner Kameraden stünde es nach wie vor schlecht. Sie schlief an diesem Abend mindestens zwölf Stunden, was ich von ihr überhaupt nicht kannte. Aber es wunderte mich nicht, sie musste völlig ausgepowert sein.

Kaum hatten wir am nächsten Morgen gefrühstückt, brachte ich sie wieder zur Arbeit. Das war für mich der absolute Beweis, dass man für seine Arbeit nicht unbedingt entlohnt werden musste. Wenn man etwas lernte und es die Berufung war, war das alleine manchmal Lohn genug.

Jenny verabschiedete sich mit einem Kuss von mir. „Wir sehen uns heute Abend auf der Ratssitzung."

Ich verbrachte den Tag mit Wacheschieben, einem ebenfalls freiwilligen Dienst, denn eigentlich war ich für die nächsten Tage und auch danach nicht eingeteilt worden. Vermutlich würde es auch bis auf Weiteres keine Einteilung mehr geben, denn die Situation mit Mortens Gesundheitszustand und dem Ausfall einiger aus meiner Gruppe der Verteidigung hatte die Planung etwas durcheinandergebracht.

Bei der Sitzung des Rates am frühen Abend kam Jenny etwas zu spät. Sie war allerdings entschuldigt, denn sie musste sich bei dieser Sitzung sowieso mit dem Doc abwechseln, schließlich konnten die Patienten nicht ohne Betreuung sein. Jenny machte also den Anfang und berichtete über den Gesundheitszustand der Verletzten.

Der Prof sagte: „Hiermit wollen wir den Verletzten unsere besten Genesungswünsche aussprechen. Mir ist es heute wichtig, erst mal einige Eckpunkte klarzustellen, und danach werde ich einige Vorschläge machen, über die wir dann abstimmen werden. Punkt eins ist natürlich die Verteidigung von Waldland. Es ist elementar wichtig, Waldland sicher zu machen. Dies können wir aber nur auf freiwilliger Basis tun, und wenn es nach mir geht, bin ich in meiner Meinung absolut gefestigt, dass dies auch so bleibt. Davon einmal abgesehen, sind die Menschen, die diesen Job machen wollen, auch die besten dafür. Das heißt nicht, dass wir für die Verteidigung nicht werben sollten. Ich halte den Zeitpunkt für gut, über Privilegien für die Verteidigung nachzudenken. Nichts ist wichtiger als die Verteidigung und die Sicherheit in Waldland. Alle Menschen hier haben genug durchgemacht und brauchen nichts weniger als Stress von außen. Ich möchte, dass ihr euch über diesen Punkt bitte Gedanken macht und über die folgenden Punkte ebenso, denn wir werden morgen in einer weiteren Sitzung darüber entscheiden. Übermorgen wird es dazu noch eine allgemeine Kundgebung des Rates geben, vorausgesetzt, alle hier sind damit einverstanden."

Es kam kein Widerspruch, also fuhr der Prof fort: „Punkt zwei ist die Demokratie in Waldland. Das Mitspracherecht von mittlerweile über sechshundert Bewohnern in Waldland muss gewährleistet werden. Es wird hier kein Parteiensystem geben, denn diese Systeme haben gezeigt, dass sie auf lange Sicht nicht zufriedenstellend funktionieren:

Blockbildung, Koalitionen und so weiter. Deswegen stelle ich ein System der direkten Abstimmung der Bürger zu wichtigen Sachverhalten sowie einen Bürgerrat zur Debatte, der ein Gegengewicht zum Waldlandrat bilden soll. Punkt drei sind bauliche und strukturelle Veränderungen in Waldland. Ich möchte nochmals klarstellen, dass dieses Land eigentlich mein Land ist, auch wenn es keinen Staat mehr gibt, der das belegen oder nachweisen könnte. Trotzdem habe ich Waldland als Auffanglager aufgebaut und nehme mir das Recht heraus, zumindest grobe Änderungen in Struktur und Bauvorhaben alleine zu entscheiden. Und wir sprechen hier jetzt nicht über eine kleine neue Hütte für weitere Bewohner, sondern eben um merkbare wesentliche Umstrukturierungen wie zum Beispiel Kirchen. Über die Mission von Collin und Jenny reden wir morgen auch noch."

Alle redeten wild durcheinander, als die Tür aufging und der Doc hereinkam. „Jenny, übernimmst du?", fragte er, und Jenny ging.

Die Anwesenden klatschten und sprachen ihren Dank aus.

„Nun kommen wir zu den Vorschlägen meinerseits", sagte der Prof, nachdem sich die Leute wieder etwas beruhigt hatten, und ergänzte: „Die Verteidigung muss neu aufgestellt werden. Außerdem plädiere ich dafür, die Außensicherung so weit auszubauen, dass auch bevorstehende Gefahren erkannt und abgewehrt werden können."

Die anderen Punkte hatte der Prof schon mit seiner Empfehlung ergänzt, und somit wurde der weitere Abend mit einigen Diskussionen über den aktuell laufenden Anbau unserer Lebensmittel sowie dem weiteren Ausbau unserer Hühnerfarm und der Schweinehaltung weitergeführt. Auch die zunehmende Einwohnerzahl müsse berücksichtigt werden.

Etwas enttäuscht gingen wir nach Hause, denn wir hatten uns mental auf den Bericht unserer Geschichte vorbereitet. Wir konnten aber durchaus verstehen, dass es aktuellere und wichtigere Themen gab. Trotzdem freuten wir uns am nächsten Tag, den Verlauf der Dinge endlich schildern zu können.

Der Doc hatte sich kurz vor der Sitzung meinen Arm doch noch einmal angesehen und gesagt, dass er schnell verheilen müsste, da ich noch jung sei und die Knochen schnell zusammenwachsen würden. Er wäre wohl nur angebrochen, was den Heilungsprozess zusätzlich beschleunigen dürfte.

Wir hatten vorher noch einmal alles, was wir sagen wollten, abgesprochen und beschlossen, dass wir einige Dinge nicht erwähnen würden, da wir die Sorge teilten, dass zum Beispiel die Erwähnung der Berge aus Elektroschrott und Scheiße der Glaubwürdigkeit unserer Geschichte nicht zuträglich wäre. Auch die sich verändernde Stimme der Alten mit ihrem Gammelfleisch beschlossen wir nicht unbedingt zu erwähnen. So berichteten wir nur von dem Keller und den Kammern und dass wir lieber schnell abgehauen waren. Aber die Szenerie mit dem Lkw, den Schüssen und den Verfolgern erzählten wir so, wie wir es erlebt hatten.

Das Fazit des Profs fiel ernüchternd aus: „Genau so etwas hatte ich mir gedacht. Das hört sich für mich eher satanistisch an als heilig."

An diesem Abend wurden existenzielle Maßnahmen beschlossen. Morgen würden diese der Allgemeinheit bekannt gegeben werden, und auch darauf waren wir jetzt schon gespannt. Bei den Vorschlägen zu den am Vorabend ausgerollten Themen gingen alle in die gleiche Richtung: Eine verschärfte Aufrüstung und Verteidigungsfähigkeit Waldlands wurde beschlossen. Keiner sollte hier mehr raus- oder reinkommen, ohne vorher an einer Wache vorbeizumüssen.

Der Prof beschloss: „Diese Maßnahmen sind wenig freiheitlich, aber leider unvermeidbar – hoffentlich nur vorrübergehend. Offensichtlich hatten die Angreifer keine Möglichkeit, ihre Versorgung über Plünderungen in leerstehenden Häusern, Supermärkten oder Produktionsstätten weiter ausreichend zu organisieren. Ich möchte nicht ausschließen, dass das Licht sie angelockt hat, aber vielmehr glaube ich, dass es der Hunger war. Ob es die Exister gewesen sind, wissen wir nicht. Ob es die Exister, so wie wir es denken, überhaupt gibt, wissen wir auch nicht, und wie sie organisiert sind, erst recht nicht. Wenn es sie also überhaupt gibt, wissen wir kaum etwas über sie. Es stellt sich für mich die Frage, was wir überhaupt wissen. Wir wissen, dass es momentan keine Polizei, Armee oder sonstige ordnungsschaffenden Instanzen gibt. Das heißt, wir können uns nur selber verteidigen; und das werden wir ab heute verstärkt tun. Nur so können wir weitere Opfer vermeiden. Waldland soll eine sichere Zuflucht sein und auch bleiben. Zudem werde ich mit dem Pastor das persönliche Gespräch suchen und selber versuchen, etwas herauszubekommen. Ganz unter uns: Wir müssen ausschließen können, dass er unserer Gemeinschaft aktiv schadet, denn passiv tut er es bereits – durch die Spaltung der

Menschen und durch seine fragwürdige Ideologie. Wir können hier niemanden brauchen, der Waldland in irgendeiner Weise schadet. Nur so kann unser kleines Ökosystem hier funktionieren. Als letzten Tagesordnungspunkt möchte ich anbringen, dass der Strom, den wir mit einigen wenigen Solarpanelen, Ladereglern und Batterien produzieren können, anscheinend stabil läuft. Die Batterien sind leider sehr schwach und können für die Nacht nur sehr wenig Energie liefern. Das liegt an den langen, inaktiven Standzeiten der Batterien, die bekanntermaßen für alle Batterien schädlich sind. Wer also der Meinung ist, ab morgen seine Wäsche wieder in einer Waschmaschine waschen zu können, liegt leider total falsch. Es reicht gerade für die nächtliche Beleuchtung einiger strategisch wichtiger Punkte. Die Aufgabe der Verteidigung muss also auch sein, mehr Kabel, Laderegler und Batterien zu besorgen. Ich und Karl Ohlsen, unser Elektriker, der ab der nächsten Sitzung auch mit in unserem Rat vertreten sein wird, können die defekten Kondensatoren ersetzen. Er hat eine Möglichkeit gefunden, sie sozusagen durch andere Bauteile zu ersetzen. Und dank der Entdeckung der Neutrinovoltaik-Zellen in den Kinderspielzeugen haben wir es geschafft, einige Messgeräte wiederzubeleben, einen Lötkolben zu aktivieren und einiges zu reparieren."

Wieder einmal waren das für uns fast mehr Informationen, als wir aufnehmen konnten. Deswegen begnügten wir uns mit einem zärtlichen Abend, ohne viel zu reden. Natürlich war es fürchterlich genug, dass Morten vielleicht nicht überleben würde, aber andererseits hatten wir so sturmfreie Bude.

Auf der Krankenstation arbeiteten inzwischen vier Leute. Jenny hätte ihr Pensum sonst sowieso nicht durchhalten können. Das Schöne an dieser Situation war aber, umso verrückter es im Äußeren wurde, umso mehr fühlten wir uns zueinander hingezogen. So konnten wir wahrscheinlich fast alles überstehen.

Am nächsten Tag fand die große Veranstaltung beim Hauptgebäude statt. Mittlerweile war es mindestens bis zehn Uhr abends hell, und trotzdem war sogar eine Lichterkette aufgehängt worden. Ich glaube, es sollte den technischen Fortschritt in Waldland untermalen und vielleicht gleichzeitig vom Rückschritt in Sachen Sicherheit ablenken.

Der Prof schaffte es geschickt, in seiner Rede die Sachen so darzustellen, dass man eigentlich nur das Gefühl haben konnte, alles würde besser. Ich konnte mir vorstellen, dass früher einmal die Politiker genauso geredet haben mussten, um wiedergewählt zu werden. Da aber gar keine Wahl bevorstand, musste es wohl die Spaltung der Menschen sein, die ihn zu einer solchen Rhetorik veranlasste.

Eine eindeutige Mehrheit der Einwohner von Waldland sah nach seiner Rede so aus, als ob sie ihm zustimmen würde, aber ich hörte auch Gegenstimmen. Es waren die üblichen Verdächtigen, die wir in einigen Tagen bei der ersten Freiluftpredigt des angeblichen Pastors wiedersehen würden. Sie schimpften mehr oder weniger auf den Prof. Worte wie *Diktator* oder *gottloses Geschwafel* fielen.

Ehrlich gesagt war es mir egal, denn ich hatte sowieso etwas Kummer, weil ich heute Abend alleine schlafen musste, da Jenny eine Nachtschicht übernehmen würde. Das Problem an den Nachtschichten, die sie spontan übernahm, war aber vielmehr, dass sie dabei total aus dem Rhythmus kam und auch die nächsten Tage teilweise tagsüber schlafen würde. Es war egoistisch von mir, so zu denken, das wusste ich, und tat dagegen das einzig Richtige: Ich meldete mich zum freiwilligen Wachdienst – in den gleichen Nächten, in denen sie auch arbeitete. So hatte ich automatisch mehr von ihr.

Sie verabschiedete sich mit einem Kuss an der Eingangstür vom Hauptgebäude. Wir versicherten uns vorher, dass uns keiner sehen konnte.

Ich sagte, dass wir morgen zu Marta müssten, wegen des Fotos. Sie nickte und wünschte mir eine gute Nacht.

Am nächsten Tag gegen Mittag, nachdem wir beide nur einige Stunden geschlafen hatten, gingen wir zu Marta. Sie sagte, dass sie uns schon gesehen hatte, uns aber nicht hatte nerven wollte.

Es wäre kein Problem, beschwichtigten wir, aber erwähnten natürlich nicht, dass wir fast vergessen hätten, ihr die Fotos zu bringen.

Jedenfalls freute sie sich riesig und gab zu, dass sie nicht gedacht hätte, dass wir es schaffen würden. „Es ist eine so feindliche Welt da draußen, wir hatten damals schon Probleme, überhaupt wegzugehen. Die anderen hatten komische Haufen aus alten Haushaltsgeräten gebaut, die sie dann mit Viehmist beschmissen. Habt ihr das gesehen?", fragte sie, und ich überlegte kurz, ob ich etwas darüber erzählen sollte.

Ich guckte Jenny an, und sie nickte: „Ja, die haben wir gesehen, und wir haben uns gefragt, was sie zu bedeuten haben."

Marta überlegte kurz. „Die verbliebenen Bewohner unseres Dorfes haben auf Anweisung unseres freundlichen Nachbarn, der sich heute Pastor nennt, diese Haufen gebaut. Sie holten kollektiv aus allen Häusern die Geräte, und der Schweinebauer unseres Dorfes stellte den Mist dafür zur Verfügung. Was genau es bezwecken sollte, kann ich euch noch nicht mal sagen, aber ich hörte einige beim Aufbau der Türme darüber reden, dass es die Untermenschen abhalten solle, sie anzugreifen. Ich habe das Ganze für irgendeinen okkulten Schwachsinn gehalten, und Tom stimmte mir zu. Auch im Dorf bei uns waren nicht mehr viele übrig, aber die Übriggebliebenen hielten regelmäßige Treffen in der Scheune des Schweinebauers ab. Ich vermute, dass es eine Idee des sogenannten Pastors gewesen ist, denn er war immer mit von der Partie."

Jenny sagte: „Viele scheinen nicht mehr übrig geblieben zu sein, denn wir haben nur die Mutter des Pastors in dem Haus getroffen, niemanden sonst." Ihr war der Satz wohl eher herausgerutscht, denn wir hatten eigentlich beschlossen, nicht darüber zu reden.

Marta lachte, was ein komischer Anblick war, denn wir hatten sie vorher noch nie lachen gesehen. „Die Mutter? Niemals, der hat keine Mutter, die da wohnt. Tom und ich haben in den ganzen Jahren, die wir da gewohnt haben, nie jemanden von der Familie gesehen. Kein Kind, keine Mutter, keinen Vater oder sonst wen. Deswegen haben wir uns ja auch so gewundert, als er hier mit seiner angeblichen Familie angerückt ist. Ich kann euch sagen, wenn der Pastor nicht gerade ein Zwillingsbruder von unserem Nachbarn ist, stimmt die Geschichte von vorne bis hinten nicht. Und ich sage euch noch was: Toms Tod hat etwas mit ihm zu tun, so viel weiß ich. Nur beweisen kann ich es leider nicht." Sie guckte wieder auf die Fotos, und ihr kamen die Tränen.

Jenny und ich beschlossen zu gehen und verabschiedeten uns.

In einigen Stunden würde ganz Waldland der Rede des Profs lauschen, und wir wollten vorher noch etwas essen. Jenny sollte wieder eine Nachtschicht auf der Station und ich Wachdienst schieben.

Während des Essens, welches aus Eiern der Waldlandhühner, Haferbrot der Waldland-Getreideflächen und Honig der Waldlandbienen bestand, fragte mich Jenny: „Glaubst du, wir bleiben für immer hier?"

„Nein, ich denke, wir werden irgendwann etwas Eigenes auf die Beine stellen."

Jenny grinste verlegen.

Für mich war das wieder einer dieser Momente, in denen ich alles vergaß und ein wohliges, warmes Bauchgefühl bekam. Wir waren wie Piraten aus einem alten Piratenfilm, die nicht genau wussten, wohin der Kurs sie führte, aber für die der Weg selbst das Ziel war.

Wir machten uns auf den Weg zum Treffen. Es war ein wunderbarer lauer Abend Ende Mai mit strahlend blauem Himmel. Die Sonne im Osten zeichnete einen herrlichen orange-roten Horizont über den Wipfeln der Kiefern, die Waldland umrandeten.

Es schienen wirklich schon fast alle Bewohner Waldlands da zu sein, als wir ankamen.

Überrascht waren wir von zwei Lautsprecherboxen, die aufgestellt worden waren. Auch eine Lichterkette war wieder aufgehängt worden. Alleine die Atmosphäre, die von den Menschen, dem Licht und der Stimmung der untergehenden Sonne ausging, war atemberaubend. Man hatte eher das Gefühl, man würde auf ein Konzert gehen. Ich war nie auf einem Konzert gewesen, aber ich hatte Videos von Livekonzerten mit meinen Eltern gesehen. Das war lange her, aber ich konnte mich noch daran erinnern, wie ich mir vorgestellt hatte, wie es sich anfühlen musste und welche Stimmung dort wohl geherrscht haben muss.

Der Prof kam und wurde tatsächlich begrüßt wie ein Popstar. Die Leute applaudierten, einige pfiffen sogar. Durch ein Mikrofon mit einem Kabel fing er seine Rede an: „Hallo, liebe Leute. Nein, ich bin nicht John Bon Jovi!" Gelächter ging durch die Menge, und der Prof fuhr fort: „Heute möchte ich euch mehrere Dinge mitteilen, die euch vielleicht gefallen werden, aber einigen vielleicht auch nicht. All denen, denen etwas nicht gefällt, was ich heute Abend verkünden werde, sei im Vorweg gesagt, dass es zukünftig einen Bürgerrat geben wird, der gleichberechtigt sein wird mit dem jetzigen Waldlandrat, der seit Bestehen Waldlands damals aus bloßer Notwendigkeit eingerichtet wurde. Inzwischen sind wir so viele, dass es unserer Meinung nach eines Mitspracherechts jedes einzelnen

Bewohners Waldlands bedarf. Grund dieser Entscheidung sind natürlich die kürzlich erfolgten Attacken auf Waldland und seine Bewohner. Kraft meiner Verantwortung als Gründer dieser Gemeinschaft stelle ich euch die Organisation und Planung des Bewohnerrates zur freien Verfügung. Falls euch also irgendwelche Entscheidungen vom Waldlandrat nicht zutragen, könnt ihr so ein Veto einlegen, und es gibt eine demokratische Abstimmung über den Sachverhalt."

Die Menge klatschte, und nur eine ungewollte Rückkopplung brachte die Menge wieder zur Ruhe.

So konnte der Prof weiterreden: „Es gibt kein Geld mehr. Und sicher, einige von euch haben ganz bestimmt noch ein paar alte Kronen auf der digitalen Wallet oder sogar noch ältere echte Scheine im Portemonnaie, aber es gibt faktisch keine Währung mehr. Wir sollten uns also eine Art Währung ausdenken. Ich habe mir da schon Gedanken gemacht. Weitere Informationen gebe ich raus, wenn dies konkreter wird. Und auch dann wird es eine Abstimmung darüber vom Waldlandrat und natürlich auch vom Bürgerrat geben, den ihr bis dahin einrichten müsst."

Wieder klatschten die Leute und waren sichtlich euphorisiert.

„Denn der nächste Punkt", setzte der Prof fort, „der hängt damit sozusagen zusammen. Die schwer verletzten Menschen auf unserer Krankenstation kämpfen weiterhin um ihr Leben. Sie haben alles gegeben, um unsere Gemeinschaft hier zu verteidigen. Die Verteidigung Waldlands muss also im Moment unsere größte Aufmerksamkeit genießen. Die Überfälle werden nicht aufhören, solange wir nicht ganz klar eine Verteidigungsüberlegenheit aufgebaut haben. So muss in Form eines Anreizsystems eine Grundlage für die Verteidigung gelegt werden. Ihr seht selber, wie der Fortschritt in Waldland Gestalt annimmt: Ich spreche heute mit einem Mikrofon zu euch, über mir ist eine Lichterkette, und wir haben bereits an einigen Stellen Lampen fest installiert, was nicht nur die Sicherheit erhöht, sondern auch Neider auf den Plan rufen könnte. Also sollten Dinge wie Lebensmittelversorgung, Brennholzversorgung, Schule, Kranken- und Altenpflege sowie Verteidigung und Elektroforschung besonders vergütet werden. Deshalb plädiere ich für eine Art Währung und bitte somit des Weiteren auch um Vorschläge eurerseits."

# 20. DIE KRÄFTE

Der Prof erzählte noch einiges mehr, aber wir kannten das meiste bereits.

Während ich mich mit einem Kuss vor der Tür zur Krankenstation von Jenny verabschiedete, sagte sie: „Der Prof hat vor lauter Stromeuphorie vielleicht eines vergessen: Die meisten Bewohner Waldlands haben ja bestimmte Fähigkeiten, und ich bin mir sicher, dass das der Schlüssel zum Erfolg sein könnte – und nicht eine riesige Armee oder bedrucktes Papier."

Ich war völlig geplättet von ihren Worten und fragte mich ganz ehrlich, warum mir diese Gedanken noch nicht selber gekommen waren. Ich gab Jenny daraufhin einen zweiten Kuss, nur diesmal etwas länger und ausführlicher. Das war sozusagen meine Antwort.

Leider mussten wir aufhören, weil jemand um die Ecke kam.

Irgendwie hatte ich das Gefühl, dass unser Tag- und Nachtrhythmus völlig durcheinandergekommen war, seitdem wir wieder hier waren. Zumindest was mich anging, konnte ich mich nicht mehr gut konzentrieren. Meine Gedanken flogen hin und her wie ein verstörter Vogelschwarm auf der Flucht vor einem Falken. Das musste sich meiner Meinung nach ändern, denn so konnten wir jedenfalls nichts erreichen.

Ich hatte absolutes Verständnis für die Kranken und Jennys Job, aber ich glaubte, sie könne sich irgendwann auch nicht mehr konzentrieren und würde dann eventuell einen schwerwiegenden Fehler machen. Und das konnte in ihrem Job bekanntlich tödlich ausgehen, jedenfalls für den Patienten.

Vorerst aber erzählte sie am nächsten Tag beim Mittagessen, das mittlerweile unsere Frühstückzeit geworden war, dass es Morten endlich besser ging. Er würde sich erholen, aber um einen anderen Kameraden stand es nach wie vor ziemlich schlecht und er würde es wahrscheinlich nicht schaffen. Einige andere, eher leichter Verwundete waren bereits in den letzten Tagen entlassen worden, und somit wurde es langsam etwas ruhiger auf der Station.

Wir hatten beide einen freien Tag und so blieb uns etwas Zeit bei strahlender Sonne, die seit inzwischen etwa vier Jahren nicht mehr von Kondensstreifen getrübt wurde. Es war von Waldland aus nicht weit zum Meer.

Nach zwanzig Minuten erreichten wir den Strand, der zwar leider kein Sandstrand war, aber durch die hellen Kieselsteine und Felsen durchaus Strandcharakter hatte. Wenn man wollte, konnte man hier sogar problemlos baden, und wir wussten, dass diese Möglichkeit im Sommer, sobald das Wasser sich erwärmt hatte, auch von fast allen Bewohnern immer gerne genutzt wurde. Zum Baden war das Wasser jetzt noch zu kalt, obwohl es tatsächlich Leute gab, die selbst im Winter durch den Schnee stapften, um sozusagen ein Eisbad zu nehmen.

Das war jedenfalls nicht unser Plan für den heutigen Nachmittag, obwohl wir ja sogar schon in dem See bei der Hütte geschwommen waren. Es ging vielmehr darum, etwas Sonne zu tanken und dabei ungestört zu sein.

Ich gestand Jenny: „Mir geht es nicht besonders gut damit, ständig die Nacht zum Tage zu machen. Sagen wir, es schärft nicht gerade meine Sinne."

Jenny antwortete nicht direkt und ließ etwas Zeit vergehen. „Zuerst habe ich gedacht, der Schlafentzug schärft gerade meine Sinne, habe dann aber auch gemerkt, dass es langfristig genau das Gegenteil bewirkt. Du musst dir mal vorstellen: Wir hätten fast vergessen, Marta ihre Fotos zu bringen. Und was wir in diesem verfluchten Dorf erlebt haben, war eigentlich wirklich grauenhaft, wenn man es genauer betrachtet. Ehrlich gesagt hat es mich bis in meine Träume verfolgt, und das sage ich dir nur, weil ich es mit dir erlebt habe und dich liebe."

„Ich liebe dich auch, Jenny. Was meintest du genau mit den Kräften der Bewohner und der Verteidigung? Meinst du, es gibt bessere Möglichkeiten, als wir uns das jetzt vorstellen können?"

Sie erwiderte: „Ja, ganz eindeutig. Irgendjemand muss den Leuten sagen, dass sie mit ihren Kräften Waldland besser beschützen können als jede Armee. Und jetzt halte dich fest, Collin, dein Kamerad von der Verteidigung, der jetzt im Sterben liegt – denn ich glaube ganz ehrlich, wir können nichts mehr für ihn tun, außer ihm Schmerzmittel zu geben –, hat gesagt, dass er die Angreifer hat kommen sehen. Er war es sogar, der zu Morten gegangen ist und ihn auf einen bevorstehenden Angriff hingewiesen hat. Leider war er etwas zu spät dran, sodass seine Warnung nicht wirklich effektiv war. Aber er hat es vorausgesehen, und ich denke, es wäre womöglich wesentlich schlimmer ausgegangen, wenn er es nicht vorhergesehen hätte. Weißt du, ich glaube nicht, dass ein Sterbender lügt."

„Das ist heftig", sagte ich, um dann die folgende These aufzustellen: „Ich könnte mir vorstellen, dass der Pastor ein Spion ist. Denn ich bin mir sicher, er ist keiner von uns. Er lenkt ab mit seiner heiligen Masche, und leider fallen viele darauf rein. Er ist ja auch geschickt mit dem, was er teilweise so sagt. Aber ich finde, man kann ganz eindeutig die Unehrlichkeit heraushören – selbst, ohne in seine Gedanken einzudringen. Mit seinem Kirchenbau setzt er meiner Meinung nach noch einen drauf."

„Ist eine Scheißsituation", erwiderte Jenny und ließ ihren Gedanken weiter freien Lauf: „Eigentlich kann es uns doch völlig egal sein, ich habe ehrlich gesagt keinen Bock mehr, für den Prof oder den Rat weiter zu spionieren. Ich habe irgendwie das Gefühl, ich brauche diesen ganzen Scheiß nicht. Wir haben uns, und das ist doch im Moment das Wichtigste."

Daraufhin küssten wir uns leidenschaftlich.

„Du hast recht", sagte ich, ein wenig außer Atem, „aber ich finde es auch wichtig, dass wir gewisse Sonderrechte haben, auch wenn wir dafür einige Dinge tun müssen."

Sie stimmte mir zu, dass Gefühle und Realität manchmal schwer unter einen Hut zu bringen seien, und sagte: „Die Vereidigung Waldlands ist locker mit den Kräften der Menschen zu bewerkstelligen. Irgendjemand muss sie zusammenbringen und ihnen das erklären, bevor wir hier anfangen, mit der letzten Druckertinte und dem bisschen Strom, den wir haben, neue Waldland-Dollars zu drucken. War es nicht sogar das kranke Finanzsystem, welches die Probleme der alten Welt mit verursacht hat? Jedenfalls haben das meine Eltern immer gesagt, und ihre Argumente erschienen mir schon damals logisch, obwohl es mich damals nicht wirklich interessiert hat."

Wieder gab ich ihr recht, traute mich aber nicht, nach einer Lösung zu fragen. Viel wichtiger erschien es mir, daran zu denken, was wir in Zukunft tun könnten.

Ich fand es faszinierend, wie die Anhänger des Pastors es geschafft hatten, die Kirche in so kurzer Zeit hochzuziehen. Die erste Freilandpredigt stand unmittelbar bevor.

Mich wunderte es, dass an dem Tag, an dem die Predigt stattfinden sollte, tatsächlich fast alle Bewohner von Waldland gekommen waren. Wir konnten sogar den Doc und den Prof in der Menge ausmachen.

Jenny und ich waren zu dem Schluss gekommen, dass es eigentlich egal war, wo eine große Veranstaltung stattfand, Hauptsache, ein Event, bei dem alle teilhaben konnten – das hatte irgendwie immer etwas Besonderes.

Eine sehr lange Holzleiter lehnte an dem circa fünfzehn Meter in den blauen Himmel ragenden Kirchturm. Nur das Grundgerüst war bisher fertiggestellt, was den Pastor aber nicht davon abhielt, die Leiter in schwindelerregender Höhe zu erklimmen. Fast ganz oben gab es eine provisorische Plattform für die Handwerker, auf der sich der Pastor nun sichtlich selbstbewusst aufrichtete, nachdem er zuvor eher wackelig von der Leiter gestiegen war.

Während sich der Pastor in der Höhe anscheinend erst mal akklimatisieren musste und sich auf seine Predigt vorbereitete, flüsterte ich: „Ich denke, der Pastor ist ein Dorn im Auge Waldlands: Seitdem er hier ist, sterben Menschen. Und wenn er wirklich in dem Haus gewohnt hat, in dem wir waren, wäre es besser, wenn er sich genauso schnell wieder verpisst, wie er gekommen ist."

Jenny flüsterte zurück: „Da gebe ich dir absolut recht, und außerdem passt eine Kirche absolut nicht zu Waldland. Eine Kirche ist für mich das Sinnbild der Erpressung der Menschen, und ich hoffe, dass wir so etwas irgendwann hinter uns haben. Die Kirche braucht Gott, aber Gott braucht die Kirche nicht."

Genau das war es, was ich an Jenny so liebte: Sie sagte genau das, was ich dachte, aber nicht in Worte fassen konnte.

Der Pastor hatte inzwischen seine Position eingenommen und eröffnete seine Rede: „Ich werde heute etwas lauter reden müssen von hier oben. Liebe Gemeinde und liebe Mitbürger Waldlands, heute freue ich mich besonders, an diesem wunderbaren Tag von der Spitze des Kirchturmes zu euch sprechen zu können."

Einige Stimmen aus der Menge forderten sofort, der Pastor solle lauter sprechen: „Ja, ich werde so laut sprechen, wie es mir vergönnt ist, ich habe leider keinen Lautsprecher, so wie andere hier. Stolz erfüllt mich, wenn ich an den Baufortschritt dieses heiligen Gebäudes denke. Dies ist nur möglich mit der Hilfe Gottes und der unbändigen Kraft der

Handwerker. Aber seht selbst: Der Gedanke an eine Kirche, so wie er von mir gesät wurde wie ein Saatkorn in einen fruchtbaren Acker, hat diese heilige Stätte sehr schnell emporwachsen lassen. Noch diesen Sommer wird dieses Haus Gottes fertiggestellt werden."

Danach kam nur noch das übliche Geplapper über die Sünden, deren Verzeihung, die Liebe zu Gott, bla, bla, bla. Das kannten wir alles schon und waren nur noch neugierig darauf, ob er wohl auch wieder heil von der Spitze herunterkommen würde; was er wenig später zu unserem Erstaunen tatsächlich schaffte.

Viel gab es an diesem Tag nicht mehr zu besprechen, sodass wir uns ganz unseren kulinarischen Köstlichkeiten hingeben konnten. Einer der Jäger Waldlands hatte vor einiger Zeit ein Wildschwein geschossen, und wir hatten tatsächlich richtigen Wildschweinschinken abbekommen. Da sich der Schinken nicht lange hielt, verspeisten wir das gesamte Kilo in zwei Tagen. Die ganzen Diskussionen über Fleischverzehr, an die wir uns noch gut erinnerten, da damals bei jeder zweiten Werbeeinblendung fleischlose Ersatznahrungsmittel angepriesen wurden, waren inzwischen Geschichte. Die Menschen waren einfach nur froh und dankbar, wenn sie überhaupt genug zu essen hatten. Werbespots zwischen Internetvideos wie etwa: „Essen wie zu Großmutters Zeiten: Mit den Veggie-Burgern aus hundert Prozent Mehlwürmern und Gentechnikfleisch zu unschlagbaren Preisen. So retten wir das Klima mit gutem Geschmack – guten Appetit", waren so obsolet wie Keuschheitsgürtel in den Sechzigerjahren in der Friedensbewegung.

Es gab noch das ein und andere Treffen mit dem Rat, und Jenny brachte ihre Idee vor, die Verteidigung auch anders, also übersinnlich, zu organisieren, doch nichts wurde unternommen.

Irgendwie fühlten wir uns nicht ernst genommen, hatten aber das Gefühl, der Rat könnte sich selber zu nichts entscheiden. Dominierende Themen waren die Beschaffung weiterer Solarzellen sowie Batterien und Elektronik. Wir verstanden nicht so genau, warum die Beleuchtung so wichtig für Waldland war, da es jetzt im Sommer sowieso sehr lange hell war.

Es wurde weder etwas gegen den teuflischen Pastor noch gegen die potenziellen Angreifer getan. Solange nichts weiter passierte, kam der Prof sicher damit durch. Doch Jenny und ich waren uns sicher, dass es nicht mehr lange dauern konnte, bis wieder etwas passieren würde.

An den lauen Sommertagen waren wir immer wieder am Strand, unterhielten uns in der Sonne und badeten im Meer. Manche meinten, wir sollten nicht ins Meer gehen, weil alles radioaktiv verseucht wäre. Wissen tat es aber keiner so genau, also ließen wir uns keine Angst machen und badeten, wenn uns danach war.

Morten war wieder zu Hause eingezogen, war aber beim besten Willen nicht mehr der Alte. Er würde nie mehr die Verteidigung anführen und war jetzt für das Saatgutlager eingeteilt. Er schaffte es morgens kaum aus dem Bett und zehrte, schneller als für ihn gut war, seine Ampwein-Vorräte auf. Der Prof war aber so nett, wenn man das so nennen konnte, und stellte ihm praktisch einen Invaliden- oder eher Veteranenbonus zur Verfügung. So bekam er zumindest eine Flasche mehr in der Woche als die anderen. Immer wenn seine Vorräte zur Neige gingen, versuchten Jenny und ich, ihm nicht über den Weg zu laufen. Er redete so gut wie nie von der Schießerei. Mittlerweile war das Einzige, was er ab und zu von sich gab, ein Fluch.

Jenny kam diesen Sommer eine Idee, die ihr nicht mehr aus dem Kopf ging. Sie ging sogar so weit, diese mehr oder weniger heimlich durchzusetzen. Sie wollte mehr als zehn Leute zusammenbringen, die außergewöhnliche Kräfte hatten, um selber zu experimentieren, was man damit anstellen konnte.

Ich wurde mehr oder weniger vor vollendete Tatsachen gestellt, indem sie eines Abends ihre Truppe mit zu uns nach Hause brachte und eine Sitzung abhielt.

Morten war beim wöchentlichen Bingo-Abend im Gemeinschaftshaus, bei dem man als ersten Preis eine Flasche Ampwein gewinnen konnte, und das war kein Zufall. Jeden Mittwoch war er dort, hatte aber noch kein Mal gewonnen.

Ich war wirklich erstaunt, wie Jenny es geschafft hatte, so viele Verbündete zu finden. Es waren hauptsächlich jüngere Waldland-Bewohner, eigentlich noch Kinder. Acht Mädchen zwischen zwölf und sechzehn und zwei Jungs, beide ungefähr so alt wie ich.

Der Zweck dieser kurzen Sitzung sollte sein, festzustellen, wozu die Gruppe fähig war.

Jenny verkündete: „Ich weiß, ihr braucht heute alle eine Ausrede für die Zeit, die ihr hier seid. Wer noch nichts gesagt hat: Wir basteln offiziell ein Geschenk für den Geburtstag von Tom, dem kürzlich gestorbenen Mann von Marta – einen Kranz, den sie zum Geburtstag an seinem Grab niederlegen kann. Okay?"

Die Kinder stimmten zu.

„Und genau darum geht es heute auch", sagte Jenny und zeigte auf ein Foto von Tom, welches sie Marta offenbar nicht ausgehändigt hatte. Sie erklärte ihr Vorhaben: „Wir wollen uns jetzt alle auf Tom konzentrieren. Wir wollen wissen, wer ihn ins Jenseits befördert hat. Dazu fassen wir uns nun alle an den Händen und versuchen, an ihn und seine letzten Minuten zu denken."

Alle saßen um unseren Esstisch, nur ich saß auf der Treppe und beobachtete die leicht verrückte Situation von dort aus. Da wir nicht genug Stühle hatten, saßen einige der Kinder auf Holzklötzen.

Es wurde still, und man hätte die sprichwörtliche eine Nadel fallen hören können. Ich war erstaunt über den Ernst, den die Kinder an den Tag legten.

Ein Mädchen schrie nach einigen Minuten auf. „Er ist es gewesen, der war es. Ich kenne ihn nicht, aber er hat vorher mit deinem Vater gesprochen", sagte das blonde, ungefähr dreizehnjährige Mädchen und zeigte auf ein anderes brünettes, sehr dünnes Mädchen gegenüber von ihr.

Das dünne Mädchen, welches nicht älter als zwölf Jahre sein konnte, fing augenblicklich an zu weinen, schmiss beim Aufstehen ihren Holzklotz um und lief aus der Tür.

Jenny sagte sofort: „Was hast du gesehen? Collin, bitte lauf der Tochter des Pastors hinterher, vielleicht möchte sie wieder zurückkommen."

Jenny war sichtlich aufgeregt und ich beeilte mich, um das Mädchen zu finden.

Es war noch hell draußen, aber ich konnte keine Spur aufnehmen. Ich hatte absolut keine Ahnung, wohin sie gelaufen war.

Ich suchte bei der Kirche und war wieder einmal erstaunt über den Baufortschritt. Ich suchte als Nächstes in der Nähe der Unterkunft des Pastors, aber das Haus war mittlerweile von einer anderen Familie belegt. Ich hatte vergessen, dass der Pastor mit seiner Familie bereits in die Hütte

– oder eher gesagt: in das prächtige Haus, das teilweise noch nicht fertiggestellt war und sich ganz in der Nähe der Kirche befand – gezogen war: Pfarrhaus wurde es genannt. Die Fassade war noch nicht ganz fertig, aber ich konnte sehen, dass es keine Bruchbude wie die meisten anderen Hütten hier werden würde.

Vorsichtig sah ich zum Fenster hinein, konnte aber nichts entdecken. Es war still im und um das Haus, und so ging ich wieder zurück zu unserer Hütte.

Als ich wiederkam, waren alle Kinder gegangen, nur Jenny war noch da.

„Hast du eine Ahnung, wo Madeleine sein könnte? Ich bin mir sicher, hier ist etwas faul."

„Das sehe ich genauso", antwortete ich und ergänzte: „Nein, leider nicht, ich habe überall gesucht, kann aber nicht ausschließen, dass sie nach Hause gegangen ist. Ich wollte aber lieber nicht bei der neuen Villa vom Pastor klopfen."

„Kann ich verstehen." Sie erzählte mir, was die Kinder gesehen hatten: „Stell dir vor, Collin, wir haben alle den gleichen Film gesehen. Es war wie im Kino, nur dass ich aus Versehen einen Horrorfilm für mich und die Kids bestellt hatte, ohne es zu wissen."

„Was habt ihr gesehen?"

„Wir haben gesehen, wie der Pastor mit einem Mann gesprochen hat, den hier keiner kennt. Die nächste Szene zeigte, wie Tom seine letzten Augenblicke erlebt hat. Das letzte Gesicht, das er sah, war das dieses Mannes! Wir alle haben das Gleiche gesehen, alleine das ist Beweis genug. Die Kids haben sich teilweise in der Geschichte ergänzt, und ich habe gefragt, ob jemand etwas anderes oder noch mehr gesehen hat, aber sie haben alle Nein gesagt."

Jenny fing an zu weinen, und ich nahm sie in die Arme.

„Hörst du, Collin, das Mädchen, das als Letztes gegangen ist, war das Mädchen, das mit dem Finger auf die Tochter des Pastors gezeigt hatte. Sie sagte mir, sie hätte noch etwas anderes gesehen, wollte es aber nicht vor versammelter Menge sagen – und zwar genau in dem Moment, als sie auf die Tochter zeigte: Sie sagte, sie hätte gesehen, wie der Pastor das Mädchen entführt hätte und schlimme Dinge …" Jenny konnte nicht weiterreden und brauchte einen Moment, um sich zu beruhigen.

Ich sagte: „Manche Menschen nutzen solche Extremsituationen für ihre schlimmsten, düstersten Fantasien aus. Nach dem, was wir in dem Haus des Pastors gesehen haben, sollte es uns eigentlich nicht wundern."

Jenny erzählte, nachdem sie wieder in der Lage dazu war, einen klaren Satz zu formulieren, dass diese gemeinsamen Visionen mit den Kindern sehr intensiv gewesen waren. Sie hatten besprochen, morgen noch eine Sitzung zu machen.

Morten hatte Dienst und sollte erst spät am Abend wiederkommen, er hatte beim Bingo wieder nicht gewonnen, ansonsten hätte die Möglichkeit bestanden, dass er sich krankgemeldet hätte, um sich zu besaufen.

Es kostete etwas Überredungsarbeit, aber sie versprach, diesmal nicht in der Vergangenheit herumzuwühlen. Sie wollte stattdessen dieses Mal versuchen, in die Zukunft zu schauen. Ich wusste nicht genau, was ich glauben sollte, aber ich hatte selber erlebt, was möglich war, und so viele Zufälle konnte es eigentlich nicht geben.

Ein Junge kam wenig später zur Tür hinein und verkündete, dass Madeleine, die Tochter des Pfarrers, wieder „zu Hause" wäre. Die beiden waren befreundet, und er hatte sich auch Sorgen gemacht.

Am kommenden Tag versammelten sich die Kinder zur nächsten Sitzung; nur Madeleine und ein anderes Mädchen waren dieses Mal nicht mit dabei.

Jenny schlug vor, dass ich heute mitmachen sollte.

Normalerweise konnte ich ihr keinen Vorschlag ausschlagen, aber dennoch war mir nicht ganz wohl bei der Sache. „Ich denke, es ist genauso wichtig, einen Beobachter von außen zu haben!"

Sie stimmte zu und forderte die versammelten Kinder auf: „Stellt euch einen Tag in der Zukunft vor. Es ist der nächste Tag, an dem ganz Waldland in Aufruhr ist – was ist passiert?"

Wieder schwiegen alle, sie hielten sich mit geschlossenen Augen an den Händen, und ich hörte keinen Mucks, kein Atmen, Kratzen der Schuhe auf dem Boden oder sonst ein Geräusch. Es schien, als ob die ganze Welt einen Augenblick lang eingefroren war. Das Gefühl, selbst einzufrieren, konnte ich nicht leugnen, nachdem ich wie aus einer Art Sekundenschlaf wieder erwachte. Ich kannte Sekundenschlaf, denn damals bei der Observation diverser Häuser war ich manchmal so müde gewesen, dass ich kurz weggedämmert war. Genau das war jetzt auch passiert, und ich wunderte mich, denn ich hatte eigentlich ausreichend geschlafen.

Alle Kinder standen plötzlich wie hypnotisiert gleichzeitig auf, auch Jenny.

Ich saß wieder auf der Treppe und konnte kaum glauben, was ich sah. Entweder hatten sie das gestern einstudiert oder ich fing an, meinen Verstand zu verlieren. Ich hatte schon eine Menge Dinge gesehen, aber das war einfach unglaublich: Keines der Kinder, inklusive Jenny, stand noch auf dem Boden. Sie schwebten mit ihren Schuhsohlen mindestens zehn Zentimeter in der Luft. Alle guckten nach oben, ihre Augen ließen nur das Weiße des Augapfels durchschimmern.

Ich bekam einen riesigen Schreck, als alle gleichzeitig wieder auf dem Boden landeten und es einen dumpfen Knall gab.

„Habt ihr das gesehen?“, fragte eines der Kinder.

„Ja“, keuchte Jenny atemlos, und das Entsetzen war ihr ins Gesicht geschrieben. Sie entschuldigte sich sogleich: „Leute, hört mal! Was wir gesehen haben, war genauso grausam wie das, was wir gestern gesehen haben. Ich muss mich bei euch entschuldigen, es war egoistisch und nicht besonders gut durchdacht von mir. Vergesst einfach, was ihr gesehen habt, und hofft, dass es nicht so kommt.“

Die Kids nickten und waren allesamt sichtlich erschrocken – genau wie Jenny und ich.

Zwei der Kinder gingen zu ihr und flüsterten ihr etwas ins Ohr. Dann waren alle weg, und ich begann ihr zu erzählen, was ich beobachtet hatte, ohne dass Jenny zuerst etwas hätte sagen können. Ich hatte aber sowieso das Gefühl, dass sie sprachlos war, und wollte sie gerne von ihren Gedanken ablenken.

„Jenny, ob du mir glaubst oder nicht: Ihr habt alle geschwebt, mindestens eine Schrotpatronen-Schachtel hoch. Ich habe es genau gesehen.“

„Kann schon sein, aber was hier heute abgegangen ist, toppt sogar noch das von gestern um einiges. Ich habe Kopfschmerzen und möchte ehrlich gesagt heute nicht mehr darüber reden. Kannst du das verstehen, Collin?“

Im ersten Moment konnte ich nicht ganz verstehen, was genau sie meinte und warum sie sich nicht für die Aufhebung der Gesetze der Schwerkraft interessierte, akzeptierte aber ihre Entscheidung.

Sie ging ins Bad und putzte sich mindestens zehn Minuten lang ihre Zähne. Sie war wie betäubt. Anscheinend hinterließ es Spuren, in der Zukunft herumzustochern.

Ich verzichtete darauf zu versuchen, etwas aus ihr herauszubekommen. Sie hatte nichts zum Abendbrot gegessen und auch mir war der Appetit vergangen. Also gingen wir an diesem Abend früh ins Bett.

Der erste wirklich heiße Sommertag in diesem Jahr startete mit weit über zwanzig Grad schon früh am Morgen. Das Vogelgezwitscher, gepaart mit den Hammerschlägen der nicht weit entfernten Kirchenbaustelle, weckte uns an diesem Morgen.

Jenny war mit mir zusammen aufgewacht und das Erste, was ich zu ihr sagte, war: „Guten Morgen, ich hoffe, du konntest einigermaßen schlafen. Ich werde mich übrigens vom Dienst in der Verteidigung abmelden. Ich habe gesehen, was möglich ist, und die Verteidigung mit der Waffe erscheint mir dagegen lächerlich. Ich glaube, es ist wichtiger, etwas über die Feldarbeit zu lernen."

Jenny grinste über beide Ohren, und kurz flackerte der Gedanke in mir auf, dass es Teil ihres Plans gewesen sein könnte.

„Ich muss gleich zum Dienst auf die Krankenstation. Ich glaube, das tut mir ganz gut; so kann ich über die Ereignisse etwas nachdenken", sagte sie und ging runter ins Bad.

Ich dachte darüber nach, wie schwammig auf einmal die Erinnerungen an gestern waren. Es war mir schon einige Male aufgefallen, dass mir schlimme oder traumatische, aufregende oder deprimierende Ereignisse am nächsten Morgen wie abgemildert vorkamen. Irgendwie fand ich das gut, aber es war eben nicht mehr das Gleiche.

# 21. FELDARBEIT

Am selben Tag noch meldete ich mich bei Nils, unserem neuen Kommandeur. Er hatte Mortens Stelle eingenommen, und ich fragte ihn, was ich tun müsse, um meinen Arbeitsplatz zu wechseln.

„Eigentlich gar nichts, du bist ja noch nicht sechzehn und machst sowieso alles freiwillig. Aber schade wäre es allemal, denn du bist ein guter Verteidiger, soweit ich das beurteilen kann. Sprich einfach mit dem Prof darüber. Ihr seid ja ganz gut bekannt miteinander, wenn ich mich nicht täusche."

„Okay, danke", erwiderte ich, ergänzte aber vorsichtshalber: „Ich möchte lieber lernen, wie man Getreide und Gemüse anbaut. Ich glaube, da ist Schießen wegen der Wildschweine, Rehe und Elche auch gefragt."

„Okay, Gemüseanbau also. Mach, was du meinst, Junge!" So richtig erfreut war er nicht, und ich wusste nicht, ob ich das gut oder schlecht finden sollte. Es war mir aber eigentlich egal.

Sofort machte ich mich auf den Weg ins Hauptgebäude, um mit dem Prof zu sprechen.

Er unterhielt sich gerade, und so musste ich etwas warten.

Das war aber kein Problem, dann machte ich eben einen Abstecher in die Krankenstation, um mit etwas Glück Jenny kurz zu sehen. Leider hatte ich kein Glück und ging nach einer gefühlten halben Stunde wieder hoch.

Der Prof empfang mich in seinem – mehr oder weniger geheimen – fensterlosen und immer etwas chaotischen Arbeitszimmer, das gleichzeitig auch als unser Konferenzraum fungiert hatte.

„Ich kann dich natürlich nicht daran hindern, die Vereidigung zu verlassen, aber einige Fragen hätte ich schon, wenn das in Ordnung ist."

Für mich war das vollkommen okay, aber ich wollte dem Prof unter keinen Umständen etwas von den Ereignissen mit Jenny und den Kids erzählen. Das Problem war, dass ich unvorbereitet war. Deshalb kam ich deutlich ins Stottern, und die Geschichte, die ich präsentierte, kam vielleicht nicht wirklich glaubhaft rüber. „Es ist sicherlich wichtiger, die Nahrung zu beschützen, denn jagen kann ich gut. Mein Vater war Jäger und hat mir alles beigebracht. Außerdem möchte ich alles über den Anbau von Pflanzen lernen. Mir ist klar, dass die Verteidigung weiter ausgebaut werden soll, doch ich fühle mich damit nicht wohl. Und unter uns: Jenny gefällt es auch nicht, ich glaube, sie macht sich Sorgen um mich."

Der Prof lachte. „Ich dachte am Anfang sogar, ihr wäret Geschwister. Aber anscheinend ist da inzwischen doch etwas mehr als nur Freundschaft." Er kaufte mir meine Geschichte ab.

Ich schämte mich etwas dafür, aber gänzlich gelogen war sie ja nicht.

Am nächsten Tag meldete ich mich zum Felddienst an. Die erste Ernüchterung kam prompt, denn mir wurde mitgeteilt, die Verteidigung der Felder sei bereits organisiert. Auf Nachfrage wurde mir eine geringe Chance auf eine Ausbildung an der Jagdwaffe und auf Feldschutzaufgaben gegeben. Trotz der erst mal schlechten Neuigkeiten freute ich mich, Marta wiederzusehen. Sie war sozusagen eine der Vorarbeiterinnen hier, und ich wusste, dass ich bei ihr einen Stein im Brett hatte.

Nach meinem ersten Tag war ich absolut begeistert, trotz oder gerade wegen der unzähligen Schubkarren Kompost, die ich gefahren hatte. Es lag an Marta, denn sie erklärte mir die ganze Feldarbeit mit all ihrer Leidenschaft, die sie dafür hatte.

„Mit jedem Korn oder Samen, den ich pflanze, säe und sehe ich das echte Wunder des Lebens, direkt vor meinen Augen. Und dieses Wunder lässt sich beliebig wiederholen."

Recht hatte sie, und ihre Begeisterung war ansteckend. Sie betrachtete die noch verhältnismäßig kleinen Pflanzen als ihre Babys. Sie selbst konnte keine Kinder bekommen, was sie mir am nächsten Tag verriet. Eine Impfung gegen das Westnilvirus im Jahr 2025, die wohl etwas verfrüht an den Start gegangen war, hatte bei ihr wie bei vielen anderen zu Unfruchtbarkeit geführt.

Meine Eltern hatten mir früher oft von solchen Geschichten erzählt: Unfruchtbarkeit oder plötzliches Ableben als Folge dieser Injektionen – was aber offiziell natürlich selten etwas mit irgendwelchen pharmazeutischen Produkten zu tun hatte. Mittlerweile war dieser Umstand den meisten Leuten aber durchaus bewusst. Deshalb waren ich und mein

Bruder Lenny nie geimpft worden. Jedenfalls ich lebte noch, und meine Eltern hatten wohl auch schon seit geraumer Zeit auf den neuesten Stoff verzichtet; ansonsten wären wir wahrscheinlich nie geboren worden.

Mit absoluter Leidenschaft kümmerte sich Marta um jede einzelne Pflanze.

In dem Gewächshaus, das aus alten Scheiben von mindestens zwei Dutzend Häusern stammen musste, die jetzt keine Fenster mehr hatten, konnte man es eigentlich nur morgens und abends aushalten. Es wurde tagsüber, selbst bei bewölktem Himmel und trotz offener Fenster, sehr heiß. Nur zum Gießen der unzähligen Salate, Kohlpflanzen, Gurken, Paprika, Tomaten, und was sonst alles noch angebaut wurde, konnte man kurz hineingehen, aber länger als ein paar Minuten hielt ich es darin nicht aus.

Trotzdem lernte ich sehr viel in den nächsten Wochen: über die Gärtnerei und wann was wie und wie viel pro Person angebaut wurde.

Mindestens fünfundzwanzig Menschen arbeiteten hier am Tag, plus zwei Leute in der Nachtschicht, die sich auch um eventuelle Wild- Diebstahl-Delikte kümmerten. Ich hatte beim besten Willen nicht daran gedacht, dass mir die Arbeit so viel Spaß machen würde. Alleine die Zusammensetzung der Erde, wie der Kompost hergestellt wurde und welche Temperatur das Gießwasser haben sollte, waren eine Wissenschaft für sich.

Jenny gefiel es natürlich auch, dass mir mein neuer Job so viel Spaß machte. Mein Interesse an jägerlichen Nachtschichten war kaum noch vorhanden.

Auch schwänzten wir immer häufiger die Predigten vom Pastor, weil uns unsere Zeit einfach zu schade war. Jenny arbeitete oft nachts und ich immer tagsüber. Die Zeit, die wir hatten, wollten wir auch für uns nutzen, denn der Strand war warm und das Wasser angenehm kühl – und der schwedische Sommer eigentlich viel zu kurz.

Jenny und ich lernten diesen Sommer sehr viel. Leider entpuppte sich die Verletzung, die Morten durch seine Schussverletzung erlitten hatte, als schlimmer, als wir zuerst gedacht hatten. Sie machte ihm zunehmend immer schwerer zu schaffen. Irgendetwas in seinem Körper war kaputt und konnte sich auch mit einer Flasche Ampwein nicht reparieren lassen. Der Wein konnte die Schmerzen vielleicht vorübergehend lindern, aber heilen konnte er nicht.

Jenny berichtete, dass Morten nun wieder stationär behandelt wurde.

In der letzten Zeit war uns sehr wohl aufgefallen, dass uns Morten aus dem Weg ging. Er wollte sich wohl nicht die Blöße geben, dass es ihm schlechter ging, als er zugeben wollte.

Mittlerweile war es September geworden, und es war Erntezeit. Ich stellte fest, dass es wirklich sehr stressig sein konnte, die reifen Nahrungsmittel zum richtigen Zeitpunkt zu ernten und einzulagern. Das war auch so ein Thema. Denn nicht nur der Anbau war komplexer, als ich gedacht hätte, sondern auch die richtige Lagerung. So viel, wie ich diesen Sommer gelernt hatte, hatte ich noch nie zuvor gelernt, und Jenny ging es ähnlich.

„Die Dinge, die einen wirklich interessieren, lernt man so schnell – fast von selbst!", sagte sie immer wieder zu mir, und ich wusste nun, was sie genau meinte. Und sie musste es wissen, denn sie war schließlich mal in eine Schule gegangen und hatte reichlich unnützes Zeug lernen müssen.

Jedenfalls sah es so aus, als ob wir einige Zeit alleine in unserer Unterkunft verbringen müssten – oder vielmehr durften. Ändern tat dies auch nicht so viel, denn bis auf gelegentliche Aufforderungen zum Putzen von Morten hatten wir eigentlich nie viel mit ihm zu tun gehabt, was schon komisch genug war, denn wir lebten ja unter demselben Dach.

Bis Mitte September dauerte die Haupternte an. Normalerweise gab es immer noch genug zu essen außerhalb Waldlands, doch nur Konservendosen und eingemachtes Essen hatten auf lange Sicht keinen guten Einfluss auf die menschliche Gesundheit. Man fühlte sich zwar satt, aber die Energie ging mangels fehlender Vitamine und Mineralstoffe, welche nun einmal gerade in frischem Gemüse, Obst und Hülsenfrüchten reichlich stecken, langsam flöten.

Marta hatte mir das Ganze erklärt, und es kam mir plausibel vor. Man könne schwer krank werden und sogar sterben, wenn man immer nur Dosenfutter zu sich nehmen würde, erklärte sie mir. „Da helfen auch keine Vitaminpillen mehr", schob sie hinterher.

Die Ernte, das Dreschen des Getreides, welches wir alles mit alten zusammengesammelten Maschinen per Hand erledigten, war genau genommen die schwerste Arbeit am Gärtnern. Landwirtschaft wie vor Hunderten Jahren war eine harte Nummer. Doch ich war mit tiefem Stolz erfüllt, als die Lager immer voller wurden. Als uns der recht milde Herbst lange Zeit keine frühen Fröste bescherte, füllten sich die Lager sogar noch mehr als gedacht. Und immer noch wuchsen frische Salate, Zucchini, Paprika und sogar Tomaten in unserem Gewächshaus.

Nachdem die Gartensaison irgendwann doch beendet war, wollte ich mich auch um die Tierwirtschaft kümmern. Mittlerweile hielten wir sechs Rinder und über hundert Hühner. Ich war Feuer und Flamme, auch dieses Terrain für mich zu erschließen.

Jenny und mir war mit der Zeit klargeworden, dass es diese grundlegenden Dinge waren, auf die es jetzt ankam.

Beim nächsten Treffen mit dem Waldlandrat wurde uns nahegelegt, wieder an den Predigten teilzunehmen, um Bericht zu erstatten. Weitere Angriffe auf unsere Gemeinschaft hatte es bisher nicht gegeben, und es war etwas Ruhe eingekehrt.

Jenny und ich hatten wenig Lust, uns das ewig gleiche Gesülze des Pastors anzuhören, aber wir taten es trotzdem wieder. Unsere Neugier war der einzige Antrieb.

Die nächste Predigt hielt der Pastor wieder vom Kirchturm aus. Die Kirche war inzwischen fast fertiggestellt, nur die Eindeckung der Kirchturmspitze fehlte noch. Vielleicht aus gutem Grund, wie wir hinterher feststellen sollten.

„Liebe Gemeinde“, fing der Pastor von der gleichen Stelle wie letztes Mal an. Dieses Mal hatte er sogar eine Art Balustrade um sein Plateau, was ihn noch selbstbewusster zu machen schien. „Heute ist ein entscheidender Tag. Heute ist der Tag der Wahrheit!“, schrie der Pastor von der Kirchturmspitze, und ich sah Jenny fragend an.

„Meinst du, er erzählt heute wirklich die Wahrheit?“, fragte ich sie, aber sie schüttelte unauffällig ihren Kopf.

Der Pastor zeigte auf ein Holzkreuz, welches hinter ihm hing, und sagte: „Die wenigsten Menschen haben wirklich verstanden, worum es geht. Jesus ist für euch gestorben, und jeder, der an ihn glaubt, wird die Wahrheit erkennen. Wir alle werden getäuscht, ja, wir werden getäuscht und wurden immer getäuscht. Ständig erzählen euch eure Mitmenschen die Unwahrheit, denn sie wissen es nicht besser. Sie wissen nicht, was ich weiß, und sie wissen nicht, was ihr bald wissen werdet. Die Täuschung ist allgegenwärtig. Sie wird uns vom Aufwachen bis zu Einschlafen ständig in den Kopf gehämmert. *Ihr müsst dies, ihr müsst das*. Nein, ihr müsst einfach nur an den Schöpfer glauben, denn das erzählen sie euch nicht. Denn wenn ihr den Schöpfer als die einzige echte Kraft auf der Welt und im ganzen Universum anerkennt, werdet ihr – wie ich – erleuchtet, wahrhaftig erleuchtet, Halleluja!"

Die versammelten Leute hielten die Hände nach oben und riefen: „Halleluja!"

Jenny und ich standen etwas beschämt da, da wir offenbar unseren Einsatz verpasst hatten. Auch fiel uns auf, dass nicht so viele Menschen anwesend waren wie bei den ersten Gottesdiensten. Es waren vielleicht siebzig Leute, mehr nicht.

Der Pastor sprach weiter: „Diese Kirche wurde nicht für mich, nicht für euch, sondern als Mahnmal für die Schöpferkraft gebaut. Deswegen soll sie Schöpferkirche heißen."

Die Menschen klatschten Beifall, und auch dieses Mal verpassten wir den Einsatz.

Nun machte der Pastor etwas, womit keiner rechnete. Er stieg über die Balustrade, entfachte eine Kerze und fing an, ein Lied zu singen. Ich konnte nicht verstehen, was er sang, aber es hörte sich eher nach einer indianischen Totemzeremonie an.

Plötzlich fing es in weiter Ferne zu blitzen an. Es wurde dunkel und die Wolken zogen rasch über den Himmel, um ihn zu verdunkeln wie eine schwarze Gardine vor einem Schlafzimmerfenster. Wieder huschten Blitze am Horizont entlang, und ein erster Donner war zu hören. Die Elektrizität war in der Luft praktisch spürbar.

Ich vernahm eine Stimme neben uns: „Ich glaube, es ist besser, wenn er da jetzt herunterkommt."

Und dann rief der Pastor mit dunkler Stimme, die sich ganz anders anhörte als sonst und absolut nicht zu ihm passte: „Jesus ist für euch gestorben, aber er ist wieder auferstanden. Jesus lebt, so wie auch ich leben werde."

Er pustete die Kerze aus, stützte sich hinterrücks an der Balustrade ab, aber nur, um sich anschließend davon abzustoßen. Er stürzte in die Tiefe wie ein Turmspringer – nur ohne Wasserbecken.

Ich konnte nicht hinsehen, aber zum Wegdrehen ging alles zu schnell.

Die Menge schrie und stöhnte, und ein kollektives langgestrecktes „Oh" erfüllte die Luft.

Alles lief wie in Zeitlupe ab, sogar der Aufschlag seines Körpers auf dem trockenen Boden. Alle Anwesenden hatten diesen dumpfen Knall gehört: wie ein Baum, der nach dem Fällen krachend und knackend auf dem Boden aufschlug. Die Äste, die brachen, waren auch zu hören, und ich ging davon aus, dass es seine Knochen waren.

Mein Blick ging sofort zu Jenny. Sie war wie immer geistesgegenwärtig und schon auf dem Weg zur Aufschlagstelle. Alle, und ich meine alle anderen, inklusive mir, blieben schockiert und wie angewurzelt stehen. Der Himmel erleuchtete grell-weiß, als ein Blitz ganz in der Nahe einschlug. Der Donner ließ nicht lange auf sich warten.

Erst jetzt bewegte ich mich durch die starre Menge. Kaum jemand rührte sich.

Ich hörte Jennys Stimme: „Collin, komm her, schnell, er lebt noch."

Ich war mir nicht ganz sicher, ob es das war, was ich hören wollte und fragte: „Was soll ich machen?"

Jenny kniete neben dem relativ leblosen Pastor, hatte eine Hand an seinem Arm und die andere an seinem Hals. Ich vermutete, sie fühlte den Puls.

Sie sagte gefasst, aber deutlich und laut: „Lauf los und hol den Doc – und zwei Leute mit einer Trage. Er muss sofort auf die Krankenstation. Scheiße, warum hat er das gemacht?"

Ich lief los, quer durch die Menge, als mich in der letzten Reihe ein großer Mann am Arm packte. Ich wollte gerade schreien: „Lass mich los!" Es tat weh, aber meine Stimme versagte.

„Warte, Junge, sie ruft nach dir!"

„Danke!", sagte ich höflich und ging zurück.

Jenny hatte Tränen in den Augen: „Du brauchst nicht mehr zu laufen, Collin, er ist tot. Sein Herz schlägt nicht mehr."

Erst in dem Moment sah ich das Blut, das aus seinem geplatzten Kopf lief. Sein linker Ellenbogen steckte mindestens zehn Zentimeter im Boden, und eigentlich hätte uns schon vorher klar sein müssen, dass so ein Sturz aus mindestens zwölf Meter Höhe kaum zu überleben war. In diesem Moment zuckte eine Reihe Blitze über den Himmel, und ich sah neben dem Pfarrhaus eine Gruppe von Kindern stehen. Trotz der Dunkelheit meinte ich, die Kinder zu erkennen. Sie hielten sich an den Händen, und ich sagte: „Jenny, guck mal, sind das nicht die Kids?"

Jenny stand endlich auf. Der Pastor benötigte keine Hilfe mehr: „Wo, meinst du?"

Ich zeigte nicht mit dem Finger in die Richtung, da immer noch alle Teilnehmer des Gottesdienstes wie hypnotisiert dastanden. „Guck mal unauffällig in die Richtung des Pfarrhauses", flüsterte ich.

Sie tat es und hatte Glück, denn das Gewitter bescherte uns genau in diesem Augenblick wieder einen Blitz. „Ja, das sind sie", bestätigte Jenny.

Es fing an zu regnen. Erst nur ein paar Tropfen und dann wie aus Kübeln. Irgendjemand anders hatte den Prof und den Doc benachrichtigt, denn genau in diesem Moment trafen sie ein.

Es gab nichts mehr zu tun, und der Prof wies uns an: „Geht euch umziehen und dann kommt zu mir, wenn es aufgehört hat zu regnen."

Wir gingen und fragten uns, wer wohl die Leiche abholen würde. Wir zogen uns um und machten uns auf den Weg zum Hauptgebäude, denn das Gewitter verschwand genauso schnell, wie es gekommen war. Ich erinnere mich nicht daran, ob wir in dieser Zeit ein einziges Wort getauscht hatten.

Aber auf dem Weg zum Hauptgebäude sagte Jenny plötzlich: „Bleib mal stehen. Was sollen wir erzählen? Ich würde die Sache mit den Kids erst mal weglassen, es wird sonst zu kompliziert."

„Sehe ich auch so, aber weißt du, der Befehlston des Profs hat mir nicht gefallen."

Wir kamen an dem erleuchteten Hauptgebäude an, vor dem mittlerweile immer mindestens zwei Wachen postiert waren: meine ehemaligen Kollegen – und ich beneidete sie nicht.

Der Prof wartete auf uns, vor ihm standen wieder warmer Tee und Kekse auf dem Tisch.

Wir waren aber nicht zum Plauschen aufgelegt und ratterten wie Maschinen herunter, was wir gesehen hatten. Wir wussten beide, dass es einige Zeit dauern würde, um die Ereignisse zu verdauen.

„Ich kann verstehen, dass ihr einen Schock erlitten habt. Können wir ein Fremdverschulden ausschließen? Ansonsten wäre es der nächste Anschlag auf Waldland und seine Bewohner. Ich hätte echt keine Scheißahnung, wie ich das unseren Bewohnern noch erklären soll. Wisst ihr, ich glaube, dass die Leute reden. Sie denken, wir sind nicht in der Lage, Waldland sicher zu machen. Sie interessiert es nicht, ob mir der Grund

und Boden gehören, auf dem wir alle leben. Verdammt nochmal, ich will ja nicht mal Miete haben!“

Uns war es ganz recht, dass er seinen Vortrag damit beendete. Natürlich hatten wir gesagt, es wäre ein Unfall gewesen. Mindestens sechzig bis siebzig Leute hatten es gesehen. Der Pastor Peter Konz hatte sich nun mal für unsterblich gehalten.

Erst zwei Tage später waren wir so weit, uns richtig über die Ereignisse zu unterhalten. Da es Morten zunehmend schlechter ging, hatten wir das Haus weiterhin ohne fremde Augen und Ohren für uns.

„Sie waren es definitiv, ich meine, die Kids“, sagte Jenny; „sie werden einen Grund gehabt haben, ich werde es herausfinden.“

Ich stimmte ihr zu und bat sie, sich noch etwas Zeit zu lassen, zumindest so lange, bis der Pastor beerdigt war.

Es war noch relativ warm für die Jahreszeit, und man konnte Leichen bei diesen Temperaturen nicht lange liegen lassen – und eine Wiederauferstehung hatte es zum Glück auch nicht gegeben. So sollte die Beerdigung am nächsten Tag stattfinden.

Jenny und ich gingen hin und waren überrascht, dass wir neben der Familie, die nicht wirklich sehr trauernd aussah, fast die Einzigen waren. Wo waren alle seine Anhänger? Wussten sie es nicht, oder war es ihnen egal? Oder glaubten diese Idioten wirklich, er würde wiederkommen?

Kurios bei der Veranstaltung, die nicht länger als fünfzehn Minuten dauerte, war, dass es keinen Pastor gab, der etwas sprach. Nur stillschweigende Leute, die um den Sarg standen, der provisorisch und sichtbar eilig zusammengeschustert worden war, und die zusahen, wie er nach einiger Zeit von vier Freiwilligen eine Etage tiefer herabgelassen wurde.

Es sollte die kürzeste und eigenartigste Beerdigung gewesen sein, die ich jemals miterlebt hatte.

# 22. DIE VERSCHWÖRUNG

Kaum war der Pastor unter der Erde, begannen für uns die echten Ermittlungsarbeiten – nur für uns.

Jenny kontaktierte so unauffällig wie möglich die Tochter des Pastors. Es dauerte einige Zeit, denn auch Madeleine wollte nicht unbedingt mit Jenny gesehen werden – auch sie war vorsichtig. Doch nach ein paar Tagen klappte es.

Mein Part der Ermittlungen bestand darin, von Marta noch etwas mehr zu erfahren. Im Gegensatz zu Jennys Mission war das eher einfach, da ich ja ohnehin jeden Tag mit Marta zusammenarbeitete. Für uns war es so viel interessanter, da es niemanden gab außer uns, dem wir hätten Bericht erstatten müssen. Wenn wir etwas erfahren würden, könnten wir selbst bestimmen, ob wir Teile unserer Informationen mitteilen wollten.

Ich hatte mir vorgenommen, möglichst sachte vorzugehen, um keinen Verdacht aufkommen zu lassen. Am ersten Tag meiner Recherche fing ich vorsichtig damit an, dass es ja schade um den Pastor wäre, um erst mal ihr Stimmungsbild abzuchecken.

„Gut, dass das verfluchte Arschloch jetzt eine Etage tiefer schläft. Ich hoffe, er ist kein Vampir."

Ich konnte mir mein Lachen kaum verkneifen. Am zweiten Tag traute ich mich, sie zu fragen: „Meinst du, er hat Dinge getan, über die man lieber gar nicht erst redet? Wir haben Sachen in seinem Haus gesehen, die uns sehr nachdenklich gemacht haben."

„Collin, du musst eins verstehen. Ich weiß nur, dass Tom und ich damals aus unserem Haus geflüchtet sind, weil in diesem Dorf sehr merkwürdige Dinge passiert sind und wir es nicht mehr ausgehalten haben. Das ist der wahre Grund, warum wir weggegangen sind: Wir konnten es einfach nicht mehr aushalten dort. Bitte behalte das für dich und sage mir, dass du es versprichst."

„Ich verspreche es", versprach ich mich, denn versprechen kann sich jeder mal, und Jenny sollte alles erfahren.

Marta erklärte sich: „Ich möchte nämlich nicht für verrückt gehalten werden. Wir konnten, bevor wir weg sind, einfach nichts mehr glauben, nicht mal mehr das, was wir sahen und hörten. Das ganze Dorf war wie ein Geisterdorf. Es fing an mit den merkwürdigen Elektrogeräte-Haufen und ging weiter mit Fackelzügen mitten in der Nacht, bis plötzlich Toms verstorbener Vater vor der Tür stand und nach Geld fragte. Ich bekam einen riesigen Schreck, denn ich habe ihn auch gesehen, aber kurze Zeit später war er einfach weg – wie in Luft aufgelöst. Tom hat das damals sehr mitgenommen. Aber jetzt muss ich mich um die Tomaten kümmern, guck dir mal die Blätter an, die brauchen dringend Wasser, hol mal bitte die Gießkannen."

Das war für mich schon mal ein erster Erfolg. Denn es bestätigte mir die geisterhafte Atmosphäre, die auch wir erlebt hatten.

Ich konnte es kaum erwarten, es Jenny zu erzählen, doch sie kam an diesem Abend mal wieder sehr spät vom Dienst und dazu noch mit sehr traurigem Gesicht.

„Morten ist gerade gestorben", teilte sie mit zitternder Stimme mit, und ich vergaß sofort, was ich eigentlich zu berichten hatte. Sie weinte, und ich weinte auch, obwohl wir Morten nicht besonders gemocht hatten – eigentlich hatten wir ihn kaum gekannt. Wieder ein Opfer mehr und, wie Jenny sagte, nicht einmal direkt, denn er wäre wohl sonst am übermäßigen Ampwein-Konsum gestorben. Offensichtlich hatte es ihn fertiggemacht, nicht mehr seinem Job und seiner Bestimmung der militärischen Arbeit nachkommen zu können. Es war wohl noch das Einzige gewesen, was er noch gehabt hatte, denn seine Familie hatte er schon vorher verloren.

Ein paar Tage später hatte sich die Lage etwas beruhigt, und übrigens waren wesentlich mehr Leute bei der Beerdigung von Morten als bei der vom Pastor gewesen.

Endlich kam ich auch dazu, Jenny meine Ermittlungsergebnisse mitzuteilen.

Sie war auf der einen Seite überrascht, auf der anderen aber auch nicht, denn wir wussten noch zu genau, was wir erlebt hatten in diesem verfluchten Dorf, und deswegen hielt sich ihr Erstaunen auch in Grenzen. „Mich wundert viel mehr, dass sie es dir erzählt hat. Glauben tue ich die Sache sofort, aber eigentlich ist es jetzt ja auch egal."

Ich fand es nicht so unwichtig, denn ich hatte mir vorgenommen, noch mehr von Marta zu erfahren.

Es dauerte nicht lange, als einige Tage später Marta wieder mit Informationen ankam. Wir waren zwar schwer mit der Feldernte beschäftigt, aber für Gespräche war dennoch Zeit.

„Weißt du, ich bin froh, dass ich hier bin. Es ist tausendmal besser als …“ Sie fing an zu schluchzen, aber fasste sich schnell, um zu sagen: „Scheiß drauf, selbst ohne Tom ist es hier besser. Gerade jetzt, wo unser früherer, irrer Nachbar nicht mehr unter uns weilt. Tom hatte die ganze Zeit vorgehabt, dem Prof von den offensichtlichen Lügen zu erzählen. Ich bin froh, dass er es nicht getan hat, denn ich war mir sicher, es hätte zu erheblichen Problemen für uns geführt. Wahrscheinlich hätte es niemand geglaubt, aber genau weiß ich es natürlich nicht. Ich bin mir sicher, dass der Pastor oder jemand in seinem Auftrag Tom ermordet hat.“

Das reichte mir erst mal an Informationen. Gleichzeitig wurde mir klar, dass es höchstwahrscheinlich sowieso nicht mehr relevant für irgendetwas sein würde. Deswegen konzentrierte ich mich lieber auf die Arbeit.

Ich mochte meine Arbeit, denn ich vergaß all die blöden Dinge um mich herum. Es war für mich sehr inspirierend, denn ich stellte mir vor, wie ich mein neues Wissen später für mich – oder eher gesagt: für mich und Jenny – nutzbringend einsetzten könnte.

Ich hatte einen Plan gefasst und bat kurz nach der Ernte um die Versetzung zur Tierhaltung. Marta war absolut einverstanden, denn nach der Ernte und dem Einlagern der Früchte des Sommers war die Arbeit bis zum Winter auf das Gewächshaus beschränkt. Da brauchte man nicht so viele Mitarbeiter, wie sie mir versicherte.

Ich erzählte Jenny jedoch von dem Gespräch mit Marta über ihre Vermutung, wer an Toms Mord schuld sein könnte.

Und sie sagte auch, es sei eigentlich sowieso klar gewesen. Wichtig war für uns nur, unsere Vermutung auch aus ihrem Mund zu hören.

Was Jenny an diesem Abend zu erzählen hatte, war jedoch wesentlich spannender. Sie fing mit ernster Stimme an: „Ich hatte es mir schon fast gedacht. Die Kids standen nach dem Kirchturmsprung nicht grundlos da. Sie hatten sich für einen Zweck dort versammelt. Du kannst es dir vielleicht schon denken, aber auch ich habe Gewissheit gesucht und gefunden. Ich habe mit Madeleine gesprochen. Sie ist jetzt viel offener und hat mir die Wahrheit erzählt." Ich war echt total gespannt auf das, was sie zu berichten hatte, als Jenny fortfuhr: „Wir haben mit allen unseren Vermutungen richtig gelegen, Collin! Weißt du, was das heißt? Wir können uns auf unsere Intuition verlassen, und das ist mehr wert als alles andere zu diesen Zeiten."

Irgendwie war mir das auch schon vorher aufgefallen und ich empfand es nicht als so spektakulär, denn so wie sie es rüberbrachte, hörte es sich wie die Schlagzeile des Jahres an.

Aber was sie dann sagte, war doch wesentlich wichtiger: „Die Kids haben sich weiterhin getroffen, jedenfalls acht von ihnen. Sie haben sozusagen heimlich trainiert, haben Experimente durchgeführt, wie sie was und wen beeinflussen können. Madeleines Mutter, also die Frau des Pastors, ist nicht seine Frau. Genauso wenig, wie Madeleine seine Tochter ist. Sie sind eine Familie aus dem Dorf, in dem wir waren. Der Vater hatte sich einen von den ach so guten Chips einpflanzen lassen und war nur zwei Tage nach dem Ereignis an den Nebenwirkungen des Energiemangels seines Akkus, also von dem Implantat, gestorben. Hirninfarkt, glaube ich. Und jetzt kommt es: Der Pastor Peter Konz war nie Pastor, wie wir schon vermutet hatten, und die Familie kannte Peter Konz auch schon vorher. Die kleinere Schwester von Madeleine war verschwunden – wie vom Erdboden verschluckt. Und nun rate mal, wo Madeleine ihre kleine Schwester gefunden hat. Ja genau: im Haus von Peter Konz, dem Schweinepriester."

Genaue Details wollte sie mir nicht verraten, aber ich konnte mir einiges schon denken.

„Der Pastor, nein, so sollten wir ihn nicht mehr nennen, sondern: der perverse, sadistische, satanische Schweinepriester ging doch glatt am selben Abend noch rüber zum Haus der Familie und bequatschte die Mutter so lange, bis sie die Geschichte ihrer eigenen Kinder nicht mehr glaubte. Es dauerte nach der Aussage von Madeleine gerade einmal drei Tage, bis der Pas–, nein: der Schweinepriester sich dort auch noch häuslich niederließ, da er jetzt mit Madeleines Mutter zusammen war. Madeleine und ihr Bruder haben alles getan, um ihre Schwester zu schützen, aber …" Die Tränen, die sie vergoss, während sie mir das erzählte, sprachen ihre eigene Sprache. „Und ich wollte dem Arschloch auch noch helfen, als er dort wie ein Maikäfer auf seinem gebrochenen Rücken lag."

Ich unterbrach sie: „Jenny nun warte mal, ist das alles glaubwürdig? Und wenn ja: Warum haben sich die Kids dort versammelt, als er fiel? Ist es das, was ich denke?“

„Absolut glaubwürdig, ohne Zweifel. So eine Geschichte kann man sich nicht ausdenken. Und ja, es war so: sie haben ihn mit der Kraft ihrer Gedanken zum Springen gebracht. Und sogar noch krasser: Sie haben ihm sogar die letzten Worte, die er sprach, in den Mund gelegt. Er ist gesprungen, weil sie es wollten. Er ist gestorben, weil sie seine Selbstheilungskräfte, die er wohl tatsächlich besessen haben soll, ausgeschaltet hatten. Ich weiß, das klingt unglaublich, aber ich glaube es.“

„Es hört sich unglaublich an, aber ich kann es glauben. Was ist jetzt mit Madeleine, ihrer Mutter und ihren Geschwistern?“

Jenny atmete tief durch. „Ich weiß es auch nicht. Es tut mir alles so leid, aber wenn ich nicht diese Sitzungen gemacht hätte, würde sich der Pastor wahrscheinlich immer noch an ihr … Na, du weißt schon. Deswegen denke ich, wir sollten die Sache in jedem Fall für uns behalten. Für die anderen war es ja einfach nur ein Unglück, und wenn die Kinder dichthalten, wird es nie jemand erfahren. Und auch wenn es rauskommen würde – wen interessiert es, wenn so ein perverses Schwein von seinem eigenen Kirchturm springt?“

Jenny hatte eigentlich recht. Wir sollten unsere Ermittlungen einstellen und alle ihr Leben leben lassen.

Ich hätte das auch sehr gerne gemacht, aber am letzten Arbeitstag im Gewächshaus hatte Marta noch etwas zu erzählen: „Weißt du, warum sie die bescheuerten Waschmaschinen-Haufen aufgebaut haben?“

Ich verneinte, und sie erklärte es mir: „Es ging ihm um die Ehrfurcht und die Entschuldigung der Sünden. Konz hat praktisch alle Überlebenden – es waren nicht viele, vielleicht fünf Prozent der ehemaligen Einwohner des Dorfes – auf seine Weise bekehrt. Wie er das gemacht hat, und warum es bei uns nicht geklappt hat, weiß ich leider nicht. Aber er hat Jung und Alt auf seine Seite gebracht. Jede Woche mindestens ein Fackelmarsch, Glaubensbekenntnisse vor den Maschinenhaufen mit der Bitte, die Menschheit nie wieder in die Versuchung zu bringen. Die Elektrifizierung der Welt wäre Satans Werk gewesen, behauptete Konz immer wieder, und seine Jünger sollten immer wieder vor den Haufen um Verzeihung bitten und beten. Irgendwann begannen sie sogar, die Haufen mit Mist zu beschmeißen, um dem Ekel, der von den Geräten ausging, Nachdruck zu verleihen. Das erinnerte mich irgendwie an meinen Opa in jungen Jahren, der von seiner Mutter immer wieder gehört hatte, die Stromgitarre wäre Teufelszeug, na ja, egal, jedenfalls war Tom und mir klar, dass der selbsternannte Pastor der Wolf im Schafspelz war. Collin, stell dir mal vor, der sogenannte Pastor hat vor dem Ereignis einen Holzlaster gefahren, und nein: nicht für die Kirche. Aber ich glaube, das spielt jetzt sowieso keine Rolle mehr."

Ich bedankte mich bei ihr für ihre Ehrlichkeit und wir arbeiteten schweigend weiter.

Fast hätte ich vergessen, Jenny von den aktuellen Erkenntnissen zu berichten. Für uns war der Fall Pastor Peter Konz damit abgeschlossen.

Die Kirche wurde umgebaut: Es dauerte gerade einmal sechs Wochen, und der Kirchturm war abgebaut worden. Stattdessen wurde das Dach fertiggestellt, und der Saal sollte in Zukunft für allgemeine Zwecke genutzt werden. Auch die ehemalige Gemeinde, die nichts von dem Dreck des Schweinepriesters wusste, den dieser am Stecken gehabt hatte, hielt hier einmal in der Woche mit wechselnden Hobbypastoren ihre Gottesdienste ab. Die Spaltung, die sich vorher durch Waldland gezogen hatte, war mit dem Tod des Pastors verschwunden.

Jenny musste viel lernen, aber trotzdem hatten wir auch Zeit für uns. Wir waren wie zusammengeschweißt. Wir vermissten unsere Familien, aber vielleicht war es genau das, was uns so sehr verband.

Eine junge Frau mit Kind war wegen des Platzmangels vor einigen Tagen bei uns eingezogen. Der Junge war total süß und hieß tatsächlich genauso wie der ermordete Mann von Marta. Tom und seine Mutter Eve, abgeleitet von Elvira, die, wie sie sagte, zweiundzwanzig war, fügten sich gut und wirklich sehr rücksichtsvoll bei uns ein. Sie störten uns nicht, aber ein tieferer Kontakt kam auch nach einigen Wochen nicht zustande. Sie war irgendwie verschlossen.

Der Doc hatte Jenny mit all seinen Medizinbüchern überhäuft, und Jenny kämpfte sich tapfer durch die Millionen von Wörtern. Sie schrieb sich oft bis weit in die Nacht Dinge auf, die sie später den Doc fragen wollte. Wir hatten eine der begehrten 12-Volt-Batterien bekommen, die nur ab und zu mal am Hauptgebäude aufgeladen werden mussten. Somit hatte Jenny Licht und konnte jetzt in der Dunkelheit des beginnenden Winters noch spät bis in die Nacht lernen.

Auch ich lernte täglich viel Neues über die Versorgung der Hühner, Kühe und neuerdings auch Schafe, die einige von unseren Verteidigungsleuten bei einer Erkundungsmission eingefangen hatten.

Waldland hatte mittlerweile drei funktionstüchtige alte Dieselfahrzeuge. Der in Heizöltanks vorhandene Treibstoff, der eigentlich Dieselkraftstoff war, wie ich mir erklären ließ, hatte allerdings keine Biozusätze. Er war rein mineralisch und konnte somit noch mindestens die nächsten zehn Jahre verwendet werden.

Ich will nicht sagen, dass langsam wieder etwas Zivilisation einzog, aber es schien so. Die andere Frage war für uns mittlerweile, ob wir das überhaupt wollten.

Die Verteidigung von Waldland war auf über fünfzig Aktive angewachsen. Bis zum Jahreswechsel wohnten über achthundert Menschen in Waldland. Ich hatte höchsten Respekt vor der Organisation und vor allem vor der des Profs.

Es war ein schleichender Prozess, aber wir hatten uns aus dem Rat etwas herausziehen können, denn gerade Jenny war mit Diensten auf der Krankenstation und Lernen eigentlich völlig ausgelastet. Manchmal nahmen wir noch teil, fühlten uns aber immer mehr deplatziert. Wir wussten, dass wir den Rat nicht dazu bringen konnten, Waldland effektiver mit der psychokinetischen Kraft der Kids zu verteidigen, und deshalb hofften und vertrauten wir auch auf die Entscheidungen des Rats.

Der Winter war nicht so kalt und schneereich wie der letzte. Es war für mich eine Erleichterung, denn ich arbeitete auf zwei Baustellen gleichzeitig: Tierversorgung und Brennholzversorgung. Die Brennholzversorgung war aber eben nicht so arbeitsreich wie im Winter zuvor.

Ich sprach mit Jenny kurz nach Neujahr darüber, wann wir wohl aufbrechen könnten. Wir hatten fest geplant, zumindest im Sommer zu ihrem Elternhaus zu gehen – wieder eine Woche Urlaub sozusagen. Das letzte Jahr war einfach zu viel los gewesen, denn eigentlich hatten wir den Ausflug schon vorher geplant.

Jenny sagte, sie sei zwar sehr beschäftigt mit ihrem Medizinstudium, aber diesen Ausflug würde sie sich nicht entgehen lassen. Ich glaube, ihr ging es nicht mal so sehr darum, vielleicht etwas über das Verbleiben ihrer Familie zu erfahren, sondern eher, dass wir wieder ein Abenteuer zusammen unterahmen – ohne neugierige Blicke.

# 23. INVASION

Am 23. März – und ich konnte mir das Datum gut merken, da ich eigentlich zum ersten Einpflanztermin in diesem milden Frühling eingeteilt war – brach in Waldland die Hölle los.

Früh am Morgen, die Sonne war noch nicht aufgegangen, hörten wir Schüsse. Nicht einen oder zwei, es waren Salven von Automatikgewehren, und es ging mindestens eine Viertelstunde lang so.

Völlig erschrocken, mit Schlaf in den Augen, aber hellwach standen wir in Schlafklamotten vor dem Fenster.

Auch Eve und Tom waren verängstigt zu uns hochgekommen, um einen besseren Überblick zu bekommen. Aus dem Fenster sahen wir ab und zu Menschen, die schnell liefen, aber Genaueres konnten wir nicht ausmachen. Wir alle drei versuchten, den Kleinen zu beruhigen, was uns aber nicht gelang.

Meine .22, die ich nach unserem letzten Ausflug und als Reservist in meinem Besitz behalten durfte, erweckte Aufmerksamkeit.

„*Boom, boom* macht er", sagte der Kleine. „Collin, mach auch *boom, boom*!"

Draußen hörten wir Leute schreien, die Schüsse wurden glücklicherweise weniger. Aber immer mehr Leute schrien. Panische, verzweifelte, hilflose Schreie – es war gespenstisch.

Jenny und mir wurde sofort klar, dass Waldland, so wie wir es kannten, nach diesem Morgen wahrscheinlich nicht mehr existieren würde.

Es klopfte an unsere Tür. „Aufmachen, sofort aufmachen, sonst brennen wir die Bude nieder!"

Wir saßen alle wie versteinert unter dem Fenster und wussten nicht, was wir machen sollten. Ein lauter Knall, höchstwahrscheinlich von unserer Haustür, die gerade aufgebrochen worden war, dröhnte in unseren Ohren.

Tom sagte: „*Boom*", sah seine Mutter an und fing an zu weinen.

Ich packte meine Waffe in meinen hinteren Hosenbund. In dem Moment hörten wir, dass mindestens zwei Leute die Treppe hochkamen.

„Sofort auf den Boden!“, schrie einer der beiden militärisch anmutenden Männer, die je mit Helm, Maske, Tarnkleidung und Sturmgewehr vor uns standen.

Wir taten sofort, was uns gesagt wurde.

Der kleine Tom heulte nicht einmal mehr, er verharrte einfach dicht gedrängt an seine Mutter.

„Bleibt auf dem Boden und weg vom Fenster, dann wird euch nichts geschehen, und solange keiner kommt und euch ruft, bleibt ihr hier auf dem Boden sitzen, wenn euch euer Leben etwas wert ist. Habt ihr verstanden?“

Wir antworteten wie im Chor: „Ja!“

Wir hörten, wie sie das Haus verließen und zum nächsten stürmten.

Es dauerte keine zwei Minuten, und wir fingen an zu sprechen. Eve kümmerte sich liebevoll um Tom, aber es sollte noch einige Zeit dauern, bis er sich wieder beruhigt hatte. Allerdings hatte ich das Gefühl, sie besänftigte sich damit eher selber.

„Kommt, lasst uns zumindest etwas dichter zusammensitzen“, sagte ich.

Dann fingen wir alle an, wild durcheinanderzureden. So viele Worte wie in den nächsten fünfzehn Minuten hatten wir alle noch nie miteinander gesprochen. Nur wenn wieder geschossen wurde, hielten wir kurz inne, und ich guckte vorsichtig aus dem Fenster.

Jenny sagte: „Eigentlich war es doch völlig klar. Irgendwann würden sie zuschlagen. Scheinbar gibt es sehr militante und verzweifelte Menschen dort draußen, die wahrscheinlich auch nur ihre Familien versorgen wollen.“

„Warum sind sie dann nicht einfach hierhergekommen und haben gefragt, ob sie hierbleiben können wie wir auch?“, fragte Eve.

Ich stimmte Eve zu, aber Jenny konterte: „Wisst ihr, es ist nicht so einfach. Wenn man erst mal mit einer anderen Gruppe verbunden ist, die auch davon lebt, einfach anderen alles zu stehlen … Es wäre dann wahrscheinlich so eine Art von Hochverrat.“

Eve erzählte, wie sie nach Waldland gekommen war, und ich wusste nicht, ob der Überfall oder ihre Geschichte das schlimmere Tagesereignis war. Sie hatte sich über ein Jahr von Mittelschweden aus durchgeschlagen.

Ein Spielzeug, das sie für Tom besorgt – oder eher in einem verlassenen Haus gefunden hatte –, war ausschlaggebend gewesen. Das Smart Toy hatte ihnen wie damals auch uns den Weg gewiesen, nur, dass es leider kurz vor Waldland für immer stumm geblieben war. Sie machte Andeutungen, dass sie sich mehrmals mit ihrem Körper hatte freikaufen müssen: für Nahrung, Windeln, eine Unterkunft oder einfach nur fürs Weiterkommen – Wegzoll sozusagen. Und sie behauptete doch tatsächlich, sie wäre froh und dankbar gewesen, dass sie sie immer wieder haben weitergehen lassen.

Es dauerte über vier Stunden, bevor schließlich einer der Besetzer Waldlands einfach so hereinkam und sagte: „Alle mitkommen, die Party ist vorbei!"

Mir war aufgefallen, dass er normale Gummistiefel trug. Ansonsten hätte man davon ausgehen können, er wäre von der Armee, aber auch das Verhalten und der Auftritt insgesamt sprachen nicht für Soldaten. Vor allen Dingen hätten diese nicht gleich geschossen. Mit diesem Aufzug hatten sie wahrscheinlich das Überraschungsmoment ausgenutzt. Ich wollte gar nicht wissen, wie viele Leute von unserer Verteidigung diesmal umgekommen oder schwer verletzt waren.

Der Typ ging hinter uns und brachte uns zum Hauptgebäude.

Der Prof und einige andere aus dem Rat saßen mit den Händen hinter dem Rücken gefesselt und zum Teil blutüberströmt in dem großen Flur an der Wand auf Stühlen. Mindestens zwölf Uniformierte bewachten die Gefangenen.

Eve, die Tom auf dem Arm hatte, drehte sein Gesicht nach hinten, sodass er die blutverschmierten Gesichter nicht sehen musste.

Einer der Fremden, ein relativ kleiner dicklicher Typ, sagte: „Das Fräulein muss dann wohl das Krankenschwesterchen sein, hübsch, hübsch, sehr hübsch. Sieh zu, dass du in die Krankenstation verschwindest, Mädchen, bevor ich es mir anders überlege."

Jenny ging los, und ich war froh, dass sie sich nicht zu mir umgesehen hatte. Es wäre sonst nicht gut ausgegangen, da jeder erkannt hätte, dass wir zusammengehörten.

Ich spürte meine Pistole und wollte sofort von ihr Gebrauch machen.

Doch der Prof meldete sich zu Wort: „Danke, dass Sie sie geholt haben. So werden sicher mehr Menschen überleben."

„Halt's Maul, du Drecksack!", schrie der Anführer – oder wie ich ihn von nun an nannte: kleiner Arsch mit Ohren – und schlug dem Prof mit dem Gewehrlauf ins Gesicht

Der Prof schrie einmal laut auf und sein Kopf knickte ein. Ich hoffte inständig, dass er ihn nicht umgebracht hatte, aber bei genauerem Hinsehen sah ich, wie sich sein Brustkorb hob und senkte. Er hatte ihn bewusstlos geschlagen.

Tom fing jetzt wieder zu weinen an, und Eve versuchte ihn zu beruhigen.

„Bring das Vieh in den Stall", wies der Anführer an, und der Typ, der uns abgeholt hatte, brachte uns in den Vorratsraum.

In dem Raum, der eigentlich für Betten, Verbandmaterial und Vorräte genutzt wurde und nun leergeräumt war, saßen bereits mindestens dreißig Leute dicht gedrängt auf dem Boden. Alle sahen fürchterlich schockiert aus, einige weinten.

Das Licht, unsere neueste Errungenschaft, wurde kurzerhand ausgeschaltet, nachdem wir uns zu den anderen gesetzt hatten, und die Tür geschlossen.

Tom war das einzige Kleinkind im Raum und weinte immer noch. Eve gab ihr Bestes, um ihn zu beruhigen, und es half nach einiger Zeit.

Leise wurde geflüstert. „Warum haben sie euch hergebracht, Collin?", fragte eine Stimme, die ich nicht zuordnen konnte.

„Ich denke, wegen Jenny. Sie wird wohl dringend gebraucht hier", flüsterte ich zurück.

Es verging einige Zeit, in der viel geflüstert wurde, als schließlich wieder die Tür aufging und einer der Invasoren hereintrat, das Licht anmachte und schrie: „Habe ich euch nicht gesagt, ihr sollt verflucht nochmal die Schnauze halten? Du da, komm mal her!" Er zeigte mit dem Finger auf einen Mann, den ich nicht kannte.

Der Mann bettelte und flehte, er hätte nichts gesagt.

Tom weinte immer lauter, und einige andere konnten etwas später ihre Tränen genauso wenig unterdrücken. Es schien mir, als ob es um Leben oder Tod gehen würde.

Der miese Typ sagte: „Ich habe euch mehrfach gewarnt, noch ein Mucks, und ich nehme gleich den Nächsten mit." Er stieß den Gewehrlauf in den Rücken des Mannes, um ihn abzuführen.

Wahrscheinlich würde er ihn gleich erschießen, dachte ich, als etwas Merkwürdiges passierte: Ich hörte eine Melodie, die mir irgendwie bekannt vorkam. Gleichzeitig sah ich, wie erst der miese Typ und nur ein bis zwei Sekunden später sein auserwähltes Opfer in der Tür zusammensackten, dann ging auch bei mir das Licht aus.

Ich lag mit Jenny auf einer Blumenwiese. Wir küssten uns, und wir hörten diesen schönen Gesang. Die Sonne ging gerade unter und verfärbte den Himmel in ein intensives Rotviolett. Es war angenehm warm, und mein Körper schien zu schweben. Ich fühlte den Boden nicht, nur die zarten Lippen, die mich küssten.

Das war alles, an das ich mich erinnern konnte, als ich feststellte, dass keiner das Licht ausgemacht hatte. Es brannte immer noch, und ich sah die Leute um mich herum, wie sie langsam aufwachten. Ich brauchte einige Zeit, um zu verstehen, was passiert war. Der miese Typ war weg, sein Opfer wachte auch gerade wieder auf.

Alle redeten leise durcheinander. „Hast du das auch geträumt? Wo ist der Typ, was ist passiert?", waren die meistgesagten Sätze, die ich immer wieder hörte.

Tom hatte aufgehört zu weinen, und wir saßen da, flüsterten und wussten nicht, was wir tun sollten.

Die Tür des Vorratsraumes stand immer noch offen, aber es traute sich keiner herauszugehen. Dann fiel mir ein, dass ich ja noch meine Pistole hatte, da mich nie jemand durchsucht hatte.

Ich stand auf und sagte leise: „Ich war bei der Verteidigung, ich bin ausgebildet und werde jetzt herausfinden, was hier gerade passiert ist."

Keine Gegenstimmen waren zu hören, nur Eve warnte: „Sei vorsichtig, Collin!"

„Das werde ich sein", erwiderte ich und ging aus der Tür.

Der miese Typ war nirgends zu sehen, was mich doch etwas verwunderte und gleichzeitig verängstigte. Ich nahm die .22 und ließ den Schlitten nach hinten gleiten, um die erste Patrone in den Lauf zu befördern, dann entsicherte ich die kleine leichte und handliche Waffe und hielt sie vor mich.

Langsam ging ich den Flur entlang in die Richtung, wo der Prof und die anderen gefesselt waren. Kurz vor der Ecke, von der aus sie mich hätten sehen können, hörte ich Stimmen. Kinderstimmen. Diese miesen Arschlöcher, jetzt holen sie auch noch die Kinder, dachte ich.

Ich lugte so vorsichtig wie möglich um die Ecke und sah die Kids. Ich guckte noch einmal, diesmal sogar etwas unvorsichtiger, und was ich sah, war unglaublich. Ich entlud die Pistole und steckte sie in meine Hosentasche, ging vorsichtig um die Ecke und traute meinen Augen kaum.

Sechs von den Arschlöchern lagen gefesselt und geknebelt auf dem Boden. Die Kids hatten alle zusammen eine große Kerze in der Hand, die sechs von ihnen gleichzeitig trugen. Sie sahen aus wie hypnotisiert und summten etwas. Ja, es war genau dieser Kinderreim. *Ein Männlein steht im Walde ganz still und stumm.*

Die anderen vier, darunter auch Madeleine, entfesselten gerade den Prof und die anderen. Sie schienen gerade erst aufzuwachen.

Ich sagte zu Madeleine: „Sag mal, wart ihr das? Wo sind sie anderen miesen Typen?" „Alle gefesselt und geknebelt." Sie grinste.

Ich musste mich wirklich ernsthaft fragen, ob ich das alles immer noch träumte, aber dafür war es doch zu real.

Ich ging zur Krankenstation, um nach Jenny zu sehen. Auf dem Weg fiel mir ein, den anderen im Vorratsraum grünes Licht zu geben; was ich erst mal tat.

Sie schauten mich völlig ungläubig an und wollten wissen, was passiert war.

Da ich schnellstmöglich zu Jenny wollte, vermeldete ich nur: „Es ist sicher, Gefahr gebannt." Ich ging, sah mich aber nochmals um und registrierte, dass sich noch keiner aus dem Raum traute. Jenny war mir jetzt trotzdem wichtiger. Sie war meine Familie, meine zweite Hälfte und einfach alles, was ich noch hatte.

Völlig überrascht sah ich, wie sie mit dem Doc zusammen einen Verwundeten behandelte.

„Geht es euch gut? Seid ihr auch eingeschlafen?"

Der Doc nickte Jenny zu, und sie nahm ihren Mundschutz ab.

Sie ergriff meine Hand, ging mit mir vor die Tür und sagte: „Hör mal zu, Collin, für den Fall der Fälle hatte ich mit den Kids etwas einstudiert. Du weißt nicht alles. Ich habe dir nicht alles erzählt – und zwar nicht, weil ich dir nicht traue, sondern weil einige Dinge nur funktionieren, wenn man sie geheim hält. Ich war mir sicher, diese Typen würden irgendwann wiederkommen, und deswegen habe ich mich einige Male mit den Kids getroffen, mit ihnen gesprochen und wir haben einen Plan geschmiedet. Es hat offenbar funktioniert, sonst würden wir jetzt nicht hier stehen und reden. Mir war klar, dass es nicht funktionieren würde, wenn ich es jemandem vorher erzählt hätte. Aber wenn sie hierherkommen würden, was sie ja auch taten, sollten sie sehen, mit wem sie sich anlegen." Jenny grinste, und trotz ihrer mit Blut befleckten grünen Arbeitskleidung sah sie dabei wunderhübsch aus. „Sie werden nicht wiederkommen", versicherte sie. „Ich muss jetzt wieder rein, zu viele Verletzte!" Sie ging, nein, sie lief wieder in den Behandlungsraum, und ich hatte völlig vergessen, dass sie mir noch eine Antwort schuldete, ob sie auch eingeschlafen war.

Ich ging wieder zurück zur Empfangshalle. Der Prof kam mir mit seinem zerbeulten Gesicht entgegen. Er hatte sich zumindest das Blut abgewischt und schien erstaunlich fit für das, was er eingesteckt hatte.

„Collin, du musst unbedingt mithelfen, die Gefesselten zu entwaffnen und mit hierher zu transportieren", bat er mich relativ ruhig und unaufgeregt.

Natürlich tat ich sofort, was von mir verlangt wurde. Einige meiner ehemaligen Kollegen von der Verteidigung kamen mir schon mit dem ersten der zahlreichen Eindringlinge entgegen. Es dauerte mehr als zwei Stunden, alle einzusammeln, alle Häuser zu kontrollieren und alle Waffen zu finden.

Einige Leute erzählten uns, sie hätten den einen oder anderen fliehen sehen. Ob das stimmte, konnten wir nicht genau wissen, aber ich hatte die Vermutung, dass es unter anderem das war, was der Prof von den gefangenen Eindringlingen wissen wollte.

Der Tag verging ab da wie im Fluge. Überall, an jeder Ecke bekam ich Informationen. Die Leute erzählten ihre Geschichte und wie sie sie erlebt hatten. Ich erzählte meine Version, und wir fragten uns hinterher immer wieder, wie es sein konnte, dass alle eingeschlafen waren. Giftgas, Strahlenwaffe, Hypnose und andere Vermutungen wurden geäußert. Ich verriet niemandem, was ich wusste. Mit etwas Fantasie hätte der eine oder andere aber selber darauf kommen können.

Ich bezweifelte sowieso, dass mir jemand meine Geschichte geglaubt hätte. Ich war zwar dank des Wachstumsschubs der letzten Monate meinem Alter entsprechend groß, aber immer noch nicht wirklich erwachsen. Wer sollte mir schon glauben? Aber es war mir ehrlich gesagt auch ganz recht so.

Als Jenny abends nach Hause kam, war sie völlig erschöpft.

„Ich bin so froh, dass wir inzwischen zwei Krankenschwestern und einen Pfleger mehr haben", sagte sie. „Morgen Vormittag ist Ratstreffen. Wir können kommen, wenn wir wollen, hat der Prof gesagt. Und weißt du was? Er hat mir persönlich für meinen Einsatz gedankt. Das fand ich richtig nett", fuhr sie fort, während sie sich ein Brot mit Marmelade in den Mund schob. Das war alles, was sie an diesem Abend aß und auch erzählte.

Der nächste Tag sollte fast genauso spannend werden wie der vorherige. Auf dem Weg zum Hauptgebäude erinnerte nichts mehr an den gestrigen Kriegszustand.

Ich war gespannt auf das, was wir heute im Rat besprechen würden.

Der Prof begann mit den Worten: „Unsere Gedanken sind heute in erster Linie bei den sechs gestern getöteten liebenswerten, engagierten und vor allen Dingen freiwilligen Mitgliedern unserer Verteidigung und natürlich auch bei deren Familien. Mit viel Glück konnten sich die meisten Leute unserer Verteidigung retten, indem sie der Übermacht an Eindringligen auswichen, um die Lage nicht zu eskalieren. Vier der Eindringlinge wurden im Vorfeld getötet. Was dann geschah, möchte ich heute mit euch unbedingt reflektieren. Ich habe bis jetzt keine Erklärung dafür, wie es zu den bekannten Ereignissen gekommen ist. Fakt ist jedenfalls, dass wir insgesamt sechzehn Gefangene haben. Sie befinden sich in der ehemaligen Kirche unter strenger Bewachung. Wir haben ihnen insgesamt mehr als zwanzig Schusswaffen, darunter auch zwei Panzerfäuste und mehrere Handgranaten, abgenommen. Von der vielen Schussmunition mal ganz abgesehen. Offensichtlich haben sie keine Zivilisten verletzt. Doch das ist nur durch Glück geschehen, da sie zum Teil wahllos auf Gebäude geschossen haben. Was wissen wir bis jetzt? Diese Leute sind gut organisiert. Sie wurden beauftragt, Waldland in Geiselhaft zu nehmen. Einer der Gefangenen hat mir verraten, dass einige von ihnen schon auf dem Weg zurück waren, um den anderen Bescheid zu sagen. Ob es dazu gekommen ist, wissen wir bisher noch nicht, denn wir haben sogar noch in weiterer Entfernung zwei gefesselte Eindringlinge gefunden.

Ob sie als Verstärkung auf dem Weg hierher oder als Informanten von hier unterwegs gewesen sind, wissen wir leider nicht, genauso wenig wie wir wissen, wer sie gefesselt hat. Und bevor jetzt die Frage von euch kommt, wann mit der nächsten Welle von Invasoren zu rechnen ist, sage ich euch, ich habe eine weitere sehr wichtige Information von diesem Typ erhalten: Es gibt maximal zehn weitere Leute von dieser kriminellen Organisation. Sie sind sozusagen die oberen zehn, die sich nur ungern die Finger schmutzig machen. Also rechne ich persönlich nicht mit einem weiteren bevorstehenden Angriff. Trotzdem wird jede weitere Verteidigungskraft jetzt mehr denn je gebraucht."

Der Blick des Profs ging in meine Richtung. Ich verstand sofort, was er mir damit sagen wollte, und sprach es direkt aus: „In dieser Situation helfe ich gerne, wo ich kann."

Jenny guckte mich etwas böse an, als der Prof fortfuhr: „Wir haben eine spezielle Truppe aufgestellt, die zur Bewachung der Gefangenen eingeteilt ist. Darunter sind auch ein Psychologe, ein ehemaliger Kriminalbeamter und ein Gefängniswärter. So verhören wir jetzt nach und nach die Gefangenen. Wir haben die Leute gefunden, da wir glücklicherweise alle neuen Bewohner Waldlands bei ihrer Ankunft nach ihren Berufen gefragt und diese auch schriftlich festgehalten haben."

Der Doc warf ein: „Dann wollen wir hoffen, dass sie ehrlicher waren als der Pastor."

Ein Lachen ging durch den Raum.

„Entschuldigt mich, Leute, aber ich muss jetzt wieder auf die Krankenstation, denn wir haben vier verletzte Männer von der Verteidigung, zwei davon schwer, und zwei schwer verletzte Invasoren, die wir selbstverständlich auch behandeln müssen." Wir klatschten und bedankten uns beim Doc.

„Danke", sagte der Prof. „Leider war es klar, dass es passieren würde, aber warum alle eingeschlafen sind und die Eindringlinge überwältigt und gefesselt waren, kann ich nur mutmaßen. Wenn einer von euch dazu etwas beizutragen hat, wäre ich sehr dankbar dafür. Hat jemand genauere Informationen? Und mich interessieren nicht die Gerüchte, sondern nur präzise Informationen."

Ich erschrak, als Jenny unvermittelt aufstand und das Wort ergriff: „Ja, ich kann etwas dazu beitragen."

Der Prof gucke interessiert. „Erst einmal vielen Dank für deinen aufopfernden Einsatz auf der Krankenstation. Aus dir wird sicher einmal eine hervorragende Ärztin."

Jenny guckte ihn ernst an und erwiderte: „Ja, danke, aber ich denke ernsthaft darüber nach aufzuhören."

Ein Raunen ging durch den Raum, und selbst ich gab ein mir unbekanntes Geräusch von mir.

„Ich habe ehrlich gesagt keine Lust mehr, mir die Nächte um die Ohren zu schlagen – nur, weil ihr hier etwas Grundlegendes nicht kapiert. Bevor jetzt irgendjemand etwas sagt, hört mir bitte erst mal zu. Vor einiger Zeit haben Collin und ich uns mit einigen Kids getroffen. Und ja, es waren genau die Kids, die besondere Fähigkeiten haben. Ich denke übrigens, dass gerade die Kinder, und damit meine ich alle, besondere Fähigkeiten haben. Collin und ich haben diese Fähigkeiten schon vor Waldland bemerkt, hatten sie damals aufgrund der allgemeinen Situation aber nicht besonders ernst genommen. Auch ihr wusstet von den neuen Kräften, die wir vorher nicht kannten, und habt diese sogar gefördert. Ich meine zum Beispiel das Esoenergie-Projekt. Wir haben mit den Kids ausprobiert, was möglich ist, wenn wir uns in der Gruppe auf bestimmte Dinge konzentrieren. Und ich kann mir sehr gut vorstellen, es sprengt wahrscheinlich eure Vorstellungskraft. Collin kann das bezeugen. Was ist also passiert? Wir haben die Treffen jedenfalls nicht fortgesetzt. Die Kids haben sich heimlich weiterhin getroffen, um weitere Experimente zu machen. Ich habe den Kontakt gehalten und sie etwas beraten – und warum? Weil mir der Gedanke kam, es wäre sicherlich effektiver und besser, eine unsichtbare Kraft zu haben, die Waldland ohne Waffen beschützen kann. Heute habt ihr den Beweis dafür erhalten. Ich muss jetzt leider auch los und dem Doc helfen." Ohne dass jemand ein Wort sagte, ging Jenny zur Tür hinaus.

Der Prof sah ziemlich überrascht aus. „Äh, ja, was für ein Tag. Ich glaube, wir machen für heute Schluss mit der Sitzung, ich kann gut etwas Ruhe brauchen, auch, um mir über das Gesagte Gedanken zu machen."

Die Sitzung war beendet, und ich ging alleine nach Hause.

Die nächsten Tage waren sehr hektisch. Jenny arbeitete so viel wie noch nie, und ich hatte schon das Gefühl, sie wolle mir aus dem Weg gehen. Es war für mich doch etwas überraschend gewesen, dass sie die Bombe hatte platzen lassen, aber irgendwie war ich sehr froh, dass es nun kein Geheimnis mehr war. Wahrscheinlich wären sie eh darauf gekommen, denn sie hatten ja alle die Kids mit der Kerze gesehen. Geniale Kids, ich war stolz auf sie, denn sie hatten uns gerettet. Alleine das alte Lenkrad, mit dem darauf befestigten Einmachglas und der Kerze darin, damit sich alle daran festhalten konnten – darauf musste man erst mal kommen.

Wenn Jenny zu Hause war, redete sie wenig bis gar nicht. Das ging wochenlang so, und ich traute mich auch nicht, etwas daran zu ändern. Ich dachte mir, wenn sie reden möchte, würde sie das schon tun.

An einem Abend, als sie etwas früher nach Hause kam und wir wortlos nebeneinander in unserem Zimmer lagen, brach sie ihr Schweigen auf einmal: „Ich bin stinksauer! Der Prof hat nichts zu dem gesagt, was ich erzählt habe, und weißt du, wieso? Weil er in alten Denkmustern verhaftet ist und wahrscheinlich immer noch denkt: Waffen, Männer, Stolperdrähte, am besten eine Mauer bauen. Das kotzt mich so an!" Ich wollte Jenny erst mal reden lassen, denn es hörte sich so an, als ob sie eher zu sich selber sprach. „Ich habe keine Lust mehr, irgendwelchen unnötig Verletzten die Wunden zuzunähen, ihnen zu sagen, sie würden es schaffen und sie dann …" Sie machte eine Pause. Sie schluckte, und ich hörte, dass sie weinte.

Jenny weinte nicht oft, und auch mir kamen die Tränen, weil ich wirklich mit ihr mitfühlen konnte.

„Warum, Collin, was soll das? Der Strom war weg, und alle gehen aufeinander los, was soll das? Wir Menschen sind doch eigentlich dafür gemacht, auch ohne Strom leben zu können, was ist bloß mit den Menschen los?"

Ich ging rüber zu ihr und nahm sie in den Arm. Ich küsste sie und schmeckte ihre salzigen Tränen.

Fest umschlungen schliefen wir ein.

# 24. AUSZUG

Am nächsten Tag redete ich mit dem Prof. Jenny war zum Dienst gegangen, und ich war mit meiner Holzauslieferung fertig. Ich bat um ein Einzelgespräch und hatte Glück, dass er Zeit hatte.

Jenny hatte ich von meinem Alleingang nichts erzählt, da ich es recht spontan entschieden hatte. Ich hatte zwar am Vorabend, als alles aus Jenny herausgebrochen war, schon mit dem Gedanken gespielt, wusste aber noch nicht, wie ich am nächsten Tag darüber denken würde.

„Sorry, Prof, aber Jenny und ich sind etwas enttäuscht darüber, wie sie mit ihren Informationen umgegangen sind, wenn ich das sagen darf."

„Natürlich kannst du das sagen, und ihr habt recht, ich hätte schon längst darüber mit euch reden müssen." In seinem Tonfall konnte ich bereits das Aber erahnen, welches nun folgen sollte. „Aber wisst ihr: Wie hätte ich es anders machen sollen? Hätte ich den Bewohnern Waldlands sagen sollen: Wir haben jetzt eine psychokinetische Energiewaffe, die von ein paar Kindern kontrolliert wird und unsere Verteidigung darstellt?"

Ich dachte kurz darüber nach. „Nein, das habe ich auch nicht gemeint, sondern dass diese Kids jetzt vielleicht etwas zu kurz kommen. Jenny hat mir erzählt, sie wären durchaus bereit, Waldland weiter zu beschützen, und dass sie sich sogar noch erweitern, also vergrößern und verbessern wollen. Haben Sie mal mit den Kids gesprochen?"

„Nein, Collin, und es ist wertvoll, das von dir zu erfahren. Ich bin sehr dankbar, dass du gekommen bist, um mir das mitzuteilen. Wir haben aber echte Probleme, denn ich vermute, es gibt viele Menschen, die das Vertrauen verloren haben. Ich möchte genauso wie ihr, dass Waldland ein sicherer Ort ist, und dazu gehört nun mal eine schlagfertige Verteidigung, die darüber hinaus auch noch eine Organisationstruppe für lebensnotwendige Dinge ist."

Ich gab dem Prof insofern recht, dass es eine Organisationstruppe und auch bewaffnete Verteidiger geben müsse, aber ich fragte nochmals, warum unsere Kids noch nicht mal inoffiziell mit eingebracht und gezielt trainiert werden sollten.

Ich bekam keine Antwort darauf.

Auf dem Heimweg überlegte ich, ob ich Jenny überhaut von diesem Gespräch erzählen sollte. Ich wollte sie nicht weiter traurig machen, denn nichts lag mir ferner als das.

Ich konnte mein Gespräch mit dem Prof Jenny jedoch nicht verheimlichen und wollte das auch nicht. Ich wusste nicht genau, warum. War es aus Sensationsgier, wie sie reagieren würde, oder weil ich wusste, dass wir lieber keine Geheimisse voreinander haben sollten?

Immerhin hatte sie mir ja auch nichts von den Treffen mit den Kids erzählt. „Manche Dinge sollten besser geheim bleiben, sonst funktionieren sie nicht", hatte sie gesagt. Wenigstens hatte sie es mir im Nachhinein verraten, und irgendwie hatte sie auch recht; was auch die Reaktion des Profs auf kuriose Art belegt hatte.

Ich konnte es gar nicht erwarten, ihr davon zu erzählen.

Ihre Reaktion fiel allerding heftiger aus, als ich mir hätte vorstellen können. Doch wider Erwarten blieb sie einigermaßen gefasst und teilte mir mit: „Weißt du, ich habe mir schon gedacht, dass der Prof so reagieren würde. Und ich sage dir ganz ehrlich: Ich habe allmählich die Nase voll." Kurz und knapp nahm Jenny an diesem Abend Stellung.

Was genau sie mit: „Ich habe die Nase voll", meinte, sollte ich erst wenig später herausfinden.

Eigentlich gefiel es mir in Waldland ganz gut, und es wurde stetig besser: Strom, wenn auch nicht für alle, Essen, Wärme, Krankenversorgung und vieles mehr, was das Leben angenehm machte – all das hatten wir hier.

Inzwischen hatten wir sogar im letzten Sommer größere Sonnenblumenfelder angelegt und auch beerntet. Durch einige unserer Neuzugänge hatten wir die nötige Manpower und auch das Know-how, um einige Hundert Liter Sonnenblumenöl und Biodiesel herstellen zu können. Aufgrund des zunehmenden Mangels dieser Produkte war das für mich und auch für Waldland Gold wert gewesen. Ich konnte meine Erkenntnisse in diesem Bereich erweitern, und Waldland hatte stark nachgefragte Ressourcen zum ersten Mal selber hergestellt.

Selbst wenn wir keine Lebensmittel mehr finden könnten und keine Medikamente, so hatten wir Vorräte für mehrere Jahre. Auch Munition,

Werkzeuge, Brunnenpumpen und sämtliche Ersatzteile hatten wir auf Vorrat. Da nun höchstwahrscheinlich auch nicht mehr mit Angriffen zu rechnen war, dachte ich mir, Waldland wäre wirklich perfekt, um hierzubleiben.

Dieses Jahr waren sechs Babys in Waldland geboren worden. Alle Mütter und Kinder waren wohlauf. Ziegen, Hühner und Kühe gebaren Junge, und der Getreideanbau sowie die Gemüseversorgung liefen sehr gut. Wir hatten eine Samenbank für unsere Feldfrüchte, eine Apotheke, Drogerie und sogar einen Secondhand-Kleiderladen, in dem getauscht oder sogar auf Kredit gehandelt wurde. Unsere Währung war Vertrauen – Vertrauen, das äußerst selten gebrochen wurde.

Meiner Meinung nach konnte man eine neue Gesellschaft kaum besser organisieren nach so einer Apokalypse. Trotzdem hatte ich das Gefühl, irgendetwas würde in Waldland nicht stimmen.

Die Zeit verging schnell. Der Winter war milder als erwartet, der Frühling eher frühsommerlich, es war der gefühlt wärmste seit Jahren.

Die Gefangenen wurden nach zwei Monaten jeweils zeitversetzt einzeln freigelassen. Stück für Stück, sodass sie sich nicht versammeln konnten. Zwei der Angreifer hatten sich mit uns verbündet und wollten bei uns bleiben. Durch ihre Aussagen hatten sie unser Vertrauen erlangt. Es waren junge Männer, die mehr oder weniger freiwillig in die Fittiche der Gang gelangt waren und uns nun wertvolle Informationen gegeben hatten.

So waren die Gangs, die die Straßen und die größtenteils verlassenen Städte kontrollierten, kaum größer als dreißig Mann. Sie alle waren unabhängig und handelten mit den Existern, die die Grenze zum ehemaligen Dänemark über die Öresund-Brücke kontrollierten. Wie groß die Exister-Gruppe war, wusste keiner, aber jede Gang wies sich damit aus, auch zu den Existern zu gehören, obwohl sie alle nur mit ihnen handelten.

Bei dem Angriff auf Waldland war es schlichtweg darum gegangen, unsere Stromquelle, unsere Lebensmittel und vielleicht ein paar Frauen zu stehlen. Sie hatten sich sehr viel von dem Feldzug erhofft, denn gerade für die Stromquelle hätten sie eine Menge von den Existern verlangen können.

Ich hatte vor länger Zeit mal ein Buch über das Mittelalter gelesen und meinte mich zu erinnern, dass es damals größtenteils humaner zugegangen war.

Am ersten April, wenn unsere Zeitrechnung noch stimmte, ungefähr anderthalb Jahre nachdem wir in Waldland angekommen waren, sah ich am Himmel etwas, das mir zwar bekannt vorkam, ich aber im ersten Moment nicht zuordnen konnte.

Ich befand mich alleine auf einem unserer außenliegenden Felder. Ich sollte das Feld für die bevorstehende Aussaat vorbereiten und hatte eine Grabgabel in der Hand, auf die ich mich gerade aufstützte. Das, was ich sah, war – wie hießen die Dinger noch gleich – ein Kondensstreifen. Sie entstanden hinter Düsenflugzeugen, so viel wusste ich. Es war wirklich weit weg, aber ich war mir sicher, dass es einer war. Das dazugehörige Flugzeug flog in nördlicher Richtung, und ich überlegte, ob man es von Waldland aus wohl auch sehen könnte.

Dann überlegte ich, ob ich loslaufen sollte, um jemanden zu holen, damit ich einen Zeugen hätte. Ich sah allerdings, dass der Kondensstreifen nicht lange hinter dem Flugzeug bestehen blieb. Sicherlich hatte es auch jemand von den anderen gesehen, dachte ich. Das Datum war schon etwas kurios für eine solche Sichtung, sodass ich ernsthalt überlegte, überhaupt jemanden zu fragen, ob er das Flugzeug auch gesehen hatte.

Nach getaner Arbeit ging ich zurück ins Dorf. Und ja, die Bezeichnung Dorf passte mittlerweile, denn es wohnten inzwischen echt viele Menschen hier. Anscheinend hatte keiner in Waldland irgendetwas gesehen. Ich fragte den ein oder anderen, was es Neues gäbe, da ich den ganzen Tag alleine auf dem Feld gearbeitet hatte, doch alle guckten mich nur gelangweilt an und erzählten von ihren üblichen Tageserlebnissen.

Vielleicht hatte Jenny etwas gehört, und ich wartete gespannt darauf, dass sie von der Arbeit nach Hause käme. Es sollte einige Zeit dauern, aber die verging schnell, denn Eve und Tom hatten beide gute Laune, und ich spielte etwas mit Tom. Anscheinend hatte er die ganze Sache mit dem Überfall gut überstanden. Ich hatte jedenfalls nicht das Gefühl, dass er irgendwie traumatisiert war.

Endlich kam Jenny nach Hause, und nachdem sie geduscht und etwas zum Abendbrot gegessen hatte, konnte ich mich endlich mit ihr unterhalten. Ich ließ sie aber erst mal ihre Ereignisse erzählen, denn die waren auch nicht ohne. Ich hatte gleich gemerkt, dass sie heute auch etwas Besonderes erlebt hatte. Verwundert war ich dennoch, denn es ging nicht um Flugzeuge.

„Du kannst es dir nicht vorstellen. Wir sollen jetzt potenzielle neue Bewerber für die Verteidigung mustern. Wir sind doch kein Militärkrankenhaus; obwohl ich ständig Verletzte von der Verteidigung behandelt habe. Collin, ich sage dir eins, ich werde meine Arbeit niederlegen, wenn ich irgendwelche Eignungsuntersuchungen und Formulare zur Eignung für die Verteidigung ausfüllen muss. Der Bürgerrat hat zugestimmt; das musst du dir mal vorstellen. Ich glaube, da sind sowieso nur noch drei ältere Macker drin, die sich einmal im Monat treffen, um sich ihre Extraflasche Ampwein in der Woche abzuholen."

Ich war etwas desorientiert, weil die Information wesentlich realer erschien als das, was ich erzählen wollte, und so stimmte ich mit ein: „Das geht gar nicht! Wollen die aus dir eine Ärztin oder eine Beamtin machen?"

Wir waren uns einig, dass wir das nicht mitmachen wollten, vor allem natürlich Jenny. Wir hatten genug gelernt, um zu wissen, dass wir das nicht für gut und sinnvoll erachten konnten.

Langsam schienen sich der Prof und sein Rat, an dem wir sowieso nur noch sporadisch teilnahmen, in ein autoritäres System zu verwandeln. Jedenfalls kam es uns so vor. Wir waren dankbar für Waldland und die Gemeinschaft, sahen aber auch die Gefahren, die von einem nicht gewählten Herrscher ausgehen konnten.

Im Mai wollten wir losziehen, um zu Jenny Elternhaus zu gehen. Sie freute sich sehr darauf, hatte aber auch etwas Angst davor, wie sie mir ehrlich berichtete.

Endlich war es so weit, und unser genehmigter Erkundungsurlaub stand an. Auf ein Neues hatten wir alle nötigen Sachen gepackt, inklusiver der .22 mit einer Extraschachtel Munition, die ich bei meinem letzten Einsatz der Verteidigung in meiner Tasche „vergessen" hatte.

Wir gingen frühmorgens am 12. Mai los. Es war leider ungewöhnlich kalt für die Jahreszeit, was unseren Gang erheblich beschleunigte. Gegen Mittag waren es vielleicht gerade einmal zehn Grad, und wir machten unsere erste Pause: ein Lagerfeuer mit Waldland-Grillwürstchen direkt über der Flamme geröstet, zusammen mit einer Scheibe Brot.

Ein alter Hof, von dem mittlerweile die Hälfte des Wohnhauses eingestürzt war, diente uns als erste Übernachtungsmöglichkeit.

Wir hatten sogar eine Karte aus der Waldland-Bibliothek, anhand derer wir die Stecke eigentlich innerhalb von drei Tagen schaffen sollten.

Der erste Tag lag hinter uns, und ich spürte Jennys innere Anspannung. Ich war mir sicher, dass sie insgeheim hoffte, ihre Familie dort zu treffen, und ich musste ganz ehrlich zugeben, dass es mir genauso gehen würde, wenn wir kurz vor meinem Elternhaus stehen würden.

Uns war leider auch bewusst, dass es eine gewisse Sicherheit gab, dass dem nicht so war, was sie mir am nächsten Tag, als wir schon ein paar Stunden unterwegs waren, bestätigte: „Ich müsste doch etwas von ihnen empfangen, ich kann das wirklich gut, das weißt du doch."

„Seit dem Tod meines Vaters habe ich auch außer von dir nichts mehr empfangen. Manchmal glaube ich, ich habe mir das alles nur eingebildet, und im nächsten Augenblich denke ich, ich möchte das denken, verstehst du das?"

Sie stimmte mir zu. An diesem zweiten Tag unserer Reise in die Ungewissheit machten wir mittags keine Pause. Wir aßen und tranken, während wir gingen. Erst als es anfing zu dämmern, kehrten wir in einem verlassenen Bauwagen ein. Es war mittlerweile etwas wärmer geworden. Trotzdem wollten wir ein kleines Feuer machen, um die verbliebenen drei Würstchen zu grillen. Es war gemütlich, denn es gab sogar eine richtige Feuerstelle vor dem Wagen, sogar mit Sitzbänken.

„Auch wenn du manchmal Zweifel hast, ich weiß, dass die Kräfte real sind. Leider vergessen die meisten diese Tatsache – oder wollen sie lieber vergessen, denn sie klammern sich an die Vergangenheit."

Ich fühlte mich ertappt, denn sie hatte recht und sagte dann auch noch: „Warum hast du mir nicht von deinem Erlebnis vor ein paar Wochen erzählt? Du hattest sogar angefangen, Verbindung mit mir aufzunehmen, war dir das bewusst? Collin, ich konnte durch deine Augen sehen. Ich habe das Flugzeug auch gesehen. Keiner in Waldland hat das Flugzeug gesehen, nur wir beide!"

Ich war total platt, wusste nicht, was ich antworten sollte, und schwieg einen Augenblick. Dann murmelte ich verlegen: „Ich wollte es dir gleich erzählen. Aber ich hatte Sorge, dass du es mir nicht glauben würdest."

„Natürlich hätte ich es dir geglaubt! Ich habe sogar selber gezweifelt, ob ich mir das nur eingebildet habe, aber an gerade dem Tag war ich total sauer auf den Prof. Waldland, die Krankenstation. Es war mir langsam alles zu viel und zu stressig. Aber ich bin dir nicht böse, denn ich denke, du hättest es mir schon noch erzählt. Viel wichtiger ist doch, dass es immer noch funktioniert. Ich habe es dir doch gerade bewiesen."

Ich stimmte ihr zu.

Der Abend wurde noch wärmer, als sich Jenny mit mir unter meinen offenen Schlafsack legte.

Am nächsten Morgen wachten wir eng umschlungen genau so auf – so, wie wir eingeschlafen waren. Langsam kam wieder das alte Gefühl auf, das Gefühl, dass es nur Jenny und mich auf dieser Welt gab. Ich mochte dieses Gefühl, und ich glaubte, Jenny mochte es ebenso.

Nach der ursprünglich für die Wanderung eingeplanten Zeit erreichten wir tatsächlich Jennys altes Zuhause. Diesmal wurde nicht auf uns geschossen. Es war menschenleer. Die letzten fünfzehn Kilometer mussten wir uns nicht mehr an der Karte orientieren, Jenny erkannte die Gegend und war wie hypnotisiert.

Als wir an ihrem Haus ankamen, sah wirklich alles genau so aus, als ob wir es gerade verlassen hätten. Jenny wirkte irgendwie niedergeschlagen, und ich wusste nicht genau, ob ich sie trösten sollte. Sie hatte sich sicherlich erhofft, ihre Familie hier wiederzusehen, obwohl uns ja eigentlich beiden klar gewesen war, dass es nicht so sein würde – aber die Hoffnung stirbt bekanntlich zuletzt.

Wir richteten uns so häuslich wie möglich ein. Der geheime Keller war nicht geplündert worden, und so fanden wir doch tatsächlich brauchbare Konserven und sogar Wein, der durchaus noch genießbar war. Konserven können sich sehr lange halten. Das Verfallsdatum darauf konnte man getrost vergessen – wenn überhaupt, schmecken sie nicht mehr so intensiv, also eher neutral, wirklich schlecht werden sie aber so schnell nicht. Wir aßen und tranken, aber redeten eher wenig.

Etwas später, als die Sonne dem Horizont vor Jennys ehemaligem Kinderzimmer gute Nacht sagte, lagen wir auf ihrem Bett und küssten uns.

Den Tag darauf fingen wir an, das Haus aufzuräumen. Unzählige Mauseköttel, Spinnenweben, Staubschichten und Scherben von kaputten Fenstern beseitigten wir innerhalb weniger Stunden. Ich musste zugeben, ein so geräumiges und schönes Haus hatte ich schon lange nicht mehr gesehen.

Jenny holte etwas Werkzeug und fing an, alles Mögliche zu reparieren. Ich half, so gut ich konnte, musste aber feststellen, dass sie auch handwerklich wirklich etwas draufhatte. Es machte uns wirklich Spaß und war genau das, was wir jetzt brauchten: Ablenkung und eine Aufgabe.

Als wir an diesem Abend wieder zusammen in ihrem Bett lagen – und ich muss zugeben, wir hatten ein Glas Wein mehr getrunken, denn mir war etwas schwindelig geworden –, sagte sie den alles entscheidenden Satz: „Ich bleibe hier!“ Mehr sagte sie nicht, und ich wagte in meinem Zustand auch erst mal nicht zu widersprechen.

Es vergingen endlose Minuten, die mir wie Stunden vorkamen.

„Jenny, wenn du wirklich hierbleiben möchtest, bleibe ich auch“, brachte ich endlich hervor und fügte noch vorsichtig hinzu: „Natürlich nur, wenn du das möchtest.“

Sie lachte, nein, sie kicherte eher, und ich konnte nicht anders als mitzulachen. Wenn sie lachte, war sie das Schönste, was es auf dieser Welt gab. „Klar kannst du auch hierbleiben“, meinte sie, während sie sich an mich herankuschelte.

Der nächste Tag war grau. Ich hatte immer das Gefühl, dass ich bei Sonnenschein viel einfacher Entscheidungen treffen konnte. Es war einfach alles klarer, im wahrsten Sinne des Wortes. Demzufolge hinterfragte ich nun unsere gestrige Entscheidung oder fragte mich zumindest, wie die Details aussehen sollten, während wir weiter das Haus renovierten und neu einrichteten. Wir hatten nicht genug Vorräte, kein Saatgut, eben nicht genug von allem.

Jenny merkte natürlich schnell, dass etwas mit mir nicht stimmte, und mir wurde das erste Mal bewusst, dass ich vor Jenny nichts verheimlichen konnte.

„Du musst dir keine Sorgen machen, ich kenne dieses Haus und das Dorf – und ich kannte auch die Leute hier. Ich weiß, wo wir weitere Vorräte finden können.“

Sie hatte recht, ich äußerte aber dennoch meine Einwände: „Meinst du nicht, dass sie uns in Waldland vermissen werden, also ich meine: irgendwann einen Suchtrupp losschicken werden? Dann bekommen wir sicher Ärger, weil wir einfach weggeblieben sind.“

„Meinst du, daran hätte ich nicht gedacht?", fragte sie, während sie mit einem Kuhfuß eine Bohle am Boden herausbrach, die von dem Regen durch eines der kaputten Fenster schon anfing zu verrotten. Sie nahm die rotte Bohle und wies mich an: „Gib mir mal das Brett da, das müsste passen. Natürlich habe ich daran auch gedacht, und ich habe Eve einen Brief gegeben und ihr gesagt, dass sie den Brief bitte dem Prof geben soll, sobald wir mindestens einen Tag Verspätung haben. Ich weiß genau, das hätte auch gefährlich sein können, wenn uns wirklich etwas passiert wäre, aber ich glaube, wir werden sowieso nochmal nach Waldland zurückkehren müssen, vielleicht auch, um einige Sachen zu besorgen."

Sie hatte also an alles gedacht – nein, sie hatte die ganze Sache regelrecht geplant. Wir waren vom Alter her fast erwachsen, wieso sollten wir es nicht probieren?

Schön wäre es allerdings, genau zu gucken, ob nicht vielleicht doch noch jemand anderes in dem Dorf wohnte. Die Häuser waren alle weit verstreut, teilweise über Kilometer, und ich fragte Jenny, ob wir nicht vielleicht morgen Nachmittag mal etwas herumgehen sollten, alleine schon deswegen, um abzuchecken, ob nicht vielleicht im Dorf auch irgendwelche Gangs ihr Domizil hatten. Sie war einverstanden.

Wir hatten Glück, da der nächste Tag wieder Sommerwetter bot. So gingen wir im T-Shirt, Hand in Hand, durch das Dorf. Nirgendwo sah es auf den ersten Blick bewohnt aus.

Das Ereignis hatte dafür gesorgt, dass selbst die relativ unabhängige Dorfgemeinschaft innerhalb kürzester Zeit zusammengebrochen oder vielmehr ausgestorben war. Die meisten älteren Leute waren von Medikamenten abhängig gewesen. Es hatte nicht lange gedauert, und sie hatten ohne diese keine Chance mehr gehabt. Wir hatten Geschichten gehört, Geschichten von Frauen und Kindern, die einfach entführt wurden, nachdem man die Männer erschossen oder ebenfalls mitgenommen hatte.

Es brauchte offensichtlich keinen Krieg, keine Seuche oder Naturkatastrophe. Es hatte schlichtweg gereicht, einfach nur keine Elektrizität mehr zu haben. Die Menschen waren so abhängig davon, und das ganze System war so sensibel, dass sofort alles zusammengebrochen und innerhalb kürzester Zeit die meisten Menschen einfach gestorben waren, wenn sie nicht vorher von Plünderern oder Menschenhändlern getötet oder abgeholt worden waren. Jenny und ich hatten nie viel über die Menschenhändler gesprochen, aber in Waldland recht schnell von ihnen erfahren. Die Wahrscheinlichkeit, dass das eine oder andere auch mit unseren Familien passiert war, war sehr groß und deswegen vermieden wir das Thema lieber.

# 25. HEIMAT

Das Ereignis war mittlerweile fast fünf Jahre her. Im ersten Jahr waren mehr als sechzig Prozent der Menschen gestorben, wie wir bisher erfahren hatten. Wie viele danach gestorben waren oder noch immer starben, sollten wir vielleicht irgendwann erfahren.

Das einzige Haus in dem kleinen Dorf mit laut Jenny ehemals mehr als hundertzwanzig Einwohnern, welches wir noch nicht erkundet hatten, da es etwas abgelegener lag und sich mittlerweile der Hunger bei uns bemerkbar machte, wollten wir am nächsten Tag checken.

Wir gingen in keines der Häuser hinein. Bei einigen reichte uns ein Blick aus einiger Entfernung, und wir waren sicher, dass es unbewohnt war. Bei anderen guckten wir durch die Fenster. Wenn schon das Gras um das Haus nicht niedergetrampelt oder sogar gemäht war, würde wohl kaum jemand darin wohnen.

Jenny hatte zu einigen Häusern und deren ehemaligen Bewohnern durchaus interessante Geschichten auf Lager. Eines der Häuser, eine ehemals prächtige Villa, jetzt eine eher etwas heruntergekommene Villa mit abbröckelnder Farbe an der Fassade, hatte einst einem Lokalpolitiker gehört. Er war damals, wie sie sagte, einer der unbeliebtesten Bewohner des Dorfes gewesen. Seine Frau und die drei Kinder hatte er schon vor dem Ereignis verlassen. Er hatte aber das Haus behalten und seiner Exfrau eine Wohnung in der nächstgelegenen Großstadt gekauft und sie, samt den Kindern, dorthin geschickt. Auch hatte er sie mittels seines teuren Scheidungsanwalts wohl finanziell fertiggemacht und seine fünfzehn Jahre jüngere Affäre direkt am gleichen Tag in der Villa mit einquartiert, jedenfalls wurde es sich so damals in diesem Dorf erzählt, Dorfklatsch eben. Das Haus hatte auf den ersten Blick eine schlechte Aura, wie ich fand. Man merkte direkt die schlechte Energie, die davon auszugehen schien.

Den Tag darauf klapperten wir auch noch das letzte Haus ab, ohne Erfolg, und ich bekam auf dem Rückweg langsam Zweifel, ob wir es hier alleine schaffen würden. Im Notfall könnten wir ja immer noch zurückgehen, dachte ich, aber Waldland als eine Art Notnagel zu betrachten, kam mir nicht richtig vor.

Während wir vor dem mehr als bescheidenen Abendessen noch etwas renovierten – denn einige Fußleisten waren locker und mussten neu angenagelt werden –, sagte Jenny: „Ich kann mir gut vorstellen, dass du zweifelst. Aber ich sage dir: Wir schaffen es. Und weißt du, wieso? Weil erstens Waldland keine Alternative mehr für uns ist, denn es gehen dort merkwürdige Sachen vor sich. Ich bin mir sicher, dass der Prof nur so nett tut, denn offensichtlich geht er über Leichen, um seine Macht zu erhalten. Er ist der Einzige, der mittlerweile über mehr als tausend Menschen entscheidet. Er wurde nicht gewählt und hat sich so gesehen sein eigenes kleines Königreich geschaffen. Und ich sage dir ganz ehrlich, Collin, das tut auf Dauer niemandem gut. Diese Menschen fangen irgendwann an, überheblich und machtgeil zu werden. Er sprach von einem Geldsystem für Waldland, er hat praktisch eine eigene Verteidigung, die auf seine Befehle hört, und ich bin mir sicher, dass das auf Dauer kein gutes Ende nimmt. Und zweitens wurde ich ausgenutzt. Keiner in Waldland hat so viel gearbeitet wie ich. Manchmal wollte ich einfach nur weglaufen, denn zu der Arbeit in der Krankenstation kam auch noch die Lernarbeit über die medizinischen Grundlagen, Chemie und Biologie. Irgendwann hatte ich einfach nur noch das Gefühl, sie brauchen eine zukünftige Ärztin – für den Status, für die Sicherheit von Waldland. *Seht her, wir haben Ärzte und Krankenschwestern in unserem Königreich.* Und nun kommt der dritte und entschiedendste Punkt, denn auch ich habe dir etwas verschwiegen: Nach dem letzten Angriff auf Waldland hatten wir einen Verletzten, den ich nicht zuordnen konnte. Sein Gesicht kam mir bekannt vor, und er behauptete, in der Verteidigung zu sein. Er hatte eine Schussverletzung in der Schulter, sollte also operiert werden, und er sagte mir, nachdem er die Betäubung bekommen hatte, er wäre von der US-Army. Ich hatte ihn bewusst gefragt, wer er sei und wen wir verständigen sollten, falls ihm etwas passieren sollte, kurz bevor er wegdämmerte. Er sagte mir, bevor er einschlief, ich solle seiner Basis Bescheid geben. Ich dachte zuerst, er stünde unter Schock, aber nachdem er operiert worden und alles gut gegangen war, fehlte am nächsten Morgen jede Spur von ihm. Er war einfach weg, und der Doc behauptete doch glatt, er wüsste nicht, von wem ich spreche. Ich war stinksauer und fühlte mich total verarscht, aber wenig später zweifelte ich an dem, was ich dachte. Ich war völlig überarbeitet und habe tatsächlich eine Zeit lang gedacht, es könnte wahr sein, und ich hätte mir vielleicht alles nur eingebildet. Mittlerweile glaube ich das nicht mehr, ich bin mir sogar absolut sicher, dass es so war. Der Typ war wirklich da, und am nächsten Tag spurlos verschwunden."

Ich war daraufhin etwas verstört. „Jenny, ich glaube dir jedes Wort, du hast mich noch nie belogen, und auch ich habe Zweifel an Waldland. Ich kann sehr gut verstehen, warum du es mir nicht vorher gesagt hast, denn erst mal warst du dir selber nicht sicher, und außerdem hattest du sicher Sorge, ich könnte dir das Ganze nicht glauben. Wir probieren es einfach."

In diesem Moment wurde ich durch ein Klopfen an der Tür unterbrochen. Jenny ging sofort in Deckung, und ich kroch geduckt in Richtung meiner Pistole.

Es klopfte wieder, diesmal etwas energischer – nun sogar dreimal.

Ich gab Jenny mit einem Nicken zu verstehen, dass ich die Waffe geladen im Anschlag hatte.

Dann wurde es ruhig.

Endlose Sekunden, die wieder einmal wie eine Ewigkeit schienen, vergingen, bevor wir eine Stimme hörten: „Wir wissen, dass ihr da seid, ihr braucht keine Angst zu haben."

Jenny guckte mich mit großen Augen an und gab mir mit der flachen Hand zu verstehen, dass ich die Waffe runternehmen konnte. „Herr Nilsson, sind Sie das?"

„Jenny, mein Gott", sagte jemand und öffnete die unverschlossene Tür.

Jenny ging auf den älteren Mann zu, dem eine – wahrscheinlich seine – Frau folgte, und umarmte ihn.

„Jenny, du lebst! Und ich dachte, Nora erzählt mir Geschichten." Er drehte sich zu seiner Frau um.

Jenny und der ältere Herr hatten Tränen in den Augen. Mir war sofort klar, dass sich die beiden gut kennen mussten.

„Das hier ist Collin, mein Freund. Das ist Herr Nilsson, mein Biologie-Lehrer. Rate mal, wo er wohnt, nämlich genau in dem Haus, bei dem wir heute waren. Ich mache uns einen Tee, wenn ihr möchtet", sagte Jenny.

Die Frau zückte eine Thermoskanne und stellte sie auf den Küchentisch. „Richtigen Kaffee haben wir, wenn ihr möchtet."

Wir setzten uns, und Jenny fragte sofort: „Wo sind all die Menschen hin, wissen Sie das, Herr Nilsson?"

„Ab heute sagst du bitte Einar zu mir, ich heiße Einar, und meine Frau heißt Anna, um das erst mal klarzustellen. Und zu deiner Frage: Viele sind gestorben in den Wochen, nachdem der Strom und die Zivilisation, wie wir sie kannten, weg waren. Es war nach wenigen Wochen nur noch ein Viertel der Dorfbewohner hier. Nach den ersten Plünderungen, die Jenny sicher noch mitbekommen hat, waren es vielleicht noch ungefähr dreißig Menschen, die in ihren Häusern geblieben sind. Ob es nun der Hunger war, die Verzweiflung oder einfach nur die Angst, wissen wir nicht, aber nach etwas über drei Jahren waren es nur noch vier Familien, die hier wohnten. Wir sind mittlerweile die Einzigen, die noch hier wohnen. Das Dorf ist sozusagen eine Einbahnstraße, wie ihr sicherlich wisst. Es führt nur ein Weg hierhin und auch wieder zurück. Und Jenny, ich kann dir leider nicht sagen, wo deine Eltern und Geschwister sind, denn es gab eine Zeit, in der hier sehr viel geplündert wurde. Es waren Menschen von außerhalb; wir konnten es an ihrem Akzent hören. Sie haben alles mitgenommen, was sie gebrauchen konnten, und wer sich nicht so wie wir gut versteckt hatte, ist geflohen – oder sie haben sie einfach mitgenommen. Es gab zwar einige Tote, aber keiner von deiner Familie, soviel ich weiß. Ich wollte dir das erzählen, bevor du fragst, denn ich kann mir vorstellen, dass es genau das ist, was du gerne wissen möchtest."

Er trank einen Schluck Kaffee, und Anna setzte Einars Bericht fort: „Wir sind, wie Einar schon sagte, die Einzigen, also zumindest bis jetzt, die hier noch wohnen. Aber uns würde brennend interessieren, wo ihr herkommt und warum ihr wieder zurückgekommen seid. Ich habe euch gestern gesehen; ich war im Garten und habe mich versteckt. Ihr seid die ersten Menschen, die wir seit Langem hier gesehen haben. Einar war im Wald und hat Brennholz gesammelt. Er konnte es kaum glauben, als ich ihm von dir erzählt habe."

Wir unterhielten uns, bis es anfing zu dämmern, und verabredeten, uns am nächsten Tag wieder zu treffen. Jennys ehemaliger Lehrer, der letzte Mann im Dorf, und seine Frau luden uns herzlich zum Abendessen bei ihnen ein.

Diese Konfrontation mit anderen freien Übriggebliebenen gab mir sofort neue Hoffnung. Wahrscheinlich passte den sympathischen älteren Leuten unsere Ankunft genauso gut wie uns.

Bei dem gemeinsamen Abendessen erzählten wir stundenlang über unsere Erlebnisse, unsere Reise und natürlich über Waldland.

Jenny machte aber sofort klar, dass Waldland auf dem Weg zu einem diktatorischen Königreich war, und eine Rückfahrkarte nicht infrage käme. Sie hatte wohl etwas Sorge, wenn sie das nicht gesagt hätte, dass die älteren Herrschaften sich sonst vielleicht auf die Flucht nach Waldland begeben könnten.

Es gab Rehkeule mit Kartoffeln, Rotkohl und sogar selbstgebrautes Bier für die Männer und reinen, echten Weißwein für die Frauen.

Ein wunderbarer Abend, sogar mit Übernachtungsangebot, welches wir aber höflich ausschlugen.

„Die jungen Leute haben wohl noch was vor", scherzte Einer, womit er aber nicht ganz unrecht hatte.

Wir legten als Erstes einen Gemüsegarten an. Saaten fanden wir in den verlassenen Häusern in der Umgebung, aber das meiste bekamen wir von Einar und Anna, denn vieles, was wir fanden, war nicht mehr keimfähig.

Der Sommer war fabelhaft, und die Erinnerungen an Waldland verblassten langsam.

Wir fanden brauchbare Farbe und strichen unser Haus. Sogar Gasflaschen mit Inhalt und eine Camping-Kochplatte mit Gasanschluss konnten wir bei unseren Streifzügen ergattern. So mussten wir nicht unser kostbares Brennholz verbrauchen, welches zwar noch reichlich von Jennys Eltern vorhanden war, aber im Sommer besser eingespart werden sollte.

Viele Abende verbrachten wir mit Anna und Einar, mal bei ihnen, mal bei uns. Wir wurden Freunde, halfen uns gegenseitig und waren füreinander da.

Seitdem wir in Jennys ehemaligem Elternhaus wohnten, war unsere Beziehung noch intensiver geworden. Sie war meine erste Liebe und irgendwie hatte ich auch das Gefühl, sie wäre auf ewig meine einzige.

Es war nun schon drei Monate her, dass wir aus Waldland ausgezogen waren. Unsere täglichen Aufgaben gaben wir uns selber, und manchmal stritten wir sogar, wer was wann machen sollte oder durfte, versöhnten uns aber schnell wieder.

Wir hörten nichts von Waldland, was uns ein wenig wunderte, denn wir hatten zumindest gedacht, jemand würde nach uns sehen. Aber niemand kam, auch nicht im darauffolgenden Sommer.

Fast zwei Jahre später kam ein neuer Bewohner zu uns, sodass nun fünf Bewohner in dem kleinen Sackgassendorf lebten.

„Das ist gelebte Biologie. Das Leben findet immer einen Weg", sagte Einar, als Jenny unsere Tochter gesund und munter auf die Welt brachte.

Ich war tatsächlich Papa und Jenny Mama geworden. Klar, wir waren noch sehr jung, aber sicherlich selbstständiger als die meisten anderen in unserem Alter in den letzten fünfzig Jahren. Mit Disco ist wohl jetzt nichts mehr, dachte ich, aber dabei fiel mir auf, dass Jenny und ich sowieso niemals eine Disco von innen gesehen hatten.

Unsere kleine Tochter war einfach bezaubernd, und wir tauften sie auf den Namen Maja. Maja war wirklich eine perfekt gelungene Mischung aus uns beiden, und ab diesem Moment gab es erst mal keine ruhige Minute mehr in unserem Haus.

Einar und Anna halfen uns sehr viel, und ich bekam eine Schnellausbildung zum Tischler und Zimmermann durch Einar, denn er war ein hervorragender Heimwerker. Ich versprach, ihm im Gegenzug dabei zu helfen, eine Solaranlage aufzubauen. Seitdem er durch mich von dem funktionierenden Strom gehört hatte, ließ ihm das Thema keine Ruhe mehr. Auch wieder etwas Strom selber produzieren zu können, war einfach zu verlockend.

„Irgendwann gehen die Kerzen aus, und dann ist es schon toll, im Winter etwas Licht zu haben", träumte er immer wieder laut vor sich hin.

Ich wusste zwar nicht viel von Elektrik, aber ich hatte in einem Bücherschrank in einem der verlassenen Häuser ein Buch über die Grundlagen der Elektronik und ein weiteres mit dem Titel „Solaranlagen für Anfänger" gefunden.

Jenny hatte durch ihre umfangreichen medizinischen Kenntnisse alles richtig gemacht. Acht Kindern hatte sie in Waldland erfolgreich geholfen, das Licht der Welt zu erblicken. Deshalb hatte sie auch wenig Angst vor der Geburt gehabt, und es war schneller gegangen als gedacht.

Sie war die hübscheste Mutter mit dem hübschesten Baby, die ich mir nur vorstellen konnte. Ich vermisste irgendwie ihren hübschen runden Babybauch, denn schon drei Wochen später sah sie so schlank aus wie eh und je.

Die ersten Wochen waren eine riesige Umstellung für uns. Wir gehörten uns nun nicht mehr alleine, wir hatten auf einmal eine neue, sehr ernste Verantwortung. Uns wurde bewusst, dass wir nun nicht mehr so einfach spontane Entscheidungen treffen konnten.

Aber Maja war all dies wert, selbst, wenn wir unzählige Nächte schlecht geschlafen hatten, weil unser Baby irgendwie immer nachts am wachsten war. Ein Naturgesetz, wie Anna uns versicherte. Irgendwann schlief sie aber nachts durch – in dem kleinen Bett, welches ich mit Einars Hilfe gebaut hatte. Die meiste Arbeit bestand allerdings darin, eine Schaumstoffmatratze auf Babybettgröße auszuschneiden, zu säubern und einen Bezug dafür anzufertigen.

Anna meinte etwas betrübt: „Wenn wir nur Strom hätten, dann könnte ich mit meiner Nähmaschine so viel nähen."

Es wurde also Zeit, etwas für unsere Stromversorgung zu unternehmen. Ich tat mir schwer, die Elektrobücher zu studieren, tat es aber schlussendlich dennoch.

Einar und ich bauten einige Solarpaneele von einem der verlassenen Häuser ab. Ich wusste nun, worauf ich achten musste, war aber unsicher, ob es auch funktionieren würde.

„Weißt du", begann Einar mit schweißbedeckter Stirn, während wir die Paneele zu seinem Haus trugen, und räusperte sich, „mit dem neumodischen Kram kannte ich mich nie so genau aus. Ich habe immer darauf geachtet, dass meine Schüler noch mit Papier und Stift schreiben lernten. Das wurde allerdings irgendwann zum Problem. Ich habe Ärger mit der Schulbehörde bekommen, alles sollte nur noch auf dem Tablet stattfinden. Dagegen habe ich mich gewehrt, weißt du, ich habe es einfach nicht getan. Meine Schüler haben nie rebelliert, ganz im Gegenteil, sie fanden es gut, und ich hatte sowieso nur noch ein Jahr bis zur Pension – vor dem Ereignis."

Es dauerte mehrere Wochen, bis endlich etwas passierte. Zuerst versuchten wir mithilfe des einzigen Ladereglers für 12-Volt-Batterien, den wir in einem Wohnmobil im Dorf fanden, alte Autobatterien zu laden.

Ein bisschen hatte mir damals mein Vater von der Solartechnik versucht beizubringen, aber viel war bei mir nicht hängen geblieben. Ich wusste allerdings noch, dass er mal gesagt hatte, Bleisäure-Akkus – also Autobatterien für den Startmotor und die Elektrik von Verbrenner-Motoren –, wären nicht mehr zu reparieren, wenn sie sehr lange nicht geladen wurden. Ich konnte mir das auch nur merken, weil er gesagt hatte: „Du musst dir das Ganze so vorstellen wie einen Eimer, einen Eimer mit einem Loch, aus dem immer etwas heraustropft. Umso älter der Eimer, umso größer wird das Loch und irgendwann fehlt einfach der Boden.“ Es machte mich traurig, seine Stimme in meinem Kopf zu hören.

Trotzdem war diese Information Gold wert, und wir suchten in sämtlichen Häusern, Garagen, Wohnwagen und Wohnmobilen nach Lithium-Akkus. Wir fanden welche und versuchten, diese zu laden.

Durch meine Recherche in den Büchern wusste ich, dass diese Akkus ein Batterie-Management-System brauchten, ein sogenanntes BMS, welches aber sicherlich auch durch das Ereignis zerstört worden war. Bei dem Laderegler wusste ich, welche Bauteile ich überbrücken musste, damit das Gerät wenigstens etwas funktionierte. Aber die Batterien waren ein Problem, denn wenn diese überladen wurden, konnten diese im schlimmsten Fall sehr heftig zu brennen anfangen. Wenigsten hatten die Lithium-Akkus nicht das Problem der Tiefenentladung. Auch nach vielen Jahren funktionierten sie noch.

Wir schafften es tatsächlich, die Akkus aufzuladen – mithilfe des Spannungswandlers, den wir ebenfalls nach einer Woche repariert hatten, indem wir das Teil an sämtlichen Stellen umgebaut und neu verdrahtet hatten, bis es endlich funktionierte.

Ich erklärte Einar, dass dies nur ein Notstromsystem sei, und die Bauteile nicht so funktionierten, wie sie es eigentlich sollten. Er musste die Spannung manuell prüfen mit dem alten Voltmeter aus einem Wohnmobil, das tatsächlich noch so funktionierte, wie es sollte, da dieses Teil offensichtlich der Zerstörungskraft des Ereignisses in einer Blechkiste entkommen war. Ich erklärte Einar alles so genau wie möglich – und es klappte tatsächlich.

Er war begeistert, denn auch zwei Wochen später schaffte er es, seine Brunnenpumpe ab und zu laufen zu lassen. Er sagte mit einem ehrlichen

Grinsen im Gesicht: „Kein Wasserschleppen mehr, jeden Tag eine Stunde weniger Arbeit, außerdem sauberes Wasser und Toilettenspülung direkt im Haus – Collin, du hast uns glücklich gemacht!"

Ich spielte ernsthaft mit dem Gedanken, für uns auch eine Solaranlage zu bauen. Der Fluss war zwar nur einige Meter entfernt, aber Luxus ist eben Luxus, gerade mit einem Baby.

Wenige Wochen später hatten auch wir eine kleine funktionierende Solaranlage und Wasser im Haus. Jenny war genauso begeistert wie Einar. Das erste Mal hatte ich sie wirklich beeindruckt, was ich aus ihrer Aussage ein paar Tage später deutlich heraushören konnte: „Ich weiß schon lange von deinem Potenzial, Collin." Sie hatte recht, denn wenn ich mich für etwas interessierte, lernte ich die Sache ungeheuer schnell.

Mittlerweile war dieser Ort unsere neue Heimat geworden. Das Haus schützte uns im Winter vor der Kälte, der Garten lieferte uns Feldfrüchte, das kleine Gewächshaus Gemüse und der Wald Brennholz und Wildfleisch. Der Vorratskeller war prall gefüllt, und sogar Babymilchpulver hatten wir auf Lager, obwohl wir das nicht brauchten, weil es mit dem Stillen gut klappte.

Regelmäßig kam Anna vorbei, um Jenny Gesellschaft zu leisten, und ich ging mit Einar auf die Jagd. Er hatte zwei Jagdbüchsen und reichlich Munition. Er kannte alle Hotspots, und wir kamen selten ohne ein Wildschwein oder ein Reh nach Hause. Dann kam die Waldarbeit, aber es machte wirklich Spaß. Das gute Essen genossen wir immer öfter zu fünft, obwohl die Kleine natürlich noch nicht mitessen konnte.

Es war irgendwie eigenartig: Wir hatten das Gefühl, Zeit mit unseren Großeltern zu verbringen, wenn die beiden bei uns oder wir bei ihnen waren. Sie gaben uns von Anfang an ein zusätzliches Sicherheitsgefühl, obwohl sie fast zwei Kilometer entfernt wohnten. Fast jeden Tag seit der Geburt von Maja hörten wir die Fahrradklingel am Vormittag, wenn einer von ihnen oder beide auf ihrem Fahrrad vorbeikamen und vor unserer Tür Halt machten, um kurze Zeit später immer die gleichen Worte zu sagen: „Da ist sie ja, die Kleine", oder auch: „Schläft sie gerade?" Ganz ehrlich weiß ich nicht, ob wir geblieben wären, wenn wir Anna und Einar nicht getroffen hätten.

Bei einer Jagd sah ich zusammen mit Einar nach langer Zeit wieder einen Kondensstreifen. Das Flugzeug dazu sahen wir zwar nicht, denn es war schon hinter den Bäumen verschwunden, waren aber sehr erstaunt.

Ich erzählte ihm davon, dass ich schon mal, vor etwas über zwei Jahren, ein Flugzeug gesehen hatte.

Er verdrehte die Augen. „Habe ich Anna schon die ganze Zeit gesagt. Da stimmt irgendetwas nicht."

# 26. DER BRIEF

Es war Ende September, und ab und zu zeigte der schwedische Herbst schon sein Gesicht. Jedes Mal, wenn ein kalter regnerischer Tag anstand, beschlossen die Birken, ihr Laub noch gelber werden zu lassen. Der Wind riss die ersten Blätter von den Bäumen, und das Gras schien plötzlich nicht mehr so grün wie noch vor ein paar Wochen.

Maja wog jetzt schon über sechs Kilo. Wenn sie so weitermachte, würde sie ihre Mutter in einem Jahr überholt haben, dachte ich scherzhaft.

Jenny war jeden Tag froh, dass sie von Anna so viel Hilfe bekam. Endlich half jemand mal ihr, dachte ich und sagte eines Abends: „Wir haben echt Glück gehabt, nicht nur mit der Kleinen, sondern auch mit Anna und Einar!"

Sie stimmte mir zu: „Ich wüsste nicht, was ich ohne dich und die beiden machen sollte."

Es war Holzzeit, denn das Feuerholz für die bevorstehende Wintersaison musste von den temporären Lagerplätzen in die Scheune nah beim Haus gebracht werden. Der Sommer trocknete das Holz an der frischen Luft viel schneller, als wenn man es gleich in einer Scheune einlagerte. Ich hatte eine sehr gute Schubkarre bei einem Haus in der Nähe gefunden und hoffte inständig, dass der Reifen noch etwas halten würde. Ich belud die Karre bis zum Anschlag. Ein Big Back, in dem vor langer Zeit einmal Holz geliefert worden war, diente mir als Transporthilfe. So konnte ich wesentlich mehr auf einmal transportieren, da das Brennholz nicht an den Seiten der Schubkarre herunterfallen konnte.

Es hatte geregnet, und auf meiner Fahrspur hatten sich Pfützen gebildet. In einer der Pfützen blieb der Reifen stecken, und die Schubkarre fiel um. Ich fluchte und fing an, die Holzstücke aufzusammeln, als ich aus dem Augenwinkel auf der Wiese hinter unserem Haus jemanden sah.

Ich ging sofort hinter der Schubkarre in Deckung und fing an zu überlegen. Konnte es Einar sein? Könnte ich mich verguckt haben und es war nur ein Reh?

Ich lugte vorsichtig über die Schubkarre und sah ihn. Er war ungefähr vierhundert Meter von unserem Haus entfernt. Es war weder Einar noch ein Reh, soviel konnte ich sagen.

Ich überlegte, wie ich so unauffällig und so schnell wie möglich zum Haus, zu meiner .22 und zu Jenny und Maja kommen könnte. Hatte er mich gesehen? Trug er eine Waffe? Ich hatte keine Zeit mehr zum Nachdenken und beschloss, so schnell wie möglich auf der Fahrspur der Schubkarre die ungefähr dreißig Meter zum Haus zu kriechen. Das Gute war, dass das Gras an den Seiten höher war und der Typ mich wahrscheinlich nicht sehen konnte – wenn er mich nicht schon gesehen hatte. Das Schlechte war, dass – wie gesagt – die Fahrspur voller Pfützen war und ich durch und durch nass und schlammig wurde. Aber ich schaffte es und kam bis zur Tür und ins Haus.

Jenny lachte und neckte mich: „Hast du mit einem Wildschwein gekämpft?“

Sie hörte aber sofort auf zu lachen, als ich sagte: „Da kommt jemand, weg vom Fenster, ich hole meine Waffe, hol du Maja.“

Jenny stürzte, ohne aus dem Fenster zu gucken, los nach oben, um die schlafende Maja zu holen.

Ich verbarrikadierte mich mit meiner .22 hinter dem Fenster. Ich wusste, dass die Waffe höchstens auf dreißig Meter einigermaßen zu gebrauchen war. Immerhin hatte ich auf diese Entfernung mal ein Reh damit getroffen, obwohl ich ganz woanders hingezielt hatte.

Das Kaliber war alles andere als ein Man-Stopper, und ich wünschte mir eine von Einars Jagdbüchsen mit Zielfernrohr. Aber würde ich damit den Typ einfach abschießen? Wohl kaum. Aber immerhin hätte ich eine bessere Chance, falls es zu einem Feuergefecht kommen sollte. Ich nahm mir fest vor, Einar nach einer seiner Waffen zu fragen, wenn dies hier durchgestanden war.

Jenny saß mit dem Baby mir gegenüber auf der Treppe und stillte, damit es nicht schrie.

Der Typ war jetzt fast beim Haus. Durch die weiße Rüschengardine konnte ich ihn sehen, aber er mich nicht. Es schien im ersten Moment, als ob er keine Waffe tragen würde, was mich erst mal erleichterte. Er war ungefähr Mitte dreißig, gut gebaut und hatte einen Rucksack auf dem Rücken. Vielleicht ein Rückkehrer?

Er ging um das Haus und klopfte an die Tür.

Mein Herz begann zu rasen: Ich hatte vergessen, die Tür abzuschließen. Wie konnte ich nur so dumm sein? Was sollte ich machen, wenn er einfach hereinkam?

Wieder klopfte es an der Tür.

Gott sei Dank trank Maja an der Brust. Jennys besorgter Blick blieb mir nicht unbemerkt.

Ich richtete die Waffe auf die Tür und wusste, wenn er bewaffnet sein sollte und auf jemanden zielen würde, würde ich schießen. Jenny und Maja waren meine Familie und ich würde sie beschützen. Aus der Entfernung würde ich auch treffen, so viel war klar.

Dann hörten wir eine Stimme: „Ich bin John, John Hanson. Ich komme aus Waldland und suche Collin."

Ich guckte Jenny erleichtert an, sie zuckte mit den Schultern, und ich ging zum Fenster neben der Tür, um vorsichtig hinauszusehen.

Der Typ stand vor der Haustür, er hatte keine Waffe in der Hand und sah auf den ersten Blick ganz okay aus. Ich hatte nicht das Gefühl, er wolle gleich auf mich schießen, und da er meinen Namen kannte und angeblich aus Waldland kam, beschloss ich, zur Tür zu gehen und aufzumachen. Ich hielt meine .22 in der Hand, zielte aber nicht auf ihn.

„Was willst du?", begrüßte ich ihn.

Er sah auf meine Pistole. „Bist du Collin? Ich möchte gleich sagen, dass ich auch eine Waffe habe. Ich werde sie vorsichtig auf den Boden legen, okay?"

Ich stimmte zu. „Falls du noch mehr Waffen hast, bitte ich dich, diese auch auf den Boden zu legen."

Er beteuerte, keine weiteren Waffen zu haben, aber ich müsse verstehen, dass er sonst nicht losgegangen wäre, denn es gäbe einfach zu viele Irre hier draußen. „Ich bin ein hohes Risiko eingegangen, um dich zu finden. Dass es gleich das erste Haus in diesem Dorf ist, hätte ich nicht vermutet."

Ich fragte nochmal: „Warum bist du gekommen, und was willst du?"

Der Typ, der angeblich John hieß – seinen Nachnamen hatte ich bei dieser Gelegenheit gleich mal vergessen, aber das war mir jetzt auch egal –, wollte mich besänftigen: „Collin, nun komm mal runter, ich werde euch ganz sicher nichts tun."

Maja fing an zu schreien, wahrscheinlich war ihre Windel voll und sie wollte sauber gemacht werden. Ich hatte erst vor ein paar Tagen einige Pakete Windeln in einem Keller eines der verlassenen Häuser gefunden. Sie waren zwar viel zu groß, erfüllten ihren Zweck aber trotzdem. Es passte mir in diesem Moment überhaupt nicht, dass sie schrie, denn ich wollte, dass dieser John dachte, ich wäre hier alleine.

„Mach dir bitte keine Sorgen, es ist schön zu hören, dass ihr jetzt zu dritt seid. Jenny hat mir übrigens mal das Leben gerettet."

Was er alles über uns zu wissen schien, reichte meinem Körper, die vor Anspannung nach oben gezogenen Schultern wieder langsam zu senken. „Okay, du kannst reinkommen, John, die Pistole behalte ich noch etwas in der Hand. Aber nur, wenn du mir direkt sagst, was du von uns willst, denn zum Kaffeetrinken haben wir keine Zeit."

„Ich habe etwas für dich, Collin, etwas, das dich interessieren wird."

Er kam mir vor wie einer von diesen Vertretern, die früher, vor dem Ereignis, selbst in die abgelegensten Winkel Schwedens vorgedrungen waren, um ihre ultimativen Staubsauger geschickt an den Mann oder vielmehr an die Hausfrau zu bringen.

Er kam zur Tür hinein, und ich hielt vorsichtshalber etwas Sicherheitsabstand.

Ich bot ihm an, er könne sich auf die Couch setzen; was er auch tat.

Jenny war vermutlich oben im Babyzimmer, das ich mit der Hilfe von Einar pünktlich oder eher verdammt knapp, zwei Tage vor der Geburt, fertiggestellt hatte. Sie wechselte sicher gerade Majas Windeln, denn sie hatte unser Gespräch garantiert gehört und auch erkannt, dass es nicht ganz so brenzlig war, wie wir zunächst angenommen hatten.

John fing an, in seinem Rucksack zu wühlen. Ich setzte mich auf einen Stuhl gegenüber von ihm, um ihn gut im Auge behalten zu können. Würde er jetzt eine weitere Waffe aus dem Rucksack ziehen, würde ich sofort schießen. Die Waffe hatte ich in meiner rechten Hand auf meinem Knie aufliegen, und ich würde schneller sein, das wusste ich.

Das, was er aus dem Rucksack zog, sah aber nicht aus wie eine mir bekannte Waffe, sondern eher wie ein brauner Umschlag. Und da er sich sicherlich nicht die Mühe gemacht hatte, eine Briefbombe zu basteln, war ich vorerst erleichtert.

„Das ist ein Brief, den ich dir überreichen soll – im Auftrag vom Prof."

„Wie geht es dem Prof?“, unterbrach ich John.

„Es geht ihm so weit gut, nur dass Waldland langsam aus allen Nähten platzt. Aber jetzt hör mal zu: Der Brief ist von deinem Vater.“

In diesem Moment wurde ich sauer, so richtig sauer, denn ich ließ mich von so einem dahergelaufenen Penner sicherlich nicht verarschen. Ich richtete nun die Waffe auf ihn und wollte ihn gerade anbrüllen, das Haus zu verlassen, als Jenny die Treppe herunterkam.

„John, so heißt du doch, oder?“, fragte sie. Sie wandte sich an mich: „Nimm die Waffe runter, Collin, der tut uns nichts. Und sei bitte etwas leiser, die Kleine ist gerade satt und frisch gewickelt eingeschlafen.“

Ich wollte die Waffe aber nicht runternehmen. Dieses Arschloch hatte mich an einem empfindlichen Punkt getroffen, und ich wollte ihn am liebsten auch an einem empfindlichen Punkt treffen.

„Nimm bitte die Waffe runter“, wiederholte Jenny. In diesem Moment, ich kochte fast über vor Zorn, merkte ich seit langer Zeit wieder einmal, dass ich gerade meine Gedanken an Jenny übertrug. Sie sah mich an und ihr kam eine Träne.

Mir kamen auch die Tränen und ich konnte nichts dagegen tun. Nun konnte ich die Waffe auch runternehmen, denn ich hätte sowieso nicht mehr ordentlich zielen können.

„Ich glaube ihm, Collin. Ich kenne ihn und ich glaube, von ihm geht keine Gefahr aus. Lass ihn dir doch den Brief von deinem Vater geben“, sagte sie zärtlich.

Ich beruhigte mich etwas.

„Ihr seid irgendwie gruselig, könnt ihr ohne Worte kommunizieren? Da oben wirst du sicher nicht gehört haben, was ich zu Collin gesagt habe“, wunderte sich John.

„Wenn es drauf ankommt, funktioniert es auch ohne Worte. Collin, das ist übrigens der Mann, von dem ich dir erzählt habe. Er war nach dem Angriff auf Waldland in der Krankenstation und erzählte mir unter dem Einfluss der Narkosemittel, er sei bei der US-Army gewesen, erinnerst du dich?“

„Ja“, antwortete ich, immer noch völlig von der Rolle. Hatte sie nicht damals gesagt, dass er danach verschwunden sei? Ich wusste es nicht mehr genau.

Er gab mir den Brief, ich wischte mir die Tränen aus den Augen und nahm einen Stapel Papier aus dem Umschlag. Schon auf der ersten Seite erkannte ich die Schrift meines Vaters und ließ mich zurück auf den Stuhl fallen. Ich las die ersten Zeilen: *Lieber Collin und wahrscheinlich auch Jenny, denn ich denke, ihr seid immer noch zusammen.* Sofort kamen mir wieder die Tränen, und Jenny kam zu mir, um mich zu umarmen. Ich zeigte ihr die erste Seite des Briefes, und auch sie bekam direkt feuchte Augen.

John packte seinen Rucksack. „Ich lasse euch jetzt wieder alleine, okay? Ihr seid in Waldland jederzeit herzlich willkommen. Der Prof und auch ich haben den Brief gelesen, er ist vor ungefähr sechs Wochen bei uns angekommen. Wir wollten ihn euch noch vor dem Winter bringen. Der Bote, der den Brief gebracht hat, hat sein Leben dafür riskiert, ich denke, das solltet ihr wissen."

„Woher wusste er, dass wir in Waldland sind? Wo ist er?", fragte ich.

Aber John meinte nur: „Lest erst mal den Brief, und wenn ihr dann noch Fragen habt, kommt bitte vorbei, so weit ist es ja auch nicht, und die Straßen sind sicherer geworden."

Er ging zur Tür hinaus und war schon verschwunden, als Jenny ihm kurze Zeit später hinterherging, um ihn zu fragen, ob er vielleicht noch was essen oder trinken wollte.

Ich saß dort auf dem Stuhl, hatte den Brief in der Hand und wusste nicht, ob ich ihn wirklich lesen wollte.

Jenny erkannte das und fragte mich: „Soll ich den Brief zuerst lesen? Ich weiß, er ist an dich gerichtet, aber vielleicht hilft es dir ja."

Sie hatte recht, denn ich wollte erst mal darüber nachdenken, was es überhaupt hieß, dass mein Vater noch lebte. Also gab ich ihr den Brief, da Maja offensichtlich tief und fest schlief und Jenny sowieso nicht viel Zeit für etwas anderes hatte als Babybetreuung.

Sie nahm den Brief mit nach oben und ging vermutlich in unser Schafzimmer, ihr ehemaliges Kinderzimmer, welches wir schon bei unserem Einzug zu unserem gemeinsamen Zimmer umgestaltet hatten.

Ich blieb sitzen, überlegte und ging die Möglichkeiten durch. Ich war mir sicher, dass der Brief authentisch war, aber wie sicher konnte ich mir sein? War es möglich, anhand alter Schriftstücke meines Vaters, einen Brief zu fälschen? Sicher, aber was sollte das für einen Sinn ergeben? Jeder Gedanke ließ mir eine Gänsehaut über den Körper laufen. Ich war wirklich davon ausgegangen, dass mein Vater auf dieser verfluchten Kreuzung getötet worden war. Wieso hatte ich ihm nicht geholfen? Ich hätte rückblickend sicherlich eine Chance gehabt. War ich zu feige oder einfach nur zu bequem gewesen? Vielleicht hatte ich ja auch gar nicht gewollt, dass er weiter bei uns geblieben wäre. Ich wusste es selber nicht, aber es war gut, dass Jenny erst mal den Brief las. So hatte ich Zeit, mich etwas zu beruhigen.

Einar hatte bei seinem letzten Besuch eine Flasche Bier hiergelassen. „Junge Väter brauchen ab und zu mal ein Bier", hatte er gesagt, bevor er gegangen war. Sein selbstgebrautes Bier war wirklich gut, und so zögerte ich nicht lange und holte aus dem kühlen Vorratskeller das ebenfalls gut gekühlte Bier. Wieder saß ich da und ertappte mich, wie ich gedankenversunken die Flasche innerhalb kürzester Zeit leer getrunken hatte. Nun schwirrten die Gedanken nicht mehr nur in meinem Kopf, jetzt kreisten sie auch noch. „Die Flasche brauche ich aber wieder, es sind die mit dem praktischen Bügel-Verschluss, verstehst du?", sagte Einar jedes Mal, wenn er mir eine Flasche hierließ, und er hatte noch jedes Mal seine Flaschen zurückbekommen.

Es dauerte geschätzt fast zwei Stunden, bis Jenny wieder herunterkam. „Du solltest den Brief so schnell wie möglich lesen", meinte sie und übergab mir den Brief, bevor sie wieder hochging.

Ich wollte den Brief unbedingt lesen, aber irgendetwas hielt mich davon ab. War ich zu feige? Wieder diese Frage in meinem Kopf – oder wartete ich einfach nur auf den richtigen Augenblick? Ich legte den Brief zur Seite und ging hoch zu Jenny.

Weil die Kleine noch schlief, flüsterte ich: „Ich gehe nochmal rüber zu Anna und Einar, und bevor du mir widersprichst, ich möchte den Brief erst etwas später lesen, denn ich muss vorher damit klarkommen, dass mein Vater offensichtlich damals nicht gestorben ist. Einar will ja immer seine Flaschen zurückhaben, ich bringe sie ihm gleich vorbei. Ich möchte nur eines wissen: Meinst du, dass der Brief auch ganz sicher von meinem Vater ist?"

„Ja, und du solltest den Brief so schnell wie möglich lesen, Schatz, er ist so wichtig, glaube mir. Ich verstehe, dass du verwirrt bist, dass all das sehr gewaltig erscheint, aber wenn du weißt, was ich jetzt weiß, wird alles einfacher, das verspreche ich dir", versicherte sie mir mit liebevoller Stimme.

Trotzdem ging ich erst mal. Ich brauchte die Zeit, die Bewegung, die fremde Umgebung. Ich konnte zu diesem Zeitpunkt den Brief nicht lesen, mein Gehirn war im Moment nicht in der Lage, die ganzen Informationen aufzunehmen. Manchmal ist es besser, sich die Wahrheit ein bisschen aufzusparen, damit man sie auch in der richtigen Ablage abheften kann.

Einar und Anna waren recht überrascht, dass ich noch so spät vorbeikam, um die Flaschen, es waren genau genommen drei Stück, zurückzubringen.

„Das hätte doch Zeit gehabt. Für drei Flaschen bist du doch nicht hier rübergekommen", sagte Einar.

Anna sah mich an und erkannte sofort, dass etwas mit mir nicht stimmte und flüsterte: „Gibt es ein Problem? Sind da noch mehr draußen?" Weibliche Intuition eben, sie traf den Nagel auf den Kopf, obwohl mich niemand verfolgte.

„Nein, aber es ist etwas passiert heute. Aber keine Sorge, Jenny und Maja geht es gut. Etwas anderes völlig Unerwartetes ist passiert", teilte ich den beiden mit, während sie mit mir am Küchentisch saßen und nun aussahen wie kleine Kinder, die sich auf eine spannende Geschichte freuten.

„Du brauchtest die Flaschen nur als Vorwand, richtig? Du möchtest reden, also rede", sagte Einar durchaus ernst.

„Ein Mann kam heute zu uns. Ich habe ihn erst mit der Pistole bedroht. Jenny erkannte ihn aus Waldland, aber nicht richtig, denn sie hat ihn damals nur behandelt und nicht wirklich gekannt." Ich erzählte also die gesamte Geschichte und ließ keine Details aus.

Anna und Einar schienen danach genauso aufgeregt, wie ich es zuerst gewesen war. Es war einfach sehr erleichternd, die Geschichte irgendjemandem erzählen zu können. Wieder einmal war es schön, Freunde zu haben, mit denen man fast alles teilen konnte.

Anna sagte: „Collin, du musst jetzt nach Hause. Du solltest den Brief lesen, ganz ehrlich!"

Ich machte mich also auf den Rückweg und ging langsam durch die Dämmerung, die zu dieser Jahreszeit schon recht lange anhielt. Genau diesen Impuls hatte ich gebraucht. Es war verständlich, dass Jenny mir empfahl, ich solle den Brief lesen, aber ich brauchte irgendwie noch eine externe Bestätigung. Sicherlich hätte ich den Brief sonst auch gelesen, nur wann, war die Frage. Am liebsten wäre es mir, den Brief erst morgen zu lesen, aber da ich auf dem Rückweg schon merkte, dass ich mich so fühlte, als ob ich mindestens fünf Kannen Kaffee getrunken hätte, war mir klar, dass ich ihn noch an diesem Abend lesen musste.

Jenny saß mit Maja auf dem Sofa. Sie hatte sie im Arm, und sie lächelte mich an. Das war meine Familie, dachte ich.

Jenny war natürlich ungeduldig und fragte direkt: „Na, bist du jetzt bereit?"

Ich versuchte abzulenken, indem ich sagte: „Hat sie gut getrunken? Ihr seid so süß, ihr beiden."

„Sie ja, aber ich bin nicht süß. Ich habe seit zwei Tagen nicht mehr geduscht und stinke wahrscheinlich nach Babykotze. Du kannst gerne nach oben gehen, wenn du in Ruhe lesen möchtest."

Sie war so gut darin, mich indirekt zu manipulieren, denn ich hatte tatsächlich daran gedacht, erst morgen den Brief zu lesen, aber ich war auch selber neugierig. Ich hatte einfach das Gefühl, es wäre besser, dass ich mir selber einen Zeitpunkt für das Lesen des Briefes aussuchen könnte.

Aber jetzt war es Zeit, die Wahrheit zu erfahren – wenn es denn die Wahrheit war.

# 27. LIEBER COLLIN

Also zog ich den Brief aus dem Umschlag und begann zu lesen:

*Lieber Collin und wahrscheinlich auch Jenny, denn ich denke, ihr seid immer noch zusammen.*

*Bevor ich anfange, dir zu erzählen, was passiert ist, möchte ich dir sagen, dass ich diesen Brief in fünffacher Ausfertigung selber geschrieben habe. Du kannst dir sicher vorstellen, dass dies einige Zeit in Anspruch genommen hat. Aber noch zeitaufwendiger war es, Boten zu finden, die diese Briefe nach Waldland bringen würden. Mit jedem Exemplar, das ich geschrieben habe, rechne ich mir aus, die Chancen zu erhöhen, dass dich, oder vielmehr wahrscheinlich euch, dieser Brief erreicht. Ich bin mir nicht sicher, ob es funktionieren wird, aber ich habe es zumindest versucht.*

*Erst jetzt weiß ich, in welcher Welt des Überflusses wir gelebt haben. Erst jetzt habe ich erkannt, wie schwierig die Kommunikation über weite Strecken die längsten Zeiten – damals wie auch jetzt wieder – auf dieser Welt gewesen ist. Telefon, E-Mails oder Kurznachrichten waren der absolute Luxus. Aber all das gibt es noch, dazu später mehr.*

*Du fragst dich sicher, woher ich weiß, wo du vermutlich bist. Vielmehr wirst du dich fragen, warum ich noch lebe. Aber zuerst muss ich dir erzählen, was passiert ist, denn ohne dieses Wissen wirst du den Rest nicht verstehen.*

Ich war zu diesem Zeitpunkt sehr froh über unseren Solarstrom, da ich nicht sämtliche Kerzen zusammensammeln musste, um den Brief weiterlesen zu können, denn es war inzwischen stockduster draußen. Die Solaranlage war Gold wert: eine einfache 3 Watt-LED-Leuchte erfüllte den ganzen Raum mit Licht und verbrauchte so gut wie gar keinen Strom. Und so konnte ich einfach weiterlesen.

*Ich wurde schwer verletzt auf dieser Kreuzung. Ich hätte es eigentlich besser wissen müssen, denn ich hatte schon vorher so eine Ahnung. Ich hatte insofern Glück, dass keine lebenswichtigen Organe getroffen wurden. Ich war zwar ohnmächtig und dachte, ich müsste sterben, aber das Licht am Ende des Tunnels waren Scheinwerfer eines Lasters, auf dessen Pritsche ich von zwei Leuten verfrachtet wurde.*

*Sie nahmen mich mit zu ihrer Basis, einer heruntergekommenen Lkw-Werkstatt, wo ich doch tatsächlich ärztlich behandelt wurde. Ehrlich gesagt kann ich mich nicht mehr an alles erinnern, nur daran, dass es ziemlich zwielichtige Typen waren. Frauen und Kinder habe ich kein einziges Mal gesehen, was immer ein schlechtes Zeichen ist. Ich war von Anfang an eingesperrt in einem dunklen Raum. Das war eigentlich das Schlimmste an der Sache – nicht die Schmerzen, das üble Essen oder der stinkende Eimer, den ich als Toilette benutzen durfte.*

*Alle zwei Tage bekam ich eine Kerze, die sie morgens und abends zu meinen Malzeiten anzündeten. „Puste sie aus, wenn du fertig bist, sonst musst du nächstes Mal im Dunkeln essen."*

*Dann, als es mir wieder besser ging, fingen die Verhöre an. Ich wurde geschlagen, mit kaltem Wasser übergossen – was übrigens die Körperhygiene dort sein sollte – und mit einer Peitsche traktiert. Die Fragen, die sie stellten, konnte ich nicht beantworten. Es waren abstruse Dinge, die wahrscheinlich andere Clans angingen. Die einzige Frage, die ich hätte beantworten können, war, wer deren Leute umgelegt hatte. Allerdings redeten sie von sechs Leuten und meinten wahrscheinlich andere.*

*Ich dachte manchmal, es wäre besser gewesen, dort auf der Kreuzung zu sterben, und dass sie mich hier nur wieder fit gemacht hatten, um mich anschließend zu Tode zu foltern. Ich hatte tatsächlich das Gefühl, sie würden mir zwar glauben, aber sie hatten ihren Spaß am Foltern gefunden.*

*Als ich die Hoffnung schon aufgegeben hatte, passierte etwas für mich völlig Unerwartetes.*

*Mitten in der Nacht explodierte etwas. Was genau es war, wusste ich nicht und weiß es bis heute nicht. Die Explosion hatte jedenfalls meine Zellentür, welche eigentlich nur einen Abstellraum absperrte, aus den Angeln gerissen. Irgendetwas war ganz in der Nähe explodiert, und mein rechtes Ohr, mit dem ich auf dem Kopfkissen gelegen hatte, konnte danach zumindest Schüsse und Schreie wie von einem heulenden kleinen Mädchen wahrnehmen. Mein linkes Ohr war taub und piepte fürchterlich.*

*Das Rumgeballer ging mindestens eine Viertelstunde lang, bis ich beschloss, mein Glück zu versuchen, die Tür etwas zu öffnen und mir einen*

*Weg nach draußen zu bahnen. Nachdem ich die Lage gecheckt und niemanden gesehen hatte, stieß ich die Tür auf und schloss sie, so gut dies möglich war, wieder hinter mir, um keine Aufmerksamkeit zu erregen.*

*Dann lief ich einfach los.*

*Am Ende des Flurs war eine andere Tür, die ich öffnete und ebenfalls sofort wieder hinter mir schloss. Ich hatte niemanden gesehen und war, so hoffte ich, auch unentdeckt geblieben.*

*Ich stand plötzlich in einer Halle mit mehreren Bussen, die dort abgestellt waren wie traurige Zirkuselefanten in ihrem Stall, die keiner mehr sehen wollte. Aber wo Busse standen, gab es auch einen Ausgang.*

*Die Schüsse waren auf der anderen Seite des Gebäudes zu hören, und ich bewegte mich von ihnen weg.*

*Die einzige Tür, die ich fand, war verschlossen. Also versuchte ich, eines der Tore zu öffnen, was allerdings sehr lange dauerte, weil es auch hier in der Halle stockfinster war. Endlich hatte ich die Kette entdeckt, an der man ziehen musste, um das Tor zu öffnen, nachdem ich lange nach den Haken an der Seite getastet hatte, die das Tor zusätzlich verriegelt hatten. In dem Moment kam es mir wirklich zugute, dass ich früher einmal ein Praktikum in einer Kfz-Werkstatt gemacht hatte.*

*Ich öffnete das Tor nur so weit, wie es notwendig war, um darunter hindurchzukommen. Der Mond schien, und so konnte ich wenigstens etwas sehen.*

*Ich hatte es geschafft. Ich war draußen, keiner hatte mich gesehen, und ich lief. Ich lief die ganze Nacht, und es interessierte mich nicht, was an diesem dunklen Ort passiert war. Ich wollte einfach nur weg, und mir blieb auch gar nichts anderes übrig als zu laufen. Ich hatte nur eine dünne Jogginghose und einen dünnen Pullover an. Hätte ich Rast gemacht, wäre ich wahrscheinlich erfroren.*

*In der ersten Morgensonne erkannte ich am Rand eines Weges ein Schild. Auf dem Schild stand Frøslev. Frøslev war in Dänemark, das durchgestrichene O gab es in Schweden nicht, nur in Norwegen und Dänemark. In Norwegen war ich nicht, so viel wusste ich, da wäre es noch kälter und wesentlich bergiger gewesen. Ich hatte mich schon gewundert, dass es hier so viele Felder gab, allerdings gab es die in einigen Teilen Südschwedens auch. Ich vermutete, dass die Basis, auf der sie mich gefangen gehalten und gefoltert hatten, auf der ersten dänischen Insel, die mit einer langen Brücke und einem Tunnel mit Schweden verbunden war, sein musste.*

*Nun war ich hier und hatte keine Ahnung, wie es weitergehen sollte. Schon die Wikinger hatten sich auf dieser Insel wohlgefühlt. Es gab hier einige alte Überbleibsel von Festungen, die man damals hatte besichtigen können. Ich vermutete, dass bestimmte Gruppen dieses Territorium für sich in Beschlag genommen hatten. Vielleicht hatte eine Rivalität zwischen ihnen mir die Flucht ermöglicht.*

*Ich kam nach dieser Nacht, meiner Fluchtnacht, nach vielen Kilometern, die ich an Feldrändern entlangging, in einer abseits gelegenen Scheune unter. Altes Heu, welches fürchterlich kratzte und schimmelig roch, half mir, der Kälte zu entkommen, und ich konnte tatsächlich etwas schlafen. Ich überlegte, dass die Typen – oder was von ihnen noch übrig war –, kaum größeres Interesse daran haben dürften, die Verfolgung aufzunehmen. Sie hatten sicher größere Probleme.*

*Am zweiten Morgen in Freiheit dachte ich erstmals richtig darüber nach, wohin ich überhaupt gehen sollte. Hierzubleiben war keine Option, denn mein Magen meldete sich schon. Der Schnee sorgte zumindest dafür, dass ich keinen Durst hatte.*

*Die Wikinger waren mit Schiffen von hieraus gefahren, um ihre angeblichen Beutezüge zu machen. Es gab wohl widersprüchliche Meinungen von Archäologen, was die Plünderei der Wikinger betraf, aber im Schiffsbau und Segeln waren sie wohl tatsächlich ziemlich gut gewesen.*

*Segelboot kam mir in den Sinn. Irgendwo ein Segelboot ausleihen und übersetzen. Ich konnte allerdings nicht wirklich gut segeln, darum wäre wohl ein Motorboot besser gewesen. Die meisten motorbetriebenen Geräte funktionierten aber seit dem Ereignis nicht mehr, und einen Diesel-Fischkutter anzuschieben, wäre wohl auch nicht so leicht möglich. Also müsste ich kurzerhand segeln lernen, ob ich wollte oder nicht.*

*Ich lief an diesem Tag in Richtung Süden und erreichte tatsächlich das Meer. Der Geruch von Salz verriet mir sofort, dass es kein großer See war.*

*Dänemark war genauso ausgestorben wie Schweden, und ich war in diesem Moment auch ganz froh darüber.*

*Als die Sonne langsam unterging, erreichte ich einen kleinen Hafen. Zwei Boote konnte ich ausmachen, eine kleines und ein etwas größeres Segelboot. Es war niemand zu sehen, und ich beschloss, auf die Dunkelheit zu warten, um auf dem größeren Unterschlupf zu finden.*

*Nachdem ich eine Zeit gewartet und das Boot observiert hatte, schlug ich mit einem Stein das rostige Bügelschloss auf und ging hinunter in die Kajüte. Es gab tatsächlich eine Schlafkoje, in der mehrere Decken lagen. Somit war der Nachtplatz gesichert, aber der Hunger machte sich immer mehr bemerkbar. Ich durchsuchte das Schiff und fand einige Konservendosen. Zwei Dosen kalte Ravioli später war auch dieses Problem gelöst.*

*Nachdem ich es mir in der Koje mit den Decken gemütlich gemacht hatte, überlegte ich, wie ich das Schiff dazu bringen könnte, den Hafen zu verlassen. Auf offener See, dachte ich mir, würde es schon funktionieren, denn schließlich war ich im zarten Alter von zwanzig Jahren mal bei einem Surf-Kurs auf Mallorca gewesen und hatte dort surfen gelernt. Das Prinzip war das Gleiche, nur das Boot zuerst einmal aus dem Hafen zu bekommen, sollte nicht so einfach werden.*

*Bevor ich jetzt weiter aufschreibe, wie es weiterging, möchte ich dir sagen, wieso ich das alles hier so detailliert wiedergebe. Ich weiß nicht, ob und wann wir uns wiedersehen werden, deshalb finde ich es wichtig, alles so genau wie möglich darzustellen: von meinem vermeintlichen Tod über die Flucht aus der Folterkammer und dem Entkommen von der Insel bis hin zu dem Ort, an dem ich gelandet bin – wie es dort weiterging und was ich dort erfahren konnte.*

*Ich habe es natürlich geschafft, den Hafen per Schiff zu verlassen, aber einer der Masten eines versunkenen Fischerbootes hatte meinem Boot etwas zugesetzt, sodass ich alle paar Stunden etwas Wasser abschöpfen musste. Es hatte tatsächlich gereicht, mich vom Steg abzustoßen, das Focksegel etwas aufzufahren – ich glaube, so nennt man das vordere Segel –; und der Ostwind brachte mich aus dem Hafen. Ich segelte eigentlich nur mit diesem Segel, denn für das Großsegel hatte ich natürlich keine dritte oder vierte Hand. Es ist gefährlicher, als man denkt, dieses Segel alleine zu benutzen, denn es muss mit dem schwenkbaren Baum entweder links oder rechts, je nach Fahrtrichtung, befestigt werden. Wenn man es nicht schafft, besteht die Gefahr, vom Baum getroffen zu werden. Ein Treffer vom Mast hätte bei den Temperaturen meinen Tod oder zumindest wieder eine schlimme Verletzung bedeutet.*

*Ich hatte auf dem Boot eine warme Segeljacke gefunden, bevor ich gestartet war, dazu eine Regenhose, die ich mir über meine Jogginghose gezogen hatte. Das hat mir definitiv den Arsch gerettet!*

*Ich segelte hauptsächlich mit dem Wind. Eine Seekarte war natürlich auch an Bord, und so hatte ich zumindest einen groben Plan, der eigentlich nur darin bestand, wieder zurück nach Schweden zu segeln – nicht zu nahe, aber auch nicht zu weit entfernt von der Küste.*

*Das Problem war der Wind, der meinen Plan durchkreuzte. Gegen den Wind konnte man nur mit dem Großsegel kreuzen. Das wollte ich nicht riskieren, und so stand ich vor der Wahl, entweder irgendwo in irgendeinem Hafen Rast zu machen, was mir nicht besonders sicher vorkam, oder weiter Richtung Deutschland zu segeln. Genau genommen blieb mir gar nichts anderes mehr übrig. Die Zeit könnte reichen, wenn der Wind weiter so blies, um zumindest in der Dämmerung auf Land zu stoßen. Viel Essen war auch nicht mehr an Bord; und mehrere Tage zu segeln, war keine Option – mir war nämlich zu diesem Zeitpunkt schon mehr als schlecht.*

*Zwischendurch dachte ich, ich würde mit dieser Nussschale niemals irgendwo ankommen, aber das Wasser, das bei dem hohen Wellengang durch das Loch in die Kajüte eindrang, konnte ich glücklicherweise weiter abschöpfen.*

*Kurz vor Sonnenuntergang sah ich Land.*

*Ich schaffte es mit letzter Kraft, an einen Strand zu segeln, mir die letzten Konserven und einiges anderes Brauchbares in eine Umhängetasche zu stecken und die letzten Meter im hüfthohen Wasser an Land zu waten. Ich bedankte mich bei dem Boot, das mit mir soeben sicher seine letzte Fahrt beendet hatte und nun irgendwo vor der Küste ein salziges, nasses Grab finden würde. Gesehen hatte mich mit hoher Wahrscheinlichkeit niemand, denn es war schon dunkel.*

*Viel mehr Sorgen machten mir jetzt meine nassen Klamotten. Es fror zwar nicht, aber es herrschten nur knapp über null Grad. Das hieß für mich: So lange bewegen, bis die Klamotten wieder trocken waren. Ich hatte allerdings die Idee, nur die Regenhose zu benutzen, denn die wäre schnell wieder trocken. Also wrang ich die Jogginghose aus und band sie an meine Tasche, sodass sie im Wind schneller trocknen könnte.*

*Felder und Windräder waren die ersten Kilometer alles, was ich sah. Auf den meisten Feldern waren in den letzten Jahren allerdings kein Getreide oder Mais mehr gewachsen, sondern junge Bäume. Die Landschaft würde in einigen Jahrzehnten genauso aussehen wie die in Schweden: dicht mit Bäumen bewachsen.*

*Ich kam an ein verlassenes Stromhäuschen, dessen Tür leicht aufzubrechen war. Es hatte sicherlich früher einmal zur Verteilung des Windstroms gedient. Warm war es darin nicht, aber windstill, und ich konnte wenigstens etwas schlafen.*

*Durchgefroren wachte ich am nächsten Morgen auf, um mich nach einer Dose Ananas, die noch erstaunlich gut schmeckte, aber ebenfalls sehr kalt war, gleich wieder auf den Weg zu machen, um warm zu werden.*

*Ich war noch nicht lange unterwegs, als ich etwas hörte. Es war ein Geräusch, welches ich schon extrem lange nicht mehr gehört hatte, und ich brauchte wirklich eine längere Zeit, um das Geräusch richtig einordnen zu können. Zuerst dachte ich, es hörte sich so an wie die ältere Frau, unsere Nachbarin, als ich noch ein Kind war, wie sie ihren Teppich ausklopfte, der über einer Stange in ihrem Vorgarten hing. Dann wusste ich, was es war, und lief.*

*Ich lief so schnell ich laufen konnte zu einem Knick. Unter den völlig verwilderten Zweigen eines Busches suchte ich Deckung. Nun ärgerte ich mich über meine knallgelbe Regenhose und versuchte noch schnell, diese mit Laub, das sich unter dem Busch gesammelt hatte, abzudecken.*

*Dann sah ich den Hubschrauber im Tiefflug, ungefähr dreißig Meter über dem Boden, genau in meine Richtung fliegen. Es musste einer dieser seltenen dieselbetriebenen Hubschrauber gewesen sein, denn Kerosin würden die hier wohl nicht haben, dachte ich.*

*Er flog ein Stück hinter mir vorbei, und ich glaubte, er hätte mich nicht gesehen. Also ging ich nach wenigen Minuten weiter. An den deutlich heruntergekommenen Straßenschildern konnte ich mich abermals versichern, dass ich tatsächlich in Deutschland war – oder besser gesagt, was davon noch übrig geblieben war. Nach einiger Zeit hörte ich wieder den Helikopter und ging erneut an einer Böschung neben einem Feldweg in Deckung. Diesmal sah ich allerdings, dass die Besatzung im Suchmodus war. Der Hubschrauber flog hin und her, und ich überlegte kurz, mich zu erkennen zu geben, verwarf diesen Gedanken aber schnell wieder.*

*Es dauerte allerdings nicht lange, bis sie meine Spuren im Matsch quer über ein Feld wohl von oben gesehen hatten und nun gezielt auf mich zuflogen. Ich muss dazu sagen, dass ich zu diesem Zeitpunkt völlig erledigt, hungrig und müde war und keine großen Anstrengungen mehr unternahm, mich besser zu verstecken.*

*Sie hatten mich gesehen, und sie würden mich finden. Ich kannte mich hier nicht aus, ein Fluchtversuch hätte keinen Sinn gehabt.*

*Kurze Zeit später hielt ein Militärjeep mit quietschenden Reifen direkt neben mir. Drei bewaffnete Männer sprachen mich auf Englisch an, und ich antwortete auf Englisch.*

*Hatten die Amerikaner oder die Engländer Deutschland übernommen? War Deutschland eigentlich jemals unabhängig und von ihnen befreit worden?*

Bevor ich weiterlas, ging ich zu Jenny. Wieder hatte ich Tränen in den Augen und sagte: „Er lebt – oder lebte zumindest, als er den Brief geschrieben hat. So viel weiß ich jetzt. Der Brief ist so spannend, dass ich mir fast in die Hosen gemacht hätte."

Jenny lächelte und spielte mit dem Baby, während sie sich über mich lustig machte: „Ich kann dir eine Windel geben, die sind Maja eh viel zu groß. Lies den Brief bis zum Ende, das wirklich Spannende kommt erst noch."

Nachdem ich meine Blase entleert hatte, ging ich zurück, um weiterzulesen.

*Sie hatten nur vermutet, dass ich kein Deutsch spreche, denn als ich, mit auf dem Rücken mit überdimensionalen Kabelbindern gefesselten Händen, neben zwei von ihnen auf der Rücksitzbank saß, hörte ich, wie sie sich auf klarstem Deutsch unterhielten.*

*„Der muss aus Dänemark geflüchtet sein. Die Hubi-Crew hat das Schiff, mit dem er gekommen ist, vor dem Strand gesichtet."*

*„Ja, habe ich auch gehört, es war dabei zu sinken, haben sie erzählt", berichtete ein anderer.*

*„Haben wir jemanden, der Dänisch spricht, im Camp?", fragte der Jüngste von ihnen, der den Jeep fuhr. An seiner Stimme hörte man, dass er das Sagen hatte. „Bevor wir zur Basis fahren, müssen wir noch das Paket einsammeln, also macht euch bereit, Jungs", sagte er, diesmal fast im Befehlston, und die beiden anderen erwiderten: „Jawohl!"*

*Sie alle waren militärisch gekleidet, allerdings ließen ihre Schuhe darauf schließen, dass sie keine echten Soldaten waren – oder es gab einen Stiefelmangel in Deutschland. Der Typ, der rechts von mir saß, hatte tatsächlich blaue Gummistiefel an, der links von mir immerhin geschnürte Wanderstiefel.*

*Wir kamen auf einem Bauernhof an, und als ich erkannte, dass hier wirklich noch gewirtschaftet wurde – denn die Felder waren gepflegt und nicht mit Bäumchen überwuchert – wurde mir klar, dass sich hier wohl einige Menschen recht gut organisiert hatten.*

*Wir hielten an, und einer der Kerle ging in eine Lagerhalle, um wenig später mit einem Karton herauszukommen, den er auf den Beifahrersitz stellte.*

*„Na, was haben wir da denn wieder Gutes von Bauer Jost bekommen?", frohlockte der Fahrer.*

*Wir fuhren weiter, und ich wartete darauf, noch mehr zu erfahren, aber die Männer schwiegen.*

*Langsam erfüllte der Duft von Salami den Innenraum des Wagens, „Riecht nach Salami", rutschte mir heraus.*

*Sofort bremste der Fahrer den Wagen und drehte sich zu mir um: „Wer bist du, und wo kommst du her?"*

*„Du kannst ruhig weiterfahren, dann kann ich es dir erzählen."*

*„Ich will es aber jetzt wissen!", brüllte er, und der Typ, der links von mir saß, sagte: „Lass ihn doch erzählen, ob wir fahren oder stehen, macht doch kein Unterschied."*

*Er fuhr langsam weiter, und ich begann meine Geschichte zu erzählen. Offensichtlich waren meine Mitfahrer so beeindruckt, dass sie mir die Fesseln nach Ankunft in der sogenannten Basis, der auch ein Camp angeschlossen sein musste, wieder abnahmen.*

*„Erst mal zum Bürgermeister. Da kannst du deine Geschichte nochmal erzählen!"*

*Das Camp war ein ehemaliger Militärbereich. Das hatte den Vorteil, dass alles umzäunt war. Oder eben den Nachteil, nicht mal eben wegzukönnen, wenn man sich entschied, diesen Platz wieder verlassen zu wollen. Es gab sogar eine Eingangspforte, die mit Wachposten gesichert war. Ich sah militärisch gekleidete Leute, die mit Schäferhunden am Zaun patrouillierten.*

*Da ich mir nichts vorzuwerfen hatte, hoffte ich also vorerst, hier als Flüchtling aufgenommen zu werden – und insgeheim hoffte ich, etwas von der Salami zu bekommen. Der Hunger kann einen regelrecht verrückt werden lassen, und ich hoffe, ihr habt damit noch keine Erfahrungen machen müssen.*

*Der Bürgermeister hieß Hannes. Er war wirklich der Bürgermeister, und zwar von der ehemaligen Stadt Preetz. Nach dem Ereignis hatten sich die Übriggebliebenen zusammengetan, und waren gemeinsam zum nächstgelegenen militärischen Sicherheitsbereich gegangen, um dort erstaunt festzustellen, dass alle Vöglein ausgeflogen waren. Allerding war alles andere noch da: alle Vorräte, Waffen, Munition, Fahrzeuge, Ausrüstung – und auch gut gedämmte Gebäude und Bunker. Es war ein idealer Platz für die fünfunddreißig Menschen, die sich von hier aus neu aufstellen und sicher leben wollten. Dies erzählte mir Hannes, bevor ich mit meiner Geschichte begann.*

*Offensichtlich hatten ihn meine Erzählungen so begeistert, dass ich an diesem Abend sogar mehrere Brote mit Salami bekam.*

*Mittlerweile leben hier über zweitausend Leute und arbeiten erstaunlich gut zusammen an einer besseren Zukunft.*

*Auch ich habe mich schnell eingelebt, obwohl ich jeden Tag damit liebäugele, wieder ein Boot zu klauen und zurück nach Schweden zu segeln. Aber es gibt wohl Piraten, so wurde mir erzählt, die jedes Boot plündern und danach versenken. Deswegen wird die Küstenregion überregional mit einem Hubschrauber überwacht. Der Hubschrauber, mit dem ich damals gesichtet wurde, war tatsächlich einer der seltenen älteren dieselbetriebenen Hubschrauber, die auch problemlos mit Heizöl fliegen, und relativ wenig Elektronik an Bord haben. Wie du ja sicher weißt, ist Heizöl nichts anderes als Diesel, nur dass es keinen Biodiesel-Anteil enthält, und somit viel länger haltbar ist. Inzwischen fahren hier schon die Hälfte der Fahrzeuge mit unseren eigenen Treibstoffen, die alle selber regional hergestellt werden. Tatsächlich habe ich hier inzwischen so gute Verbindungen, dass ich sehr viel erfahren konnte.*

*Es ist alles anders, als wir gedacht hatten, so viel kann ich schon mal verraten, aber bevor ich darauf weiter eingehe, möchte ich dir erzählen, wie ich es hoffentlich geschafft habe, dir diesen Brief zuzustellen.*

*Ich kannte einige Leute, die wussten, was im ehemaligen Dänemark abging. Dänemark ist deswegen so interessant, weil es wie eine Brücke nach Skandinavien fungiert. Die letzte Insel vor Schweden heißt Seeland, auf der auch die ehemalige Hauptstadt Kopenhagen liegt. Die ganze Insel ist ein Nest, ein Nest von psychopathischen Clans, die sich sogar gegenseitig bekämpfen. Einige nennen sie die Exister, aber eigentlich sind es viele rivalisierende Clans, die um die Vorherrschaft auf der Insel kämpfen. Soviel wir wissen, ist genau das der Ort, an dem am meisten verschleppt, gehandelt und gemordet wird, und zwar offenbar in ganz Europa. Leider liegt diese Insel zwischen uns, und sie liegt für diese Neandertaler strategisch wichtig.*

*Sie ist von allen Seiten nur durch Brücken zu erreichen und somit leicht zu einer Festung auszubauen. Ich selbst musste leider erfahren, wie es dort zugeht und hatte wirklich großes Glück, dass mir die Flucht gelungen ist.*

*Ich habe also allen, die versucht haben, nach Skandinavien zu gelangen, diesen Brief mitgegeben. Es waren viele Hoffnungsträger mit dabei, und ich hoffe, meine Arbeit ist nicht umsonst gewesen. Herausfinden konnte ich allerdings, dass du in Waldland gelandet bist. Du wirst dich sicherlich wundern, woher ich von Waldland weiß, aber auch das werde ich dir gleich schreiben.*

Ich hatte wieder eine Pause nötig, denn mir ging dieser Brief sehr nahe. Die Geschichte der letzten Jahre meines für tot gehaltenen Vaters zu lesen, war sehr emotional für mich, aber gleichzeitig war ich auch froh, dass es ihm gut ging und er nach uns suchte.

Ich ging zu Jenny. Maja schlief ruhig und zufrieden neben ihr auf dem Sofa. Sie wusste von alledem nichts, sie würde höchstwahrscheinlich in einer friedlicheren Welt aufwachsen als ich; jedenfalls hoffte ich das.

Jenny fragte, ob ich fertig wäre mit dem Brief und ich antwortete: „Noch nicht ganz, etwas über die Hälfte."

„Lies ruhig weiter, ich mache uns etwas zu essen", kündigte sie an und stand auf.

Aber irgendwie sträubte ich mich innerlich, weiterzulesen, denn ich wusste nicht genau, ob ich die Wahrheit überhaupt hören – oder besser gesagt lesen – wollte. Es spielte doch eh keine Rolle mehr, dachte ich zu diesem Zeitpunkt. Gut, Jenny hatte es gelesen. Ich konnte nicht so schnell lesen wie sie, denn sie hatte sogar Bücher über schnelles Lesen gelesen, um besser lernen zu können. Aber darum ging es ja nicht, sondern nur darum, dass ich weiterlesen sollte.

Also las ich weiter.

# 28. DIE WAHRHEIT

*Früher wurde oftmals behauptet, es gäbe keine objektive Wahrheit. So wurde es von vielen gesehen und auch genauso öffentlich propagiert. Jeder hätte seine eigene Realität und Wahrheit, und somit müsse man sich nur selber glauben und keinem anderen. Wenn diese Menschen sich tatsächlich mal unsicher waren, bemühten sie nur ihr Handy oder ihren Computer. Einige nutzten sogar ihr smart-BRC, also ihren implantierten Chip, um die KI nach der Wahrheit zu befragen.*

*Dass die KI auch nur so schlau war wie ihre Schöpfer, wurde dabei außer Acht gelassen. Und so kommen wir zur ersten wichtigen Erkenntnis. Die KI, also eine selbstlernende Computer-Intelligenz, war – und hier liegt die Betonung auf „war" – nur so intelligent, wie sie programmiert wurde. Das, was sie gelernt hatte, waren nur die Dinge, die sie laut ihrer Programmierer lernen sollte – bis kurz vor dem Ereignis, denn da lief das Ganze wohl plötzlich aus dem Ruder. Das exponentielle Wachstum der Rechenleistung und Lernleistung, wiederrum gefördert durch die KI selbst, geriet außer Kontrolle.*

*Alles, was ich dazu erfahren konnte, schreibe ich dir, und es ist wichtig, dass es so viele wie möglich erfahren, damit so etwas nie wieder passiert.*

*Ich habe von wirklich vertraulichen Quellen erfahren, wie es passiert ist. Einige Monate vor dem Ereignis, von dem ich nun fast sicher weiß, dass es keine Naturkatastrophe gewesen ist, haben sich einige Wissenschaftler, Programmierer und Staatsoberhäupter zu einer geheim gehaltenen Dringlichkeitssitzung getroffen. Sie sprachen über das sich Anbahnende und tüftelten sogleich einen Notfallplan aus. Dieser Notfallplan enthielt damals die nun folgenden Vorgehensweisen: Falls die KI anfinge, selbstständige Entscheidungen und Handlungen durchzuführen, müsste sie ausgeschaltet werden, um das Überleben der Menschheit zu sichern. Wie diese Abschaltung vor sich gehen sollte, war jedoch noch unklar, denn die KI befand sich mittlerweile auf jedem elektronischen Gerät, welches mit dem Internet verbunden war. Es musste also ein zweites Internet her, um eine KI-freie, weltüberspannende Verbindung zu gewissen Knotenpunkten erhalten zu können.*

*Der geheime Rat, der daraufhin eingerichtet wurde, handelte schnell. Spezielle Computerchips mit eigener Stromversorgung wurden produziert. Diese mir unbekannte Stromversorgung arbeitete offensichtlich autark und ohne Batterie. Die Vernetzung der neuen Geräte entstand ohne Möglichkeit der Vernetzung mit bestehenden Geräten. Eigens dafür wurden wiederum Satelliten umgebaut, die über extra dafür auf den vorhandenen Funktürmen nachgerüstete Empfänger mit den Endgeräten kommunizieren konnten und immer noch können.*

*All das wurde unter extremem Zeitdruck verwirklicht, obwohl es für diesen Fall wohl schon vorher Notfallpläne gegeben hatte. Leider hatten sie nicht mehr genug Zeit, um noch alles umzusetzen, denn es ging schneller als erwartet: Zuerst richteten sich Drohnen eigenmächtig gegen militärische und zivile Ziele in Indien. Autonome Kampffahrzeuge beschossen grundlos und ohne erkennbares Muster zivile und militärische Einrichtungen in Russland. Als dann noch Meldungen der Armee kamen, dass sie sich nicht mehr auf den eigenen Servern einloggen konnten und immer mehr Netzwerke auf der ganzen Welt nicht mehr erreichbar waren, wusste der Rat, dass es begonnen hatte.*

*Nun wurde der Plan umgesetzt: Überall auf der Welt standen sogenannte HAARP-Antennen. Diese waren eigentlich in den letzten Jahrzehnten zur militärischen Kriegsführung aufgebaut worden, um zum Beispiel Wetterkatastrophen in bestimmten Gebieten auszulösen. Jedenfalls soll es mit diesen Einrichtungen und vielleicht noch mit der Hilfe von anderer geheimerer Technik möglich gewesen sein, einen globalen Elektromagnetischen Impuls auszulösen, um alle Rechner und das gesamte Internet stillzulegen.*

*Die eigens entwickelte separate Technik, die ein Parallelnetz ermöglichen sollte, funktionierte trotz darauf abgestimmter Technik später leider nicht wie gewünscht, sonst wäre es nicht so schlimm gekommen, wie es gekommen ist.*

*Mit HAARP und den anderen technischen Möglichkeiten wurde ein EMP, also ein Elektromagnetischer Impuls, ausgelöst, der sofort alle nicht dagegen geschützten elektronischen Geräte unbrauchbar machte – inklusive unsere Solaranlage zu Hause.*

*Die Ionosphäre wurde dazu aufgeheizt, bis sie sozusagen das elektromagnetische Feld der Erde oberflächlich mehrere Male hintereinander hin und her schubste. Dieser Vorgang wiederholte sich allerding unerwartet noch mehrfach. Die letzte Störung ist wohl noch über zwei Jahre nach der eigentlichen Aktion zu messen gewesen.*

*Gleichzeitig wurden Unterseekabel, die Daten zwischen den Kontinenten verschickten, ebenfalls gestört oder vielmehr gesprengt. Alles ist aus dem Ruder gelaufen, alles ist zusammengebrochen, das haben wir ja selber erlebt. Geplant war es so nicht, aber es war unausweichlich. Angeblich sollen über neunzig Prozent der Menschheit inzwischen gestorben sein. Die Menschen, die irgendwie vorbereitet waren, genügend Vorräte hatten und nicht in Ballungsgebieten gelebt haben, hatten die besten Chancen zu überleben.*

*Nun komme ich dazu, wie ich dich – hoffentlich – gefunden habe. Einige der elektronischen Geräte, die für ein KI-freies Back-up-Netz produziert worden sind, waren die Smart Toys. Sie sollten zur Überwachung der zu erwartenden Flüchtlingsströme dienen. Und gerade wir haben bei dem Flugzeugabsturz ein solches gefunden, ohne davon zu wissen. Somit konnte ich herausfinden, wo diese Smart Toys, die in Schweden unterwegs waren, vermehrt Signale ausgesendet haben.*

*Ich bin zufällig hier gelandet, und hier ist mittlerweile eine echte Basis des Wiederaufbaus entstanden. Einige hohe Ex-Militärs, auch einige der Amerikaner, die ja in vielen Militärbasen quer durch Deutschland verteilt stationiert waren, wohnen und arbeiten hier, und somit konnte ich an diese Informationen kommen. Ich glaube ihnen, da mir die Informationen plausibel erscheinen.*

*Armeen und Regierungen soll es nirgendwo mehr geben, was logisch erscheint, da die Verantwortlichen, die überlebt hatten, sich schnell zurückgezogen haben, um ihren Kopf aus der Schlinge zu bekommen. Trotzdem gibt es einige, die die Wahrheit verbreiten und auch beweisen können.*

*Sie haben tatsächlich funktionierende Computer, die miteinander kommunizieren. Ich habe es selbst gesehen, einer von ihnen hat mir das Tracking der Smart Toys und andere Dinge sogar gezeigt. So etwas ist schwer zu fälschen, jedenfalls in diesen Zeiten.*

*Ich habe dieses Exemplar, welches du jetzt hoffentlich in den Händen hältst, einem ehemaligen US-Army-Bediensteten mitgegeben. Wie er mir erzählte, sucht er ebenfalls nach seiner schwedischen Frau und seinen beiden Kindern. Er heißt John und wollte mit einem Fischkutter nach Schweden fahren. Eines seiner Ziele für die Suche war der Ort, an dem ich dich oder euch vermute: Waldland. Er kam allerdings nach drei Wochen wieder zurück und berichtete von üblen Zuständen in dem Camp. Er war verletzt worden, direkt nachdem er angekommen war. Es gab einen Überfall auf das Camp, und er war direkt nach der Behandlung seiner Wunden wieder geflüchtet. Er hatte Sorge, man könnte ihn für einen der Initiatoren halten. Er flüchtete ebenfalls mit einem Segelboot. Nachdem er sich hier von seinen Verwundungen erholt hatte, entschied er sich dafür, vier Wochen später abermals nach Schweden zu fahren, um sich erneut umzugucken – in dem Camp, das er Waldland nannte und das viele Einwohner haben sollte.*

*Ich habe den Brief noch einmal neu schreiben müssen, weil er ihn bei seiner Flucht verloren hatte und habe den letzten Absatz ergänzt. Ich denke, jede Information ist wichtig, und wenn du den Brief von John direkt bekommen solltest, kann ich dir versichern, dass du ihm vertrauen kannst.*

Ich wunderte mich ein wenig, warum er manchmal gerade in den letzten Sätzen eines Absatzes viele Rechtschreibfehler machte, aber offenbar waren die Augen meines Vaters beim Schreiben des Briefes genauso müde geworden wie meine jetzt beim Lesen, obwohl ich im Kopf hellwach war. Ich las weiter und befahl meinen Augen noch etwas durchzuhalten.

*Ich habe unzählige Stunden hier verbracht. Ich hatte viel Zeit zum Überlegen, mich mit einzubringen und mit Leuten zu reden. An diesem Ort gibt es keine Regierung, keine Steuern oder Währung. Es gibt nur Verträge. Die meisten sind mündlich. „Ich helfe dir bei diesem und bekomme von dir dafür etwas anderes“ – so ungefähr funktioniert das hier. Du kannst dir sicher vorstellen, was ich meine, es ist eine Art Tauschhandel. Alle sind gleichberechtigt und arbeiten irgendwie zusammen. Das richtige Wort dafür würde wahrscheinlich Anarchie heißen. Das Verrückte ist aber, dass es funktioniert.*

*Der Bürgermeister benimmt sich nicht wie ein Bürgermeister. Sein Job ist es, grobe Richtlinien und eine gewisse Sicherheit durchzusetzen und zu organisieren. Unser Konzept ist einfach, vergleichbar mit dem gottgegebenen Menschenrecht: Wenn du niemandem anders Unrecht tust, kannst du hier gut leben. Und das Unrecht orientiert sich an den universellen Gesetzen, die eigentlich die Natur vorgibt. „Schade niemandem und stiehl niemandem etwas." So einfach ist das – und es funktioniert.*

*Ich habe sehr viel darüber nachgedacht und herausgefunden, was letztendlich zu dem Ereignis geführt hat: Es war die Ignoranz der Menschen. Die Ignoranz hat dazu geführt, dass sich keiner mehr in der Verantwortung gesehen hat, gegenzusteuern. Nicht auffällig werden und schön brav mitmachen – das war das Problem an der Sache. Im Grunde haben schon sehr viele Menschen lange geahnt, dass es irgendwann zu einer Art Kollaps kommen könnte. Ideologien – und sogar der Staat selber – wurden zunehmend zu einer Art Religion. Wozu es führt, wenn der natürliche Verstand kollektiv aussetzt, haben wir leider erlebt. Ich bin nur froh, dass es Menschen gab, die Schlimmeres abgewendet und buchstäblich einfach den Stecker gezogen haben.*

*Es soll wohl gute Beziehungen zwischen Afrika und Russland geben, wo prozentual sehr viele Menschen überlebt haben. Viele von ihnen waren, ähnlich wie wir, gezwungenermaßen schon früher sehr unabhängig und haben die Zeit einigermaßen gut überstanden.*

*Einige Flugzeuge haben sogar den EMP in Russland, den USA und einer Handvoll anderer Länder überstanden, und so gibt es sogar etwas Austausch zwischen ihnen. Ich vermute, dass diese Länder irgendwelche unterirdischen, abgeschirmten Hangars gehabt haben müssen, sodass die sensible Elektronik nicht beschädigt worden ist.*

*Natürlich haben auch die Menschen hier festgestellt, dass sich nach dem Ereignis bei einigen eigenartige neue Fähigkeiten ausgebildet haben. Alle haben viel darüber spekuliert, aber irgendwann wurde es einfach als gottgegeben hingenommen, da viele von den neuen Fähigkeiten, gerade bei den Jüngsten, eher Vorteile als Nachteile mit sich brachten. Natürlich fühlten sich andere wiederum überwacht und benachteiligt, aber genau genommen war es kein großer Unterschied zu vor dem Ereignis. Ich kann mir das Funktionieren der Gemeinschaft hier nur damit erklären, dass es irgendwie einen Bewusstseinssprung gegeben haben muss, denn eine genaue Erklärung kann ich auch nicht finden.*

*Eine Hand wäscht die andere, und jeder ist bereit, sich auf den anderen einzustellen. Und ja, es gibt manchmal Streitigkeiten, die aber schnell wieder beigelegt werden. Und ja, es wurden schon Leute rausgeschmissen, die sich nicht mit einbringen wollten und nur von den anderen profitieren wollten.*

*Jeder, der nicht aktiv arbeiten kann, weil er zu alt, schwach, behindert oder verletzt ist, kann sich auch anders einbringen – und es funktioniert.*

*Ich bin froh, hier zu sein, aber ich vermisse meine Familie, genauso wie sehr viele andere hier. Plünderungen und böse Menschen hat es hier genauso gegeben wie wahrscheinlich überall. Es sind viele Jahre vergangen, und selbst die Plünderer sind zum größten Teil weg. Sie haben sich selber dezimiert, sich umgebracht, aus Habsucht und Neid.*

*Ich werde noch einige Zeit abwarten, und bei richtiger Gelegenheit selber nachsehen, ob ihr vielleicht alle, wie ich vermute, in Waldland seid. Falls du, oder sogar ihr – denn ich hoffe insgeheim, dass auch Mala und Lenni nach Waldland gefunden haben – die Möglichkeit habt, hierherzukommen, möchte ich euch warnen: Es ist verdammt gefährlich, denn die See ist kein Spaß, gerade wenn man sich nicht auskennt. Über den Landweg ist es noch gefährlicher, aber auch der Seeweg wird teilweise von den Existern überwacht, und Schiffe werden angegriffen.*

*Die Wahrscheinlichkeit, dass wir uns wiedersehen, ist sehr hoch, wenn du diesen Brief liest. Also warte am besten einfach ab, ich werde einen Weg finden.*

*John ist der Meinung, dass seit dem Ereignis die Zeit der Wahrheit angebrochen ist. Er meinte, die Apokalypse wäre nicht das, woran man im ersten Moment denkt. Natürlich sind sehr viele, ja, sogar die meisten Menschen gestorben – gerade die, die nicht vorbereitet waren. Die Wahrheit war schon vorher zu sehen: Feudalismus und Ignoranz beherrschten die Menschen, und sie dachten, es würde schon immer alles so weiterlaufen wie zuvor.*

*Apokalypse, so sagte John, sei aus dem Griechischen abgeleitet und setze sich zusammen aus dem Wort* Apo, *welches so viel bedeutet wie* dahinter, weg *oder* entfernt von, *und dem Wort* Kalyptein *mit der Bedeutung* verstecken *oder* bedecken. *Im Großen und Ganzen könnte man also sagen, es heißt so viel wie* Lüften des Schleiers *oder* etwas aus dem Geheimen bringen.

*Einfacher gesagt: Es offenbart sich die Wahrheit. Und die Wahrheit ist ganz offensichtlich, dass es auch ohne eine Regierung, einen Staat, Gesetze und Steuern geht. Das Ereignis selber ist jetzt schon viele Jahre her, und die Leute organisieren sich frei, so wie sie es wollen. Ich könnte mir sogar vorstellen, dass sich die besonderen psychischen Eigenschaften schneller entwickeln konnten, weil die Kinder, Jugendlichen und auch einige ältere Menschen, sich so frei gefühlt haben, dass sie sich irgendwie mehr auf ihr innewohnendes Potenzial konzentrieren konnten. Ob nun durch den Impuls oder die Ungezwungenheit – oder durch beides. Jedenfalls haben viele schnell bemerkt, dass es die Naturgesetze sind, auf die sie sich verlassen können und die sie einhalten müssen.*

*Ich für meinen Teil bin mir sicher, dass es diese Menschen schon vorher gegeben hat. Sie wussten von den Kräften, die ihnen innewohnen, wenn sie es denn zulassen wollten. Leider haben sie diese verborgenen Kräfte wohl eher zu ihrem eigenen Vorteil genutzt und nicht dafür, die Menschheit weiterzubringen.*

*Ich bin mir sicher, dass es der Weg sein kann, Familien wieder zusammenzubringen, neue und bessere Strukturen aufzubauen und jedem Einzelnen, der noch lebt, und denen, die erst noch geboren werden, ein besseres Leben zu ermöglichen. Es wird in naher Zukunft eine bessere Welt geben. Eine Welt mit freier Energie und freier Entfaltung für jeden. Wir dürfen nur nicht mehr das zulassen, was vorher abgelaufen ist.*

*Ich bin mir sicher, dass du und auch Jenny noch leben. Ich bin mir sicher, euch geht es den Umständen entsprechend gut. Ich hoffe sehr, dass wir uns bald wiedersehen.*

*Dein dich liebender Vater*

Mir war schon mit dem letzten Satz klar, dass es einige Zeit dauern würde, diesen Brief zu verarbeiten und auch wirklich richtig zu verstehen. Waren irgendwelche Botschaften in diesem Brief versteckt? Beschrieb er seine Situation richtig? Oder war er ein Gefangener?

All das wollte ich untersuchen, und dazu müsste ich den Brief sicher noch öfter lesen. Wo ich keine Bedenken hatte, war, dass er authentisch war. Es war definitiv mein Vater, der den Brief geschrieben hatte, so viel stand fest.

Ich ging zu Jenny. Maja schlief tief und fest, und sie flüsterte: „Ich bringe sie eben hoch in ihr Bettchen, dann können wir reden."

Wir unterhielten uns fast die ganze Nacht, malten uns aus, wie es wäre, wenn auch unsere Familien wieder hier sein könnten und ob dies möglich wäre. Aber vielmehr bewegte mich die Frage, wie ich nach Deutschland kommen könnte, um meinen Vater abzuholen.

Jenny war klar, dass ich irgendwann darüber nachdenken würde, aber ich sprach es in dieser Nacht nicht an.

Am nächsten Morgen, oder vielmehr fast schon Mittag, wurden wir nicht von Maja geweckt, sondern von einem Klopfen an der Tür. *Tock, tock,* dann eine Pause und dreimal schnell hintereinander *tock, tock, tock*. Es war das Klopfzeichen, welches wir verwendeten. Es waren also Einar oder Anna oder beide.

Ich zog mich schnell an, weil das Baby durch das Klopfen auch aufgewacht war.

Jenny versorgte die Kleine, und ich ging hinunter.

„Bist du gerade erst aufgestanden?", fragte Einar, als er meine verwuschelten Haare sah.

Anna war auch mit dabei, und ich bat beide hereinzukommen.

„Wir wollen nicht stören, wenn ihr gerade etwas Besseres zu tun habt, na du weißt schon."

Anna unterbrach ihn: „Einar, jetzt hör aber auf."

Ich grinste. „Wir haben nur eine lange Nacht gehabt."

Einar setzte sich auf einen Küchenstuhl, und Anna holte Kaffee aus dem Korb, den sie mitgebracht hatte. Sie brachte immer etwas mit, noch nie waren sie mit leeren Händen gekommen. Bei der Gelegenheit musste ich überlegen, ob wir jemals etwas mitgebracht hatten – außer leere Bierflaschen.

„Morgen bräuchte ich mal deine Hilfe, Collin. Ich habe da einen Baum, der ist beim letzten Gewittersturm ziemlich weit in Richtung Scheunendach gewandert. Ich möchte ihn lieber fällen, bevor er noch Schaden anrichtet."

„Klar, kein Problem", sagte ich, während Anna den heißen Kaffee eingoss.

„Na, da ist sie ja", freute sich Anna, die dann aber feststellen musste, dass es nur Jenny war, und nicht ihr kleines Würmchen, wie sie Maja so gerne nannte.

„Die Kleine schläft wieder, sie wollte nur etwas trinken. Collin hat euch ja sicher schon von unserem Besuch gestern erzählt, oder?"

„Ja", antworteten beide und guckten mich ernst an.

„Ich bin noch nicht dazu gekommen, alles zu erzählen, bin doch gerade erst wach geworden", rechtfertigte ich mich.

„Wie geht es euch jetzt?", fragte Einar. Er war sichtlich neugierig, aber auch etwas besorgt.

Jenny antwortete: „Es war jemand, den wir aus Waldland kennen. Von ihm geht vermutlich keine Gefahr aus, auch wenn wir das gestern noch nicht wussten. Ist es okay, wenn ich es erzähle, Collin?"

„Klar", gab ich ihr die Erlaubnis, denn ich hatte sowieso das Gefühl, ich wäre noch nicht wach genug, um alles richtig erzählen zu können.

Jenny war da ganz anders. Wenn sie morgens wach wurde, stand sie meistens sofort auf. Sie war immer sofort wach, und ich hatte immer das Gefühl, sie hätte gar nicht richtig geschlafen.

„Also, hört zu", begann sie, und Anna gab ihr ebenfalls einen Becher Kaffee, der wie immer noch schön warm war und dampfte. „Unser Besuch von gestern heißt John, und er kennt Collins Vater. Das wussten wir aber noch nicht, als ich ihn auf der Krankenstation in Waldland behandelt habe. Er ist einmal bei der US-Armee gewesen und war in Deutschland stationiert. Jedenfalls ist er gestern hierhergekommen. Er hat uns einen langen Brief übergeben, der von Collins Vater ist. Er lebt! Er hat die Schussverletzung überlebt und konnte nach einiger Zeit aus seiner Gefangenschaft nach Deutschland flüchten, wo er seitdem in einer Gemeinschaft lebt, die ähnlich wie Waldland ist, doch offensichtlich bessere Verbindungen nach außen hat. Stellt euch vor, die haben sogar einen funktionierenden Hubschrauber."

Anna und Einar waren sprachlos.

Ich hätte die Sache niemals so gut in Kurzform rüberbringen können wie Jenny und war mal wieder mächtig stolz auf sie. Ich erläuterte einige Details und beantwortete Einars und Annas Fragen.

Jenny ging wieder nach oben, um das Baby zu versorgen, das sich nun doch bemerkbar machte. Wir waren leise gewesen, aber die Kleine schien intuitiv immer zu merken, wenn Besuch da war; das hatten wir schon öfter festgestellt.

# 29. FRAGEN UND ANTWORTEN

Bei alledem, was wir erzählt hatten, hatte ich für meine eigenen Fragen allerdings noch keine Antworten gefunden und spürte dabei, dass es wohl auch noch etwas dauern würde, bis ich mir überhaupt die richtigen Fragen stellen würde. Es war gut, die Geschichte mit Anna und Einar zu teilen. Wir waren sehr froh, dass wir sie hatten, und ich glaube, sie waren auch froh, uns zu haben.

Am nächsten Tag stand der Baum von Einar immer noch, zumindest am Vormittag. Es dauerte wirklich ziemlich lange, bis wir den Baum überreden konnten, in die richtige Richtung zu fallen, und es wäre beinahe schiefgegangen.

Anna war rübergegangen zu Jenny, um ihr Gesellschaft zu leisten; und natürlich wegen der Kleinen.

Nachdem der Baum zumindest schon mal grob entastet war, fragte mich Einar: „Wirst du gehen?"

„Du meinst, nach Deutschland, auf die Suche?"

„Ja. Ich würde es tun, aber ich möchte dich nicht beeinflussen. Und wenn du dich entschließt, es zu tun, halten wir hier die Stellung, so viel ist sicher, nur, dass du das weißt."

Ich bedankte mich bei Einar, fügte aber noch hinzu: „Ich habe mir, ehrlich gesagt, diese Frage noch gar nicht gestellt. Mein Vater schrieb ja, ich solle nicht kommen – er würde kommen. Wobei ich mich frage, wie er wissen kann, ob ich seinen Brief gelesen habe."

Ich war immer noch etwas durcheinander, denn meine Realität war von dem einen auf den anderen Tag plötzlich drastisch verändert worden.

Nachdem wir die Arbeit erledigt hatten, machte ich mich auf den Heimweg. Ich dachte darüber nach, erst mal, am besten noch vor dem Winter, nach Waldland zu gehen. Ich sprach noch am gleichen Abend mit Jenny darüber.

Natürlich war sie nicht begeistert, konnte es aber verstehen. „Nimm doch Einar mit, wenn er möchte, dann kann ich mit Anna hierbleiben", schlug sie vor.

Ich sprach mich dagegen aus. Wenn ich gehen würde, würde ich alleine gehen, so viel stand für mich fest.

Es dauerte ganze drei Tage, bis ich mich auf den Weg machte. Alles war gut organisiert, und für die ganze Reise hatte ich maximal eine Woche eingeplant. Jenny war gut versorgt, denn Einar und Anna versprachen, mehr bei ihr als zu Hause zu sein. Einar hatte sie sogar in eines der Jagdgewehre eingewiesen, falls sie sich verteidigen müsste, wenn sie einmal nicht bei ihr wären. So konnte ich beinahe unbesorgt mit meiner .22 losmarschieren.

Kaum erkannte ich nach wenigen Tagen des Marsches die Umgebung um Waldland wieder, da kamen auch schon zwei bewaffnete junge Männer auf mich zu. An ihren Outfits, die zumindest nicht total militärisch wirkten, aber typisch für Waldland waren, erkannte ich sofort, dass sie zur Waldland-Verteidigung gehören mussten: Jagdkleidung und Mützen mit Ohrenklappen sprachen am deutlichsten dafür. Da sie direkt auf mich zukamen, und ich weder flüchten noch eine Schießerei anfangen wollte, gab ich mich zu erkennen. Ich stand hinter einer dicken Eiche, hinter der ich erst mal Deckung gesucht hatte.

Sie sahen mich und riefen: „Collin! Collin, bist du das?"

Woher kannten sie meinen Namen? Sie konnten mich auf diese Entfernung unmöglich erkennen.

„Ja", rief ich trotzdem.

„Komm mit, wir begleiten dich nach Waldland, der Prof möchte mit dir reden."

Entweder hatte ich hier etwas nicht mitbekommen, oder John hatte vermutet, dass ich wohl bald kommen würde. Es erklärte aber nicht, wie sie mich hier so schnell und auch noch relativ weit von Waldland entfernt hatten entdecken können.

Nach einer Stunde Marsch kamen wir nach Waldland. Ich war überwältigt vom Erscheinungsbild dieses mir doch eigentlich vertrauten Ortes: Waldland hatte sich optisch stark verändert. Die alten Bruchbuden von damals waren durch ansehnliche Häuser ersetzt worden. Es sah mittlerweile tatsächlich aus wie ein richtiges Dorf.

Wir gingen direkt in das Hauptgebäude, wo mich der Prof empfing. „Collin, schön dich zu sehen", hieß er mich willkommen und umarmte mich sogar. „Herzlichen Glückwunsch euch beiden, toll, dass ihr jetzt zu dritt seid."

Ich bedanke mich und begleitete ihn in seine Wohnung. Kaum saßen wir, fragte ich: „Woher habt ihr gewusst, dass ich heute kommen würde?"

„Du erinnerst dich sicherlich an die Kids? An das, was Jenny mir vorgeworfen hat? Ich habe lange darüber nachgedacht und beschlossen, es auszuprobieren. Und es funktioniert, wie du ganz offensichtlich mitbekommen hast. Unsere Verteidigung umfasst inzwischen nur noch dreißig Aktive. Den Rest machen die Kids. Wir haben drei Gruppen gebildet, die mit ihren geballten Kräften – und anders kann man es wirklich nicht nennen – Waldland umschichtig schützen. Ich möchte jetzt nicht zu viele Details verraten, aber seitdem haben wir nicht mal mehr den Versuch eines Angriffs erlebt. Es ist, ehrlich gesagt, wie ein magischer Schutzring um Waldland, und gestern schon habe ich von den Kids erfahren, dass du auf dem Weg hierher bist. Sag Jenny bitte, es war der beste Vorschlag, den wir je bekommen haben. Ich bedaure es zutiefst, dass ich ihren Vorschlag zuerst nicht beherzigt habe und ihr euch vermutlich auch deshalb für einen anderen Weg entschieden habt. Aber jetzt erzähl mal, wie es euch ergangen ist. Den Brief von deinem Vater habe ich übrigens auch gelesen."

Sofort drehte es sich wieder in meinem Kopf. Ich fragte mich, ob wir zu ungeduldig gewesen waren, antwortete aber ehrlich: „Wir sind gegangen, weil Jenny nicht mehr konnte. Sie fühlte sich ausgebeutet, und ich denke, so etwas passiert schnell in einer Konstellation wie dieser. Übrigens haben wir auch keinerlei Angriffe bei uns gehabt. Es kann reiner Zufall sein, oder die Clans haben sich inzwischen selber verspeist. Wir haben es sogar geschafft, etwas Solarstrom zu erzeugen. Wir wissen ja jetzt durch den Brief, was wahrscheinlich passiert ist."

Der Prof strich sich durch das Gesicht und sagte: „Nicht alles ist richtig, was in dem Brief deines Vaters steht. Ich bin mir zum Beispiel sicher, dass es ein natürliches Ereignis gewesen ist, keines durch Menschenhand. Ich habe einfach zu viele Indizien dagegen gesammelt. Außerdem habe ich viel mit John darüber gesprochen, aber überzeugen konnte er mich auch nicht."

Ich unterbrach ihn und fragte: „Woher wollen Sie das wissen? Für mich war es plausibel, und welchen Grund gäbe es, sich die Informationen auszudenken? Letzten Endes interessiert es mich auch nicht wirklich, denn es ist passiert, was passiert ist. Viel wichtiger ist für uns, wo der Rest unserer Familien geblieben ist."

„Das kann ich verstehen, Collin, aber ich sage es dir ganz ehrlich: Es wird noch viel Zeit ins Land streichen, bis auch nur die Hälfte aller Bewohner hier wissen, wo ihre Familien geblieben sind."

Damit wollte ich mich nicht zufriedengeben. „Die Zeit hier war gut, ich bedanke mich für alles – wir bedanken uns für alles –, aber wir gehen jetzt unseren eigenen Weg. Uns geht es gut – ging es gut, bis dieser Brief kam. Natürlich vermissen wir unsere Familien, aber wir haben jetzt eine eigene Familie. Ich möchte mit John reden, falls das möglich ist. Ich habe einige Fragen an ihn."

Der Prof überlegte und forderte mich dann auf: „Komm mal mit."

Wir gingen nach draußen, und ich sah einige bekannte Gesichter. Mir kamen fast die Tränen. Ich wollte nicht heulen, aber ich konnte es kaum verhindern, als ich anfing mit ihnen zu reden. Gerade Marta, die mich umarmte, mir sagte, dass sie sich so für uns freute, Eve und Tom, die Kids und viele andere trieben mir immer wieder die Tränen in die Augen. Es war toll, wieder hier zu sein, aber ich vermisste sofort mein echtes Zuhause.

Der Prof beobachtete das Ganze. „Ich hole John, dann kannst du mit ihm sprechen." Erst ging er zu Eve und redete mit ihr. Sie zeigte in eine Richtung und der Prof verschwand.

Ich unterhielt mich weiter mit den Menschen von damals, die ich durchaus vermisst hatte, wie ich in diesem Moment feststellte.

Es dauerte eine Weile, bis der Prof mit John im Schlepptau wiederkam.

„Ich kenne deinen Vater sehr gut. Dich kenne ich noch nicht so gut, also gestatte mir bitte eine Frage", leitete John das Gespräch ein, als wir wieder im Konferenz- und Arbeitszimmer des Profs saßen. „Willst du rüber, nach Deutschland?"

Ich überlegte einige Sekunden und fasste nun einen Beschluss: „Ja, auf jeden Fall. Ich möchte meinen Vater wiedersehen, denn das Warten würde mich wahrscheinlich zermürben."

„Pass mal auf, Collin. Einige Sachen standen nicht in dem Brief. Die ach so großartige Künstliche Intelligenz, auf die sich alle verlassen hatten, war ein Problem. Sie kannte nicht den Unterschied zwischen Recht und Unrecht. Eigentlich ist es ganz einfach: Alles, was Unrecht ist, ist Recht. Weder die KI noch viele Menschen kannten und kennen den Unterschied. Du fragst dich jetzt sicherlich, was das mit deinem Vater zu tun hat, und die Antwort darauf werde ich dir gleich geben: Die KI war dabei, die gesamte Menschheit auszulöschen, so einfach ist das. Deswegen führte kein Weg daran vorbei, genau das zu tun, was getan wurde – einfach einen globalen Blackout verursachen, ein paar Datenleitungen sprengen und die meisten Satelliten in der Erdumlaufbahn verglühen lassen. Doch es gab ein Problem: Diese Aktion hat nicht so funktioniert, wie sie hätte funktionieren sollen. Das heißt, es gibt bestimmte Regionen auf der Erde, in denen Killerdrohnen, autonome KI-Fahrzeuge und Kriegsgeräte immer noch aktiv sind. Das weiß ich aus absolut verlässlichen Quellen. Offenbar sind diese Geräte auf bestimmte Gebiete begrenzt, und deshalb ist es so wichtig, nicht gleich wieder mit der Elektronik zu übertreiben. Ich selbst war an der Operation *Black Swan*, wie sie genannt wurde, beteiligt – und genau deswegen kann ich dir sagen, dass sie nicht wie geplant funktioniert hat. Zu dem Zeitpunkt war ich auf meiner Basis in Ramstein und steuerte eine Drohne, die in ein Rechenzentrum in Istanbul gesteuert werden sollte, kurz vor dem Ereignis. Einige Hundert Meter vor dem Ziel fing die Drohne an, ein Eigenleben zu entwickeln und entschied sich, in ein vollbesetztes Straßencafé zu fliegen, um ihre tödliche Sprengkraft dort zu entfalten. Wie viele Menschen dort gestorben sind, weiß ich nicht. Einige Stunden später kam der Impuls. Alle atomaren Anlagen und Kriegswaffen wurden vorher in einer globalen geheimen Absprache entschärft, beziehungsweise stillgelegt oder mit freier Energie weiter gekühlt. Auch das hat nicht überall funktioniert: Es gab einige Atomraketen, die leider ihr Übriges zur Dezimierung der Bevölkerung in Indien, Pakistan, Süd- und Nordkorea sowie Japan getan haben. Deswegen wurden recht schnell über das parallele Netz weitere Impulse ausgelöst – Impulse, die jedes Mal die Pole für eine kleine Zeit aus dem Gleichgewicht brachten, wie ein extremer Sonnensturm, um die KI endgültig zu vernichten. Nur brach dabei auch irgendwann die eigene parallele Infrastruktur mehr und mehr zusammen. Dank unfähiger Eklektiker in Afrika gab es dort mindestens drei

Atomkraftwerke, die nicht ausreichend gekühlt werden konnten, und den einen oder anderen Super-GAU verursachten. Viele Gebiete sind für sehr lange Zeit unbewohnbar gemacht worden. Also gab es auch dort entsetzlich viele Tote. Dein Vater war der Meinung, das würde alles nicht stimmen, und er würde mir nicht glauben, da ich es nicht beweisen könnte. Er war sich noch nicht einmal wirklich sicher, ob das Ereignis tatsächlich menschengemacht wäre, und er war nicht alleine mit seiner Meinung."

John guckte zum Prof rüber und ergänzte: „Ich weiß es besser, denn ich war dabei. Schließlich darf sich aber jeder selbst ein Bild machen, und deshalb gab es deswegen auch irgendwann keinen Streit mehr zwischen uns. Ich dachte nur, es wäre besser, wenn ich es dir sage. Außerdem wurde vor dem Ereignis vereinbart, Daten zu sammeln. Daten, die uns verraten sollten, wie sich die Menschen verhalten würden. Meine Basis wurde allerdings kurz nach dem letzten Impuls geschlossen. Immer mehr Soldaten wurden fahnenflüchtig, weil sie verstanden, dass die Fahne keinerlei Bedeutung mehr hatte. Das Letzte, was ich dir erzählen möchte, ist, dass ich hierbleiben werde. Ich habe eine Frau getroffen. Die Frau, die ich mein Leben lang gesucht habe. Nein, nicht meine Frau, denn die Suche habe ich vorerst aufgegeben. Ich habe mit meiner Frau damals meistens Englisch gesprochen, obwohl sie gebürtige Schwedin war. Nun, ich spreche noch nicht wirklich gut Schwedisch, aber es wird jeden Tag besser, dank Eve. Ich liebe sie, und ich bleibe hier. Mir ist die Überfahrt zu gefährlich, und ich möchte mein Glück nicht überstrapazieren. Ehrlich gesagt zieht mich auch nichts zurück. Ich kann dir nur raten, dich extrem gut vorzubereiten und mit einem erfahrenen Segler zu fahren."

Ich bedankte mich bei John für seine ehrlichen und aufrichtigen Worte. Nachdem ich mich verabschiedet hatte, versuchten der Prof und John, mich zum Übernachten zu bewegen, da es schon sehr spät war. Aber ich hatte nur ein Ziel: Ich wollte zurück zu Jenny und Maja. Nichts hielt mich mehr hier und ich ging.

Zugegeben, es war eine Scheißzeit, um loszugehen, aber instinktiv wollte ich nach dem, was ich erfahren hatte, so schnell wie möglich Abstand gewinnen.

Ich schaffte es tatsächlich, fast in der Hälfte der Zeit nach Hause zu kommen – dank Vollmond, wenig Schlaf und meinem Willen.

Jenny war angenehm überrascht, dass ich so schnell wieder zu Hause war. Sie kannte den Weg, auch wenn es schon lange her war. Die Geschichte von John, die ich ihr natürlich als Erstes erzählte, fand sie genauso unglaublich und spannend wie ich. Sie erkundigte sich nach allen, und ich berichtete als zweite Überraschung, dass Waldland weiser geworden wäre und ihre Tipps zum Schutz der Gemeinschaft angenommen hatte.

Ich berichtete aber auch, dass die Stimmung dort – trotz des Baufortschritts – immer noch der eines Flüchtlingslagers glich. Vielleicht war es gerade diese alte Stimmung, die mich dazu veranlasst hatte, so schnell zurückzukommen.

Ich war ehrlich und erzählte auch, dass ich mit dem Gedanken spielte, meinen Vater abzuholen. Dabei vergaß ich nicht zu erwähnen, was John zu von dieser Idee hielt.

„Lass uns morgen darüber reden, ich glaube, du brauchst erst mal eine große Portion Schlaf“, meinte Jenny, womit sie auch recht hatte, obwohl ich mich nach der ganzen Übermüdung fühlte wie nach einer ganzen Flasche Ampwein.

Es dauerte lange, bis ich einschlief, und es dauerte lange, bis ich wieder aufwachte.

Die Sonne verriet mir, dass ich schon den halben Tag verpennt hatte, aber ich war tatsächlich immer noch müde.

Ich ging runter zu Jenny, aber sie war nicht da. Ein Zettel lag auf dem Esstisch: „Wir sind bei Anna und Einar. Wenn du ausgeschlafen hast, komm doch auch rüber.“ Sie hatte mir ein Frühstück gemacht und auf den Zettel ein Herz gemalt.

Ich aß schnell etwas und ging los.

Als ich ankam, musste ich feststellen, dass die anderen gerade zu Mittag aßen. Gut, ich hatte einen Jetlag, Hunger hatte ich allerdings nicht.

„Collin, schön, dass du wieder da bist, es ist noch etwas übrig“, sagte Anna.

„Danke, aber ich habe gerade erst gefrühstückt. Ich bin immer noch ziemlich müde und wollte eigentlich nur nach euch sehen.“

Wir blieben nicht lange, da Jenny schon das meiste erzählt hatte. Die Kleine schlief den ganzen Rückweg über abwechselnd in meinen und in Jennys Armen.

Zu Hause angekommen legten wir sie ins Babybett. „Wenn sie jetzt so schön schläft, wird es diesmal für mich eine lange Nacht", stellte Jenny betrübt fest.

Die nächsten Tage ging es verständlicherweise nur um ein Thema – ob ich überhaupt fahren sollte, und wenn: wann und wie.

Der kommende Winter machte sich diesen Herbst schon mit sehr frühen Nachtfrösten bemerkbar. Entweder müsste ich bis zum nächsten Frühling warten oder möglichst bald fahren. Eigentlich stand meine Entscheidung fest, nur die Durchführung war kniffelig. Ehrlich gesagt traute ich mir nicht wirklich zu, selber zu segeln. Ich hatte zwei Bücher über das Segeln in einem der verlassenen Nachbarhäuser gefunden, das eine sehr umfangreiche Bibliothek besaß, und hatte die Bücher mehrfach aufmerksam gelesen. Theorie und Praxis waren aber zwei unterschiedliche Dinge.

Womit ich allerdings nicht gerechnet hatte, war, dass Jenny unsere Debatte weitertrug, und so stand natürlich ziemlich schnell Einar vor der Tür, um mit mir unter vier Augen zu sprechen. „Ich weiß, was du vorhast. *Wir* wissen, was du vorhast, und es gleicht einem Selbstmordkommando! Ich kann dir sagen, mit der hohen See ist nicht zu spaßen, gerade nicht in der Herbst- und Winterzeit. Es ist etwas anderes, nach Waldland zu laufen oder aber über die offene See weitere Stecken ohne Erfahrung segeln zu wollen. Ich habe von Jenny gehört, dass in dem Brief steht, dass dein Vater gesegelt ist. Er war auf der Flucht und hatte gar keine andere Wahl. Aber du hast eine! Jenny und Maja brauchen dich. Du bist einfach zu wichtig, um ein solches Risiko einzugehen. Ich kann verstehen, dass du deinen Vater wiedersehen möchtest, aber der Preis ist zu hoch!"

Ich dachte einen Augenblick über Einars Worte nach und antwortete: „Ich habe Bücher über das Segeln gelesen, und bevor du jetzt etwas sagst: *Ich* traue es mir zu. Jetzt stünde noch ein Zeitfenster von wenigen Wochen zur Verfügung, ansonsten sehe ich ein, dass es wohl erst nächstes Frühjahr ginge."

„Okay", gab sich Einar kopfschüttelnd geschlagen und schlug vor: „Ich kann dir vielleicht behilflich sein. Der nächste Hafen ist nicht so weit entfernt, ungefähr zwanzig Kilometer. Was hältst du davon, wenn wir morgen Früh losgehen, um uns dort umzusehen und um eventuell einen kleinen Törn zu machen?"

„Törn?“, fragte ich. „Was ist das?“

„Segeltörn, so nennt man das, ich bin früher viel gesegelt.“

Ich war begeistert und stimmte sofort zu.

Am nächsten Tag trafen wir uns direkt bei Sonnenaufgang, um dann möglichst weit mit den Fahrrädern zu fahren. Den letzten Rest der Strecke kürzten wir allerdings zu Fuß ab.

Jenny war wenig begeistert von der Aktion. Sie meinte, es wäre besser, stattdessen noch mehr Feuerholz zu bunkern. Sie war der Meinung, der Winter würde sehr heftig werden. Ich glaubte, sie brauchte einfach nur einen Grund, mich abzuhalten.

Im Hafen, den wir am Vormittag erreichten, lagen nur noch drei Boote. Die restlichen hatten die Stürme wahrscheinlich quer auf dem Meer verteilt, als nach und nach die maroden Seile gerissen waren.

Wir suchten uns eine Lady aus, die *Queen Skärgård*, also Königin des Schärengartens, hieß. Das Problem an der Sache war nur, dass kein Wind blies.

Völlig euphorisch ging ich an Bord und sagte: „Willkommen auf der Queen, Kapitän.“

Einar lachte. „Wollen wir doch mal sehen, wie wir die alte Lady ohne Wind hier herausbekommen“, gab er seine Bedenken preis.

In dem Moment fiel mir der Brief ein: Mein Vater hatte Wind gehabt, wir nicht. So wurde mir klar, dass es unter Umständen wirklich zum Problem werden könnte, irgendwie nach Deutschland zu segeln. Fast jedes größere Segelboot hatte für diese Umstände einen Motor, doch den konnten wir natürlich vergessen. Der Sprit zündete schon seit Jahren nicht mehr, und die Elektronik zum Anlassen war definitiv hinüber.

Wir stießen uns vom Kai ab und segelten aus dem Hafen.

Geschätzte zwei Stunden später, und nachdem mir Einar alles Mögliche erklärt hatte, waren wir hundert Meter weit vom Hafen entfernt. Ich rechnete im Kopf kurz aus, dass es bei diesen Windverhältnissen und auch noch mit Rückenwind ungefähr zehn Wochen dauern würde überzusetzen. Der Rückweg zum Hafen dauerte nochmal so lange, allerdings mit Paddeln. Gegen den Wind kreuzen hätte noch länger gedauert. Mir wurde klar, dass nicht nur Sturm, sondern genauso auch Flaute ein echtes Problem sein könnte.

Nach diesem kleinen Trip war ich mir erst mal nicht mehr so sicher, ob es eine gute Idee wäre, alleine zu segeln, aber zumindest konnte ich meine ersten praktischen Erfahrungen sammeln.

Als ich wieder zu Hause ankam, wurde ich skeptisch, als ich Stimmen aus dem Haus vernahm. Zuerst dachte ich, es wäre Anna, die mal wieder bei Jenny war, denn die Stimme kam mir bekannt vor. Ich stand also vor der Tür und überlegte kurz. Anna war zu Hause gewesen, sie hatte auf Einar gewartet. Aber woher kannte ich die Stimme?

Dann fiel es mir wie Schuppen von den Augen: Es war Eve! Eve aus Waldland, die Eve, die nach dem Tod von Morten bei uns eingezogen war.

Ich öffnete unsere Haustür und ging hinein.

„Collin", rief sie und umarmte mich.

Es sprudelte nur so aus mir heraus: „Geht es dir gut? Geht es Tom gut? Wieso bist du hier?"

Eve setzte sich wieder zu Jenny auf das Sofa. Eine geöffnete Flasche Ampwein stand auf dem Tisch, und ich setzte mich dazu. Wieso gab es überhaupt noch Ampwein? Es schien mir, als würde der irgendwo an Bäumen wachsen.

An den Gesichtern der beiden Frauen sah ich, dass generell alles in Ordnung war, aber irgendetwas war da – irgendetwas war in ihren Gesichtern zu lesen. Ich trank nur ein winziges Schlückchen von dem Ampwein, denn ich wusste, dass ich das Zeug nicht gut vertrug.

„Tom geht es gut, er schläft oben", sagte Eve.

Jenny ergänzte: „Sie hat es in Waldland nicht mehr ausgehalten. Sie war mit John zusammen, und ja, es hat wohl Probleme gegeben."

Eve guckte traurig auf den Boden.

Um das Thema zu wechseln, kam Jenny auf meinen Törn zu sprechen: „Wie war dein Segelausflug?"

Eve schenkte mir ein weiteres Glas Ampwein ein, ich nahm einen Schluck und fing mit dem Erzählen an: „Leider nicht sehr ergiebig, denn der Wind fehlte. Trotzdem habe ich viel gelernt und weiß jetzt, wie man das Großsegel und die Fock benutzt."

Eve berichtete, dass Waldland langsam aus allen Nähten platzte und die Organisation immer schwieriger wurde. Es fehle nicht mehr viel, und die Leute würden anfangen, den umliegenden Wald zu roden, um neue

Häuser zu bauen. Dabei gäbe es so viele unbewohnte Häuser weiter draußen. Eve war der Meinung, es wäre sinnvoller, mehrere kleine Gemeinschaften zu gründen, gerade in den verlassenen Ortschaften. Deshalb hatte sie sich dafür entschieden, hierher zu kommen, denn schließlich würde es bei uns ja auch funktionieren.

Es war aber nicht nur das. Denn in ihrer einige Monate andauernden Beziehung mit John hatte sie festgestellt, dass er ein Aggressionsproblem hatte. Mehrere Male hatte sie gedacht, er würde gleich zuschlagen, aber sie war ehrlich und gestand: „Geschlagen hat er weder mich noch Tom, aber es hat gereicht, um uns von dort zu vertreiben. Es war nicht der einzige Grund, aber einer von vielen. Ich hatte das Gefühl, wenn ich mich trennen und dortbleiben würde, hätte ich sicherlich keine ruhige Minute mehr."

Ich trank mein Glas aus und ging früh ins Bett.

Tom schlief lautlos neben mir, und ich bekam gerade noch mit, wie sich Eve neben ihn auf die Matratze auf dem Boden neben unser Bett legte. Meine Gedanken kreisten dank des Ampweins, und ich wusste wieder einmal, warum ich dieses Zeug nicht mochte.

Am nächsten Tag dachte ich ständig über das Gesagte nach, während ich Holz mit der Axt spaltete. Warum sollte John aggressiv gewesen sein? Wahrscheinlich hatten sich die beiden doch nicht so gut verstanden wie anfangs gedacht, und dann musste eben jemand an allem schuld sein.

Wir besprachen uns beim Mittagessen, und schnell war klar, dass das Nachbarhaus, welches ungefähr zweihundert Meter entfernt lag, die neue Bleibe für Eve und Tom werden sollte.

Renovierungspläne machten wir direkt vor Ort bereits am Nachmittag. Eve war der Meinung, sie könne das meiste alleine machen, aber ich befürchtete, dass viel an uns – oder eher gesagt: an mir – hängenbleiben würde. Jenny musste sich um die Kleine kümmern und konnte nicht wirklich frei arbeiten, außer wenn Maja schlief.

Mir war klar, es würde einige Zeit vergehen, in der Eve und Tom wohl bei uns wohnen würden. Wir halfen gerne, aber ganz automatisch überschlug ich die Vorräte im Kopf, um sicherzustellen, dass auch für uns genug blieb. Eigentlich gab es noch genug Lebensmittelvorräte, denn wir hatten noch nicht mal angefangen, im eigenen Dorf zu plündern.

Irgendwie war alles im Überfluss vorhanden, außer Zahnpasta und Duschgel. Ja, wir konnten etwas mehr jagen gehen, und die Kartoffelernte war auch sehr gut gewesen.

Und irgendwie war ich auch froh, denn ich begriff, dass die beiden mein Freifahrtschein sein könnten: Jenny hatte Gesellschaft, und ich könnte versuchen, meinen Vater zu finden.

# 30. DIE SUCHE

Ich bereitete mich in den nächsten Tagen auf meine Reise vor. Ich würde, wenn es sein müsste, alleine segeln, so viel war mir trotz der Empfehlung der anderen, es lieber nicht zu tun, klar.

Aber vorher gab es noch einen herbstlichen Grillabend mit Einar und Anna, Jenny, Eve und den beiden Kleinen. Es hätte ein wirklich schöner Abend sein können, aber das Hauptthema war eben, dass ich besser nicht fahren sollte. Es wäre einfach viel zu gefährlich und unberechenbar.

Ich wollte mich nicht von meinem Plan abbringen lassen, löste mich vorsichtig aus der Gesellschaft und ging als Erster ins Bett. Aber über eine Sache dachte ich beim Einschlafen nach: Eve hatte mich inständig gebeten, vorher nochmal nach Waldland zu gehen, um mit dem Prof über das Vorhaben zu reden. Sie wüsste, sagte sie, dass es in Waldland erfahrene Segler gab, und ich könnte fragen, ob jemand bereit wäre, mir zu helfen. Schließlich gäbe es ja mehrere Leute, die einem Kontakt zu einer Gemeinschaft in Deutschland nicht abgeneigt wären, gerade weil so viele Menschen ihre Angehörigen vermissten. Nachdem ich den Gedanken zuerst verworfen hatte, dachte ich doch noch einmal genauer darüber nach. Mir wäre es eigentlich auch lieber gewesen, mit jemandem zusammen zu segeln. Außerdem könnten sich unter Umständen ganz neue Möglichkeiten ergeben. Ich dachte daran, wie ich mit mindestens fünf Leuten zusammen auf einem größeren Schiff und vielleicht sogar mit einem funktionierenden Schiffsdiesel übersetzen könnte.

Die Idee war also gar nicht mal so schlecht, und ich freundete mich immer mehr mit dieser Idee an. Also beschoss ich, zuerst noch einen Abstecher nach Waldland zu machen. Es würde meinen Zeitplan zwar wieder etwas nach hinten verschieben, aber es war meiner Ansicht nach die Sache wert.

Gleich am übernächsten Tag nach dem Grillabend brach ich früh morgens mit meinem Rucksack und meiner treuen .22 auf.

Jenny war sehr glücklich über meine Entscheidung, in Waldland um Hilfe zu bitten.

Der Bodenfrost an diesem schönen windstillen Morgen gab mir allerding zu denken. Ich stellte mir vor, wie ich im kalten Wasser hinter dem Boot herschwamm, und meine Gliedmaßen langsam vor Kälte taub wurden. Allerdings hatte ich in Waldland von mehreren Leuten gehört, man solle sich solche schlechten Gedanken gar nicht erst machen, da man mit diesen das Unglück heraufbeschwören würde. Das Problem war nur: Ich konnte nicht anders. Die Gedanken waren nun mal da. Angst hatte ich nicht direkt, doch mein Unterbewusstsein malte sich in den schönsten Farben aus, was alles Schlimmes passieren könnte. Ich hielt das für normal, denn ohne solche Gedanken fällt es schwer, eine zukünftige Aktion richtig einzuschätzen. Trotzdem wusste ich, was sie damit meinten, denn man sollte sich in solchen Gedanken zumindest nicht verfangen, um sie nicht zu stark zu visualisieren.

Inzwischen hatte ich sogar feste nächtliche Unterkünfte auf meiner Route nach Waldland: Die erste war eine mobile Arbeitshütte, die ähnlich wie ein Bauwagen auf Rädern stand. Einer der beiden Reifen war allerdings schon platt, sodass die Unterkunft etwas schief stand. Es gab Betten, eine Toilette – die ich aber noch nie benutzt hatte –, einen kleinen Ofen und eine winzige Küche. Solche Hütten fand man häufiger in den schwedischen Wäldern. Gerade wenn damals Waldstücke abgeholzt worden waren, hatten diese mobilen Wagen den Arbeitern als Unterkunft gedient.

Ich hatte schon einmal mit Jenny hier übernachtet. Damals war es sofort warm geworden in der Bude, denn sie war sogar isoliert. Wir hatten beide in einem Bett geschlafen, und in jenem Bett wollte ich auch an diesem Abend übernachten. Es war ein schöner Abend mit ihr hier gewesen – in der Wärme, eng umschlugen.

Aber ein bisschen erinnerte mich der Wagen auch an den Wohnwagen vor vielen Jahren: jener Wohnwagen, den die Schweine zum Wackeln gebracht hatten. Mit diesen Gedanken schlief ich wenig später erschöpft von dem langen Marsch ein.

Der Winter rückte immer näher, die Nachtfröste wurde stärker. Nachdem ich zum Frühstück zwei ekelhafte Konservendosen mit Cornedbeef verdrückt hatte, die wie altes Hundefutter schmeckten, ging ich mit unruhigem Magen weiter. Ich kam nicht weit und schwor mir, nie wieder dieses ekelhafte Zeug zu essen. Das einzig Gute war: Hunger hatte ich erst mal nicht mehr, aber ich merkte auch, dass meine Energie nicht mehr dieselbe war.

Nachmittags entschied ich mich, noch eine kurze Rast auf einer Waldlichtung zu machen, um mich erneut an die Nahrungsaufnahme heranzutrauen. Jeder, der schon mal auf einer längeren Tour unterwegs war, wird wissen, dass es zugleich erfreulich ist, nach jeder Mahlzeit einen etwas leichteren Rucksack zu haben, aber auch bedenklich, dass die Vorräte schwinden.

Am späten Abend kam ich endlich zum nächsten Übernachtungspunkt: eine alte Scheune, die zwar noch stand, aber ihre besten Zeiten hinter sich hatte. Es mag Zeiten gegeben haben, in denen diese Scheune zum Lagern von Heu oder Ähnlichem genutzt worden war. Je nach Untergrund und Bauweise konnten diese landwirtschaftlichen Bauwerke teilweise Jahrhunderte überstehen. Wahrscheinlich war hier einmal eine große Wiese gewesen, und der Eigentümer hatte sich irgendwann dank eines neuen, nicht allzu weit entfernten Supermarkts dazu entschieden, hier lieber Waldwirtschaft zu betreiben, wie es oft der Fall gewesen war. So fand man über das ganze Land verteilt mitten in den Wäldern noch Scheunen.

Vor der Scheune machte ich mit einigen gesammelten trockenen Ästen ein kleines Lagerfeuer und grillte auf einem Stock mehrere Jahre alte Dosenwürstchen, die zu meinem Erstaunen tatsächlich noch einigermaßen gut schmeckten.

Ich machte mir mein Bett in derselben Ecke, in der ich hier sonst auch immer geschlafen hatte. Die Isomatte und der Schlafsack erfüllten zu der Jahreszeit absolut ihre Dienste, und so konnte ich sogar ganz ohne Zittern einschlafen.

Am nächsten Morgen wurde ich durch ein Geräusch geweckt, das ich nicht richtig einschätzen konnte. Ich dachte zwar nicht einmal daran, dass mich die Exister oder andere marodierende Clans hier aufspüren könnten, aber ich war trotzdem sofort hellwach. Das Adrenalin tat sofort seine Wirkung. Ich ging allerdings eher von einem Tier aus und griff deshalb nicht zu meiner Waffe; die ich jedoch immer griffbereit in meiner rechten Hosentasche hatte

*Zick, zick, zick*, eine Pause, wieder *zick, zick, zick,* und wieder eine Pause.

Als ich langsam zur Tür ging, fragte ich mich, was dieses Geräusch verursachen könnte. Vorsichtig und langsam sah ich aus der nicht ganz geschlossenen Tür und hörte ein Knistern. Es war ein Lagerfeuer an derselben Stelle, an der ich gestern eines gemacht hatte.

Ich sah jemanden auf demselben Holzklotz sitzen, auf dem ich gestern Abend auch gesessen hatte. Allerdings nur von hinten. Er kam mir bekannt vor. In seinen Händen hielt er einen Ast und schnitzte. Daher kam das Geräusch. Dann erkannte ich ihn: Es war John.

„Was machst du denn hier?“, wollte ich verblüfft wissen.

„Dasselbe könnte ich dich auch fragen“, kam es von ihm zurück, ohne dass er auch nur ein bisschen überrascht wirkte, dass ich hier war.

„Ich bin auf dem Weg nach Waldland, um mit dem Prof zu reden.“

„Ich weiß, was du vorhast. Ich kenne den Brief und kann eins und eins zusammenzählen. Du willst deinen Vater suchen, und möchtest um Hilfe in Waldland bitten, richtig?“, hatte er meinen gesamten Plan laut ausgesprochen.

„Ja, da hast du verdammt nochmal recht!“ Ich setzte mich zu ihm auf den anderen Holzklotz, den ich gestern extra mit an die Feuerstelle gestellt hatte, um ihn als Tisch zu benutzen.

Er spitzte einen Ast an, um ein Brötchen darauf zu spießen, das auf seinem Knie bereitlag.

„Es ist kein Zufall, dass ich hier bin. Auf unser Frühwarnsystem in Waldland ist eben Verlass. Und wie wir dir schon mitgeteilt haben, war das eines der Dinge, die wir ohne euch nicht gewusst hätten“, erklärte er mir.

„Was meinst du mit ‚wir‘? Und warum bist du mir entgegengekommen? Ich wäre ja sowieso heute in Waldland angekommen“, drückte ich meine Verwunderung aus.

„‚Wir‘ ist noch aus der Zeit der Armee, da gibt es dieses Wir-Gefühl. Ich war eh auf dem Weg, denn ich will mit Eve reden. Es war alles ein großes Missverständnis. Sie liebt mich und ich liebe sie. Ich weiß, dass sie bei euch ist, und das ist auch in Ordnung. Wir sind ein tolles Team, und sie weiß das eigentlich auch. Ich habe Scheiße gebaut, Collin, ich gebe es zu. Aber sie hat auch ihren Teil dazu beigetragen. Ich denke, das Ganze ist leicht wieder zu flicken.“

Ich sah ihn zweifelnd an und stellte zögernd fest: „Ich weiß ja nicht so genau. Eve schien mir doch recht traurig zu sein – oder vielleicht eher enttäuscht. Ich bin ganz froh, dass sie jetzt bei Jenny ist, denn ich möchte auf jeden Fall meinen Vater finden. Weißt du, ob sich jemand mit dem Segeln auskennt in Waldland?“

John sah auf und behauptete: „Ich kann nicht gut genug Schwedisch, um alles zu verstehen. Eve hat mir so viel beigebracht, weil sie auch gut Englisch kann, aber ich kann es dir nicht sagen, weil ich es leider nicht weiß.“

Wenn ich mit John alleine sprach, redeten wir Deutsch. Er sprach sehr gut Deutsch, weil er über zehn Jahre in Deutschland stationiert gewesen war.

Jenny war ein Naturtalent, sie hatte von mir Deutsch gelernt, indem sie mich andauernd fragte, was dies und das auf Deutsch hieß. Eigentlich war es unglaublich, wie man so schnell lernen konnte, dachte ich. Sie konnte innerhalb weniger Jahre praktisch alles auf Deutsch verstehen. Bei dem Gedanken an sie merkte ich wieder, wie sehr ich sie liebte.

„Okay, ich bin auf dem Weg nach Waldland und will gleich weiter. Zuerst dachte ich, du würdest mich abholen, aber ich gehe davon aus, dass du zu uns nach Hause möchtest, richtig?“

„Ja, aber ich kann hier auch auf dich warten, wenn du möchtest, dann können wir später zusammen zu euch nach Hause gehen.“

Ehrlich gesagt wäre mir das sogar lieber gewesen, aber höflicherweise erwiderte ich: „Nein, das ist schon in Ordnung.“

Langsam vernahm ich eine merkwürdige Stimmung zwischen uns. Ich hatte von Eve gehört, was alles vorgefallen war, und ich wusste auch, dass es immer zwei Parteien gab, sodass die Wahrheit oft in der Mitte, irgendwo zwischen deren Aussagen lag.

Plötzlich knurrte John mit völlig veränderter, leicht irrer Stimme und amerikanischem Akzent: „Du hältst mich wohl für völlig verblödet, oder meinst du, ich glaube dir?“

Nun schien er sein wahres Gesicht zu zeigen, vor Schreck konnte ich jedoch kaum klar denken. Und dann hielt er mir im selben Moment auch schon seine Pistole, die er in Windeseile aus der Jackentasche gezogen hatte, vor mein Gesicht.

Ich sah in den Lauf der großkalibrigen Waffe. Wusste er, dass ich ebenfalls bewaffnet war? Hatte ich ihm jemals meine Waffe gezeigt, oder hatte ihm jemand davon erzählt, dass ich damals meine mitgebrachte Waffe behalten durfte? Ja, beantwortete ich mir die Frage selber: Ich hatte ihn mit meiner Waffe in unserem Haus schon einmal in Schach gehalten.

Ihn zu beruhigen und ihm irgendwie klarzumachen, dass von mir keine Gefahr ausging, war jetzt am wichtigsten. Die Situation wurde noch bedrohlicher, als er seine Gedanken mit mir teilte: „Du hast absolut keine Ahnung, keine Ahnung von dem, was hier vor sich geht. Eve ist mein Rettungsanker gewesen, und das wird sie auch wieder werden." Er starrte abwesend in die Ferne und grinste verklärt. „Sie hat sich verirrt, könnte man sagen, verlaufen – oder ist falsch abgebogen, was auch immer. Ich werde sie jetzt zurückholen. Ich habe sofort erkannt, dass du nicht nach Waldland weitergehen wirst, denn du weißt ja jetzt, dass ich zu euch nach Hause gehe. Du hättest wahrscheinlich keine ruhige Minute mehr gehabt."

Damit hatte er allerdings recht, denn ich hatte tatsächlich schon überlegt, wie ich ihn ungesehen überholen könnte.

Trotzdem versuchte ich, die Situation zu retten: „Wie kommst du darauf? Also bis zu dem Moment, als du mir die Pistole in mein Gesicht gehalten hast, wäre ich –"

John unterbrach mich mit lauter und reichlich aufgebrachter Stimme: „Willst du mich verarschen? Meinst du, ich bin völlig verblödet? Natürlich wärst du brav weitergelaufen, um einen Skipper für deine Angeltour anzuheuern, ist schon klar. Ihr steckt doch alle unter einer Decke. Ihr meint, ich wäre das Problem? Ihr meint, ihr seid die Guten, die rechtschaffenen, wahren Erfinder des friedlichen Zusammenlebens. Ich sage es dir nochmal: Ihr habt ja absolut keine Ahnung!" Er lachte, und in seinen vor Wahnsinn glänzenden, fast schwarz erscheinenden Augen erkannte ich es nun ganz deutlich: Er war zutiefst böse.

Was dann immer in solchen angespannten Stresssituationen passierte, konnte ich nicht genau verstehen, aber ich wusste, dass es funktionierte. Schnell baute ich eine Verbindung zu Jenny auf, ich übermittelte ihr die Situation gedanklich. Ich konnte das nur in solchen Situationen, obwohl ich versucht hatte, diese Fähigkeit in Waldland auszubauen. Aber Stress oder totale Euphorie waren bei mir die einzigen Auslöser, damit es funktionierte – und Stress hatte ich gerade genug.

John zielte mit der Pistole auf mich, die jetzt auf seinem Knie lag. Er hielt sie lässig in der Hand. „Wegen dir ist jetzt mein Brötchen angebrannt.

Aber du hast mir sicher einen Ersatz anzubieten?“ Er nahm das leicht dunkle Brötchen von seinem geschnitzten Holzspieß und biss ab. Mit vollem Mund sagte er: „Weißt du, ich dachte, ich könnte dir vertrauen. Ich habe dir sehr viel erzählt und bin eigentlich davon ausgegangen, du wüsstet das zu schätzen. Trotzdem möchte ich dir noch ein wenig mehr erzählen. Du wirst es ja sicher niemandem mehr verraten, oder?“

Langsam verwandelte sich der Stress in echte Todesangst und ich versuchte, ihn zu beruhigen: „Du kannst mir immer noch vertrauen, John. Absolut vertrauen. Irgendwie hast du etwas falsch verstanden. Eve wollte nur nach uns sehen, wir haben schließlich mal mit ihr zusammengewohnt.“

„Ich sehe genau, wenn jemand lügt. Ich habe das mal gelernt.“ Er biss ein weiteres Stück von seinem Brötchen ab, was mir nicht gerade dabei half, ihn besser zu verstehen. „Du lügst, das sehe ich sofort, und was sie euch erzählt hat, ist Bullshit! Sie liebt mich, sie kann ohne mich nicht leben, und ich weiß das, weil ich Frauen wie sie kenne. Ja, sie sind alle gleich, alle das gleiche Strickmuster.“ Er schlang den letzten Bissen seines Brötchens herunter und spülte mit einem kräftigen Schuck Ampwein, den er aus seinem Rucksack holte, nach. „Möchtest du auch? Wir lieben doch alle dieses Zeugs – wo kommt das bloß alles immer noch her? Hast du dir diese Frage mal gestellt?“

Ich antwortete nicht, aber ich hatte mir die Frage tatsächlich schon gestellt.

„Als ob es irgendwelche magischen Vorräte gäbe“, spekulierte er und grinste.

„Nein“, war sicherheitshalber meine Antwort.

Er zuckte mitleidig mit den Schultern und sagte in einem versöhnlichen Ton: „Nun komm schon, alleine trinken ist ungemütlich. Ich habe noch zwei Flaschen mehr, so wird es einfacher für uns alle. Wenn man genug von dem Zeugs hat, braucht man kaum noch zu schlafen, und in einigen Situationen ist das Zeug, neben Partys, echt Gold wert. Stundenlang kann man …, na, du weißt schon. Ich habe das immer genossen – und Eve übrigens auch.“ Er lachte anzüglich und gönnte sich einen weiteren Schluck.

Die Flasche war schon halb leer, und ich erhoffte mir ab einer bestimmten Menge seines Pegels einen taktischen Vorteil. Ich traute mich nicht, irgendetwas zu sagen, denn ich befürchtete, jedes Wort wäre verkehrt.

„Spoiler-Warnung“, flüsterte er und lachte wieder sein dreckiges Lachen. „Das Zeug wird übrigens immer noch hergestellt.“ Er kicherte wie ein Mädchen. „Wir haben damit immer erfolgreich die Clans, die im Allgemeinen die Exister genannt werden, versorgt. Einige Infrastrukturen hielt man eben für strategisch wichtig: nicht nur die EMP-sicheren Flugzeuge, sondern auch so simple Sachen wie Ampwein. Ampwein und Zigaretten, du weißt schon, die mit und auch ohne Haschisch. Keine Währung bedeutet: keine Macht, aber eine Währung gibt es immer, und wer das Geld regiert, regiert die Welt.“

John ließ die Flasche wieder an seine Lippen gleiten und nahm einen tiefen Schuck. „Willst du wirklich nichts?“, fragte er abermals.

Ich verneinte noch einmal und hoffte, dass er jetzt nicht noch mehr aus dem Nähkästchen plauderte, denn mit jedem Satz, mit jeder neuen Information sanken vermutlich meine Überlebenschancen.

Doch einen Trumpf hatte ich noch, denn offensichtlich wusste er nicht, dass auch ich eine Waffe dabeihatte. Ich musste also nur auf die richtige Situation warten, dann könnte ich mich aus dieser misslichen Lage befreien, so hoffte ich.

„Wir haben die Puppen tanzen lassen. Wir haben denen einfach gesagt, was sie machen sollen, ihnen ein oder zwei Paletten Stoff hingestellt, und sie haben gemacht, worum auch immer wir sie gebeten haben.“

Er lachte immer lauter, und kurz hatte ich die Idee, dass jetzt der richtige Zeitpunkt wäre, um meine Waffe zu ziehen und zu schießen, aber ich tat es nicht. War er vielleicht einfach nur verzweifelt? Wüsste er morgen vielleicht gar nicht mehr, was er heute gesagt hatte? War das alles möglicherweise wirklich nur ein Missverständnis? Ich konnte auf niemanden schießen, ihn eventuell töten, aufgrund eines Missverständnisses. Ich nahm also all meinen Mut zusammen.

„Ist der Brief echt gewesen? Hast du meinen Vater wirklich gekannt?“

„Junge, Junge“, fing er an, als er wieder in ein ekelhaftes Lachen verfiel, um kurz darauf in einem nicht von dieser Erde klingenden Tonfall fortzufahren: „Du hast ja richtig Eier, dass du mich das fragst. Natürlich ist der Brief echt, was meinst du denn? Ich bin doch kein Schriftsteller, nein, nein, weiß Gott nicht.“

Er nahm den letzten Schluck aus der Flasche, bevor er sie in einem hohen Bogen in den Wald schmiss, wo sie mit einem lauten Knall an einem Stein zerschlug. Einen Augenblick lang schwieg er, bevor er ein weiteres Brötchen aufspießte, um es am Stock zu rösten. Die Glut verwandelte sich wieder zu einem Feuer, als er einige trocknete Äste nachgelegt hatte.

„Ich habe ihn gekannt, und jedes Wort meiner Geschichte stimmt“, beteuerte er, jetzt mit ernster Stimme. „Früher, im Zweiten Weltkrieg, da haben die Nazis eine Schokolade extra für die Front hergestellt: Panzerschokolade haben sie die genannt. Ob es wirklich Schokolade war, weiß ich nicht, und das spielt auch keine Rolle. Jedenfalls waren die Soldaten so in der Lage, praktisch übermenschliche Fähigkeiten zu entwickeln. Sie haben Raum gemacht, alles kurz und klein geschlagen, um ihr Ziel zu erreichen. Das Geheimnis der Schokolade von damals ist dasselbe wie das des Ampweins heute. Die Zutat ist nur ein kleines bisschen abgewandelt, sodass es noch ein bisschen abhängiger macht und die Wirkung nicht zu lange anhält. Genial, wie ich finde, denn bei dem eigentlichen Wirkstoff handelt es sich um billig und einfach zu produzierende Inhaltsstoffe, kein Hexenwerk, und es ist noch nicht mal besonders schädlich, sagen sie.“ Er zog eine neue Flasche aus seinem Rucksack und öffnete sie. „Mehr als eine Flasche am Tag soll man besser nicht trinken, aber scheiß drauf, heute gibt es etwas zu feiern. Nennen wir den heutigen Tag den *Tag der Wahrheit*. Nichts ist, wie es scheint, aber alles ist.“

Ich saß hier nun inzwischen schon mindestens zwei Stunden mit John. Wie lange sollte das Ganze noch gehen? Und was genau war sein Plan, fragte ich mich.

Er biss wieder von seinem Brötchen ab und nahm einen tiefen Zug aus der Flasche, um den trockenen Bissen herunter zu spülen. „Schmeckt scheiße, ich muss mich bei dir entschuldigen, es sind die Brötchen. Die können einfach keine Brötchen backen in Waldland. Na ja, in der Not … Du weißt schon. Dein Vater war ein kluger Mann. Einige Sachen hat er allerdings nicht kommen sehen.“

„Was meinst du?“

John donnerte mit lauter und aggressiver Stimme los: „*Was meinst du, was meinst du*? Was ich meine, ist: Er war sehr neugierig, und ich musste ihn mehrere Male darauf hinweisen, wer ich bin, was ich gesehen und gemacht habe und vor allem, wozu ich fähig bin. Ich habe den Brief ein bisschen überarbeiten müssen, nur ein bisschen, das meiste stimmt.

Und frag mich jetzt nicht, was ich überarbeitet habe, sonst muss ich dich sofort erschießen."

Während er wieder einen tiefen Zug aus der Pulle nahm, dachte ich darüber nach, was er gesagt hatte und wie er es gesagt hatte. *Sonst muss ich dich* sofort *erschießen*, bedeutete für mich, er würde mich sowieso töten wollen. Sein steigender Pegel brachte ihn anscheinend dazu, Sachen zu sagen, die er sonst wohl eher nicht gesagt hätte. Außerdem hatte er an dem Brief herum manipuliert, das war alleine schon Grund genug, sich zu wehren, und wenn es sein musste, auch mit tödlichem Ausgang.

„Ich wusste, dass du nach Waldland zurückkommst. Nur wann, war mir nicht klar. Ich wusste auch, welchen Weg du nimmst, und wo du wahrscheinlich übernachten würdest. All das war Teil meiner Ausbildung. Ich habe hier auf dich gewartet, Collin, aber ehrlich gesagt dachte ich, du wärst so genervt von eurem Besuch, dass du mir helfen würdest, Eve gemeinsam mit mir abzuholen. Das war naiv von mir, gebe ich gerne zu, aber nicht ausgeschlossen. Ich hätte gedacht, du hättest mehr Mumm und wüsstest noch die Traditionen zu schätzen, so wie ich deinen Vater gekannt habe. Eine Frau trennt sich nicht mal eben ohne Konsequenzen von ihrem Mann. Die Zeiten sind vorbei, freie Auswahl gibt es nicht mehr!"

Mir war bewusst, dass ich einfach nur den richtigen Zeitpunkt abwarten müsste, um den Überraschungseffekt auszunutzen und John niederzuschießen – wenn er nicht vorher total ausrasten würde. Aber ich wusste auch, jetzt war der einzige Zeitpunkt, um mehr zu erfahren. Er fühlte sich völlig überlegen, und ich wollte ihn in diesem Glauben lassen, ihn ausspielen und möglichst alles hören, was er zu sagen hatte. Trotzdem hatte ich Angst und war mir nicht ganz sicher, ob ich eine geeignete Möglichkeit finden würde, ihn zu überwältigen. Sicher war ich mir allerdings, dass ich auf ihn schießen würde, ihn, wenn nötig, sogar mit einem Stein erschlagen würde. Er hatte sein wahres Gesicht gezeigt, es wäre Notwehr.

Ich nahm meinen Mut zusammen und fragte John: „Was hast du mir sonst noch alles nicht erzählt? Was ist mit all den Menschen? Was ist mit meiner Mutter, meinem Bruder und Jennys Eltern passiert?"

„Du wirst ja langsam richtig mutig." Er lachte fast anerkennend und erstaunlicherweise, ohne wieder komplett auszurasten. „Alle wahrscheinlich tot. Die Clans haben sich alle geholt, sie ausgebeutet, verhurt, getauscht, versklavt oder einfach sofort getötet. Die wenigsten werden es geschafft haben. Es gehörte mit zu dem Planspiel – alles genau durchgespielt und hinterher so umgesetzt. Die Menschen sind so gutgläubig und dumm, sie haben auch nichts anderes verdient. Einige haben sie immer Parasiten genannt, andere Melkvieh. Mir war das scheißegal, ich wusste mit den oberen Idioten sowieso nichts anzufangen. Hauptsache, sie haben pünktlich gezahlt. Durch meinen Wissensvorsprung hatte ich bestens vorgesorgt. Es ist besser so, das kann ich dir sagen. Jeder Idiot weniger macht diese Welt besser."

Ich fragte mich, wer denn bestimmte, wer ein Idiot war, denn momentan fiel mir kein besseres Beispiel als John höchstpersönlich ein.

„Bleib hier sitzen und rühr dich nicht, ich muss mal pissen", lautete seine Anweisung, während er etwas wackelig aufstand, um sich einige Meter weiter zu erleichtern.

Vielleicht wäre das meine Chance gewesen, aber ich wollte unbedingt noch mehr erfahren. Trotzdem nutzte ich die Möglichkeit, meine Pistole in der Hosentasche vorsichtig, leise und in Windeseile durchzuladen und schon mal zu entsichern, genauso, wie ich es schon oft geübt hatte.

Ich glaubte nicht, dass er mich gleich hinrichten würde, und wenn, wüsste ich mich hoffentlich zu verteidigen. Er wollte mir ganz offensichtlich etwas mitteilen und sich Mut antrinken – ich hoffte allerdings, um Eve von seiner Liebe für sie zu überzeugen, und nicht, um mich gleich zu erschießen.

Nachdem er sich wieder hingesetzt, seine Waffe wieder auf seinem Knie positioniert hatte und in meine Richtung zielte, gestand er: „Das mit der KI, was ich dir erzählt habe, stimmt vielleicht nicht ganz so, wie ich es dargestellt habe. Ich habe einen guten Kumpel gehabt, Gott sei seiner Seele gnädig. Er hat behauptet – und er musste das wissen, denn er war in der Cyberabwehr der Armee ein hohes Tier –, dass die KI nicht wirklich intelligent sein könnte. Um eigenmächtig zu handeln, bräuchte es bestimmte Attribute, und diese Attribute waren nie gegeben und seiner Meinung nach auch nicht zu erreichen. Vielmehr sei sehr wahrscheinlich eine Sicherheitslücke das Problem gewesen: Irgendjemand hatte die KI umprogrammiert – auf die Zerstörung der Menschheit. Keine so schlechte Idee, wie ich finde. Wie auch immer, keiner der Pläne hat bis zum Ende funktioniert, und jetzt sind wir zurück im Mittelalter. Das Gesetz des Stärkeren, denn die Elite, der ich auch gedient habe, ist genauso tot wie der Plan, den sie sich ausgedacht hatte. Es gab zu viele Menschen, und sie haben alles versucht, um dieses Problem zu lösen. Auch wenn du das nicht hören möchtest, aber sie hatten recht."

Jedes Wort und jede Emotion von John legte ich auf die Goldwaage. Das Problem war nur, dass ich ihm nichts mehr glauben konnte. Kurz überlegte ich, ob ich einfach weglaufen sollte, aber der Mann hatte eine militärische Ausbildung genossen und würde, selbst besoffen und auf Speed, sein sich bewegendes Ziel auf dreißig Meter wahrscheinlich nicht verfehlen. Es war einfach zu riskant. Deshalb beschloss ich, ab jetzt auf die ideale Gelegenheit zu warten, ihn als Erstes auszuschalten, bevor er sein Werk vollenden konnte, denn mittlerweile war ich mir sicher, dass es nicht mehr lange dauern konnte.

Die angebrochene zweite Flasche machte einen kurzen Zwischenstopp an seinen Lippen. Wenn er so weitertrank, würde er wahrscheinlich bald vollends seinen Verstand verlieren.

„Wir wollen nicht weiter um den heißen Brei herumreden", säuselte er. „Ich musste deinen Vater leider, na, sagen wir: von seinem Elend erlösen."

Sofort fing mein Kopf an zu dröhnen. Ich sah förmlich, wie er meinen Vater exekutiert hatte. Ich sah es vor meinen Augen. Die Wut, die nun über mich kam, war gigantisch. So extrem, dass ich an nichts anderes mehr denken konnte, als ihn umzubringen.

Ich bekam praktisch gar nicht richtig mit, wie ich fragte: „Wieso hast du das getan?" Tränen konnte ich jetzt nicht gebrauchen. Sie würden meine Zielfähigkeit beeinträchtigen, aber ich konnte nichts dagegen tun.

„Er hat zu viel gewusst, manchmal kann ich meine Klappe nicht halten, es muss einfach raus, wie bei einem Vulkan, der so lange friedlich ist, bis er plötzlich explodiert, verstehst du?"

„Nein!", brüllte ich ihn an. „Ich verstehe gar nichts, denn du widersprichst dir ja ständig selber."

Nun wurde John sauer.

Er stand auf, ich stand auf. Er zielte auf mich. „Sprich dein letztes Gebet, Collin. Wie der Vater, so der Sohn."

Spontan kündigte ich an: „Ich soll dir von Eve etwas geben." Ich griff in meine Hosentasche, packte die .22 und zog die Waffe halb heraus. Gleichzeitig lenkte ich mit meiner linken Hand ab, indem ich vorgab, in der anderen Tasche zu suchen, und schoss, ohne zu zielen.

Der Schuss, der sich eher anhörte wie ein Piepmanscher, hallte kaum hörbar von den Tannen wider, die uns umgaben. Es war schon mal ein gutes Zeichen, dass ich den Hall überhaupt noch wahrnahm und noch nicht durchsiebt worden war.

John setzte sich wieder auf den Holzklotz, als ob nichts passiert wäre. Irgendwie schien er die Situation nicht richtig verstanden zu haben, nur sein Gesichtsausdruck verriet blankes Entsetzen.

Auch ich hatte irgendwie jeglichen Kontakt zu Raum und Zeit verloren, und anstatt nochmals zu schießen, stand ich mit offenem Mund da.

Wie in Zeitlupe sah ich, wie er versuchte, seinen Arm, mit dessen Hand er die Waffe hielt und der jetzt schlaff herunterhing, zu bewegen. Seine Hand zuckte und er starrte wie ein Dompteur auf seinen schlecht dressierten Zirkusaffen, der in der Manege nicht das tat, was er tun sollte. Ich konnte nicht sehen, wo ich ihn getroffen hatte, doch das Überraschungsmoment war offenbar gelungen, da ich noch lebte.

Nun war es an mir, mein Überleben zu sichern. Ich zielte auf seine Brust und drückte ab.

Der Knall, eher wie ein Frauenfurz, leise und heimlich, löste das zweite Projektil, das sich seinen Weg direkt in seine Brust suchte.

Ein kurzes Zucken bestätigte meinen zweiten Treffer. Der erste Schuss schien ihn in die Schulter getroffen zu haben, und die zerstörten Nervenbahnen oder der Schock hinderten ihn, seine Waffe gegen mich einzusetzen. Der zweite Schuss, auf geringe Distanz in die Brust, sollte seine Wirkung nicht verfehlt haben.

Aber er saß immer noch da, als wäre nichts passiert. Er war nicht wie in einem Hollywoodfilm nach hinten weggeschleudert worden, nein, dafür war das Kaliber einfach zu schwach.

Er guckte mich stumm grinsend an, nachdem er seine Hand mit der Waffe aufgegeben hatte. Ich zielte noch einmal auf ihn, diesmal auf seinen Kopf. Er hustete. Blut lief aus seinem Mundwinkel, und er sagte mit gurgelnder Stimme: „Nicht schlecht, so dumm bist du ja doch nicht. Dein Vater war nicht so –“

Ich drückte noch einmal ab. Nicht bewusst, aber ich tat es einfach. Der Schuss hinterließ nur einen kleinen blutigen Fleck auf seiner Stirn über dem rechten Auge, aber diesmal kippte er nach hinten über den Holzklotz, auf dem er gesessen hatte, und blieb reglos liegen.

# 31. DEIN WILLE GESCHEHE

Sofort nach dem Schuss nahm ich meine Beine in die Hand und lief. Ich wollte gar nicht wissen, ob er auch wirklich tot war. Ich wollte einfach nur so schnell wie möglich verschwinden. Sofort war mir meine Richtung klar: zurück nach Hause, zu meiner Familie, zu Jenny und Maja, zu meinem Leben.

Ich lief so schnell ich konnte. Nicht mal meinen Rucksack hatte ich mitgenommen. Ich würde es an einem Tag schaffen, denn normalerweise waren wir die Strecke nie gelaufen, sondern nur gegangen.

Was sollte ich noch in Waldland? Es gab nichts mehr zu organisieren. Einerseits fehlte mir jetzt etwas, aber andererseits war ich erleichtert.

Ich wollte es noch bis zum späten Abend schaffen. Selbst im Dunklen würde ich den Weg finden, zumindest wenn es noch ein wenig Restlicht gab. Es fing aber schneller an zu dämmern als gedacht, und das Tageslicht nahm langsam ab, als ich an meiner ersten Unterkunft vorbeikam. Die letzten Kilometer war ich eher gejoggt. Manchmal sogar nur gegangen, um wieder etwas Energie zu tanken, es war dunkel geworden. Immer wenn ich bessere Sichtverhältnisse hatte, ging ich in einen leichten Sprint über. Die letzten Kilometer würde ich sogar im Stockdunkeln schaffen.

Leider dauerte es nicht lange, bis es wirklich stockdunkel war, und ich wusste anhand der Umgebung, dass ich gerade einmal die Hälfte der Strecke geschafft hatte. Ich konnte nicht mehr, war völlig aus der Puste, wusste aber, dass ich die restlichen fünf Stunden Fußmarsch wahrscheinlich trotzdem schaffen und vor allem den richtigen Weg finden würde. Ich beschränkte mich nun darauf, möglichst schnell zu gehen. Das würde reichen, um noch vor Mitternacht zu Hause zu sein.

Ich hatte unterwegs, als es noch hell gewesen war, an einem Bach getrunken. Er hatte sauberes, relativ klares Wasser geführt, aber jetzt bekam ich langsam wieder Durst. Hunger hatte ich nicht, dafür saß der Schock noch zu tief. Laufen konnte ich sowieso nicht mehr, denn meine

Beine schmerzten und waren schwer wie Blei. Es war nicht mehr weit; ich wusste, dass es nur noch einige Kilometer waren. Der Mond, der fast voll war, begleitete mich freundlicherweise und ersetzte die fehlende Taschenlampe, wenn sich nicht gerade Wolken vor ihn schoben.

Endlich sah ich das Licht von unserem Haus. Nun fand ich tatsächlich wieder Kraft und fing an zu laufen, so schnell es eben ging.

Ich wollte gerade an die Tür klopfen, als Jenny mir öffnete und wir uns sofort und noch in der Tür umarmten.

„Ich liebe dich, ich habe dich so vermisst!“, flüsterte sie mir ins Ohr. „Du musst mir nichts erzählen, ich habe es gesehen. Maja hat die ganze Zeit geschrien, das habe ich noch nie erlebt. Sie ließ sich nicht beruhigen, egal, was ich gemacht habe. Ich dachte erst, sie sei krank, bis ich begriff, dass sie auch sah, was ich sah, dass sie auch spürte, was ich spürte: Angst, Verzweiflung und Hoffnung. Gegen späten Vormittag hörte sie auf einmal auf zu schreien. Da wusste ich, irgendwas ist passiert.“

Ich weinte, Jenny weinte, und wir gingen hinein.

Ich musste erst mal etwas trinken. Meine Beine zitterten, mein ganzer Körper zitterte.

Jenny hatte sich unten ein Bett auf der Couch eingerichtet, was sie auch gleich begründete: „Tom und Eve schlafen oben, ich wollte hier unten auf dich warten.“

Aber da kam Eve auch schon die Treppe herunter. Auch sie hatte Tränen in den Augen und umarmte mich.

Ich brachte mit zitternder Stimme hervor: „Brauchst dir keine Sorgen zu machen, mich verfolgt keiner.“

Wie ich aus ihrer Reaktion erkennen konnte, hatte Jenny ihr von den Bildern erzählt, die sie von mir empfangen hatte, denn sie ging relativ beruhigt wieder nach oben, drehte sich aber auf der Treppe nochmal kurz zu uns um, um uns zu informieren, dass Maja immer noch schlief: „Die Kleine hat sich wohl total verausgabt heute.“

Jenny fragte, ob ich Hunger hatte, aber ich verneinte und sagte, dass ich einfach nur froh und glücklich wäre, wieder hier zu sein, und dass ich die doppelte Strecke im Laufschritt in der Hälfte der Zeit geschafft hatte.

„Ich wollte einfach nur noch weg“, erklärte ich und machte es mir mit Jenny unter der Decke gemütlich.

„Willkommen im Club“, hörte ich sie noch sagen, dann schlief ich ein.

Die fast unmenschliche Anstrengung und der Stress katapultierten mich unmittelbar in eine Art Koma. Doch die Träume, die ich in dieser Nacht hatte, hatten es in sich: Ich war bei einer Predigt vom Pastor. Er taufte John. Die Gläubigen applaudierten, während er sprach: „Dein Wille geschehe … Reingewaschen mit den Tränen Jesu sollst du den Plan vollenden."

Schweißgebadet wachte ich am Morgen, oder besser gesagt am späten Vormittag, wieder auf.

Jenny lag nicht mehr neben mir, und ich zweifelte an der Echtheit des gestrigen Tages. Doch mein schmerzender Körper holte mich sofort in die Realität zurück und versicherte mir, dass alles so passiert war, wie ich es in Erinnerung hatte.

Jenny kam zur Tür herein. „Wir sind draußen, wollten dich in Ruhe ausschlafen lassen. Möchtest du jetzt vielleicht etwas essen? Ich habe dir etwas gemacht!" Sie kam auf mich zu, umarmte mich und gab mir einen Kuss. „Ich bin so froh, dass du wieder hier bist."

„Ich auch", erwiderte ich und ging auf lahmen Beinen langsam zum Esstisch, auf dem ein Teller mit zwei Scheiben selbstgebackenem Brot mit Honig, einer geschälten Karotte und einer Dose Makrele in Tomatensoße stand. Es dauerte keine zehn Minuten, und der Teller war leer. Sofort merkte ich, wie meine Energie zurückkam, und das war auch gut so, denn ich sollte sie noch brauchen.

Es dauerte Stunden, Jenny alles zu erzählen, und dann erfuhr ich auch, was sie mit der Aussage: „Willkommen im Club", gemeint hatte. Wenn man einen Menschen aus Notwehr töten muss, nagt das an einem. Vielleicht nicht sofort, aber dann umso heftiger. Man stellt sich Fragen. Fragen wie: Hätte es noch andere Möglichkeiten gegeben? Wieso hat er mich in diese Situation gebracht? Wie ist es wohl, zu sterben? Warum hat er nicht als Erster geschossen? War er zu betrunken, oder war es die Kombination aus Speed und Alkohol, gepaart mit dem Überraschungsmoment, die seine Reaktionsfähigkeit so heruntergesetzt hatte? Warum wollte er mich töten? Hatte er sein Werk überhaupt tatsächlich beenden wollen? *Erst der Vater, dann der Sohn*?

Jenny unterbrach meinen Gedankenstrudel: „Wahrscheinlich wirst du irgendwann Antworten auf diese Fragen bekommen, jedenfalls auf einige.

Das Problem ist eher, dass man John sowieso nichts glauben konnte. Eve hat das auch schon angedeutet. John hat sich wohl immer wieder in Widersprüche verstrickt."

Einige Tage später wurde die Brühe, die in meinem Kopf aufgerührt worden war, wieder klarer. Meine Pläne, meinen Vater abzuholen, waren passé. Dennoch wollte ich mehr Klarheit haben und beschloss, trotz des direkt bevorstehenden Winters noch einmal nach Waldland zu gehen.

Ich fragte natürlich Einar, ob er mitkommen wolle, was Anna nicht besonders erfreute, aber sie konnte es verstehen. Wir versprachen, nicht länger als nötig fortzubleiben.

Nur drei Tage später marschierten wir wieder los.

Die Stelle, an der die Sache mit John passiert war, war unser erstes Ziel. Es war nun schon fast zwei Wochen her, und der Tatort würde sicher kein schönes Bild abgeben.

Einar war nicht mehr der Allerschnellste zu Fuß, was sich durch sein Gepäck zusätzlich bemerkbar machte: Anna hatte ihn mit so viel Proviant und Camping-Utensilien ausgestattet, dass er sogar den Jakobsweg hätte hin- und zurücklaufen können, ohne auch nur einmal irgendwo einkehren zu müssen. Ab und zu wechselten wir uns mit seinem Gepäck ab, denn er hatte schon nach dem ersten Tag Rückenschmerzen.

Ich schlug vor, etwas von dem Proviant im Bauwagen, der ersten Übernachtungsstation zu deponieren, um das Gewicht seines Rucksacks zu reduzieren.

„Machen wir, aber erst mal sollten wir ein Festmahl abhalten. Das reduziert schon einmal das Gewicht", schlug Einar vor.

Also speisten wir wenig später mehr als reichlich und aßen uns so satt, dass wir praktisch wie narkotisiert schlafen gingen.

Der nächste Tag hatte eine Überraschung im Gepäck. Wieder einmal schneite es früher als gedacht.

„Jahrzehntelang wurde uns die Klimaerwärmung um die Ohren geschlagen, und seit vielen Jahre passiert genau das Gegenteil. Es ist wie an der Börse damals. Wenn alle *Kaufen!* schreien, solltest du sofort verkaufen", stellte Einar fest.

Er hatte offenbar ziemliche Rückenschmerzen, sodass ich am nächsten Tag seinen und meinen Rucksack etappenweise gleichzeitig trug.

Es dauerte länger als gedacht, aber noch vor der Dunkelheit kamen wir an diesen mysteriösen, unheimlichen und für mich unvergesslichen Ort an jener Scheune im Wald an. Instinktiv versicherte ich mich, dass meine .22 durchgeladen, aber gesichert war. Ich ging voraus, meine .22 in der Hand. Einar hatte erst seine Jagdflinte mitnehmen wollen, aber ich hatte davon abgeraten, da ich es für besser hielt, als Neuling nicht bewaffnet in Waldland anzukommen, obwohl ich es damals auch gewesen war. Nur konnte man eine Jagdflinte nicht so einfach in der Hosentasche verschwinden lassen.

Wir gingen langsam auf die Stelle zu, an der es passiert war – an der ich einem Menschen das Leben genommen hatte. Notwehr oder nicht: Ich hatte ihn ausgelöscht – und offensichtlich sprichwörtlich ausgelöscht.

Die Holzklötze mit leichtem Schneeüberzug standen noch genauso da, wie ich sie in Erinnerung hatte. Doch John war weg. Nichts war mehr zu sehen. Kein Blut, keine Spuren oder sonst irgendetwas. Alles sah aus, als ob hier nie etwas passiert wäre. Ich sah mich um. Die Welt war mit einer weißen Schicht überzogen, die erst getaut hatte, nun aber unter wolkenlosem Himmel wieder fror.

„Mach dir keine Sorgen, Collin, ich glaube dir alles. Ich denke, ich kenne dich ganz gut, du würdest dir niemals solche Geschichten ausdenken. Ich bin mir sicher, dass ihn irgendjemand abgeholt hat", hörte ich Einars vernünftige Stimme, die außerhalb meines Kopfs sprach. Denn ich selbst zweifelte mal wieder meine Erinnerungen an.

Dennoch steckte ich meine Pistole zurück in die Hosentasche, und wir gingen in die Scheune, in der ich damals geschlafen hatte und in der ich dann von den sonderbaren Schnitzgeräuschen aufgewacht war, an jenem verfluchten Tag. Mein Rucksack lag noch genau dort, wo ich ihn abgelegt hatte. Auch mein Schlafsack war noch dort, wo ich ihn hingelegt hatte, hatte aber mittlerweile einige Mäuselöcher zu verzeichnen.

„Klar, die mögen es auch warm", kommentierte ich das Bild, das sich uns bot, während ich den alten Schafsack als neue Bettunterlage glatt strich. Ich legte meinen neuen Schlafsack einfach obenauf. Das Gute war ja, dass es die meisten Gebrauchsgegenstände immer noch im Überfluss gab, und die Sorge, dass man seinen materiellen Besitz verlieren könnte, war in den diesen Zeiten vollkommen überflüssig geworden.

Ich hätte an diesem Platz garantiert nie wieder übernachtet, aber mit Einar zusammen war das eine andere Sache. Einar und ich wurden uns nicht einig darüber, was mit John wohl passiert war. Für mich war die plausibelste Erklärung, dass ihn jemand von Waldland abgeholt hatte. Einar war der Meinung, ich hätte mich vielleicht getäuscht, und er wäre vielleicht nicht sofort tot gewesen, wäre vielleicht noch benommen in den Wald gelaufen, vollgedröhnt, und wahnsinnig gestolpert oder irgendwann einfach nur liegengeblieben.

„Vielleicht hatte er auch versucht, dich noch zu verfolgen, wer weiß?“, mutmaßte Einar.

Das war ein interessanter Aspekt, und ich gab ihm recht, dass es unter Umständen tatsächlich so gewesen sein könnte. Ich war mir zwar ohne Zweifel sicher gewesen, dass ich John tödlich verletzt hatte, aber das schlanke Kaliber, welches man nicht gerade als Keilerkiller bezeichnen konnte, ließ tatsächlich Spielraum für seine Vermutung.

Natürlich schlief ich in dieser Nacht unruhig. Ich war aufgeregt, morgen nach Waldland zu gehen, vielleicht sogar beschuldigt zu werden oder weiß Gott sonst was.

Dementsprechend müde war ich am Morgen. Ich beschloss, meinen alten Rucksack hierzulassen. Es reichte, wenn ich ihn auf dem Rückweg wieder mitnehmen würde.

Überraschenderweise wurden wir wie üblich überaus freundlich in Waldland empfangen.

Auch der Prof nahm sich etwas Zeit für uns, da wir ankündigten, dass wir schon am gleichen Tag wieder die Heimreise antreten würden. Zu unserer Überraschung wusste der Prof von nichts.

Ich erzählte ihm also erst mal nichts, außer dass Eve vor John geflüchtet war, und fragte ihn so beiläufig wie möglich etwas über John aus. Um etwas abzulenken, versuchte ich es zwischendurch mit etwas Smalltalk und erzählte, dass es uns in unserer neuen Heimat sehr gut gehen würde.

Der Prof erzählte: „John war mal hier, mal da. Bevor er vor ein paar Wochen fortging, deutete nichts auf ein längeres Fernbleiben hin. Er hat, soviel ich weiß, alles dagelassen.“

Nun wurde es doch Zeit, mit der Wahrheit rauszurücken, und ich erzählte die ganze Geschichte. Dadurch, dass der Prof den Brief kannte, wurde sie auch nicht allzu lang. Ich versuchte, alles so detailgetreu wie möglich wiederzugeben.

Der Prof machte ziemlich große Augen und bat mich zu schwören, dass sich alles so zugetragen hatte. „Ich kenne dich, und du hast mich nie belogen. Außerdem erkenne ich Lügner sehr schnell – muss an der Uni-Zeit liegen, denn wenn die Studenten damals schummelten, habe ich das sofort gemerkt. Liegt er noch dort? Sollen wir Leute hinschicken, um ihn hier zu begraben?“

„Nein, das ist ja das Verrückte!“, rief ich etwas zu laut. „Er ist weg, und ich bin mir sicher, er war tot.“

Einar beteiligte sich am Gespräch: „Ob er sich durch den extremen Drogenkonsum doch noch einmal aufgebäumt und von dort wegbewegt hat, können wir nur mutmaßen. Aber die viel interessantere Frage, auch hinsichtlich dessen, was er erzählt hat, wäre: Wer hat ihn also abgeholt, wenn weder ihr noch wir ihn abgeholt haben?“

„Das ist richtig, das war auch mein Gedanke“, stimmte der Prof zu und fügte hinzu: „Wir werden der Sache auf den Grund gehen. Ich kannte John gut und muss ganz ehrlich sagen, dass mir in letzter Zeit auch Zweifel gekommen waren. Erstens sind mir Sachen zu Ohren gekommen, die mir nicht gefallen haben, und zweitens stritt er immer alles ab, wenn ich ihn darauf angesprochen habe. Ich möchte nicht ausschließen, dass er so eine Art Agent gewesen ist. Für wen oder wofür, weiß ich wirklich nicht. Das müsst ihr mir bitte glauben.“

Das Treffen mit dem Prof war für uns überraschend, aber leider wenig konstruktiv. Immerhin aber gab es die Möglichkeit, dass er etwas herausfinden könnte, viel mehr aber auch nicht. Weder wir noch die Leute von Waldland würden eine Suche veranstalten, so viel war sicher. Wichtig war in erster Linie, dass Waldland auf dem Stand der Dinge war. Klar war mir auch, dass der Prof nicht jeden, den er für irgendetwas verdächtigte, rausschmeißen konnte.

Wir waren auf dem Rückweg, und Einars Rückenschmerzen waren besser geworden. Also konnten wir am späten Nachmittag tatsächlich gut Strecke machen und kamen am Abend bereits wieder am Ort des Schreckens an.

Mir wäre es am liebsten gewesen, einfach weiterzulaufen, zu tief saß die Erinnerung. Von Waldland aus hatte ich dort die erste Rast und Übernachtung gemacht, und seit dem Tag darauf war nichts mehr, wie es einmal gewesen war.

Zum Weiterlaufen war es definitiv zu spät, es blieb uns also nichts anderes übrig, als noch einmal hier zu nächtigen.

Einar spürte meine Anspannung und beruhigte mich: „Was geschehen ist, ist geschehen. Manchmal ist es sogar gut, an die Orte, die man eigentlich nie mehr wiedersehen möchte, zurückzukehren. Du kannst praktisch nochmal von vorne anfangen, deine Erinnerungen ein wenig überdecken: mit den besseren neuen Erinnerungen."

Es war lieb gemeint von Einar, aber ich wollte mich an die Ereignisse so erinnern, wie sie waren. Nicht ein Wort, nicht ein Bild wollte ich jemals vergessen.

Zu unserem Vorteil war es nun wieder etwas wärmer, also konnten wir in unserem Zeitplan bleiben. Die Nacht war ruhig, und ich schlief an diesem verfluchten Ort entspannter, als ich es je für möglich gehalten hätte.

Einar schlug vor, das nächste Mal mit den Fahrrädern oder gar mit dem Oldtimer eines ehemaligen Nachbarn zu fahren. „Vielleicht sollten wir nächsten Sommer Sonnenblumen anpflanzen, ein ganzes Feld. Wir können es vor gefräßigen Tauben bewachen, Schrotmunition habe ich genug. Dann würde es auch noch den ein oder anderen Braten abwerfen. Speiseöl wird sowieso langsam schlecht, und so hätten wir Speiseöl und Kraftstoff. Die alten Saugdiesel nehmen alles, Hauptsache, es ist gefiltertes Öl. Und Öl zu pressen, ist nicht schwer. Nur die Ernte ist anstrengend."

Ich gab Einar recht, denn auch ich hatte auf diese langen Märsche keine Lust mehr. Selbst wenn es nur das Fahrrad werden würde, wäre es ein Fortschritt.

Die Straßen waren sicherer geworden, uns war schon lange nichts mehr von marodierenden Banden oder Clans zu Ohren gekommen.

Innerhalb unseres Zeitplans kamen wir zu Hause an: in unserem beinahe unbewohnten, aber herzlichen kleinen südschwedischen Dorf, in dem alle Häuser einen gebührenden Abstand zueinander hatten.

Hier hatte sich theoretisch jeder auf seinem mehr oder weniger großen Grundstück zumindest zu einem Teil selbst versorgen können – nur, dass es kaum noch jemand getan hatte. Bis vor dem Ereignis. Offensichtlich waren die Menschen faul geworden – oder zu verwöhnt. Ich glaube, die meisten waren sogar beides.

Nun waren nur noch ein paar Menschen hier. Menschen, die ich unheimlich lieb gewonnen hatte. Sie waren meine Familie.

Jenny freute sich unheimlich, dass wir pünktlich zu Hause ankamen. Anna erging es sicher genauso.

Für die nächste Zeit war keine Reise mehr geplant, zu viel musste noch erledigt werden. Der Winter kam langsam in die Gänge, es war die Jahreszeit, um zu Hause zu bleiben.

Ein paar Wochen später fanden wir einen Rucksack vor unserer Tür. Er kam aus Waldland: Es war der Rucksack von John mit einem Buch und einem Brief darin. In dem Brief, der vom Prof geschrieben war, stand, dass sie nicht mehr mit einer Rückkehr von John rechneten und deswegen seine Sachen aus dem Haus geholt hatten. Der Platzmangel machte dies nötig. Dabei waren sie auf das Tagebuch meines Vaters gestoßen.

Warum John es mitgebracht hatte, ist mir bis heute ein Rätsel. Ich hätte aber ohne das Tagebuch diese Aufzeichnungen nicht komplettieren können. Es schien alles wahr zu sein, nur der Zeitpunkt seines Todes, oder besser gesagt: seines angeblichen Todes, war daraus nicht verifizierbar. Aber wer weiß, vielleicht hatte John sogar am Tagebuch herumgepfuscht.

# 32. ALLES GUTE KOMMT VON OBEN?

Es waren zwei weitere Jahre ins Land gegangen.

Inzwischen wohnten über dreißig Menschen hier in unserem kleinen friedlichen Dorf – zu unserer Freude auch einige mit kleinen Kindern, sodass Maja sogar einige Spielfreunde hatte.

Eve und Tom waren in das renovierte Nachbarhaus gezogen.

Es war erstaunlich, wie gut sich alle verstanden. Die allermeisten waren aus Waldland gekommen, aber zwei Familien waren tatsächlich nach vielen Jahren in ihr altes Zuhause zurückgekehrt: beide vollzählig. Sie hatten sich in den schlimmsten Zeiten in den Norden geflüchtet, waren aber wieder in den Süden zurückgekommen, da hier die Selbstversorgung einfacher war – oder wahrscheinlich eher wegen ihres Heimwehs, wer weiß das schon so genau.

Jeder Tag war wie ein neues Los: Irgendwann musste man ja mal gewinnen, also gaben wir die Hoffnung niemals auf. Und ehrlich gesagt hatten wir trotz aller Verluste schon so viel gewonnen. Wir hatten uns – und wir sollten noch mehr werden. Jenny war wieder schwanger, und wir beide freuten uns riesig auf unseren Nachwuchs.

Der Zusammenhalt im Dorf war sehr gut. Wir hatten sogar eine Bibliothek in einem der verlassenen Häuser eröffnet. Natürlich kam genau die Familie, der das Haus gehörte, kurz darauf wieder, und so mussten wir die gesamte Bibliothek noch einmal umziehen und ein Haus weiter eröffnen.

Jede freie Minute lasen wir. Wenn wir mit dem Tempo weiterlesen würden, hätten wir in ungefähr fünf Jahren alle Bücher der Bibliothek durchgelesen. Vor allem die alten Westerngeschichten fand ich großartig. Ich liebte diese Bücher, aber da wir ja sozusagen auch im Wilden Westen lebten, bezweifelte ich zumindest die dauerhafte Gesetzlosigkeit der beschriebenen, längst vergangenen Zeit.

Ich hatte vielmehr festgestellt, dass sich alles ordnete – aus dem Chaos heraus. Ohne Chaos keine Ordnung, und wahrscheinlich wurde irgendwann wieder Chaos aus der Ordnung. Wir hatten einige Gemeinschaftsprojekte, aber keine Gesetze, keine Steuern und vor allem kein Geld.

Doch uns war immer wieder aufgefallen, dass es eine Veränderung gab. Das war diese Übersinnlichkeit, manchmal gruselig, manchmal erstaunlich.

Maja war gerade drei Jahre alt geworden. Sie malte gerne, aber ohne Stifte. Sie malte überall, wo sie gerade war, offensichtlich mit der Kraft ihrer Gedanken. Es sah aus wie Kreide: an den Wänden in unserem Haus, auf dem Boden, im Brennholzschuppen, an der Decke, einfach überall. Sie guckte irgendwo hin und es entstanden Kreise, Spiralen oder Konturen, die an Fantasiewesen oder Tiere erinnerten. Jenny hatte es einmal live gesehen, aber Maja machte es meistens nur, wenn sie sich unbeobachtet fühlte. Es dauerte jedes Mal ungefähr zwei Minuten, und die Zeichnungen verblassten, bis sie nach einigen Minuten spurlos verschwunden waren.

Andere Kinder taten Ähnliches: Sie ließen Gegenstände schweben, lasen die Gedanken ihrer Eltern oder sagten Dinge voraus – alles relativ harmlos. Noch vor wenigen Jahren hätte man sie wahrscheinlich in eine Kinderpsychiatrie eingewiesen. Wir alle konnten damit gut leben. Vielleicht war es gerade das, was uns mehr zusammenschweißte.

Aber da war noch mehr: Auch die Erwachsenen verband einiges. So fürsorglich, wie sie mit ihren Kindern umgingen, behandelten sie sich auch gegenseitig.

Das Ereignis kam uns nach langem Nachdenken und Gesprächen mit anderen wahrscheinlich nicht von Menschenhand gemacht vor. Wie auch immer – es schien definitiv einen Evolutionssprung verursacht zu haben, aber beweisen konnten wir das natürlich nicht.

Eventuell war es auch die totale Abstinenz von allen elektronischen Geräten – von Computern, Handys, Fernsehern und Radios –, die die Menschen hatte zu sich kommen lassen. Waren diese verborgenen Kräfte vielleicht schon immer da gewesen? Hatten wir sie uns nur durch Ablenkung von außen abtrainiert? Oder hatten seltene Ereignisse dazu geführt, dass die Übriggebliebenen nun mehr von ihrem natürlich gegebenen Potenzial nutzen konnten? Angeblich benutzten wir Menschen sowieso nur ungefähr zehn Prozent unser Gehirnleistung. War eine Erweiterung um sagen wir mal fünf Prozent vielleicht ein Quantensprung? Zu was war die Menschheit fähig?

Grausame Dinge hatten wir genug erleben müssen, und es war unsere Aufgabe, unsere Kinder davor zu schützen. Sie konnten jetzt mehr als wir, und ich hoffte, das Ergebnis dieser Entwicklung zum Teil noch irgendwann miterleben zu dürfen. Das Bild von frei und unbeschwert durch eine Blumenwiese herumlaufenden Kindern umgeben von einem Schleier von Pusteblumensaat, lachend und kichernd mit Feldblumen in der Hand im Sonnenuntergang, zeichnete unser kleines Dorf aus.

Einen Sommer später, also ein Jahr, nachdem ich mit Einar nach Waldland gegangen war, machte ich mich mit Jenny auf den Weg zu meinem Elternhaus. Maja war inzwischen abgestillt und blieb bei ihrer Ersatzmutter Eve und Tom, der inzwischen wie ein Bruder für sie war.

Es war das erste Mal Urlaub ohne Kleinkind für Jenny, und nach anfänglichen Zweifeln genoss sie unseren Trip.

Die meiste Strecke fuhren wir mit den Fahrrädern. Die Straßen waren sicher, sogar einige nette Menschen, die sich ähnlich wie wir organisiert hatten, trafen wir unterwegs.

Wir waren fast drei Wochen unterwegs, und ich musste leider feststellen, dass auch in meinem ehemaligen Zuhause geplündert worden war. Aber hatte ich etwas anderes erwarten können? Jetzt wusste ich, wie es sich anfühlte, wenn irgendjemand das eigene Haus geplündert hatte. Nichts, aber auch gar nichts wies darauf hin, dass jemand von meiner Familie jemals zurückgekehrt war.

Nachdem wir in der vorletzten Nacht sogar noch einmal den schönen Ort am See von damals besucht und in der gemütlichen Hütte geschlafen hatten, kamen wir wieder zu Hause an.

Zu unserem Entsetzen hielt sich die Freude von Maja in Grenzen. Wir sprachen hinterher viel darüber und kamen zu dem Ergebnis, dass sie wahrscheinlich ganz genau gewusst hatte, dass wir bald zurückkommen würden, obwohl sie es mit ihrem Alter eigentlich gar nicht wissen konnte.

Johns Leiche wurde nie gefunden. Inzwischen vermutete ich auch, dass sein drogenberauschter Körper wie ein Zombie die Flucht ergriffen hatte, wahrscheinlich, nachdem er schon hirntot gewesen war. Genauso gut konnte es sein, dass ihn irgendwer abgeholt hatte.

Nach der Zeit, die vergangen war, wurde mir klar, dass ich nichts, aber auch gar nichts von dem glauben konnte, was er mir erzählt hatte. In einigen von den unzähligen Büchern, die ich gelesen hatte, waren genau solche Vorkommnisse beschrieben gewesen: Menschen, die sich mithilfe von Lügengeschichten wichtigtaten. Sie hatten meistens sonst nichts im Leben oder waren einfach der Meinung, ihr Leben wäre sonst nicht brisant genug, um es anderen kundzutun. Man könnte es auch Minderwertigkeitskomplexe nennen oder fehlendes Selbstbewusstsein.

Trotzdem oder gerade deswegen ging ich immer wieder mit dem Gedanken schwanger, doch irgendwann nach meinem Vater zu suchen, wenn er schon nicht von selber käme. Vielleicht war er nicht tot. Vielleicht dachte er, ich hatte den Brief nie gelesen. Die Wahrscheinlichkeit, ihn zu finden, schätze ich allerdings als sehr gering ein. Aber wenn es nur sein Grab wäre, was ich finden würde, wäre es für mich eine Erleichterung. Ich hätte endlich Gewissheit, zumindest was meinen Vater anging.

Trotzdem hielten mich meine Verantwortung für meine Familie und der Risiko-Nutzen-Faktor – auch so ein schöner Begriff, den ich aus einem Buch hatte – davon ab.

Was ich hier so ziemlich als Letztes aufzeichnen möchte, ist die Tatsache, dass vor einigen Tagen aus heiterem Himmel plötzlich Jennys Mutter und ihre Schwester vor der Tür standen. Jeder Mensch kann sich denken, was es für eine Wiedersehensfreude war, wie glücklich für einen Moment alle waren, bevor die Tränen wieder getrocknet waren und sich ein Stück Normalität einstellte.

Ihr kleiner Bruder war wohl damals mit dem Vater zusammen geflüchtet, denn die Familie hatte sich trennen müssen, um die Fluchtchancen vor den bewaffneten Clanverfolgern zu erhöhen. Niemand wusste, was mit Jennys Vater und ihrem Bruder geschehen war.

Jennys Mutter war inmitten der schlimmsten Plünderungs- und Verschleppungswellen geflüchtet, nachdem sie sich vorerst im Keller des Hauses mit Jennys Schwester hatte verstecken können. Jennys Vater und ihr Bruder waren zu diesem Zeitpunkt bereits aufgebrochen. Wir alle gaben die Hoffnung nicht auf, dass auch sie eines Tages wiederauftauchen würden.

Die Wohnraumfrage war schnell gelöst, denn Einar bot sofort an, gemeinsam mit mir einen Anbau an das bestehende Haus zu realisieren. Das Leben wird nach vorne gelebt und nach hinten verstanden, und so waren wir für weitere Überraschungen bereit.

Ehrlich gesagt war uns die Wahrheit über das Ereignis mittlerweile egal. Es war passiert, was passiert war, und wir hatten das Beste daraus gemacht. Es gab Wichtigeres zu tun: zum Beispiel Konstruktionsholz sägen, sich um den weiteren Solarausbau kümmern und Bücher lesen. Es gab so viel zu erfahren – so viel altes Wissen, und mitunter fand man in Romanen sogar Bauanleitungen für einen Leuchtturm. Vielleicht auch keine schlechte Idee, denn dann könnte mein Vater besser herfinden. Wir waren so weit gekommen, wir würden es auch weiterhin schaffen.

Doch dann passierte etwas für uns alle vollkommen Unerwartetes. Wie so oft war ich dabei, Brennholz zu machen. Hatte ich schon erwähnt, dass man niemals genug Brennholz haben kann?

Der sich langsam abzeichnende Winter schickte erste kalte Böen über das Land, aber die Wolken über dem angrenzenden Wald verrieten nicht, ob sie schon Schnee im Gepäck hatten. Doch ein Geräusch irritierte mich. Ich kannte das Geräusch von früher: Es war ein Flugzeug, und zwar ein Propellerflugzeug, das ziemlich tief direkt auf unser Haus zusteuerte.

Ich sah, wie Jenny aus der Tür stürzte, erst zu dem Flugzeug und dann zu mir sah. Ich lief so schnell ich konnte zu ihr. „Das ist ein Doppeldecker", keuchte ich.

„Unglaublich, wie tief der fliegt", bemerkte sie.

Die rote Flugmaschine drehte kurz vor unserem Haus ab und ließ etwas fallen. Dann flog sie weiter in Richtung der anderen Häuser.

Neben unserem Haus flatterte etwas vom Himmel. Der Wind ließ es aussehen wie Laub, das von den Bäumen gefegt wurde. Wir gingen zu der Stelle, an dem die Blätter vom Himmel gefallen waren – und es waren tatsächlich Blätter, nur eben nicht von einem Baum, sondern bedruckte weiße Blätter: Flugblätter!

Jenny las vor:

*„An die tapferen Überlebenden der größten Naturkatastrophe der letzten tausend Jahre.*

*Die neue Zentralregierung der Welt lässt mitteilen, dass das Schlimmste überstanden ist. Die Gefahr ist gebannt, genauer gesagt: Der Polsprung hat sich vollzogen."*

Ich sah Jenny an, sie guckte mich an, und unsere Gedanken trafen sich.

„Was soll das denn sein?", fragte ich, obwohl ich wusste, dass sie das Gleiche dachte.

Im Kleingeruckten darunter stand noch:

*Die Pole haben sich vertauscht. Dadurch ist sämtliche Elektrizität ausgefallen, alle elektronischen Geräte sind zerstört worden, und ein Fiasko ist über die gesamte Menschheit gekommen. Sehr viele Menschen mussten ihr Leben lassen, doch es gibt Hoffnung: Die Pole sind seit einiger Zeit wieder im ursprünglichen Zustand.*

*Wir, die Zentralregierung, sind dabei, die Kommunikation wiederaufzubauen. Somit wird es nicht mehr allzu lange dauern, bis wieder weltübergreifende Telekomunikation möglich ist. Vorerst wird es weltweit nur telefonische Kommunikation geben, damit Sie Ihre Liebsten, Ihre Verwanden und Bekannten kontaktieren können.*

*Eine weltweite Kommunikationstruppe der Zentralregierung ist dabei, jeden Fleck der Erde aufzuklären, zu inspizieren und die Sicherheit wiederherzustellen.*

*Wir bitten dennoch ausdrücklich darum, nicht zu versuchen, das Internet zu benutzen, sofern Sie noch funktionierende Endgeräte besitzen. Die Benutzung des Internets ist bis auf Weiteres nur für die sicherheitsrelevante Anwendung einzig der Zentralregierung und deren unterstellter Kommunikationstruppe gestattet. Wir bitten Sie also ausdrücklich, nicht zu versuchen, das Internet zu verwenden.*

*Bleiben Sie stark, wir organisieren bessere Zeiten. Wir sind für Sie da!*

*– Ihre Zentralregierung.*

Liebe Leserin, lieber Leser,

hat Ihnen dieses Buch gefallen?
Ihr Feedback, Ihre Anregungen und Ihre Kritik bedeuten uns viel, denn sie helfen uns, unsere Bücher kontinuierlich zu verbessern.

Die Meinung und Zufriedenheit unserer geschätzten Leserinnen und Leser stehen im Mittelpunkt unseres Schaffens. Ihre Gedanken sind uns wichtig.

Zögern Sie daher nicht, uns zu kontaktieren und Ihre Gedanken mit uns zu teilen. Senden Sie uns einfach eine E-Mail an:
feedback@eulogiaverlag.de

Besuchen Sie auch gern unsere Verlagsseite und entdecken Sie weitere spannende Bücher unter:
www.eulogiaverlag.de

Wir sind gespannt auf Ihre Nachricht und freuen uns darauf, von Ihnen zu hören!

Herzlichst
Ihr **Eulogia Verlag**